화법교육론

본 저서는 2021년 대구가톨릭대학교 교내연구비(과제번호: 20211093) 지원에 의한 것임.

지은이 **서종훈**

대구가톨릭대학교 국어교육과 교수.
저서로 『국어교육과 단락』(2014), 『국어교과교육론』(2015)이 있고, 번역서로 『거시구조』(반 데이크, 2017)가 있다.
국어교육 전반에 관심을 가지고 있으며, 특히 문단, 거시구조, 의미연결(coherence), 상황모형(situation model), 대화와 존재론 등에 관심을 가지고 집중적으로 연구하고 있다.

화법교육론

© 서종훈, 2021

1판 1쇄 인쇄__2021년 12월 15일
1판 1쇄 발행__2021년 12월 25일

지은이__서종훈
펴낸이__양정섭

펴낸곳__경진출판
　　　　등록__제2010-000004호
　　　　이메일__mykyungjin@daum.net
　　　　사업장주소__서울특별시 금천구 시흥대로 57길(시흥동) 영광빌딩 203호
　　　　전화__070-7550-7776　**팩스**__02-806-7282

값 36,000원
ISBN 978-89-5996-836-7 93300

화법교육론

서종훈 지음

이 책은 국어교육 현장의 말하기와 듣기 교육의 이론과 실제의 전반적인 문제를 다룬 현장조사 연구 결과물이다. 각 담화의 개념과 위상의 문제에서부터 말하기 평가에 이르기까지 비교적 다양한 부면을 다루었다.

특히 필자가 십수 년간 중등과 대학의 국어교육 현장에 재직하면서 고민했던 문제들에 대한 산출물이기도 하다. 담화의 개념이나 위상, 그리고 말하기 평가의 익숙한 논의에서부터 유창성이나 즉흥성, 주제 전개와 같은 비교적 잘 다루어지지 않았던 문제에 이르기까지 비교적 다양한 주제들이 다루어졌다.

담화의 개념과 위상에서는 그간 교육 현장에서는 거의 다루지 않았던 혼잣말을 본격적인 담화로 다루었다. 아울러 실존과 의미의 두 차원에서 대화, 웅변과의 관계 측면에서 연설, 언어자각 측면에서의 협상 담화가 논의되었다.

유창성과 즉흥성은 비교적 국어교육 현장에서는 잘 다루어지지 않았던 속성들이다. 유창성은 말하기 수월성 추구와 관련되고, 즉흥성은 말하기 맥락이나 말하기 교육의 실제성(authenticity)을 향상시키는 데 필수적으로 수반되는 문제이다. 이러한 문제들이 다양한 담화와 연계되어 논의되었다.

그 밖에 이 책에서는 준언어적 표현으로서 말하기와 듣기에서 다양한 기능을 수행하는 '쉼(pause)', 말하기의 주제 전개와 관련된 발화 요소와 의미 구조, 그리고 말하기 평가와 관련된 문제가 일부 담화를 중심으로 다루어졌다.

이 책을 완성하기까지 많은 분들의 도움이 있었다. 먼저 필자의 지도 교수이신 김지홍 선생님께 큰 은혜를 입었다. 문제의 착상에서부터 완성까지 선생님께서 펴내신 저서와 논의에 많은 도움을 받았다. 양정섭 사장님은 이 책이 출판될 수 있도록 물심양면으로 신경을 써 주셨다. 아울러 연구에 집중할 수 있도록 항상 신경 써 주는 가족들에게도 고마움을 전한다.

국어교육 현장의 말하기와 듣기 교육이 바람직한 방향으로 나아갔으면 하는 바람으로 십수 년간 열심히 연구하고 노력해 왔다. 말하기와 듣기 교육에 관심이 있거나, 이를 연구하거나 수행하는 교사나 연구자들이 이 책을 한 번쯤 들춰볼 수 있기를 희망해 본다.

2021. 12
서종훈

차례

제4부 준언어적 표현

제5부 주제 전개

제6부 평가

제**1**부
개념과 위상

제1장 혼잣말

1. 들머리

1.1. 문제 제기

교육 현장에서의 말하기 교육은 주로 공적 상황의 준비된 말하기 형식으로 이루어져 왔다. 교육 현장이라는 점을 감안하면 당연한 결과라고도 할 수 있다. 하지만 우리의 일상은 지극히 사적이면서도 즉흥적으로 말하기가 수행되는 경우가 대부분이다. 대화는 그런 점에서 가장 사적이면서도 즉흥적인 담화라고 할 수 있다.

일상에서 수행되는 이러한 소통 현장은 인간이 자신의 표현 욕구를 정상적이면서도 자연스럽게 드러내는 상황이기도 하다. 이는 교육 현장에서의 준비된 담화와는 또 다른 측면이다. 즉 우리는 일상을 살아가면서 수많은 소통 상황에 처하게 되고, 이 과정에서 상대방과의 교섭 과정을 통해 다양한 이성과 감성의 언어 산출에 맥락에 놓인다.

하지만 일상의 대화에서도 인간 내면의 가장 충일한 표현 욕구가 자연스럽게 발현되기 어려울 때가 많다. 대화 상대방과의 보이지 않는 미묘한 갈등 속에서 자신을 때로는 감추고 드러내는 일련의 가식적 과정들이 반복될 가능성이 있고, 그런 과정에서 자신이 표현하고자 하는 내밀한 욕망의 뒤틀림, 때로는 심각한 왜곡을 경험하게 될 수도 있다.

즉 이러한 관계 지향의 담화에서도 때로는 상대방과의 보이지 않는 미묘한 갈등 관계에서 오는 긴장감이 수반됨으로 해서 자신이 가지고 있는 생각과 감정의 실타래를 제대로 풀어내기가 쉽지 않다. 아울러 이러한 과정이 누적되면 상대방과의 소통의 문을 닫게 되고 나아가서는 관계까지 단절되기도 한다.

물론 그렇다고 해서 관계 지향 담화의 교육적 중요성이 퇴색되는 것은 아니다. 다만 이러한 소통과 교섭 관계에서 간과할 수 있는 중요한 측면이 있으며, 아울러 특정 상대방과의 관계 지향의 담화만이 우리의 삶을 양적으로나 질적으로 풍요롭게 하는 것은 아니라는 점이다. 그런 점에서 혼잣말(private speech)의 담화 위상에 대한 고려와 교육적 필요성이 제기된다고 할 수 있다.

특히 혼잣말이 유아기의 언어와 사고가 미분화되기 전, 사고 미발달 시기의 일종의 중얼거림이 아니라, 문제 해결과 상위 인지 기반의 자기 조절과 통제의 주요한 인지 수단으로 일정하게 기능한다는 점에 주목할 필요가 있다. 무엇보다 이러한 중얼거림이 연령이 증가함으로써 사라지기보다는 점차 세련된 내적 언어로 발달해 갈 수 있다는 점에 논의와 인식의 초점을 둘 수 있다.[1]

하지만 우리 말하기 교육현장에서는 혼잣말에 대한 논의가 제대로 이루어지지 못하고 있는 실정이다. 이는 혼잣말이 지니는 중요한 교육적 의미를 고려하지 못한 결과라고 할 수 있다. 특히 소통과 교섭의 주된 담화인 대화의 본질이 혼잣말에서부터 시작되고, 아울러 사고가 성숙한 성인에게서조차도 혼잣말은 끊임없는 자기 갱신과 문제해결 과정의 소통 수단으로 활용되고 있다는 점에 관심을 두지 못했던 결과라고 할 수 있다.

이 글에서는 이러한 문제의식에 기반을 두고 혼잣말이 교육 현장의 말하기 교육에서 가지는 개념과 위상을 문제를 다루어보고, 실제 혼잣말의 다양한 양상을 통해 이를 유형화하고, 나아가 교육 내용으로 환원할 수 있는지의 문제를 시론적으로나마 다루어보고자 한다. 이는 향후 국어교육 현장의 말하기 교육에서 혼잣말이라는 담화의 실제적 효용성을 높이고 그 활용 범주를 확대하는 데 기여할 것이다.

1.2. 선행 연구

혼잣말에 대한 연구는 언어교육이나 언어학에서보다 아동심리학, 사회심리학, 유아교육학, 언어병리학 등의 영역에서 주로 논의되어 왔다. 주로 유아나 아동, 언어 장애를 겪는 성인이 주된 논의의 대상이 되어 왔다. 이는 혼잣말이 사고와 언어의 미분화, 혹은 정상적인 언어 산출에 어려움을 겪는 경우에 유의미하게 논의될 수 있는 대상으로 고려되었기 때문이다.

---

1) 혼잣말에 대한 이러한 문제의식은 피아제(Piaget)와 비고츠키(Vygotsky)의 인지발달 이론과 사회문화이론에서 쟁점화되었다. 이해경 외(2002)에서 두 논의에 대해 상세한 비교가 이루어졌다.

'1.2'절에서는 이러한 다양한 영역에서의 논의와 더불어 언어교육이나 언어학 측면에서의 논의도 다루어보고자 한다. 이를 통해 말하기 교육에서 혼잣말의 연구 방향을 가늠해 보고, 실제 말하기 교육현장에서 혼잣말이 유의미한 담화로 교육될 수 있기 위해서는 기존 연구들에서 어떤 문제들이 고려되어야 하고, 아울러 극복되어야 하는지를 검토해 보고자 한다.

박일섭(2007)은 혼잣말의 특성에 대한 언어적 관점에서의 논의이다. 혼잣말이 지니는 다양한 소통 양상에 관심을 두고, 혼잣말의 성립 조건을 대화와 비교하며 구체적으로 논의하고 있다. 하지만 대화와 비교하여 혼잣말의 성립 조건에 대해서는 다소 논란의 소지가 따를 수 있다는 점이 일정한 연구의 한계로 노출되고 있다.

손강숙(2018), 안병환(2007), 이현예·조현주(2020) 등은 혼잣말, 이른바 자기대화(self-talk)에 대하여 다양한 대상자들을 중심으로 설문지법을 활용하여 그것의 유용성에 대한 조사한 논의이다. 전체적으로 혼잣말이 자기효능감과 자아존중감에 영향을 미친다는 점을 기반으로 하여, 그것의 심리적 유용성과 실재성에 대한 타당성을 논의하고 있다. 다만 조사 대상자의 한계나 설문지법이 지니는 연구 방법의 타당성 측면에서 논의의 소지가 따른다.

윤경원(2011)에서는 혼잣말의 언어적 위상을 구체적으로 논의하고 있어 참고가 된다. 다만 내적인 말(inner speech)에 대해서는 혼잣말의 개념 정의 논의 대상에서는 제외했지만, 구체적인 사례들을 통한 논의에서는 포함시켜 논의하는 혼란을 보여주고 있다. 이는 내적인 말이 지니는 위상이 모호하다는 점을 역설하는 것이기도 하다. 이런 점에서 내적인 말에 대한 보다 구체적인 논의가 필요하다고 할 수 있다.

이명조·이정화·최란(2014)은 혼잣말에 대한 국내 연구동향을 분 석한 논의로 참고의 의의가 있다. 연구시기, 연구 방법, 연구 내용 등 다양한 측면에서 혼잣말의 연구 양상을 논의하고 있다. 다만 제시된 내용들이 주로 유아교육과 관련된 영역들에 초점을 두고 있어, 그 범위를 확대해야 필요성이 제기된다.

이유미(2017)는 혼잣말과 대인의사소통 능력의 상관성을 연구하면서 혼잣말이 이러한 능력에 상당한 영향을 끼치고 있다는 점을 실증적으로 보여준다. 특히 혼잣말을 유아 시절의 중얼거림 수준의 넘어서 자기 반성적 활동으로서의 의미를 갖는다는 것을 성인 화자들을 통해 관찰하고, 이를 일정한 검증 절차를 통해 유의미하게 제시하고 있다. 다만 그 논의가 대부분 서구의 연구 결과에 의존하고 있다는 점에서 연구의 폭을 확대할 필요가 제기된다.

임규홍(2007)에서는 국어의 입말 담화분석에 대한 전체적인 연구 경향과 전망을 고찰할 수 있어 참고가 된다. 특히 담화분석 연구가 심리언어학, 사회언어학 등 언어를 다루는 복합연구의 기초적인 영역이 될 수 있을 개괄하고 있다. 혼잣말 또한 이러한 틀에서 담화분석의 주요한 연구 기반이 될 수 있다는 점을 시사받을 수 있다.

전문영(2017)은 국어와 영어에 드러나는 자기중심적 언어의 대화적 속성을 다룬 논의로 참고의 의의가 있다. 심리언어학 측면에서 국어와 영어의 예를 통해 혼잣말의 다양한 예들을 중심으로 피아제와 비고츠키의 이론을 접목하여 논의하고 있다. 다만 제시된 예들이 언어 생태학적 측면의 실제성에서 문제가 제기될 수 있고, 혼잣말의 구체적 속성에 대한 논의가 부족하다는 점에서 전체적으로 논의가 추상적 수준에 그치고 있다.

조용준 외(2020)에서는 다면적 대화분석의 틀에서 혼잣말을 분석하고 있다. 특히, 대화체, 진성적 혼잣말, 가성적 혼잣말로 구분하고 다양한 대화에서 드러나는 혼잣말의 양상을 실증적으로 분석하고 있다. 하지만 상관적 장면에서 드러나는 혼잣말들의 구분에 다소의 의문이 남는다는 점에서 논란의 소지가 따를 수 있다.

Alderson-Day & Fernyhough(2015)는 내적 말하기에 대한 발달, 인지, 현상, 신경 생물적 관점에서의 총체적 논의로 참고의 의의가 크다. 특히 내적 말하기의 구현에 있어 뇌 활동의 구체적 양상을 과학적이면서 실증적으로 다루어 가고 있다는 점은 혼잣말 연구에 대한 기반을 다지는 데 주요한 근거 자료가 된다.

아울러 Cunningham(1992)에서는 혼잣말을 개인 내적 의사소통으로 간주하지 않고, 심리학이나 신경언어학 등에서 다루어야 할 대상으로 보는 경우도 있다. 이는 혼잣말의 수행 양상을 지나치게 사고에 결부시킴으로써 혼잣말의 차별적인 수행 양상을 명시적으로 드러내기 어렵다는 점을 제기한 주장으로서 의의를 지닌다.

물론 제시된 연구 이외에도 국내·외를 막론하고 혼잣말이나 자기대화에 대한 논의들이 다양한 영역에서 이루어지고 있다. 다만 이글에서는 이러한 논의들을 개괄하는 데 초점을 두기보다는 혼잣말의 교육적 위상을 제시된 논의들을 통해 어떻게 수립할 것인지에 인식의 초점을 두었다.

2. 혼잣말의 개념과 위상

2.1. 개념과 용어

국립국어 연구원 『표준국어대사전』에는 혼잣말을 "말을 하는 상대가 없이 혼자서 하는 말"이라고 정의하면서 '독어', '독언', '혼잣소리' 등을 유사 낱말로 제시하고 있다. 아울러 『연세 한국어 사전』에서는 "남이 듣건 안 듣건 상관하지 않고 중얼거리는 소리"로, 박용익(2001: 31)에서는 "말할이 1명이 혼자서 말할이와 들을이의 역할을 동시에 수행하면서 발화를 하는 것"으로 개념 정의하고 있다.

『표준』에 비해 『연세』에서는 청자가 상정되고 있다는 점이 특징적이지만, 전자는 '말(speech)'에, 후자는 '소리(sound)'에 혼잣말의 산출 속성을 두고 있다는 점에서 후자의 소통상에서 청자가 갖는 의미는 퇴색된다. 두 사전 상의 정의와는 차별적으로 박용익(2001)에서는 혼잣말의 대화적 속성의 측면이 부각되고 있다는 점이 특징적이다.

혼잣말에 대한 개념 정의는 세 곳에서 보듯이 의미가 조금씩 차이가 있다. 두 사전에서는 소통상의 의미가 부각되지 못했는데, 특히 『연세』에서는 혼잣말의 산출 발화를 말이 아닌 소리 정도로 개념을 정의 내리고 있다. 이러한 정의는 혼잣말의 표면적인 산출 과정과 결과만을 고려했다고 할 수 있다. 그 점에서 박용익(2001)의 정의는 소통의 틀에서 혼잣말을 개념 정의했다는 점에서 진일보했다고 할 수 있다.

혼잣말이 공허한 소리가 아니라 유의미한 심리적 과정으로서의 의미 산출이나 소통을 기반으로 한다면, 결국 특정하게 상정된 청자를 상정할 수밖에 없다. 그런 점에서 혼잣말은 발화 상황의 단독적 장면이나 상관적 장면에 상관없이 화자 자신의 표출 의도에 기반을 두고 소통 대상으로 화자 자신을 지향한다고 할 수 있다.

화자는 일정한 소통 상황에서 끊임없이 혼잣말을 산출한다. 이는 내적·외적인 말의 형태로 소통 상황에 제기된 문제를 해결하고, 자신의 인지 흐름을 통제하기도 한다.[2] 즉 혼잣말은 일정한 소통적, 인지적 필요 하에 화자가 청자로 상정된 자기 자신에게 하는 내적·외적인 말을 모두 가리킨다고 할 수 있다.

혼잣말은 자신과 대화하는 담화 양식이다. 청자를 자기로 상정하고, 자기 자신과 끊임없이 이야기를 주고받는 담화이다. 넓게 보면 일반적인 대화의 범주에 포함될 수 있지만, 대화의 상대가 타인이 아닌 자기 자신이 된다는 점과 내적인 말의 인지 작용까지도 포괄하여 다룬다는 점에서 일반 대화와는 차이가 있다.

다만 이러한 개념상의 정의에도 불구하고 학계마다 사용하는 용어에 약간의 차이가 있다. 가령 언어학이나 언어교육 학계에서는 주로 '혼잣말'이라는 용어를, 사회심리학, 아동심리학, 스포츠 관련 학계에서는 '자기대화'를 주로 사용하고 있다.[3] 전자는 화자의 표면적 단독 발화를 중심으로, 후자는 외적 발화뿐만 아니라, 내적으로 형성되는 발화까지를 소통의 틀에서 다루기 때문에 대화라는 용어를 결합하여 사용하는 것으로 판단된다.

---

2) 화자는 머릿속에서는 지속적으로 말하고 듣는 과정을 수행하면서, 외적인 말의 산출을 위한 준비 작업을 하게 되는데, 이 과정에서 화자 스스로 청자가 되어 발화의 적절성 여부를 판단하게 된다는 것이다. 일종의 머릿속 빠롤(parole)의 수행 과정이라고 할 수 있다.

3) 피아제(Piaget, 1960)에서는 자기중심적인 말(egocentric speech)로 사용하고 있는데, 이는 이 글이 지향하는 혼잣말이나 자기대화와는 개념과는 거리가 있기 때문에 함께 다루지 않는다.

자기대화라는 용어는 표면적으로 대화와 자구 상에서 중복되고, 독화와 독백의 내적·외적 전개 형식과 겹칠 수 있다는 점에서 의미상의 혼란이 수반될 수 있다. 또한 넓게는 토론, 토의, 협상 등의 여타 담화의 전개에도 일정 부분 적용될 수 있다는 점에서, 그것 자체의 용어상의 쓰임에서 독립성을 확보하는 점에 문제가 제기될 수 있다.

그런 점에서 이 글에서는 소통과 인지적 측면에서의 중요성을 놓치지 않으면서, 비교적 그것 자체의 독립적인 담화로서의 속성이 부각될 수 있는 용어로 혼잣말이라는 용어가 더 적절하다고 판단된다. 특히 말하기 교육 현장에서 독립적인 담화로 그 활용상의 범주를 확보함으로써 독립적인 담화로 자리매김 되는 데 더 나을 것으로 사료된다.

2.2. 담화적 속성과 위상

2015 국어과 교육과정에서는 대화를 포함하여 다수의 담화를 교수·학습의 대상으로 제시하고 있다. 하지만 혼잣말은 명시적으로 제시되고 있지 않다. 이는 우선 혼잣말이 지니는 교육적 의미가 이전까지 제대로 논의되지 못했고, 나아가 그것의 담화 위상이 제대로 부각되지 못한 까닭에 있다.

우리는 일상에서 종종 스스로에게 말을 걸거나 이야기를 한다. 특히 어떤 문제 상황이 발생했을 때는 이러한 혼잣말의 발생 빈도나 횟수가 증가한다. 가령 우리는 어떤 극적인 상황에서 혼잣말을 통해 스스로에게 뭔가를 다짐하거나 결심하는 등의 긍정적인 심리 변화 계기를 마련하거나 때로는 분노나 원망, 혹은 적개심을 표출하는 등의 부정적 심리를 표출함으로써 일종의 심리적 카타르시스를 맛보기

도 한다.4)

아울러 혼잣말은 여러 측면의 언어수행 현상과 밀접한 관련을 맺고 있다. 말하기뿐만 아니라 듣기와 읽기, 쓰기의 여러 수행과정에도 직·간접적으로 영향을 주고받는다. 이는 혼잣말이 독립적인 담화로서의 속성을 부각하면서 드러나기보다는 오히려 여러 언어 수행 현상의 상위인지 측면의 속성과 연관된다고 할 수 있다. 이는 주로 내적인 양상으로 작용한다고 할 수 있다.

Ben et. al.(2015: 951)에서는 내적인 말의 복합적 양상을 다루면서 외적인 말과 내적인 말을 〈그림 1〉과 같이 도식화시키고 있다. 내적인 말에서는 화자와 청자의 역할을 동시에 상정하여 머릿속 말하기가 작업기억, 장기기억, 시지각 메모장, 음운고리 등의 장치를 통해 구현되고 있다. 다만 혼잣말의 위상을 외적인 말에 두면서 소통에 기반을 두는 사회적 말하기에 대비되는 사적인 말하기의 일종으로 분류하고 있다.

우선 〈그림 1〉에서는 외적인 말과 내적인 말이 구분되어 제시된다.5) 외적인 말은 사회적인 말과 사적인 말로 구분하여 전자는 주로 사회적 상호작용에 기반을 두는 상관적 장면 기반의 담화를, 후자는 단독적 장면 기반의 담화로 구분하고 있다. 하지만 혼잣말이 반드시 외적 형태의 말하기로만 산출되는 것은 아니기 때문에 〈그림 1〉에서

---

4) 스포츠 학계에서는 긍정적인 심리적 상승효과가 운동 역량을 끌어올릴 수 있다고 상정하면서, 이러한 긍정적인 심리 상승의 극적 기여에 혼잣말의 중요성을 강조한다.

5) 외적인 말에서의 혼잣말과 내적인 말은 신현정 옮김(1985)에서는 '바깥말'과 '속내말'로, 윤경원(2011)에서는 '개인말'과 '내면말'로 옮기고 있다. 이 글에서는 두 가지 구분 논의에 초점이 있기보다는 말하기 교육 현장에서 혼잣말을 지도할 수 있는 유용한 담화로 다루고자 하기 때문에 원어의 결을 따라 내적인 말과 외적인 말이라는 용어를 사용하고자 한다.

제시된 혼잣말의 위상은 조정될 필요가 있다.

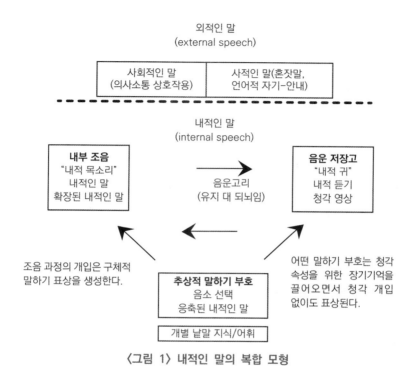

외적인 말
(external speech)

| 사회적인 말
(의사소통 상호작용) | 사적인 말(혼잣말,
언어적 자기-안내) |

내적인 말
(internal speech)

내부 조음
"내적 목소리"
내적인 말
확장된 내적인 말

음운고리
(유지 대 되뇌임)

음운 저장고
"내적 귀"
내적 듣기
청각 영상

조음 과정의 개입은 구체적
말하기 표상을 생성한다.

추상적 말하기 부호
음소 선택
응축된 내적인 말

개별 낱말 지식/어휘

어떤 말하기 부호는 청각
속성을 위한 장기기억을
끌어오면서 청각 개입
없이도 표상된다.

〈그림 1〉 내적인 말의 복합 모형

혼잣말은 앞선 개념 정의에서도 지적한 바와 같이, 내적·외적인 말로 구분해서 외적인 영역의 사적인 말에만 포함되는 것이 아니라, 내적인 말에도 적용될 수 있고, 아울러 사회적인 말하기 과정에도 청자와의 물리적·심리적 거리를 두고도 발생할 수 있기 때문에 그 사용 폭이 넓게 적용될 수 있다. 가령 〈그림 1〉과 연계해서 발화 상황을 중심으로 혼잣말의 위상을 간략하게 범주화해 보면 다음과 같다.

〈그림 2〉 발화 상황에 따른 혼잣말

〈그림 2〉에서와 같이 혼잣말의 세 가지 발화 상황을 중심으로 그 범주가 구분될 수 있다. 내적인 말은 화자의 머릿속 장면에서 이루어지는 발화 상황이 고려되는데, 이는 다양한 소통적·인지적 기반의 사고 흐름과 연계된다고 할 수 있다. 하지만 내적인 말의 경우는 머릿속에서 구현되는 일종의 머릿속 말하기이기 때문에 연구 방법 상의 어려움이 따르는데, 면담이나 설문, 그리고 전사 결과물을 두고 일정한 해석 과정이 요구된다고 할 수 있다.

사적인 말의 경우는 외적으로 발화되는 말하기로 화자 단독의 장면에서 이루어지는 말하기라고 할 수 있다. 사회적인 말의 경우는 청자나 청자들이 상정되는 상관적 장면에서 이루어지는 발화 상황을 고려하는데, 이 경우에는 청자와의 일정한 물리적 거리가 전제되고 시선 회피 등이 수반된다. 청자가 화자의 발화를 들을 수 없거나 주목할 수 없는 상황으로, 화자가 혼잣말을 통해 대화 과정에서 발생하는 다양한 문제 상황에서 체면을 크게 구기지 않으면서도 대화의 미시적 권력 관계에서 발생하는 심리적 중압감 등을 해소하는 데 사용될 수 있다.

혼잣말은 〈그림 2〉에서와 같이 거의 언어 사용의 모든 층위에 걸쳐 있다고 할 수 있다. 기존의 개념 정의에서 혼잣말이 화자 혼자서 중얼거리는 일종의 음성 형태라고 본 것에 비하면, 〈그림 2〉에 제시된 혼잣말의 위상은 교섭과 소통, 그리고 심적인 측면에서의 인지적 흐름까지 아우르는 것으로 격상된다고 할 수 있다.

이러한 혼잣말의 범주는 담화로서 지니는 형태와 기능에 따라 구체화될 수 있다. 이는 혼잣말의 형태나 담화 상황에서 하는 역할이 단일하지 않다는 점과 관련되는데, 특히 기능적인 측면에서는 보다 정치한 분석이 요구된다고 할 수 있다. 즉 담화 상황에서 혼잣말이 수행할 수 있는 기능이 다양할 수 있다는 점과 관련된다.

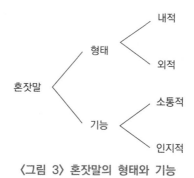

〈그림 3〉 혼잣말의 형태와 기능

〈그림 3〉에서와 같이 혼잣말은 형태와 기능에 따라 내적과 외적인 말, 소통적 양상과 인지적 양상으로 구분된다. 이는 기존의 혼잣말이 가지는 다양한 속성을 재구성한 결과이다. 기능상으로는 소통과 인지적 측면으로 구분되는데, 소통적인 측면은 화자 자신과의 다짐이나 바람, 혹은 어떤 사물이나 사태에 대한 단정이나 추정 등과 연계될 수 있다. 특히 이 측면은 화자의 발화 의도와 연계되어 논의가 가능하다. 아울러 인지적인 측면은 주로 상위 인지적 측면에서의 말하기 흐름의 조절과 통제와 연계될 수 있다.

하지만 혼잣말의 위상은 혼잣말이 지니는 다양한 속성 차원에서의 형태와 기능만 다룬다고 온전하게 해결되는 것은 아니다. 오히려 다른 담화와의 비교 논의를 통해 독립적인 담화로서의 위상을 확보할 수 있다. 특히 현행 교육과정 상에 제시된 다른 담화와의 연계된 논의를 통해 혼잣말이 독립된 담화로서 교육 현장에서 지도될 수 있는지의 문제를 다루어야 할 것이다.

그런 점에서 혼잣말은 우선적으로 그 속성 면에서 많이 닮아 있는 대화와의 관계에서 그 위상이 정립되어야 할 것이다. 기본적으로 혼잣말은 자기대화(self-talk)로도 번역된다는 점에서 대화의 속성을 가장 많이 포함하고 있다고 할 수 있다. 뿐만 아니라 연설과 같은 독화(獨話) 형식의 말하기와도 비슷한 선상에서 논의가 가능하다.

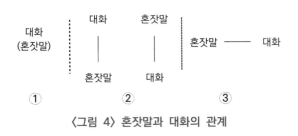

〈그림 4〉 혼잣말과 대화의 관계

〈그림 4〉에서와 같이 혼잣말과 대화의 관계는 세 가지 정도로 단순하게 그 관계를 상정해 볼 수 있다. 우선 ①은 혼잣말이 대화에 포함되는 형태지만, 독립된 담화로 제시되지 않는 경우이다. 이는 혼잣말의 담화 위상에 대한 인식이 결여된 양상으로, 말하기 교육 현장에서 혼잣말을 독립적으로 교육하지 않는 경우이다. 현재 교육과정이나 교과서에서 혼잣말을 다루는 관점이라고 할 수 있다.

②의 경우는 대화와 위계적 관계에 놓인 양상이다. 혼잣말이 대화의

상위 인지 담화나 종속적인 담화로 다루어지는 경우에 해당한다. 이러한 경우에는 혼잣말을 대화와 연계해서 교육하는 것이 명시적으로 가능하다. 이러한 관계 양상은 혼잣말이 사용되는 언어 생태학의 맥락을 잘 부각시킬 수 있다는 장점이 있지만, 독립된 담화로서 혼잣말 위상 정립에는 한계가 따른다.

이러한 관계에서 혼잣말의 상위 담화 속성이 강조될 경우에는 혼잣말은 내적 말하기로 구현될 가능성이 높고, 담화가 전개되는 데 필요한 인지적이고 전략적인 기능으로 작용한다. 반면에 하위 담화로서 속성이 부각될 때에는 외적 말하기로 구현될 가능성이 있는데, 가령 극 갈래의 지시문에서 제시된 혼잣말과 같이 대화 과정 중에 화자의 다양한 감정 표출, 심적 순화, 체면 손상을 경감하는 데 주로 사용됨으로써 발화 내용 전개에 기여할 수 있다.

언어학을 비롯한 대부분의 분야에서는 ②의 틀에서 혼잣말을 다루고 있다. 이는 단독적 장면에서 화자가 지속적인 혼잣말을 자연스럽게 산출하는 경우가 드물고, 상관적 장면의 대화 전개 과정에서 화자가 소통적, 혹은 체면 유지를 위한 심리적 방어 기제의 수단으로 혼잣말을 산출하기 때문이다. 하지만 이러한 혼잣말이 청자에게 간접적으로 영향을 주는 경우가 있기 때문에 이런 경우에 이를 혼잣말이라고 할 수 있는지의 여부는 논쟁의 여지를 남긴다.6)

마지막으로 혼잣말과 일반적인 대화가 대등하게 놓이는 경우가 ③이다. 이는 혼잣말을 독립된 담화 양식으로 보는 접근 방식이다. 혼잣

---

6) 윤경원(2011)에서는 의사소통적 혼잣말을 분류하면서, 청자가 의식할 수 있고 나아가 반응까지 요구할 수 있는 혼잣말을 이른바 환기된 혼잣말로 지칭하고 있다. 청자의 반응까지 요구한다면 이는 엄연히 혼잣말이라고 보기 어렵다. 청자를 의식하고 나아가 반응까지 고려한 발화라면 일반 대화에서의 화자와 청자와의 관계와 다를 바가 없다.

말이 지니는 다양한 기능이나 속성을 감안한다면 ③과 같은 대화와 대등한 관점에서의 접근 방식이 교육적 측면에서 고려될 수 있다. 이는 물론 대화뿐만 아니라 다른 여타 담화와의 관계에서도 마찬가지이다.

하지만 이러한 독립된 담화로서 혼잣말의 위상이 정립되기 위해서는 다른 담화에 종속되지 않은 혼잣말 단독의 결과물이 상정되어야한다. 통상 혼잣말도 발화 의도와 밀접하게 관련될 수밖에 없다. 발화산출의 의도를 표현(표출)과 전달로 구분해 본다면, 혼잣말의 경우는 표현 의도가 강하다고 할 수 있다.

이런 점을 감안한다면, 표현적 글쓰기와 마찬가지로 표현적 말하기를 상정할 수 있는데, 화자의 일화나 체험을 바탕으로 한 성찰 중심의 담화가 대상이 될 수 있다. 또한 특정한 문제 상황을 중심으로 하여 자신과 소통함으로써 그 문제에 대하여 보다 객관적인 안목을 형성하는 데 이러한 혼잣말 담화가 유용하게 활용될 수 있다.

즉 상대방을 상정하고 무엇인가를 전달하려는 의도보다는 자신에게 내재된 갈등이나 욕망의 문제를 스스로에게 표출하는 과정으로서의 혼잣말은 화자 자신의 문제 상황을 객관적으로 파악하거나 그 실마리를 찾게 되는 과정의 담화로서 그 의미가 부각될 수 있다. 이는 청자나 청중에게 전달하는 말하기가 아니라, 스스로에게 표현하는 혼잣말 형식으로 구현될 수 있다.

우리는 일상을 살아가면서 하루에도 몇 번씩 혼잣말로 무엇인가를 끊임없이 표출한다. 이러한 표출은 화자의 이성과 감정의 발화 맥락과 밀접한 관련을 맺고 있다. 다만 이러한 발화의 표출이 일반적으로 특정한 메시지로 고려되거나 소통의 목적으로 간주되지 않기 때문에 교육 현장에서 유의미한 담화로 다루어지지 못하는 것이 현실이다.

하지만 이러한 혼잣말의 발화 산출 이면에는 화자의 표출 의도뿐만 아니라 화자 자신과 끊임없이 소통하려는 화자의 노력이 수반된다고 할 수 있다. 이는 표출이나 전달의 화행 목적을 넘어서 화자 자신의 억눌려 있는 이성과 감성의 억압에 대한 치유의 효과가 동반된다고 할 수 있다.[7] 이런 점에서 혼잣말은 표출이나 표현을 통한 치유의 가능성을 타진해 볼 수 있는 담화이기도 하다.

다만 다른 담화와 대등한 관계 양상에서의 혼잣말은 일상 대화에 비하여 언어 생태학적 측면에서의 실제성이 낮기 때문에 이를 구현할 수 있는 적절한 발화 맥락을 구현하는 것이 관건이 될 수 있다. 아울러 혼잣말이 독립된 담화로서의 위상이 갖추기 위해서는 표출이나 표현 중심의 언어생태학적 실제성에 부합하는 말하기 방식이 고안되어야 할 것이다.

3. 혼잣말의 양상과 유형

혼잣말은 화자의 머릿속 장면에서부터 일상 대화의 상관적 장면에까지 그 산출 범위가 넓게 분포한다. 아울러 발표나 연설과 같은 형식의 담화에도 혼잣말은 지속적으로 관여되고 있다고 할 수 있다. 이 글에서는 이러한 즉흥적으로 수행된 환담 형식의 연설과 자기 성찰 위주의 표현적 말하기, 일상 대화 등에서 드러나는 혼잣말의 양상을

---

7) 최근 인문학에서 문학치료나 독서치료 등과 같이 치유의 차원에서 언어 수행 과정이 다루어지고 있다. 그런 점에서 혼잣말은 타자와의 소통 과정에서 오는 긴장과 억압의 틀에서 화자의 표출의 자유를 잠시나마 회복할 수 있는 주요 담화가 될 수 있다. 이는 표출 의도와 관련하여 화자의 다짐이나 바람 등으로 산출될 수 있다.

살펴보고자 한다.8)

혼잣말은 특성상 내적으로 구현되는, 이른바 머릿속 말하기 과정으로 수행되는 경우가 많다. 이는 본격적인 연구의 대상으로 접근하기 어려운 점이 있다. 하지만 혼잣말이 표면적으로 드러나기보다는 내적으로 수행되는 경우가 많고, 아울러 다양한 인지, 심리적 기능을 한다는 점을 감안한다면, 이를 외면하기는 어려울 것이다.

'3'절에서는 이런 점을 감안하며 혼잣말이 머릿속에서 수행될 때 준언어 나 비언어적 표현이 관련될 것이라고 보았다. 특히 쉼(pause)과 같은 준언어적 표현이 연계될 수 있다고 보았다. 실시간으로 진행되는 독화나 대화에서 내적 형태로 구현되는 혼잣말은 일정한 시간 확보가 필수적이기 때문이다. 즉 이러한 내적인 혼잣말은 발화 중간에 '쉼'을 통해 구현되면서 발화의 전개 과정에서 일정한 기능을 담당할 수 있다. 다음은 즉흥적으로 수행된 독화 형식의 말하기 양상이다. 이하에 제시되는 결과물은 전사 시기나 방식에서 약간의 차이가 나는데, 전사 당시에 무엇에 초점을 두면서 전사할 것인지에 따른 결과이다. 다만 전체적으로 형태 전사라는 점에서는 차이가 없다.

---

8) 혼잣말 연구에서는 주로 준구어 말뭉치 자료, 특히 극이나 시나리오, 드라마 대본이 주된 대상 자료로 활용된다. 이는 이러한 갈래에서는 혼잣말이 청중이나 시청자의 이해나 재미를 위한 유용한 수단으로 활용되고, 또한 지시문이라는 형태로 혼잣말이 명시적으로 제시되는 이점이 있기 때문이다. 하지만 이러한 자료는 언어 생태학적으로 우리가 실제 사용하는 언어 사용의 모습을 대표한다고는 할 수 없다. 따라서 실제성(authenticity)의 측면에서 문제가 제기될 수 있다. 다만 일상 대화나 독화 등에서 이러한 혼잣말의 잦은 산출을 기대하기 어려운 면이 있기 때문에 부득불 대상 자료로 활용할 수밖에 없다. 이 글에서는 이러한 자료를 일부 참고하되, 필자가 가르치는 대학생 학습자들을 대상으로 수집한 전사 자료를 중심 대상 자료로 활용한다. 아울러 이 글의 자료는 시차를 두고 수집된 자료이기 때문에 일정 부분 전사 표기나 방식에서 일정 부분 차이가 드러날 수 있다.

(1) 안녕하세요저는어19학번김○○이구요제가어[1]얘기할주제는나만의스트레스해소법이에요사실무슨주제가있을까생각을많이했는데음[2]스트레스해소법만약에나의스트레스푸는방법은이런게나오면어떻게해야하나좀고민을했었거든요왜냐면음저는스트레스를이렇게딱받으면어떻게풀려고한다기보다그냥혼자서계속생각을해서내가지금왜스트레스를받고있지이스트레스안받을려면어떻게해야되지이스트레스를받는게나한테지금무슨도움이되지계속이렇게혼자생각을하고혼자풀거든요그래서어떻게해소한다기보다좀혼자생각을해서그냥자연스럽게없어지는편인거같아요음근데뭔가제가이일이있었을때이일에대해서스트레스를받는다하면그렇게해결이가능한데저도모르게쌓이는스트레스들이있을수있잖아요그런스트레스들은좀[3]일탈을통해서푸는것같아요좀저는항상좀조용조용하다기보다좀잔잔하고좀여유롭고이런어흐[4]삶을원해서그런일탈을크게하는편은아닌데평소에안하는거라든지오늘은수업을그냥안간다든지아니면갑자기어디로뭐집에갔다온다든지아니면안가본데를가본다든지하는그런작은일탈을통해서좀스트레스를푸는거같아요[5]그리고제가노래를굉장히많이든는데어그런노래들을많이들으면서좀사람들이모르는노래유명한노래이런노래를알게되면그짜릿한뭔가그런게있잖아요그래가지구저는노래를막많이찾아본다거나아니면막새로운노래를찾으려고노력을많이해서그노래를딱알게됐을때스트레스가팍해소가되는거같아요그리구제가좋아하는취미생활을하는데어배드민턴을친다거나아니면영화같은거를자주보는데영화도좀안유명한안유명하다기보다안본그런영화들을찾아서혼자서그냥집에서아무도없을때그냥다불꺼놓고혼자영화를보고그렇게스트레스를푸는편인거같아요[6]그래서뭐[7]그런일이생겼을때이거에대해서스트레스를받는다하면그건그냥자기혼자조용한데가서아이거어떡하지어그러내가지금어차피스트레스를받아도어떻게뭐해결될수있는게없으니까그냥스트레스를받

지말아야겠다하면저는스트레스가풀리더라구요그냥네그런식으로스트레
스를해소하는것같습니다감사합니다

---

1) 의도(1.17): 얘기 할 주제에 대해 소개하고, 내용 환기를 통해 청중의 주의를 모으기
위함.
2) 비의도(2.04): 할 이야기를 생각하기 위해 시간을 벌기 위함.
3) 의도(1.34): 과거(과거에 혼자 생각했던 상황)와 현재(발표 상황)를 구분 짓기 위해 쉼.
4) 의도(1.05): 뒤에 나올 얘기를 강조하기 위해 쉼.
5) 비의도(2.09): 청중의 반응을 보느라 잠시 할 말을 잊고 무엇을 전달할지 고민함.
6) 의도(1.23): 청중에게 어떻게 전달할지를 잠시 고민함.
7) 비의도(1.95): 앞뒤 내용 연결이 잘 안 되는 것 같아서 잠시 고민함.

위의 담화는 대학 교양 수업에서 몇 가지 화제를 선정하고, 학습자
가 발화 현장에서 무작위로 화제를 선택하고 즉흥적으로 말하기를
수행한 결과물이다. 대략 말하기 시간은 3분 30초이고, 해당 화제는
'나만의 스트레스 해소 방법'에 관한 것이다. 전사는 형태 중심으로
이루어졌고, 쉼이나 간투사 등이 표시되었다.

쉼의 경우는 1초 이상의 경우만 전사에 포함하도록 하였는데, 이는
1초 이하의 경우에는 주로 호흡이나 침 삼키기와 같은 생리적 현상에
관련되는 경우가 많기 때문이다.9) 즉흥적으로 수행되었기 때문에 중
간에 비교적 많은 쉼이 발생하고 있다. 총 7번의 쉼이 발생하고 있는
데, 의도한 것과 의도하지 않은 것으로 구분되었다.

쉼과 관련된 전사의 경우에는 시간적 수치 이외에는 그것의 속성을
관찰이나 단순 해석으로는 가늠하기 어렵다. 따라서 기본 전사 작업
이 끝난 이후에 시간적으로 유의미한 쉼을 대상으로 분석 작업이 이

---

9) 클락(Clark, 1996; 김지홍 뒤침, 2009)에서는 이를 '1초의 한계'라고 하는데, 쉼에서
1초 이상과 이하를 그 기능적 차별성에 근거하여 구별하고 있다. 특히 1초 이상의
쉼은 생리적인 현상이라기보다는 말하기 내용 전개와 관련하여 화자의 의도성 여
부와 관련된 현상이라고 보고 있다.

어졌는데, 이는 해당 학습자와의 면담을 통해 쉼이 발생한 이유와 근거를 질의 응답하는 방식으로 이루어졌다. 따라서 위에 전사문에 각주 형태로 제시된 쉼의 의도성 여부나 각 쉼에 대한 구체적인 이유는 해당 학습자의 답변에 의해 구성된 것이다.

이들 쉼에 수반된 머릿속 사고 작용은 크게 의도와 비의도로 구분되는데, 의도와 비의도에 부여된 쉼의 구체적인 발생 이유에는 차이가 있다. 의도적인 쉼은 주로 인지적, 전략적 의도 하에 쉼이 발생한 것인데, 이른바 상위인지 측면에서의 말하기 전개 과정의 조절 및 통제와 관련된다. 반면에 비의도적인 쉼은 주로 정보소통을 위한 내용 생성 마련에 초점이 있다. 즉 의도적 쉼은 화자의 인지적 통제 하에 말하기 과정을 보다 유창하게 전개하려는 데 초점이 있고, 비의도적 쉼은 말할 내용 생성을 위한 소통적인 면과 관련된다고 할 수 있다.

다음은 외적인 형태로 산출된 혼잣말의 유형이다. 단독적 장면의 사적인 말에 해당한다. 혼잣말은 주로 독립된 담화로서 그 기능을 드러내기보다는 주로 다른 담화에 부속되어 그 기능을 발휘하는 경우가 많다. 하지만 혼잣말이 교육적으로 의미 있는 담화로 다루어질 수 있고, 독립된 담화로서 외형을 갖추기 위해서는 다른 담화와는 차별적으로 산출될 수 있어야 한다. 다음은 자신과의 대화 형식으로 전개된 자기 표출 기반의 성찰 내용을 담은 혼잣말 양상으로, 자신과 대화하는 형식으로 수행된 과제 결과물이다.

(2) 안녕↗○○야이렇게나자신한테말할려고하니까굉장히떨리는데어 뭐라고말해야될지모르겠어근데나는오늘너한테나를칭찬하는내용으로말 을할거야근데아무것도준비되어있지않고아무런그게없어서두서없이말할

수도있는데일단잘들어봐(1.5)↗나는(1.3)으니가요즘조금(1.7)힘들었잖니
↗조금많은일이있었는데(1.8)어그여러가지일들을다이겨낸거↗같아서다
는아니지만↗이겨낸거같아서대견하고(1.5)그리고혼자만의시간을가진거
를되게잘했다고생각해(1.8)문득사람들은(1.3)놀러가고싶거나여행가고싶
을때가있잖아↗(1.4)그거를근데바로실행에옮기는건되게힘든일인데너는
그거를바로실행에옮기고부산으로갔다왔잖아↗물론친구들이랑같이가는
것도재있는데그렇게혼자가서바다도보고사람들이어떻게생각하는지어뭘
하고노는지이런거지켜보는것도되게재있었던것같애그렇게하면서생각도
정리하고힘들었던걸다(1.2)털어↗내고온거같애서(1.3)잘했잘한↗일인거
같아(1.9)그래그리고음(3.2)조금너가못한게있다면그런즉흥적인행동은☺
잘했지만내할일을다끝내놓고물론다끝내놓긴했는데뭔가일에대한내가해
야되는일에대한열의가조금부족했던것같애과제도다하고인강도다들었지
만그걸듣는것만으로는내께되진않잖아↗그래서너가이제는조금대충대충
하는게없고(1.3)뭐라해야되지↗진심을다해서했으면좋겠어뭐든할때물론
과제도하기싫고인강도듣기싫지만그건누구나다듣기싫고하기싫은건데
(2.0)그러니까너는이제진심을다해서열의를좀가지고했으면좋겠어뭐든지
무슨일을하든(1.1)그게좀부족해서그건조금못한것같애그래도(2.4)뭐라할
까힘든일을누구한테막털어놓고(1.2)그렇게해도되는데혼자서생각하고정
리하고그렇게했던거는잘한일인거같애다음에도그런일이있으면나는물론
옆에사람이있고친구들과같이하면더좋지만↗나혼자서도극복하는방법을
잘배운것같애서대견해(1.5)그래(2.1)고마워00야안녕

제시된 담화의 전체 진행 시간은 총 3분 38초이다. 대학생 학습자
가 자기 자신을 칭찬, 위로하는 일종의 표현적 말하기로 주로 자신의
성찰과 관련된 내용으로 구성되어 있다. 아마도 이러한 대부분의 외

적 지향의 혼잣말, 특히 단독적 장면에서는 그 내용이 대부분 자신에 대한 위로나 충고, 문제 상황에 대한 성찰 등으로 구성될 수 있다. 물론 어린 학습자들일수록 자기 활동에 수반하는 말하기가 혼잣말 형태로 전개될 수 있다.

화살표는 억양을, 괄호 안 숫자는 쉼 시간을 나타낸다. 억양이 올라 간 부분은 내용이 강조되거나 질문에 대한 응답 요구 형식으로 이루 어져 있어 자신이 청자로서 역할을 전제하거나 자신과 소통하려는 의도가 부여되는 부분이라고 할 수 있다. 아울러 청중을 대상으로 한 앞선 독화 형식의 담화보다 쉼의 발생 빈도가 훨씬 높음을 알 수 있는데, 이는 혼잣말이라는 담화가 익숙하지 않았던 점, 즉 자신 자신 과 외적으로 구현된 말로 소통하는 것이 익숙하지 않았던 점에 기인 했던 것으로 판단된다.

위의 예와 같이 자기대화 형식의 혼잣말에서는 주로 위로, 격려, 충고, 비난, 다짐 등 주로 자기성찰의 틀에서 접근할 수 있는 내용들로 구성되었다. 자기활동의 경우는 유아들의 놀이나 활동, 동기유발의 경우는 스포츠 경기나 심리적 부담이 매우 높은 시험에 임하는 경우 에 주로 발견될 수 있다.[10]

일상의 쌍방향 대화에서도 혼잣말은 발생한다고 할 수 있다. 다만 외적으로 드러나는 경우보다는 그렇지 않은 경우가 많다고 할 수 있 다. 상대방의 체면에 위협이 되거나 순화되지 않은 발화로 소통 관계 를 단절시킬 수 있는 위험이 수반될 수도 있기 때문에 비교적 외적 형태로 산출되는 경우가 많지는 않다. 기존의 연구들이 대부분 준구

---

10) 이정화(2001)에서는 유아의 자기활동과 관련된 혼잣말을, 윤기운(2005)에서는 운동 수행 동안의 혼잣말의 심리적 기능을 다루고 있다.

어 말뭉치 담화인 TV 드라마나 영화나 연극의 대본을 주로 혼잣말의 연구대상으로 삼는다는 점도 같은 맥락에서라고 할 수 있다. 다음 예는 일상 대화의 한 부분이다.

(3) C: 너네최근9월에남북정상회담한거알아↗

A: *아어*봤지

B: 알지

C: 이제곧통일될거같은데 *☺☺*

A,B: *☺☺*

C: 통일통일되면애들한테통일교육같은걸해야되잖아아니아직안됐으니까↗(1.1)<u>어어렵기도할것같고</u>↘

B: 미리*해야지*

A: *해야지*(1.32)

C: 우리는어떻게하면좋을까↗(1.6)

A: 음근데국어에서통일교육할려면어일단통일이랑관련된문학작품같은거를가르치는게좋다고생각을했어☺

C: 으응☺

A: 통일관련작품이꽤있더라고시도있고소설도있고그래서국어에서가르칠려면작품을먼저가르치면서그렇게다가가는게좋을것같다고생각했어

C: 근데그러면그런통일작품은통일을하자라는주제를가지고있는작품이야↗

A: *으음*

B: *음*그렇다기보다는그냥통일에**대해서**그냥얘기하는

A: **어**

C: 아아

B: 나고등학교때했었는게그런게있었는데작품이름은정확히생각안
  나는데그냥되게그냥그런거에대해서이야기하고뭐그냥삼팔선뭐*
  이런*(1.0)<u>넘재미없었지</u>↘

A,C: *☺*

B: 우리뭐이런전통적호랑이이런거이야기하는시들↗있었던거*같아
  *

C: *아아*그렇구나

B: 내가좀찾아봤는데그뭔가생각보다그런쪽으로너무안하고그냥통
  일에대해서언급만해줘도살짝통일교육이라고할수있다고하더라
  고내가지도안같은걸몇개봤는데막그주장하는글쓰기나*토론같은
  거에서*주제자체를그어통일을꼭해야하는가이걸로만잡아도통일
  교육으로볼수있고

A,C: *으음*(1.44)

B: 아막그문법같은거할때뭐우리는이걸이렇게얘기하는데뭐북한은
  뭐이렇게*얘기를*

  위의 예는 국어교육과 학생들이 통일을 대비하여 국어교육을 어떻
게 해야 할지에 대해 즉흥적으로 견해를 나눈 대화의 일부이다. 화제
에 대해 별다른 준비 없이 즉흥적으로 3명의 참여자가 대화를 전개했
고, 일상 대화에서 발견될 수 있는 다양한 간투사나 쉼, 발화 겹침,
억양 등이 비교적 자세하게 전사되었다.

  다만 여기에서 내적 혼잣말이 투영된다고 할 수 있는 쉼을 제외하
고 외적으로 혼잣말이라고 간주될 수 있는 부분은 밑줄 친 C와 B의
대화 말미에 해당된다. 두 발화는 공통적으로 일정 간격의 쉼이 수반

되면서 하강 억양이 적용되는데, 청자의 반응을 유도하기보다는 발화 말미에 화자 스스로 얼버무리듯이 종결되는 양상을 보여주고 있다.

먼저 C의 밑줄 친 앞 부분의 발화가 아직 통일이 되지 않았기 때문에 교육에 관하여 미리 준비해야 한다는 전제를 깔고 있고, 이 발화에 대한 반응으로 통일에 대비해 미리 준비해야 된다는 B와 A의 동시 발화가 이어서 산출되고 있다. 따라서 밑줄 친 C의 부분은 대응쌍이 존재하지 않는 맥락 독립적 성격의 발화로 청자의 의식에 영향을 주거나 반응을 이끌어내지 못한, C 화자의 통일에 대한 개인적 견해나 감정이 투영된 혼잣말이라고 할 수 있다.

B의 발화는 제목을 정확하게 알지 못해 '이런'으로 얼버무리면서 A와 C의 웃음이 유발되고, 서로 간에 발화와 웃음이 겹치고 있다. 이후에 '쉼'이 수반되면서 상대방의 웃음에 대한 체면 유지용 차원에서 '넘재미없었지'라는 발화로 마무리를 하는데, 통상 이 발화는 A와 C의 웃음에 뒤섞여 나온 B의 혼잣말로 간주될 수 있다.

A와 C의 웃음 뒤에 발화인 B의 발화가 시에 대한 화제로 전환되는 것으로 봐서 '넘재미없었지'는 웃음에 대한 일종의 체면 유지를 위한 여운 성 발언 정도로 해석이 가능하다. 실제 대화 장면을 A와 C의 웃음 뒤로 고등학교 때를 잠깐 떠 올리면서 그 때의 감정을 되살리는 듯한 뉘앙스를 주고 있기 때문이다. 아울러 이는 앞선 발화와 웃음의 겹침에서 해당 화제에 대한 발화 인접쌍이 완결된 상태로 볼 수 있기 때문에 청자를 의식하고는 있지만, 반응을 유도하기 위한 발언으로 보기 어렵다.

하지만 이러한 해석 상황에도 불구하고, 일상의 즉흥 대화에서는 혼잣말의 발생 빈도가 극히 낮고, 발생하더라도 청자의 의식이나 반응에 대한 객관적인 해석의 정도를 가늠하기 어렵기 때문에 혼잣말인지의 여부를 판단하기 애매한 경우가 많다. 아울러 다음의 예들은 또 다른 측면에서 혼잣말의 성립 여부에 대한 해석상의 어려움을 제기한다.

(4) (기도하면서) 주님, 인질로 잡혀 있는 우리 형제, 자매들이 무사히 풀려 날 수 있도록 보살펴 주십시오.[11]

(5) 훈: (웃는다) 미안할 거 없어요. 그런 건 미안해 하는 거 아니예요.
    수리: 그래두 괜히⋯ (혼잣말처럼) 재밌는 걸 얘기할 걸 그랬다.
    훈: 괜찮아요.
    수리: 근데 진짜 저희 동네 일 있으신 거예요?[12]

위의 두 예는 기존의 논의에서 혼잣말을 다루면서 사용되었던 것이다. 혼잣말이 다른 담화와 차별적인 담화로 성립하기 위해서는 청자와 관련된 특수한 담화 상황이 고려되어야 하는데, 박일섭(2007)에서는 (4)를 혼잣말의 범위에 포함되지 않는 것으로, 윤경원(2011)에서는 청자 유무, 청자 의식과 반응 유무에 따라서 (5)를 혼잣말로 다루고 있다.

(4)의 경우에는 가상적 청자를 전제하고 있다는 점에서 대화체에 가깝기 때문에 혼잣말에 포함되지 않는 것으로, (5)의 경우는 청자가 고려된 높임법이 실현되지 않았다는 점에서 혼잣말에 포함되고 있다. 하지만 (4)의 경우에 가상의 청자는 화자가 마음속으로 구현한 일종

---

11) 박일섭(2007: 22).
12) 윤경원(2011: 80).

의 가상 대리인이라는 점에서 혼잣말이라고 할 수 있고,[13] (5)의 연속된 발화에서 혼잣말이라고 전제된 발화가 다음 발화와 대응되거나 인접한 쌍으로 묶일 수 있다는 점에서 혼잣말이라고 보기 어렵다.

이상의 제시된 예시 담화 양상 및 기존 연구를 통해 논의된 혼잣말 유형에 대해 다루어보고자 한다. 비교적 최근 연구들인 박일섭(2007), 윤경원(2011), 조용준·안희돈(2020) 등에서는 언어학적인 측면에서 혼잣말에 대한 유형 분류가 성글게나마 이루어지고 있는 실정이다. 이를 간략하게 정리하면 다음과 같다.

〈표 1〉 혼잣말의 유형 분류

박일섭(2007)	윤경원(2011)	조용준·안희돈(2020)
직접 표출형 혼잣말	고립된 혼잣말	진성 혼잣말
간접 표출형 혼잣말	독화적 혼잣말	가성 혼잣말
	중립적 혼잣말	
	환기된 혼잣말	

〈표 1〉에서 제시된 바와 같이 혼잣말은 크게 청자의 상정 여부에 따라서 크게 두 유형으로 구분된다고 할 수 있다. 즉 직접 표출형 혼잣말, 고립된 혼잣말, 진성 혼잣말은 단독적 장면에서 화자가 자신에게 하는 발화이다. 반면에 나머지 혼잣말은 청자가 상정되는 발화 상황의 혼잣말이라고 할 수 있다. 다만 윤경원(2011)의 경우에는 청자의 상정뿐만 아니라 청자의 반응 유무에 따라 세 가지 유형으로 분류하고 있는 것이 특징적이다.

혼잣말을 청자를 전제하지 않고 혼자서 중얼거리는 일종의 소리라

---

13) 조용준·안희돈(2020)에서는 이러한 가상의 청자를 내세우는 혼잣말을 가성 혼잣말로 분류해서 혼잣말의 범주에 포함시키고 있다.

는 사전적 개념에 국한시켜 본다면, 분명 〈표 1〉의 모든 연구가 청자를 전제한 발화 맥락 상황에서의 혼잣말을 상정하고 있다는 점은 혼잣말의 소통적 속성을 수용한 결과라고 할 수 있다. 가령 간접 표출형 혼잣말은 가상적 표출 대상인 청자를 상정해서 표출되고, 더 나아가 환기된 혼잣말이나 가성 혼잣말의 경우에는 실제 담화 상황의 청자 반응까지 고려하고 있다.

하지만 혼잣말이 지니는 고유의 담화 속성을 감안한다면 청자의 반응까지 고려한다는 것은 일반 대화체와의 구별을 어렵게 만드는 요인이 될 수 있다. 그런 점에서 설정된 가상의 청자를 대상으로 하는 혼잣말을 간접 표출형 혼잣말로 상정한 박일섭(2007)의 유형 분류가 더 적절한 측면이 있기도 하다. 하지만 위의 연구들에서 고려되는 있는 담화가 대부분 방송이나 극 갈래 중심의 다소 인위적인 준구어 대본이라는 점에서 언어 생태학의 실제성이 제대로 고려되지 못했고, 아울러 혼잣말의 가장 주된 양상이라고 할 수 있는 내적 말하기가 다루어지지 않고 있다는 점에서 일정한 한계를 노출한다.[14] 나아가 혼잣말의 유형 분류에 청자가 고려되면 발화 맥락에 수반되는 화자와 청자의 주관적인 심리적 상태나 정황에 대한 해석이 수반되어야 한다는 점에서 객관적 접근의 어려움이 제기될 수 있다.

따라서 인위적 입말 담화에서 일부 드러나는 혼잣말을 대상으로 이 를 유형화한다는 것은 여러 가지 논의의 소지가 따를 수 있다. 아울러 말하기 교육 현장에서 다룰 수 있는 내용으로 환원하기에도 어려움이 제기될 수 있다. 다만 이상의 양상과 유형 논의들을 바탕으

---

14) 윤경원(2011: 86)에서는 설문지를 통한 혼잣말에 대한 사용 인식 조사에서 혼자 있을 때나 다른 사람이 있을 때도 마음속으로 말하는 비율이 그렇지 않은 경우에 비하여 상대적으로 훨씬 높았음을 보여주고 있다.

로 혼잣말 산출 양상의 형태와 기능에 따라 다음과 같은 구성이 가능하다. 이는 순수 언어학적인 측면보다는 말하기 교육 현장에서 다루어질 수 있도록 심리적·사회적 측면이 고려된 결과이다.

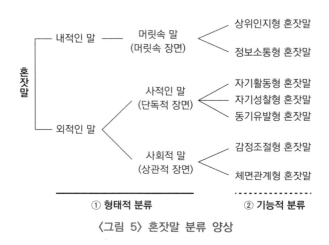

〈그림 5〉 혼잣말 분류 양상

〈그림 5〉에서와 같이 잠정적으로나마 혼잣말의 유형 분류가 가능하다. 형태적 분류의 경우는 발화가 입 밖으로 산출되느냐의 여부에 따른 것이고, 외적인 말의 경우는 청자가 있느냐의 여부에 따라 사적인 경우와 사회적인 경우로 구분된다. 단 상관적 장면의 경우에는 앞서 논의되었듯이, 화자가 청자를 의식했지만, 청자의 반응까지 고려한 경우의 혼잣말은 제외된다.

기능적 분류는 각 발화 장면에 따른 혼잣말 담화에서의 기능에 따른 것이다. 머릿속 말의 경우는 말의 흐름에 대한 조절, 통제 등과 관련되는 상위인지와 말할 내용에 대한 산출과 관련되는 정보소통형 혼잣말로 구분된다. 사적인 말의 경우는 주로 유아기 시절에 자기활동에 몰입해 있는 아동들로부터 산출되는 자기활동형에서부터 스포츠 선수들의 경기에의 동기유발 극대화를 위한 일종의 자기 최면의 동기유발형 혼잣말까지를 아우르고 있다.

상관적 장면의 사회적 말에서 혼잣말의 기능 양상은 머릿속 말이나 사적인 말과는 기능적인 측면에서 차이가 난다. 면대면 관계에서 오는 다양한 갈등 양상이 혼잣말의 산출에 영향을 줄 수 있는데, 청자나 청중과의 관계에서 파생될 수 있는 심리적 불안 의식이나 미시적 권력 관계에서 발생할 수 있는 체면(face) 유지나 손상에 대한 두려움 등이 혼잣말에 투영될 수 있다.

특히 사회적인 말의 경우는 발화 상황에 따라서 그 기능이 다양하게 세분화될 수 있다. 앞서 제시된 대화의 일부 과정에서도 드러났듯이, 혼잣말은 불평, 비난, 단정, 염려, 표출, 단언, 의문 등 다양한 방식으로 산출될 수 있기 때문에 이를 몇 가지 유형으로 단정 짓기는 어렵다. 다만 소통 과정상에 드러나는 다수의 혼잣말이 화자 개인의 감정 표출을 통해 심리 상태를 완화시키고, 상대방과의 체면 관계를 조절하는 데 기여하는 것으로 드러났기 때문에 〈그림 7〉과 같이 두 가지로 구분하였다.

4. 교육 내용으로의 구성과 의미

'4'절에서는 혼잣말의 말하기 교육에서의 위상과 유형 탐구를 토대로 교육 현장에서 혼잣말이 교수·학습될 수 있도록 교육과정 상의 성취 기준을 마련하고 이에 대한 내용을 제시하고자 한다. 이는 혼잣말이 향후 국어교육 현장에서 그 중요성이 고려되어 구체적으로 다루어질 수 있도록 시론적으로나마 구성된 것이다.

성취 기준은 두 가지로 구분된다.[15] 첫째는 혼잣말 수행에 수반되는 태도, 둘째는 혼잣말의 지식 및 본질에 관한 것이다. 아울러 혼잣말이 말하기 수행으로서 자기 성찰적 의미를 수반하려면 최소한 중학교 수준 정도는 되어야 할 것이다. 피아제(Piaget)는 아동의 인지 발달 단계의 논의에서, 그들이 상위 인지적 측면의 추상적 사고를 할 수 있는 연령대가 대략 11~15세 정도로 보고 있다. 이는 성찰적 틀에서 혼잣말 수행이 교육적으로 의미 있으려면 최소한 중등 단계는 되어야 함을 보여주는 것이라고 할 수 있다.

---

1. 자신과의 대화를 통해 자신의 감정에 공감하며 성찰하는 삶의 태도를 기를 수 있다.
2. 담화로서 혼잣말의 독립적이고 종속적인 위상을 이해할 수 있다.

1의 경우는 중학교 학습자들을 대상으로 한 성취 기준으로, 혼잣말을 실제로 구현해 보는 것에 초점이 있다. 단순히 중얼거림 차원을 넘어서 의미 있는 발화 진술을 이끌어내기 위해서 자신의 생각과 감정을 돌아보는 차원에서 혼잣말을 구현할 수 있도록 하였다. 이는 일종의 자기대화(self-talk)라고 할 수 있다.

즉 자신과의 대화를 통해 자신의 감정에 공감하며, 나아가 이러한 혼잣말을 통해 자신의 삶을 돌아보고 반성할 수 있는 계기를 마련하

---

15) 교육적으로 의미 있다는 것과 그것이 독립적인 성취 기준으로 제시되어야 한다는 것은 또 다른 문제이다. 다만 이 글에서는 교육적인 측면에서 혼잣말에 대한 시론적 논의임을 감안하여, 듣기·말하기 교육과정 상에 잠정적으로나마 제시될 수 있는 혼잣말의 교육적 성취 기준을 마련해 본 것이다.

는 데 성취 기준 마련의 초점이 있다. 이는 특히 사춘기에 있는 중학교 학습자들을 대상으로 하여 자기 자신을 성찰하는 데 혼잣말이라는 담화를 적극적으로 도입함으로써 자기 자신과의 소통에 인식의 초점을 두도록 하였다.

다른 담화에 비해 내용 전개 과정에서 심적 불안의 정도가 낮은 혼잣말을 통해 자기 자신과 솔직한 대화를 전개함으로써 스스로에 대한 문제인식 상황을 객관적으로 살펴볼 수 있도록 한다. 이를 통해 학습자들은 상대방과의 소통 과정에서 오는 심적 불안감을 뒤로 하고, 자기 자신과 솔직하게 소통하는 기회를 가짐으로써 자아 인식과 성찰이 수반된 자기 성장을 경험하도록 하는 데 본 성취 기준의 목표가 있다.

2의 경우는 고등학교 학습자들의 대상으로 하여 상정된 성취 기준이 다. 말하기 과정의 전문적인 역량을 키워나가는 데 필요한 내용으로 상정되었다. 말하기를 상대방과의 소통 과정에만 관심을 두기보다는, 먼저 자신과의 소통에서 오는 말하기 과정의 본질적인 문제를 자기자각(self-awareness)의 틀에서 어떻게 인식할 수 있느냐에 초점을 두었다.

혼잣말은 그 속성상 독립적으로 전개되거나, 다른 담화에 종속되어 전개될 수 있다. 이는 혼잣말이 지니는 이중적 속성이라고 할 수 있는데, 이러한 속성을 이해하는 것이 필요하다. 혼잣말은 독립적으로는 자기 자신과 대화하는 담화로서의 속성이, 종속적으로 다른 담화의 상위인지적인 측면으로 작용하는 속성이 부각될 수 있다.

즉 이러한 이중적 위상을 갖는 혼잣말의 속성을 정확하게 이해하는 것이 필요하다. 특히 종속적 속성으로서의 담화 위상을 정확하게 인식하고, 실제 다른 담화와의 관계에서 혼잣말을 어떻게 활용할 수 있을지에 대해 전략적인 접근을 할 수 있도록 상위인지 틀에서의 내용이 마련되어야 한다.

특히 실시간으로 산출되는 말하기의 순차적 과정에서 혼잣말은 각 산출 부서의 작용 과정에 대한 '자기—지각'과 결부되는데, 실시간으로 전개되는 말하기의 산출 과정을 조정·통제·평가하는 담화로 기능할 수 있다. 즉 혼잣말은 자기 표출의 틀에서 자기 성찰이나 반성과 관련된 독립된 담화로서 기능할 수 있고, 다른 한편으로는 다른 담화에 종속되어 그 담화의 전개 과정에 인지적으로 밀접하게 작용하는 종속 담화로서 기능할 수 있음을 이해하도록 한다.

5. 마무리

이 글에서는 혼잣말의 담화적 위상을 말하기 교육 차원에서 다루어 보았다. 기존에 혼잣말에 대한 연구가 아동심리학, 사회심리학, 언어병리학의 틀에서는 종종 이루어져 왔지만, 정작 말하기 교육 현장에서는 독립된 담화로서 다루어지지 못하였다.

이런 문제의식에 기반을 두고 이 글에서는 혼잣말의 개념과 위상, 유형을 시론적으로나마 다루었다. 혼잣말은 기본적으로 내적인 혼잣말과 외적인 혼잣말로 구분될 수 있고, 외적인 경우에는 단독적 장면에서의 사적인 말과 상관적 장면에서의 사회적인 말로 구분될 수 있다.

내적인 혼잣말은 주로 심리적 측면에서의 논의가 이루어져 왔다. 일반적으로 상위인지 측면에서의 조정과 통제, 그리고 정보 마련을 위한 소통 역할을 한다. 이런 경우에 준언어적 표현인 '쉼'과 연계되어 이러한 내적 혼잣말의 기능이 확인될 수 있다. 외적 혼잣말의 경우에는 화자의 자기활동에 수반되거나, 성찰, 동기유발, 체면유지, 감정조절 등 다양한 측면에서 작용하는 것으로 드러났다.

하지만 이 글에서는 혼잣말에 대한 말하기 교육적 측면에서 개괄적인 논의에 그쳤다. 일상 대화에서 혼잣말에 대한 자료를 수집하기 어려울 뿐 아니라, 기본적으로 혼잣말이 내적으로 발현되는 경우가 많기 때문에 연구에 어려움이 따른다. 이를 감안하여, 향후 언어 생태학에 보다 부합하는 말뭉치 자료의 수집이 이루어져야 할 것이고, 무엇보다 혼잣말의 심리적 현상에 대한 보다 깊이 있는 연구가 뒷받침되어야 할 것으로 판단된다.

제2장 대화

1. 문제 제기

현재 학교 현장에서 대화는 듣기와 말하기, 그리고 화법교육의 주요한 교수·학습 담화 중의 하나이다. 즉 대화는 다른 담화와 마찬가지로 교육과정과 교과서 상에서 일정하게 교수·학습상의 내용으로 제시되고 있으며 학교 현장에서 교수·학습되어야 하는 담화이다. 하지만 다른 담화, 가령 토론이나 발표와는 그 교육적 중요성이나 방법적인 측면에서 일정한 차이가 있다.

대화는 일반적으로 사적 영역에서 이루어지는 담화이다. 따라서 공식적인 학교 교육에서 본격적인 담화로 다루어지기에는 방법론상으로 많은 어려움이 따른다. 특히 대화가 이루어지는 삶의 다양한 맥락을 교수·학습 현장으로 고스란히 옮겨놓기가 어렵고, 아울러 그와 같은 맥락을 고려한다고 하더라도 사적 영역에서의 미묘한 면대면 소통 관계를 구현하는 것은 더 어려운 일이다.

현재 화법교육에서 고려되는 담화는 대화를 비롯해 인사말, 회의, 토의, 토론, 발표, 면접, 협상, 연설 등이다. 이들 9가지 담화는 초등학교에서부터 고등학교까지 적절하게 나누어져 교육하도록 제시되고 있다. 대화도 초등학교에서부터 고등학교까지 교육과정 상에 배치되고 있기는 하지만, 학년이 올라갈수록 사적인 대화 영역보다는 공적인 담화 영역으로 교육 내용이 옮겨가고 있는 실정이다.

즉 사적 영역에서 이루어지는 대화는 학년이 올라갈수록 그 교육적 유의미성이 떨어지고 중·고등학교 교수·학습 현장에서는 거의 다루어지지 않고 있는 실정이다. 뿐만 아니라 초등학교에서도 저학년을 중심으로 다양한 현실 맥락을 고려하거나 과제 중심의 문제 해결력을 향상시키는 대화교육보다는 극과 같이 미리 짜인 대본 중심의 대화글 읽기 교육에 초점을 두고 있는 것이 현실이다.[1]

이런 사정으로 인해 학교 현장에서 대화는 다른 담화에 비해 제대로 교수·학습되고 있지 않거나 혹은 거의 도외시되고 있는 실정이다. 따라서 국어과 평가에서도 거의 비중을 차지하고 있지 못하다. 그렇다면 분명 대화가 듣기·말하기 혹은 화법교육에서 이런 식으로 다루어져 온 이유가 있을 것이다.

---

[1] 이도영(2011)에서는 초등학교 교과서 상의 듣기와 말하기 영역을 중심으로 지식, 기능, 태도로 구분해서 맥락의 문제를 다루고 있다. 특히 맥락과 관련성이 없거나 떨어지는 언어 사용 상황의 상정과 이의 교육을 주요한 문제로 지적하고 있는데, 특히 "그 결과 현재의 듣기·말하기 맥락 교육은 거의 다 인사, 칭찬, 감사, 위로 등과 같은 사회적 상호작용과 관련 있는 것만 다루고 있다고 할 수 있다. 그러면서도 사회적 작용이라는 말에 맞지 않게 일방향적인 소통 중심으로 활동이 짜여 있고, 쌍방향적인 소통을 하더라도 서로 말을 한 번씩만 주고받고 있다"(213쪽)와 같이 맥락이 거의 고려되지 않은 교과서의 내용을 비판하고 있다.

교육과정마다 약간의 차이가 있기는 하지만, 대화는 꾸준하게 교육과정과 교과서에서 그 교육적 가치를 인정받아 왔다. 하지만 정작 구체적인 교수·학습 맥락에서는 대화가 제대로 수용되어 다루어지지 못한 것이 사실이다.[2] 즉 이런 문제가 대화라는 담화가 지니는 차별적인 속성과 위상에 대한 문제인지, 그렇지 않으면 교수·학습 방법론상의 문제인지에 대한 구체적인 검토가 필요한 시점이다.

이는 대화가 그 자체의 정체성 확보를 통한 존립과 다른 담화의 이론 및 실제에 영향을 줄 수 있는 기본적인 담화 영역으로서의 가치 확보라는 이중의 과제를 안고 있다는 점에서 중요하다. 특히 대화 담화의 교육 속성과 위상에 대한 정체성을 확보하는 것은 대화교육이 국어교육 현장에서 제대로 자리 잡을 수 있는 핵심적인 계기가 될 수 있다.[3]

이 글에서는 이상의 문제의식을 바탕으로, 우선적으로 우리 국어교육 현장에서 대화교육이 제대로 이루어지지 못했던 상황과 그 이유를 제시하며, 이를 바탕으로 대화 담화만이 지니는 속성과 다른 담화와의 관계에서 드러날 수 있는 위상의 문제를 본격적으로 고찰한다. 나아가 학교 현장에서의 대화교육의 가능성을 존재론적 차원과 의미

---

2) 필자는 이 논의를 구성하기 이전에 논의의 문제의식을 분명하게 포착하기 위해, 대구 C대학교 학습자 200여 명을 대상으로 대화교육을 초·중·고에서 제대로 받아 보았는지에 대한 설문조사를 실시한 적이 있다. 놀랍게도 대화를 교육받았다고 한 학습자는 드물었다. 특히 대화를 교육받아야 하는지조차도 모르는 학습자들이 대다수였다. 물론 학습자의 수준이나 경험, 혹은 학습에 대한 기억의 편차 등에서 차이가 있겠지만 이는 대화교육이 학교 현장에서 제대로 이루어지고 있지 않다는 단적인 증거가 될 수 있다. 다만 토론, 면접, 토의 등의 공적 담화는 대입 준비를 위해 학교에서 일정한 시간을 투자해 연습해 보았다는 학습자들이 다수 있었다. 아울러 이는 십수 년 중·고등학교 교사 경력이 있는 필자의 입장에서도 마찬가지이다.
3) 임칠성(2011)에서도 담화 유형에 대한 국어교육적 합의가 제대로 이루어지지 못했음을 지적하고 있다.

론적 차원으로 구분하여 총체적으로 다루어 보고자 한다.

2. 대화교육의 부재

2.1. 전통적인 글말 중심의 문화와 군사 문화의 영향

우리의 전통 문화는 한문 중심의 글말이 중심이 되어왔다고 해도 과언이 아니다. 훈민정음이 창제되기 이전까지 말과 글의 불일치 속에서 수많은 언중들은 절름발이 언어 생활을 영위해 왔으며, 이런 상황에서 언어적 표현이나 내용보다는 일방향 관계 중심의 말글살이에 얽매여 살아왔다.

결과적으로 대다수 언중들의 입말을 통한 자연스러운 내용 표현의 몫은 줄어들 수밖에 없었고, 관계나 계층을 통해 일방향적인 소통의 상황에 암묵리에 놓이는 경우가 많았다. 이런 상황은 입말의 공적, 사적 상황을 막론하고 말을 통한 공존과 협력의 장을 공유하기 어렵게 만들었고, 일부 식자층에 의한 지식의 독점을 가져오게 하였으며 더딘 문화의 발전의 결과를 나았다.[4]

이는 우리 사회가 근대화라고 부르기 시작하는 시기에도 마찬가지였다. 외세의 침탈과 군사 문화의 영향으로 상호 관계 중심의 화법이 아닌 지시와 강제의 일방향적 소통만이 이루어졌다. 이런 사회문화적 상황은 국어교육의 근간이 되는 국어과 교육과정에도 반영되어

---

4) 그런 점에서 수사학 혹은 웅변술이 번창했던 고대 그리스의 문화적 번영은 논리적이고 합리적인 서구 사회의 토대를 만들었다고 해도 과언이 아니다.

듣기와 말하기, 화법교육이 제대로 이루어질 수 없는 분위기가 조성되었다.

이는 미군정기 시기의 교육과정을 필두로 해서 거의 제4차 국어과 교육과정까지 이어졌다고 볼 수 있다. 다만 제5차 국어과 교육과정에 와서야 듣기와 말하기가 국어과의 한 영역으로, 그리고 제6차 국어과 교육과정부터 화법이 고등학교 선택 과목으로 자리를 잡았고, 학교 현장에서도 교과목으로 가르치기 시작했다. 이처럼 우리의 입말 교육은 지극히 최근에 와서야 비로소 학교 현장에서 본격적인 과목으로 수용되었다.[5]

2.2. 언어 표현에만 치중한 입말 교육

국어 과목이 내용 중심이 아닌 기능 혹은 도구 중심이 되고, 이런 생각들이 반영된 제5차 국어과 교육과정부터 언어 사용 영역이 국어과의 주요한 근간이 된다. 이 시기를 기점으로서 이른바 도구 중심 혹은 기능 중심의 국어 교과관이 학교 현장에 반영되며, 자연스럽게 읽기와 쓰기, 그리고 듣기와 말하기 교육이 국어교육에서 중요한 부분을 차지하게 된다.

하지만 정작 듣기와 말하기, 그리고 화법교육은 읽기와 쓰기에 비해 학교 현장에서 자리를 제대로 잡지 못했다. 이는 듣기와 말하기 영역, 그리고 화법 과목의 정체성 수립의 실패와도 관련될 수 있다.

---

5) 전은주(2006)에서는 개화기에서부터 7차 교육과정까지의 화법교육의 변천사를 고찰하고 있다. 특히 각 교육과정 별로 화법교육의 변모를 비판적 관점에서 고찰하고 있어 참고가 된다. 다만 5차 이후부터 화법교육을 발전기로 자리매김하고 있는데, 이는 외형상으로는 그렇지만 실상 학교 현장에서의 화법교육이 앞선 시기와 크게 차이가 있었는지에 대해서는 의문이 든다.

이런 실패의 주된 원인은 무엇보다도 입말과 글말의 본질적인 차이를 고려하지 못하고 읽기 및 쓰기 영역의 글말 중심 내용들과 차별성 없이 듣기와 말하기 영역과 그리고 화법 과목의 내용 구성이 이루어졌기 때문이다.

입말은 글말과 달리 맥락과 현장에서 벌어지는 소통 관계에 초점을 두어야 한다. 하지만 이들 제5, 6차 국어과 교육과정들은 이를 제대로 반영하지 못하고 언어 전달상의 내용 표현에만 치중했다.6) 이는 입말의 고유한 속성을 살리지 못하는 결과로 이어졌고, 당연히 입말 교육은 제대로 학교 현장에서 자리 잡기 어려운 결과가 되었다.

특히 입말 담화 중에서도 대화는 공적보다는 사적 자리에서의 차별적인 속성이 드러남으로, 이와 같은 언어 표현 중심보다는 관계 중심에 더 초점이 놓이는 담화라고 할 수 있다. 아울러 이와 같은 사적 영역에서는 다양한 준언어와 비언어적 표현이 더 중요한 소통의 수단이 될 수 있는데, 이를 도외시한 채 지나치게 언어 표현에만 초점을 둔 이른바 관계 형성보다는 정보 전달이나 교환에 치중한 입말 교육이 되어 왔다.

즉 이런 상황에서 사적 영역에서의 관계 형성을 중요시하는 대화교육은 제대로 공교육의 장에서 다른 여타 담화에 비해서 그 기틀을 마련하기 더 어려웠다. 입말 교육, 특히 사적 영역에서의 대화는 언어 표현에 초점을 두는 교육이 아닌 관계에 초점을 두는 교육이 이루어

---

6) 이문규(2004)에서는 이를 표현관과 소통관으로 구분한다. 즉 듣기와 말하기, 화법 교육의 핵심을 언어 사용 중심에 둘 것인가, 혹은 언어 사용 이면에 깔려 있는 다양한 관계 측면에 초점을 둘 것인가에 따라 두 가지로 구분된다고 볼 수 있다. 나아가 임택균(2013)에서는 국어 교사들이 관계 차원보다는 언어 차원에 초점을 두는 것으로 조사 결과를 논의하고 있다. 특히 이는 현재 우리 화법교육이 제대로 되고 있지 못한 주요한 한 요소로 논의되고 있다는 점에서 참고의 의의가 있다.

져야 한다.[7]

2.3. 공적 화법 및 대중과 집단 화법이 중시된 입말 교육

화법은 참여자 구성에 따라 다양하게 구성된다. 일반적으로 참여자 관계의 공식성 정도에 따라 사적과 공적 화법으로, 그 관계가 일 대 일, 일 대 다, 아니면 집단적인가에 따라 대화, 대중 화법, 집단 화법으로 나뉜다. 대화는 주로 사적이면서 일 대 일 관계 유형에 속하는 담화이다.

엄밀하게 말하자면 대화는 다른 담화와는 다르게 사적 영역에서의 관계 형성에 초점을 둔 담화라고 할 수 있다. 하지만 사적 영역에서의 미세한 맥락을 교육적으로 유의미하게 살려내기가 매우 어렵다. 물론 다양한 대화 상황을 만들고, 이에 부합하는 언어 표현과 관계 형성에 초점을 두는 극 형식의 대화 공간을 연출할 수 있겠지만, 이런 내용들이 실제 삶의 현장으로 얼마나 의미 있게 전달될 수 있을지는 의문이다.

따라서 대화는 주로 초등학교 저학년 수준에서 교육되고 있는데, 이는 실제 삶의 미묘한 관계 중심의 대화라기보다는 피상적인 정보 전달이나 교환에 그치는 경우가 많다. 아울러 학교라는 공적 현장에서 대화라는 담화가 교육되기 어려운 이유 중의 하나는 평가와 관련하여 대화는 거의 교육적 유의미성을 지니지 못하기 때문이다. 다만

---

7) 이런 점은 국어교육이 응용 학문이라는 점을 제대로 반영하기 못한 결과이기도 하다. 국어교육은 철학, 언어심리학, 미시사회학(작은 사회학)이라는 학문 분과의 내용을 토대로 구성된 응용 학문이다. 이 중에서도 미시 사회학은 관계의 문제를 직접적으로 다룰 수 있는 주요한 분야이다. 임칠성(2012)에서는 외적 관계의 유형을 국어교육의 틀에서 일부 개괄하고 있어 참고가 된다.

토론, 토의, 면접 등은 대학 입시를 위해서라도 다수의 학습자들이 학교와 사교육을 통해 일부분 교육받고 있는 것이 사실이다.

이처럼 학교 현장에서 듣기와 말하기, 화법교육이 실시된 이후로 주로 교육의 대상이 되어 온 담화는 토론이나 토의, 발표 등 집단과 대중 화법이 주를 이루어왔다. 이러한 결과로 대화가 교육과정 상에 다른 담화와 함께 포함되어 있음에도 불구하고 교수·학습 현장에서는 거의 다루어지지 않거나 도외시 되어 온 것이 사실이다.[8] 이는 대화교육이 학교 현장에서 피상적으로 혹은 명목상으로만 존재하는 담화로 오랜 시간 자리 잡아 온 주요한 이유 중의 하나이다.

2.4. 담화 유형으로서의 독자적인 위상 마련의 소홀

대화가 국어교육 현장에서 과연 독자적인 담화로서 그 정체성을 분명하게 지니고 있는지에 대해서는 논란의 여지가 있을 수 있다. 특히 대화라는 표현 자체가 듣기와 말하기, 화법에서만 사용되는 것이 아니다. 소통이 중시되는 다양한 학문 현장뿐만 아니라, 일상생활에서도 많이 사용되기 때문에, 그것이 지니는 의미의 진폭이 매우 넓고 깊다고 할 수 있다.

또한 대화는 다른 담화에 귀속되는 경우가 많다. 특히 토론, 토의, 면접, 협상 등도 대화를 주 기반으로 전개되는 담화 유형이기 때문이

---

8) 서영진(2013)은 고등학교 학습자들을 대상으로 한 말하기 효능감 조사에서, 고등학교 학습자들은 공적 담화인 발표나 토론과 관련하여 실질적인 효능감을 드러내지만 대화에 대해서는 그렇지 못하다고 보고하고 있다. 그 이유를 대화는 사적 영역의 담화로 평가와 거의 관련이 없으며, 교육받지 않아도 누구나 수행 가능한 것으로 지적하고 있다. 이는 결국 대화 담화가 공식적인 담화로서 교육되고 있지 못하다는 반증이기도 하다.

다. 다만 일정한 규칙이나 순서, 아울러 담화의 목적에 있어서 차이가 있을 뿐이다. 따라서 이런 여러 담화들에서 대화만이 지니는 독자적인 속성이나 위상을 이끌어내기가 어렵다.

아울러 이런 공식적인 담화들에서의 규칙이나 목적이 중시되다 보면 자연스럽게 대화는 이들 담화를 뒷받침하는 담화 정도로 취급되거나 혹은 독립적인 담화 유형으로서의 교육적 필요성이 떨어지게 된다. 따라서 대화는 다른 담화에 쉽게 귀속되어 그것의 독자적인 속성을 자연스럽게 잃게 되는 경우가 많다.

물론 대화의 구조, 원리, 예절 등을 중심으로 한 대화교육의 독자성을 확보하기 위한 연구들도 있어 왔다.[9] 하지만 이와 같은 대화의 구조, 원리, 예절 등이 학교 현장에서 교육적으로 환원되어 학습자들에게 삶으로 전이되기 위해서는 여전히 대화의 독자적인 부면에 대한 연구들이 심층적으로 이루어져야 한다.

듣기, 말하기 영역과 화법교육이 학교 현장에 본격적으로 들어온 지도 제법 많은 시간이 흘렀다. 하지만 이들 영역과 과목에서 이루어지는 입말 교육은 여전히 답보 상태이다. 특히 이들 영역과 과목에 포함되는 수많은 담화들 중에서도 가장 기본이 되는 대화에 대한 속성, 위상, 교수·학습 내용과 방법에 대해서는 더 많은 고찰이 필요할 것으로 판단된다. 이하의 장과 절에서는 이를 중점적으로 다루어보고자 한다.

---

9) 구현정(2001)은 대화의 비언어, 구조, 원리를 중심으로 말하기 교육의 전체적인 틀을 보여주고 있다는 점에서 참고가 된다.

3. 대화의 속성과 위상

3.1. 대화의 속성

대화는 분명 다른 담화와 내용과 형식상으로 차이가 있다. 이는 자연스럽게 교육적으로 환원되어 교수·학습 내용과 방법론상으로도 차별적으로 구성될 수 있다. 하지만 과연 우리 입말 교육에서 대화가 교육 현장에서 독립된 담화로서 차별적으로 다루어지고 있는지에 대해서는 의문을 제기할 수밖에 없다. 이는 곧 대화가 지니는 고유의 입말 속성을 제대로 학습자들에게 전달하기 어렵다는 점과 맥을 같이한다.

이런 점을 감안하여 '3.1'절에서는 우선적으로 대화가 지니는 입말로서의 고유한 속성의 문제를 다루어보고자 한다. 이는 다른 담화와의 비교를 통해서 이루어질 수 있다. 아울러 대화만의 속성을 제대로 고려해야만 교수·학습 내용의 선정과 방법, 그리고 평가 면에서 입말 교육적 효과를 얻을 수 있다.

우선 대화의 속성을 논의하기 전에, 대화가 무엇인지에 대한 개념부터 살펴볼 필요가 있다. 이런 개념 정의를 통해 대화의 속성을 유추해 볼 수 있다. 아울러 이를 통해 대화라는 담화가 지향하는 바가 무엇인지를 고찰해 수 있기 때문이다. 이는 곧 다른 담화와의 차별성을 확보할 수 있는 첫 번째 단계가 된다. 몇몇 대화의 뜻매김은 아래와 같다.

- 인터넷 표준 국어 대사전: 마주 대하여 이야기를 주고받음, 또는 그 이야기

- 이규호(1999: 69): 진정한 대화는 이성의 교환일 뿐만 아니라 이성과 정서와 의지의 전인적 만남이다. 대화가 일상적인 지껄임이 아니라 참다운 대화라면 그것은 언제가 실존적인 만남이다. 실존을 건 결단으로서의 만남이다.
- 전은주(1999: 80): 일상생활에서 비공식적으로 구어를 통하여 이루어지는, 둘 이상의 사람 사이에서 이루어지는 상호작용적인 언어 행위
- 이주행 외(2003: 119): 일상생활에서 두 사람 이상이 모여 말로써 생각과 느낌을 표현하고 이해하는 활동
- 교육과학기술부(2008: 149): 두 사람 이상이 모여 말로써 서로의 생각과 느낌을 표현하고 이해하는 상호 교섭적 활동[10]
- 박용익(2010: 526): 좁은 의미로는 의사소통 목적을 추구하는 구체적인 두 명 이상의 대화 참여자가 말할이와 들을이의 역할교체, 즉 발화 순서 교체를 하면서 수행하는 의사소통의 유형, 넓은 의미로는 인간의 모든 의사소통 행위
- 이창덕 외(2010: 220): 대화란 두 사람 이상의 대화 참여자가 형식에 얽매이지 않고 자유롭게 화자와 청자의 역할을 순서 교대에 의해 바꾸어가며 언어적인 상호작용을 하는 것

위에서 이루어진 대화의 뜻매김에서 대화의 가장 공통적인 속성은 두 명 이상의 참여자가 소통에 관여한다는 것이다. 대화가 관계 지향적인 담화임을 직접적으로 말해주는 것이라고 할 수 있다. 아울러 대화는 일정한 규범적인 틀에 의해 이루어지기보다는 다소 자유롭고

---

10) 2007 개정 국어과 교육과정에서는 '상호교섭'이라는 용어를 사용함으로써 화자와 청자 간의 보다 역동적인 관계를 고려하고 있으며, 이는 이후의 교육과정에도 그대로 이어지고 있다.

허용적인 분위기 속에서 소통이 이루어진다는 점이다.

즉 이런 점 등을 감안하여 '3.1.'에서는 대화의 차별적인 속성을 다른 담화와 비교해서 대략 네 가지 정도로 구분하고자 한다. 이는 이후의 장에서 대화 담화의 본질적인 속성과 위상의 문제를 다루고, 나아가 교육 현장에서 대화를 어떻게 차별적으로 교수·학습할 것인지의 문제와 연계선 상에서 이루어진다.

3.1.1. 친밀성

대화의 가장 기본적인 속성은 무엇보다 대화 참여자 간의 친밀성에 있다. 이는 무엇보다 심적 불안을 동반하지 않거나 그 정도가 매우 낮은 상태에서 이루어질 수 있는 가장 보편적인 소통 상황과 관련될 수 있다. 대화는 인간 본연의 표현 욕구와 관계 욕구가 결합되어 이루어지는 소통의 보편적인 모습이라는 점에서 친밀성은 대화 담화의 정체성을 수립하는 데 가장 주요한 속성이라고 할 수 있다.

물론 대화도 사적과 공적 영역에 따라 그 목적을 달리하면서 전개될 수 있다. 특히 공적 영역에서는 정보 전달이나 교환에 초점을 둘 수 있다. 하지만 이것으로 대화의 본모습을 단정 짓기는 어렵다. 일상생활에서 일어나는 수많은 대화 상황 중에서 삶과 유의미하게 관련되기 어려운 짧은 순간의 정보 전달과 교환 중심의 대화를 교육적으로 유의미하게 시키기는 어려울 것이다.

따라서 대화의 가장 본질적인 기능은 사적 영역에서 내가 누구인지에 대한 표현과 관계의 욕구를 상대방을 통해 확인해 가고 달성해가는 과정에 있다. 곧 대화를 통해 화자와 청자 간의 정체성을 수립해가는 것이 대화가 지닌 본질적인 기능이자 모습이라고 할 수 있다.

이는 곧 친밀성이 수반되지 않고는 어려운 일이다. 여기에서 대화가 놓이는 중요한 자리가 있다.

3.1.2. 관계 지향성

이른바 내가 누구인지를 대화를 통해 확인하고 자각해 가는 과정은 인간됨을 형성해 가는 가장 기본적인 과정이라고 할 수 있다. 특히 대화의 상대방이 누구인가에 따라 그 인간됨의 모습이 형성되기도 한다. 이처럼 대화를 통해 자신을 대화 상대방에 투영하며, 그 투영된 모습에서 자신을 재발견하게 된다.

이는 곧 대화라는 담화는 다른 어떤 담화보다는 대화 상대방의 존재에 대한 전제를 통해 이루어지며, 나아가 존재 대 존재의 만남에 의해 그 본질적인 모습이 결정된다고 할 수 있다. 이른바 대화는 곧 만남이고, 그 만남을 통해 인간은 인간됨을 형성해 가는 것이고, 그 만남이 제대로 이루어질수록 존재의 가치는 더 크게 발휘된다.

입말 교육이 제대로 이루어져야 한다는 당위성은 바로 이러한 관계 지향성의 문제에서 도출된다. 입말 교육은 글말 교육과는 달리 면대면의 관계를 항상 전제하기 때문에 필연적으로 상대방과의 관계 설정이 매우 중요하다. 특히 사적이든 공적이든 대화 담화는 언어의 표면적 전달보다는 그 전달의 이면에 놓여 있는 다양한 관계의 측면을 먼저 인식하는 것이 중요하다.

따라서 대화교육에서는 언어 구조보다는 언어 사용에 따르는 복합적인 신호 양상에 주목해야 하며, 이는 결국 화자와 청자 간의 관계에서 제기되는 협력 문제와 밀접하게 관련되어야 한다. 아울러 이와 같은 대화에서의 언어 사용은 다양한 '수준', '경로', '층렬'에 따른 화

자와 청자 간의 복합적인 소통을 모습을 반영한다.11)

3.1.3. 맥락 밀착성

대화는 본질적으로 사적 영역에서 친밀성을 바탕으로 화자와 청자 간의 관계를 협력적 토대 위에 형성해 가는 담화이다. 특히 사적 영역에서 화자와 청자 간의 미세한 준언어적, 비언어적 표현들이 주변 맥락에 많은 영향을 받으면서 상호 간의 의미 관계를 형성해 가는데 주요한 역할을 한다.

다른 담화들도 대화와 마찬가지로 상황 맥락에 영향을 받는다. 하지만 대다수 공적인 자리에서 청자나 청중과의 관계에서 오는 언어 표현상에서 오는 의미 전달 상의 해석과 판단의 문제가 초점이 된다. 이는 대화가 다른 담화와 상당히 차별적으로 부각될 수 있는 부분이다. 특히 대화가 일어나는 상황 맥락은 매우 중요한 요소로 작용한다.

즉 대화의 언어적 표현에 부가된 다양한 준언어적, 비언어적 표현들은 대화가 진행되는 미세한 상황 맥락에 의존해야만 정확하게 해석될 수 있다. 이런 점에서 대화는 다른 어떤 담화들보다 상황 맥락에 의존해야 하는 유형이라고 할 수 있다. 아울러 이는 언어 표현에 부가된 다양한 준언어와 비언어적 표현들의 수반에 기인한다고 할 수 있다.

---

11) 클락(Clark, 1996; 김지홍 뒤침, 2009)은 언어 사용 전반에 깔린 모습을 매우 실증적으로 보여주고 있다.

3.1.4. 저부담성(낮은 불안성)

대화는 면대면 관계를 유지하는 중요한 소통의 수단이다. 특히 인간 관계를 유지하는 데 주요한 매개가 되는데, 무엇보다도 특정한 목적을 위해서라기보다 일상에서의 관계 유지를 위해 우리 삶에 매우 밀착된 모습 하에 지속적으로 수행된다. 따라서 고부담 혹은 고불안의 심적 상황을 수반하기보다는 저부담 혹은 저불안의 다소 편안한 심리 상태를 유지하면서 소통이 이루어지는 경우가 많다.

이는 주요한 대화 담화의 한 속성이라고 할 수 있다. 대화 이외의 담화는 기본적으로 심적으로 상당한 부담과 불안을 수반한다. 특히 대중 화법은 말할 것도 없거니와, 집단 화법도 상당한 심적 부담을 수반하며 화자와 청자 간의 관계를 경직되거나 혹은 조심스럽게 만든다. 따라서 화자는 표현에 많은 부담을 느끼게 되며, 자유스러운 내면의 세계를 구성하는 데 많은 한계를 노출하게 된다.

이런 점에서 대화는 다른 담화에 비해 독자적이면서도 교육적으로 상당한 응용 가능성을 지녔다고 할 수 있다. 즉 대화를 다른, 특히 공적 담화를 본격적으로 교육하기 전에 교육되어야 하는 기본 담화로서 자리매김 시킬 수 있다는 점이다. 이는 무엇보다 대화가 지니는 낮은 부담과 불안의 문제와 직결된다고 할 수 있다. 학습자들이 말하기를 꺼려하는 가장 큰 이유 중의 하나가 불안과 심적 부담의 문제이기 때문이다.

3.2. 대화의 위상

'3.2'절에서는 대화의 속성에 대한 문제에서 한 걸음 더 나아가 대화를 다른 담화들과 어떻게 차별적으로 다룰 것인지의 문제를 담화 간 다양한 관계 모습을 통해 살펴보고자 한다. 이는 대화교육이 제대로 이루어질 수 있는 기반 마련과 관련이 있으며, 나아가 대화가 지니는 본질적인 속성을 다른 담화와의 관계 속에서 찾고자 하는 의도와도 관련된다. 이를 위해 대화가 다른 담화와 가지는 세 가지 관계로 대등 관계, 위계 관계, 상관 관계가 상정될 수 있다.

3.2.1. 대등 관계

대화 — 토의 — 협상 — 토론 — 면접 — 연설 — 발표
〈그림 1〉 대등 관계

대등 관계는 〈그림 1〉에서와 같이 대화를 다른 담화와 나란히 놓고 접근하는 방식이다. 이는 현행 교육과정과 교과서, 그리고 학교 현장에서 대화를 교수·학습하는 기본적인 관점이다. 대화를 다른 담화와는 독립된 것으로 보고, 대화만이 지니는 다양한 속성이 교수·학습 가능하다는 관점이다. 대화 담화의 독자성과 차별성이 인정된다는 점에서 일단 의미가 있다.

하지만 이 관점 하의 듣기·말하기, 그리고 화법교육에서 대화교육이 제대로 이루어지고 있는지 의문을 제기할 수밖에 없다. 대화는 자연스럽게 습득된다는 인식이 팽배해서 의도적인 학교 현장에서 본격적인 교육 대상의 담화로 보지 않는 경우가 많다. 아울러 이는 초등학교 저학년에서 일부에서만 지엽적으로 다루어지며, 이후의 중·고등학교에서는 주요한 담화 유형으로 다루어지지 않고 있다.

기본적으로 대화는 사적 영역의 담화이다. 물론 공적인 틀에서 대

화를 다룰 수도 있지만, 이 경우는 토의나 협상, 토론 담화와 겹치는 경우가 상당 부분 발생하고, 오히려 대화의 독자성이 상실된 채 다른 담화에 귀속될 수 있는 가능성이 있다. 즉 대화를 여타 담화와 대등한 관점에서 독자적인 담화를 다루기 위해서는 무엇보다는 대화만이 지닐 수 있는 담화 속성을 부각시키지 않으면 안 되며, 이에 부합하는 기능적, 내용적 독자성을 확보할 수 없다면 대화 담화를 학교 현장에서 유의미하게 교육하기는 어려울 것이다.

하지만 현행 국어과 교육과정과 교과서에 반영된 화법교육상의 대화는 그것 자체의 독자적이고 차별적인 교육 내용이 제대로 확보되지도 않은 채 이루어지고 있는 상황이다.12) 따라서 〈그림 1〉에서와 같은 관점 하에 놓인 대화 담화는 다른 담화의 구어적 차별성에 밀려 독자성을 확보하기가 어렵다고 할 수 있다.

대화는 앞선 속성에서 제시된 바와 같이 언어적 표현에 중점두기보다는 관계 형성의 역할에 초점이 더 주어진다. 아울러 다른 담화와는 달리 주로 사적 영역에서 이루어기 때문에 말하기에 따른 불안의 척도가 낮다는 점이 주요한 특성으로 제기될 수 있다. 이런 점을 감안해 본다면, 대화는 공적 담화를 본격적으로 학습하기 이전에 말하기와 듣기에 따른 심적 불안감을 낮추고, 말하기 유창성과 관련된 다양한 훈련 과정으로 접근할 수 있는 담화이다.

---

12) 물론 교육과정에서는 대화의 주요한 교육 내용으로 말하기 규범의 일종인 협동의 원리나 공손성의 원리를 제시하고 있다. 하지만 이는 서양 사회의 입말 문화와 관습 하에서 도출된 대화 규범이지, 우리의 입말 전통 문화와는 일정한 거리가 있다고 볼 수 있다. 아울러 실제 대화에서는 이런 규범들이 제대로 지켜지지 않는 경우가 더 자연스러운 대화 양상으로 전개되기도 하며, 또한 대화의 규범이라고 하는 내용들이 실제 맥락의 대화에서 전개되는 양상과는 거리가 먼 경우도 많다. 따라서 이를 대화의 주요한 교육 내용으로 삼는다면 지식 전달 위주의 학습이 될 가능성이 높다.

따라서 〈그림 2〉에서와 같이 사적 영역에서의 관계 맺기에 초점을 두는 것이 대화 담화의 차별성을 살리는 데 가장 적합할 것으로 판단된다. 하지만 사적 영역에서 이루어지는 미묘한 사적 맥락을 공적 교육 현장에 그대로 가져오거나 혹은 그와 같은 상황 맥락을 잘 구성하는 것에 있어서는 여전히 많은 한계가 따른다.

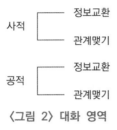

〈그림 2〉 대화 영역

3.2.2. 위계 관계

이는 대화를 일종의 상위 인지, 즉 메타 담화로 보는 방식이다. 대화를 일종의 소통 기저를 이루는 과정으로 보는 것이다. 아울러 다양한 학문 분야에서 일종의 선언적 명제처럼 제시되는 대화의 중요성, 혹은 필요성을 강조할 때의 관점이라고 할 수 있다.[13] 대화는 기본적으로 면대면 소통의 가장 기본적인 담화이다. 아울러 대화 이외의 모든 담화도 대화의 이런 소통의 속성을 직·간접적으로 공유한다. 이는 아래 〈그림 3〉과 〈그림 4〉와 같이 두 가지 형태로 구분해 볼 수 있다.

---

13) 철학, 교육학, 문학 등에서 대화 그 자체를 주요한 논의의 대상으로 삼기도 한다. 이는 인간의 가장 기본적인 의사소통의 수단인 대화가 그만큼 우리 삶의 여러 측면에 영향을 끼친다는 점을 말해주는 것이다. 하지만 대화의 이와 같은 사상적 깊이와 폭이 실제 담화 유형으로서 대화를 뜻매김하고 교육하는 국어교육 현장에는 오히려 부정적으로 영향을 주는 것은 아닌지 고민해 보아야 할 것이다.

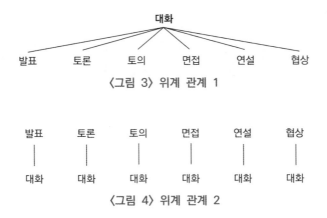

〈그림 3〉 위계 관계 1

〈그림 4〉 위계 관계 2

두 가지 형태의 그림이 제시되고 있는데, 〈그림 3〉의 경우는 대화가 모든 담화의 상위에 위치하는 것으로, 〈그림 4〉는 각 담화의 하위에 대화가 위치하는 것으로 드러난다. 큰 차이는 없지만, 〈그림 3〉의 경우는 대화의 메타 인지적 속성을 강조한 것이고, 〈그림 4〉의 경우는 대화의 기본적인 속성이나 구조를 각 담화에서 부분적으로 사용할 수 있음을 강조한 것이라고 할 수 있다.

앞서 언급한 바와 같이 실제 국어교육 현장에서 대화는 다른 담화와 대등한 관점에서 고려되고 있지만, 실제 학교 현장에서 대화는 그림에서와 같이 일종의 메타 담화로 적용되고 있는 것이 오히려 현실적인 모습이라고 할 수 있다. 즉 대화를 상위 인지적 관점에서 접근하는 양상으로, 대화가 지니는 기본적인 소통상의 속성이 다른 담화에 기본이 되며, 나아가 이런 소통적 속성이야말로 가장 중요한 입말교육의 초점이 된다는 것이다.

대화의 상위 인지적 측면을 강조한 것은 대화의 소통적 측면을 범담화적 양상으로, 아울러 대화를 각 담화의 하위 영역에 둔 것은 각 담화에서 대화의 기본적이고 필요한 기능이나 구조적 양상을 취사선택해서 이용할 수 있음을 강조한 관점이다. 가령 발표의 경우, 상위 인지적인 측면에서는 청자와의 면대면 소통의 과정을 발표 시에도 청중과의 관계에 적용할 수 있고, 하위 위치에서는 대화의 청자를 가상으로 상정해서 발표 이전에 연습 과정으로 대화의 과정을 발표 장면을 상정해서 실연해 볼 수 있다는 점과 관련시킬 수 있다.

하지만 위계 관계를 통해 대화에 접근한다면, 대화교육은 그 독자성을 상실할 가능성이 높다. 즉 대화가 다른 담화를 위한 존재하는 혹은 다른 담화의 기저를 이루는 것으로만 다루어질 가능성이 높기 때문이다. 따라서 이 관계에서 드러나는 대화 또한 그것의 독자적인 차별성을 확보하기 어렵다. 다만 대화의 상위 인지적 혹은 기능, 구조적 속성을 유효하게 활용할 수 있다는 장점은 부각될 수 있다.

3.2.3. 상관 관계

이는 대화 담화에 접근하는 가장 현실적인 방식이다. 대화를 제외한 다른 담화는 직·간접적으로 대화의 속성을 지니고 있다. 구체적으로 대화와 다른 담화와의 상관 관계를 고찰하기 위해 공·사 영역과 심적 불안의 정도에 따라 담화의 유형을 재구성해 볼 수 있다. 물론 다소 직관적인 구성이기는 하지만, 기존의 참여자의 구성, 의사소통 목적, 상황에 따른 담화 유형보다는 보다 구체적으로 담화 유형들의 속성을 보여줄 수 있다.14) 〈그림 5〉에서 드러나는 바와 같이 대화는

---

14) 기존의 교육과정이나 교과서에 제시된 담화 유형은 일종의 병렬식 혹은 나열식이라고 할 수 있다. 즉 담화들 간의 연계성이 전혀 고려되지 않은 구성 방식이라고 할 수 있다. 〈그림 5〉에서 면접과 협상, 발표나 연설의 위치는 담화가 진행되는 상황 맥락에 따라 그 위치를 달리 할 수도 있다.

토의와 그 거리가 가장 가깝고, 발표와 그 거리가 가장 멀다고 할
수 있다.

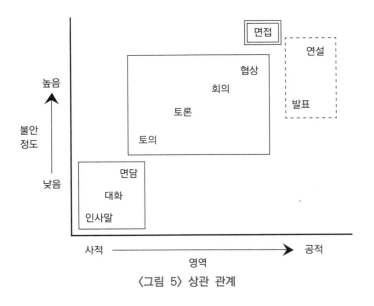

〈그림 5〉 상관 관계

〈그림 5〉에서와 같이 대화를 기점으로 다른 담화들의 상관 관계를
상정해 볼 수 있다. 물론 접근 방식이나 관점에 따라 차이가 있겠지만,
발표나 연설은 청중을 대상으로 한 전형적인 공적 담화라는 점에서
대화와 거리가 있다고 할 수 있다. 아울러 면접은 기본적으로 면대면
소통을 기본 양상으로 하고 있지만, 참여자의 관계에서 대등한 관계를
상정하기 어렵기 때문에 대화와 일정한 거리가 있다고 할 수 있다.15)

15) 면접과 면담의 경우는 그 양상이 다르다고 할 수 있다. 면담의 경우는 참여자의
   외적 관계가 대등하기보다는 내적 관계의 대등성을 기본으로 하고 있다고 볼 수
   있다. 아울러 그와 같은 내적 관계가 외적 관계를 우선해서 이루어지는 소통 과정이
   라고 할 수 있기 때문에 면담에 비해서는 대화와 보다 밀접한 연관성을 지닌다고

이 관점은 대화를 독립된 담화로 두되, 다른 담화의 속성을 고려할 때 대화의 속성이 얼마나 더 많이 관여되는지를 기준으로 구분한 것이다. 따라서 대화를 교수·학습의 주요한 담화로 고려할 시에는 이런 점을 반영할 필요가 있다. 이는 대화가 가장 기본적인 담화 양식이라는 점을 고려할 때, 대화교육의 정체성을 밝히는 데 주요한 계기가 될 수 있다.

다만 문제는 대화와 각 담화의 관계를 무엇으로 차별성 있게 연관시킬 것인지에 있다. 아울러 대화교육에서 이와 같은 상관 관계가 어떤 교육적 의미를 지닐 수 있을지의 문제가 될 수 있다. 앞선 두 가지 관점은 대화교육이 다른 담화와의 관계에서 위계 혹은 대등 관계를 지님으로써 대화를 독립적인 담화로 교육하기 어렵거나 기존의 대화교육 틀을 벗어나지 못하는 것으로 드러났다.

따라서 이런 문제를 극복하기 위해서는 대화교육의 독자성도 확보하면서, 아울러 다른 담화와의 관계에서 드러나는 대화의 특별한 소통 양상을 모두 포괄할 수 있는 관점이 필요하다. 바로 이 관점은 대화의 다른 담화와의 상관 관계에서 도출될 수 있다. 즉 대화가 다른 담화와 상관 관계를 지님으로써 실제 교수·학습 과정에서도 이와 같은 면이 적용될 수 있다. 특히 대화 담화가 지니는 구조적·기능적 특성 및 대화 규범 등을 다른 담화와 유효적절하게 관련시킬 수 있을 것이다. 구체적으로 대화를 교육상으로 다른 담화와 간략하게 연계시켜 보면 〈표 1〉과 같다.

할 수 있다. 임칠성(2008)에서는 7가지의 담화 유형의 범주적 속성을 기본 의미소와 정의로 구분해서 보여주고 있어 참고가 된다.

<표 1> 대화 담화와의 연계성

담화	영역	불안 정도	연계 요소
토의, 협상	공·사	저→고	• 순서 교대 • 협력의 원리
토론	공·사	고	• 순서 교대 • 협력의 원리
면담, 면접	공	고	• 대응쌍 • 협력의 원리
연설, 발표	공	고	• 협력의 원리16)

4. 대화교육의 가능성

'대화교육은 가능한가'라는 물음은 화법교육이 우리 국어교육 현장에 제대로 자리 잡기 위해서는 반드시 해결해야 하는 문제이다.17) 특히 화법교육의 가장 초석이 되는 대화가 그 교육적 정체성의 문제가 분명하게 해결되어야 독자적인 담화로서 교육이 가능해지기 때문이다.

'4'절에서는 앞선 대화의 속성과 위상에 대한 논의를 바탕으로 대화교육의 가능성을 존재론적 차원과 의미론적 차원으로 구분하고, 이를

---

16) 발표나 연설에서 화자는 자신의 말하기 과정상의 문제를 청중의 실시간 반응로부터 읽어야 하며, 이는 결국 상위 인지적 측면에서 화자 자신의 말하기 과정을 점검하는 계기가 될 수 있다. 특히 말하기 주제의 적절한 전개와 전달, 그로부터 나오는 청중의 반응에 대한 고려 등이 주요한 요소가 될 것이다. 이는 결국 대화 규범과 같은 선상에서 인식될 수 있다.

17) 2009 개정 교육과정에서는 화법 교육의 독자성을 인정하지 않고, 크게 표현 영역에서 작문과 화법이 통합되는 방식으로 선택 과목의 구성이 이루어졌다. 이는 결국 작문이든 화법이든 그 독자적인 교과 영역이 확보되지 못한 것이고, 이는 학교 현장에서의 교수·학습의 유의미성과 그 효과가 떨어졌다는 것과 맥을 같이하는 결과라고 할 수 있다.

앞장에서 언급한 다른 담화와의 관계 측면에서 고찰하고자 한다. 이는 대화교육의 가장 기본적인 얼개를 마련하기 위한 것으로, 향후 이를 바탕으로 보다 구체적인 교수·학습 내용과 방법이 고안되어야 할 것이다. 대강의 얼개는 〈그림 6〉과 같다.18)

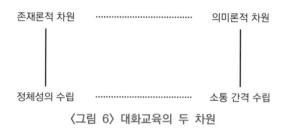

〈그림 6〉 대화교육의 두 차원

〈그림 6〉에서 제시된 바와 같이 크게 정체성의 수립과 소통간격 수립의 두 가지 차원으로 구분된다. 존재론적 차원은 무엇보다 이야기를 갈망하는 인간의 보편적이고 근원적인 욕망과 관련된다. 이는 대화를 통해 화자가 내면적 문제를 스스로 풀어 헤치고 그 대안을 찾아감으로써 자신의 모습을 형상화시켜 가는, 즉 정체성의 수립에 초점이 있다.19) 아울러 이는 화자 자신의 내적 대화 및 사적 영역에서의 친밀감을 바탕으로 면대면 관계에 밀접하게 관련될 수 있다.

의미론적 차원은 소통간격 수립과 밀접하게 관련된다. 일상에서

---

18) 김종영(2012: 71)에서도 말하기 교육의 교육 목표를 크게 자기 성찰, 소통, 그리고 설득의 범주로 묶어 서술하고 있는데, 설득은 소통의 하위 범주로 본다면, 목표는 크게 자기 성찰과 소통으로 구분될 수 있다고 할 수 있다. 즉 존재론적 관점에서의 자기 성찰과 의미론적 관점에서의 소통으로 말하기 교육의 목표를 재구성할 수 있으며, 이는 이 글의 대화교육 가능성에서의 범주와 크게 다르지 않다.

19) Shotter(1993)과 Stewart et. al.(2005)에서도 한 개인의 정체성은 대인 관계적 의사소통을 통해 형성된다고 지적하고 있다. 특히 가족 내에서의 소통 문제에 더 세심한 주의를 기울이고 있다.

이루어지는 수많은 대화는 다양한 차원의 직·간접적인 목적을 지닌
다. 하지만 이와 같은 목적들이 대화라는 소통의 창을 통해 다양한
시·공간적 차이 속에 놓이게 됨으로써 해석상의 어려움을 발생시킨
다. 이는 곧 대화에 참여한 다양한 관계자들 간의 소통간격의 문제로
드러날 수 있다. 즉 의미론적 차원은 대화를 통해 이러한 소통간격을
적절하게 수립하는 데 있다.

아울러 위의 두 차원은 대화교육과 관련하여 사적 영역과 공적 영
역으로 구분해 볼 수 있다. 물론 이들 두 영역의 이원화된 양상으로만
대화교육에 접근할 수 없지만, 존재론적 차원과 의미론적 차원을 사
적 영역과 공적 영역의 연속선에서 관련시킨다면 보다 유의미한 대화
교육의 차원을 설정할 수 있을 것이다. 그 개괄적인 도식은 〈그림
7〉과 같다.

〈그림 7〉 영역에 따른 대화 초점

4.1. 존재론적 차원: 자아 정체성 수립

존재론적 차원은 대화를 다른 담화와 차별적으로 구분할 수 있는
가장 중요한 토대가 된다. 이는 기본적으로 인간이 말을 통해 자신을

드러내고, 타인과의 관계를 맺고, 나아가 공동체에 참여함으로써 사회 구성원으로서 살아가는 데 가장 필요한 조건이다. 즉 인간이 인간다운 삶을 영위하는 데 가장 핵심적인 조건이라고 할 수 있다.

이와 같은 대화교육의 존재론적 차원의 목표는 자아가 타자와의 관계 수립을 통해 스스로의 정체성을 수립해 가는 것에 있다. 대화를 통한 정체성 수립의 과정은 어머니의 품속에서 시작되며 인간으로서 죽음을 맞이하는 그 날까지 지속된다. 즉 대화를 통한 존재론적 탐구에의 모색은 삶 전반에 걸쳐 있는 일종의 순환적이고 회귀적 과정이라 할 수 있다.

대화교육에서 이런 차원은 탐구는 특히 사적 영역에서 더 활발하게 이루어진다고 볼 수 있다. 이는 다른 담화에 비해 대화만이 지니는 독자적인 속성으로 부각될 수 있는 부분이라고 할 수 있다. 이런 사적 영역에서의 대화의 단절 혹은 부재는 곧 존재의 정체성 수립에 결정적인 영향을 줄 수 있다.

2007 개정 교육과정 이후에는 화법교육에서 화법의 성격을 상호 교섭적이라고 명명하고 있다. 이는 말하기와 듣기의 과정은 단순히 언어의 표현과 이해에만 초점이 있기보다는, 말하기와 듣기를 통해 삶을 공유할 수 있는 맥락까지를 아우르고 있다는 점이 특징적이다. 특히 당사자들의 협력을 통해 의미가 재구성됨을 강조하고 있다. 즉 언어 중심을 넘어서 삶의 중심으로 화법이 자리매김 될 수 있도록 해야 하는 것이다.

그렇다면 이런 존재론적 차원에서 말을 통해 삶의 공유하기 위한 가장 최적의 담화는 다름 아닌 대화이다. 무엇보다 대화가 지니는 사적 영역에서의 소통의 가능성이 가장 크게 부각될 수 있다. 말하기와 듣기에는 항상 불안이 따르게 된다. 특히 교육적인 공적 담화에서 가장 크게 부각되는 문제가 다름 아닌 학습자 자신의 불안 문제이다. 이런 불안이 심적 영역에서 크게 자리 잡힌다면 존재론적 차원에서 정체성은 수립되기 어렵다.

따라서 사적 영역에서 개인 내, 개인 대 개인, 개인 대 집단으로 만날 수 있는 장을 마련하는 것이 우선되어야 한다.[20] 이는 교육적으로도 매우 중요한 화법교육의 맥락이 될 수 있다. 대다수 학교 현장에서 화법교육은 공적 현장이나 혹은 그와 같이 상정된 맥락에서 거의 이루어지고 있다.

이와 같은 상황에서 인간 본연의 정체성을 수립하는 데 가장 필요한 소통 담화가 대화라는 점을 감안한다면, 우리의 말하기와 듣기, 혹은 화법교육은 많은 문제를 안고 있는 것이 현 실정이다. 특히 이는 중·고등학교 국어교육 현장에서의 말하기와 듣기 교육에서 사적 영역에서의 대화교육이 거의 이루어지고 있지 않다는 점에서 그 문제는 심각하다고 할 수 있다.

그렇다면 이와 같은 현 실정에서 대화교육이 보다 유의미한 교수·학습의 장이 되기 위해서는 무엇이 필요할까. 대화는 사적 영역에서 자신의 마음속의 이야기를 자유스럽게 상대방과 공유함으로써 스스로의 삶이 의미 있음을 느낄 수 있고, 나아가 공적 담화로 나아가기 위한 준비 단계의 담화로서 그 의미가 있다고 할 수 있다. 존재론적인 관점에서 대화교육의 얼개는 〈표 2〉와 같이 구성될 수 있다.

---

20) 특히 사적 영역에서도 가장 기본이 될 수 있는 가족 내 소통으로서의 대화 담화의 역할에 대한 중요성이 여기에서 더 부각될 수 있다. 이는 사적 영역에서의 소통의 원활성이 그대로 공적 영역으로 이어질 가능성이 높기 때문이다.

〈표 2〉 존재론적 관점에서 대화교육의 얼개

관점	관계	유형	활동	초점
존재론적	• 개인 내	자아 형성	• 극본 만들기	• 상정된 '나'의 모습 살피기
	• 개인 간 • 개인과 집단	관계 형성	• 스마트폰을 활용한 대화 촬영하기 • 전사해보기	• 화자들의 관심사 살피기 • 주제 전환 인식하기21) • 체면 높이기와 낮추기 인식 • 입말과 글말 차이 살피기 • 매체와 입말의 관계 살피기

4.2. 의미론적 차원: 소통 간격의 수립

대화교육의 주된 목적 가운데 하나는 면대면 간의 소통 간격을 수립하는 데 있다. 이는 발화의 의미를 맥락에 따라 정확하면서도 융통성 있게 해석하는 차원이다. 이를 통해 대화 상대방과의 소통 간격을 수립하는 것이 목적이 된다. 즉 대화 상대방과의 의미 동질성과 이질성을 확인함으로써 소통의 영역을 확장할 수 있다.

하지만 대화는 그 쓰임이 비단 국어교육 내에서만 있는 것은 아니다. 의사소통이 중요하다고 인정되는 많은 학문 영역들에서 대화가 주요한 매개의 수단으로 사용된다. 심지어 언어 사용이 주된 양상이 되지 않는 비언어 예술 영역에서도 대화가 주요한 소통의 수단으로 언급된다.22)

이는 대화가 그만큼 인간의 본질적인 소통의 수단으로 중요하다는

---

21) 관계 형성을 위한 사적 대화에서는 대화의 주제 혹은 화제가 수시로 바뀔 수 있다. 이는 의미론적 관점에서 정보 전달이나 교환을 목적하는 대화와는 그 성격이 다르다. 특히 사적 영역에서의 대화는 미묘한 주제 전환에 대한 화자와 청자들의 인식 능력을 키워주는 것이 중요하다.

22) 소흥렬 외(1992)에서는 철학 및 예술 작품에서 대화의 다양한 의미 범주를 논의하고 있어 참고가 된다.

점을 시사하는 것이라고 할 수 있다. 그러나 이점이 때로는 대화 담화의 독자적인 개념을 수립하는 데 걸림돌로 작용한다. 즉 수많은 학문 영역에서 사용되고 있는 대화가 기본적으로 소통의 중요성 관점에서 부각되고 있다는 점에서는 이의가 없지만, 이를 곧바로 국어교육의 틀로 받아들여서 사용하기 때문에 대화가 국어교육 내에서 개념 정립이 어렵거나 독자적인 담화로 다루어지지 못한다.

의미론적 차원에서의 대화교육은 이와 같은 다양한 소통 간격을 정립하는 데 그 주요한 목적이 있다. 이는 비단 언어 사용뿐만 아니라 비언어적 소통의 경로까지를 모두 포함한다. 따라서 의미론적 차원에서의 대화는 그 작용 범위가 존재론적 차원보다 확대된다고 할 수 있다. 아울러 존재론적 차원에서의 대화는 주로 개인 내 혹은 사적 영역에서의 개인 대 개인의 관계에 국한되지만, 의미론적 차원에서는 공적 영역으로 관계가 확장된다.

여기에서는 무엇보다 대화의 주된 목적이 다양한 과제를 해결하는 데 있다. 즉 대화를 통한 정보의 전달 및 재구성을 통해 현실에서의 다양한 문제를 해결하는 데 의미론적 차원의 의의가 있다. 하지만 여기에서는 무엇보다 대화의 성격이 사적 차원의 정체성 수립과는 달리 전략적이며 의도적인 성격을 띠게 된다. 이와 같은 성격은 대화 담화를 토의, 토론, 협상 등의 담화로까지 확장시킬 수 있거나 연계시킬 수 있는 계기가 될 수 있다.

다만 대화 이외의 담화와 연계 혹은 통합됨으로써 대화가 지니는 본연의 모습을 잃어버리게 되는 경우가 많고, 자칫 다른 담화의 중요성에 비해 그 가치가 교육적으로 평가 절하되기도 하다. 따라서 의미론적 관점에서는 대화 담화의 그 영역이 보다 확대된다는 점에서 그 독자적인 속성을 유지하면서도 다른 담화와 적절하게 연계 통합하는

것이 중요하다. 의미론적 차원에서의 대화교육의 얼개는 〈표 3〉과
같이 구성될 수 있다.

〈표 3〉 의미론적 관점에서의 대화교육의 얼개

관점	관계	유형	활동	초점
의미론적	• 개인 간 • 개인과 집단	과제 해결	• 스마트폰을 활용한 대화 촬영하기 • 전사해보기 • 다른 담화와 연계하기	• 의미의 격차 인식하기 • 의미의 타개 과정 살피기 • 입말과 글말 차이 인식하기 • 다른 담화와 연관성 살피기 • 매체와 입말의 관계 살피기

5. 마무리

이 글에서는 대화 담화의 속성과 위상의 문제를 대화교육의 부재와
그 가능성이라는 틀 아래에서 고찰하였다. 기존의 대화교육의 부재를
대화 담화의 속성과 위상의 문제를 제대로 고려하지 못했다는 점에서
찾았고, 그 대안으로 존재론적 관점과 의미론적 관점에서의 대화교육
가능성을 제기하였다.

우선 기존의 우리 대화교육 부재의 원인을 네 가지로 규명하였다.
첫째, 전통적인 글말 중심의 문화와 군사 문화의 영향, 둘째, 언어
표현에만 치중한 입말 교육, 셋째, 공적 화법 및 대중과 집단 화법이
중시된 입말 교육, 넷째, 담화 유형으로서의 독자적인 위상 마련의
소홀이다. 즉 이런 이유들로 인하여 이 글에서는 대화교육이 학교
현장에서 겉돌았음을 지적하였다.

이런 문제를 극복하기 위해 우선적으로 대화의 속성이 무엇인지,
그리고 다른 담화와의 관계에서 드러나는 대화의 위상을 제대로 고려

해야 한다. 대화의 속성으로는 크게 친밀성, 관계 지향성, 맥락 밀착성, 저부담성이, 다른 담화와의 관련성을 다룬 대화의 위상으로는 대등 관계, 위계 관계, 상관 관계가 제시되었다. 나아가 대화와 다른 담화의 관계는 상관 관계가 가장 적절한 접근 방식으로 지적되었다.

이상의 점들을 토대로, 이 글은 대화교육의 가능성을 존재론적 관점과 의미론적 관점으로 구분해서 다루었다. 전자의 관점에서는 정체성의 수립이, 후자의 관점에서는 소통간격의 수립이 주요한 문제로 대두되었다. 이는 대화의 공·사 영역에 따라 각기 정보 전달과 교환, 그리고 상호작용과 관계맺기로 구분되었다.

이 글에서는 우리 학교 현장의 대화교육이 잘 되고 있지 못하다는 문제의식으로부터 대화 담화의 속성과 위상, 그리고 교육 가능성의 문제를 개괄적으로 다루어보았다. 하지만 정작 문제 제기는 했지만, 구체적인 교육 방법론으로까지 제대로 나아가지 못했다는 한계를 남긴다. 따라서 이 글은 향후 보다 구체적인 대화교육 방법론에 천착해야 할 필요성을 과제로 남긴다.

제3장 연설

1. 들머리

1.1. 연구 목적

이른바 말 잘하는 사람, 소통의 대가가 인정받는 시대다. 그런 점에서 연설이라는 담화는 수사학의 열풍과 더불어 그 중요성이 최근에 들어와서 더욱 강조되는 담화가 되었다. 이는 연설이라는 담화가 지니는 표현력의 다양성과 역동성이 고려되고, 개인의 가치와 이념을 자유로이 드러낼 수 있는 시대적 상황에 기반한다.

연설이라는 담화는 그 역사적 유래가 깊다고 할 수 있다. 고대 그리스, 로마 시대에 정치가가 갖추어야 할 필수적인 조건이 바로 유능한 웅변술의 습득이었다. 이는 청중을 상대로 자신의 정치적 가치와 이

넘을 제대로 전달하고, 이를 통해 자신이 원하는 정치적 기반과 권력의 헤게모니를 장악하는 수단이 되었다.

이런 점들은 현대 민주주의의 초석을 다지는 데 중요한 기반이 되었다. 물론 그 이면에는 말과 권력의 이념적 논쟁 속에 거짓과 위선으로 점철된 부정적 측면의 양상이 항상 수반되기도 하였다. 이러한 부정적 측면의 양상은 비판적 담화 분석(CDA)의 주된 연구 목표이자 분석 대상이기도 하다.

이처럼 연설이라는 담화는 역사 이래로 오랜 시간 그 정체성이 형성되어 왔다고 할 수 있다. 하지만 중세 암흑기를 거치면서 찬란했던 서양 고대의 입말 문화는 정체기를 걷게 되고, 이른바 인쇄술의 부흥으로 인한 글말 문화의 시대가 도래하면서 차츰 연설이라는 담화는 쇠퇴의 길을 걷게 된다.[1]

하지만 소통의 매체가 다양화되고 그에 따른 소통의 욕구도 팽창함에 따라 다시금 토론이나 연설과 같은 담화가 각광을 받게 되었다. 특히 우리의 경우는 일제강점기 하에 매우 제약된 형태로나마 이런 담화들이 백성들의 호응을 얻게 되고, 나라를 되찾기 위한 최소한의 돌파구로 사용되기도 하였다.[2] 하지만 우리의 경우는 연설이라는 담화가 대중을 기반으로 성행한 것은 그리 길지 못했던 것 같다.

이러한 역사적 기반 하에 연설이라는 담화는 발전과 쇠퇴를 거듭해 왔다. 현재 우리 교육 현장에서도 이런 점 등이 고려되어 연설이 지도되어야 할 주요한 담화로 상정되고 있다. 하지만 이러한 시대적 연원

---

1) 박인철 옮김(2003)이나 박성창(2000)은 서구 수사학의 역사를 비교적 일목요연하게 잘 서술하고 있어 참고가 된다.
2) 정우봉(2006)에서는 토론과 연설을 통해 우리의 근대계몽기 수사학을 살피고 있는데, 흥미로운 연구로 참고가 된다.

과 중요성을 갖는 담화가 현재 우리 교육 현장에서 제대로 지도되고 있는지에 대해서는 의문이다.

특히 교육 현장에서는 연설이라는 담화 형식보다는 설득적 말하기로 광범위하게 다루어지고 있는 양상이다. 이는 국어과 교육과정이 주로 '설득'이나 '설명'의 담화 목적을 중심으로 내용이 구성되어 왔다는 점에 기인한다. 이러한 결과는 연설 담화가 지니는 적용의 폭을 넓혀왔다는 점에서는 바람직하지만, 정작 연설 담화 그 자체의 정체성을 수립하는 데는 혼란을 제기해 왔다.

기존의 학교 교육 현장에서 실제 지도가 이루어지고 있는 담화는 기껏해야 토론이나 협상 정도이다. 면접은 진학을 위한 모의시연으로 이루어지고 있어 특정 대학 진학과 무관한 경우에는 유명무실한 상황이다. 그리고 대화나 연설, 그리고 그 외 담화는 실효성 있게 거의 교육되고 있지 못할 실정이다.

특히 대화나 연설은 그 지도 내용이나 방식에서 어려움을 토로하고 있는 경우가 많다. 이는 교육과정과 교과서에서 제시하고 있는 내용과 실제 교실 현장에서 이루어지고 있는 수업 속 내용 간의 간극이 그만큼 크다는 것을 말해준다고 할 수 있다.

이런 관점에서 대화나 연설의 경우는 담화 그 자체의 이론과 실제 간의 간극을 줄이고, 실제 교육 현장에서 활용될 수 있는 교육 내용과 방식을 마련하는 것이 시급하다고 할 수 있다. 특히 연설의 경우는 설득 담화로 확대해서 접근할 경우 자칫 연설 담화가 지니는 고유의 속성들이 간과될 수 있을 뿐만 아니라, 담화 간 속성의 겹침과 중복 현상이 심화될 수 있다.

이 글에서는 이러한 문제의식에서 연설 담화 자체의 교육적 정체성 수립 및 그 효율성 문제를 국어교육의 틀에서 본격적으로 다루어보고자 한다. 이는 학교 현장에서 연설이라는 담화가 제대로 지도되고 있지 못하다는 점과 연설 담화가 다른 담화와의 구별에서 그 정체성이 명확하게 수립되지 못했다는 문제의식에 기인한다.

1.2. 선행 연구

연설 담화에 대한 논의는 그간 교육 현장에서 꾸준히 이루어져 왔다. 특히 학습자들의 실제 연설을 통해 드러나는 인식의 부면을 다양하게 다루어 왔다. 물론 이는 연설이라는 담화 자체의 본질을 파악해 가는 데 중요한 일면으로 작용했다. 다만 연설이라는 담화 그 자체의 정체성 수립을 위해서는 여전히 해결해야 할 점들이 남아 있다.

김수란 외(2013)과 김소영(2006)에서는 연설과 관련하여 교육적 선행 처치가 없는 중학생과 고등학생들을 대상으로 하여 연설문 작성과 그 수행에 대한 전 과정을 고찰하고 있다. 참여 학습자의 연설 수행 과정에 대한 상위 인지적 접근 방식을 적용하여 그 산출물을 대상으로 주제 선정에서부터 표현 양상의 과정까지를 검토하고 있다는 점에서 일정한 교육적 의의가 있다. 하지만 연설이 무엇인지에 대한 구체적인 논의는 결여되고 있다는 점에서 한계를 남긴다.

김종택 외(2009)는 일상생활 속 화법의 다양한 국면을 규범적이면서도 실증적으로 다루고 있다는 점에서 참고의 의의가 있다. 특히 연설과 웅변을 구별해서 다루고 있는데, 웅변을 더 과장된 시연이 수반되는 담화로 뜻매김하고 있다는 점이 특징적이다. 다만 화법과 관련된 개괄서라는 점에서 그 내용이 소략하다는 한계가 있다.

박재현(2006), 전정미(2005), 최효진(2017) 등에서는 설득 화법의 다양한 국면을 상세하고 논의하고 있어 참고가 된다. 지엽적 담화 양식의 접근 방식에서 벗어나 설명과 설득의 이분법 측면에서 설득 담화를 다룬다. 다만 이러한 접근 방식이 교육적으로 어떻게 의미 있게 구현될 수 있을지는 지속적인 현장연구 조사가 뒤따라야 할 것으로 사료된다.

서혁(1995)와 임칠성(2008)은 담화 기능과 유형에 대한 구체적인 논의이다. 전자는 담화의 분류를 위한 개괄적인 시도로서, 후자는 화법 담화의 구체적인 속성을 기본적인 의미소로 구분하여 다루었다는 점에서 참고의 의의가 크다. 하지만 여전히 연설 담화에 대한 속성이나 위상의 문제는 구체적으로 해결되지 못한 채로 남아 있다.

이정옥(2012)에서는 근대 초기 연설 교육서를 바탕으로 당시 연설의 규범적 실태를 흥미롭게 다루고 있어 참고가 된다. 다양한 연설 관련 교육서에 제시된 내용을 기반으로 우리 근대화에 말하기의 규범과 그 실태를 실증적으로 규명했다는 점에서 연구의 의의가 높다고 하겠다. 다만 서구나 일본 수사학과의 사적인 연계 선상에서 이런 연설 교육서의 관계를 규명하지 못한 점은 한계로 남는다.

이재원(2016)은 연설의 종류를 텍스트 언어학의 관점에서 구체적으로 논의하고 있다. 특히 고래 서구 수사학의 이론적 논의를 바탕으로 연설 담화를 어떻게 보아야 할지를 상세하고 다루고 있다는 점에서 참고의 의의가 있다. 하지만 서구 수사학의 분류 틀 아래에서만 연설을 다루고 있기 때문에 우리 교육 현실에서의 연설 담화와는 일정한 거리가 있어 보인다는 점에서 연구의 한계를 노출하고 있다.

정민주(2012, 2013)은 대학생들을 대상으로 연설 담화에 대한 인식의 문제를 실증적으로 다루고 있다. 특히 반성적 자각의 측면에서 연설을 어떻게 바라보고 있는지를 다룸으로써 담화에 대한 상위 인지적 측면의 논의로 참고의 의의가 있다. 하지만 연설 자체의 개념이나 분류에 대한 논의는 제대로 이루어지고 있지 못한 문제를 노출하고 있다.

최효진(2010)에서는 학교 교육 현장에서 교육되어야 하는 담화에 대한 비교적 실질적인 논의를 전개하고 있어 참고가 된다. 특히 담화 간 겹침 현상을 지적하면서 대화나 연설의 경우는 대화류나 연설류의 접근 방식으로 그 특징을 설명하고 있다. 하지만 구체적인 대안으로까지 나아가지 못한 한계를 보인다.

연설과 관련된 논의들은 서구 수사학을 바탕으로 한 논의가 주류를 있는 상황에서 비교적 최근에 들어서는 학교 현장을 중심으로 한 현장 연구조사, 이른바 연설에 대한 학습자들의 상위 인지적 측면을 살피고 있는 연구들이 다수 나오고 있는 상황이다. 하지만 여전히 연설 담화의 개념과 분류에 대해서는 구체적이고 명확한 논의가 미비한 실정이다.

2. 연설 담화의 교육적 위상과 속성

'2'절에서는 연설 담화가 지니는 교육적 위상과 그 속성에 문제에 대한 고찰하고자 한다. 연설 담화는 오랜 시간 우리 교육 현장에서 교육되어야 할 담화로 다루어져 왔다. 그만큼 그 교육적 중요성을 인정받아 왔다고 해도 과언이 아니다. 하지만 정작 이러한 교육적 중요성이 제대로 교육 현장에서 받아들였는지는 의문이다.

이러한 문제의식을 기반으로 '2'절에서는 그간 우리 국어과 교육과정에서 연설 담화가 어떻게 제시되고 다루어져 왔는지 교육과정을 통해 간략하게나마 살펴보고자 한다. 이는 연설 담화가 넓게는 국어

교육의 틀 내에서, 좁게는 다른 담화와의 관계 속에서 자리매김 되는 데 주요한 단초가 될 수 있을 것이다.

아울러 연설 담화가 그 자체로서 독립적인 담화로 성립하는 데 필요한 주요한 속성들이 무엇인지를 살펴보고자 한다. 이는 다른 담화들과의 관계 속에서 심도 있게 고찰되어야 할 내용으로, 연설 담화가 제대로 교육되기 위해서는 무엇보다 그 담화의 내용이나 형식상의 차별적인 속성이 부각되어야만 한다는 문제의식에서 비롯된 것이다.

2.1. 연설 담화의 교육적 위상

연설은 국어과 교육과정에서 1차 때부터 꾸준하게 제시되어 온 담화이다. 그만큼 그 중요성이 인정된 담화라고 할 수 있다. 국어과 교육과정에서는 다양한 담화가 제시되어 왔다. 교육과정이 바뀌면서 담화의 구체적인 제시 양상도 조금씩 변화해 왔지만, 연설 담화의 경우는 누락되는 경우 없이 거의 모든 교육과정에서 주요한 담화로 상정되어 왔다.

하지만 교육과정의 차수가 거듭될수록 연설 담화는 그 자체의 속성이 부각되기보다는 설득적 말하기, 설득적 화법, 설득 담화 등으로 주로 설득에 초점을 두고 그 내용이 구성되어 왔다. 즉 연설 자체가 지니는 담화 속성에 초점을 맞추기보다는 설득이라는 광범위한 언어 사용 목적에 역점을 두어 왔다.

따라서 연설과 직·간접적인 내용을 다루고자 한다면 말하기, 듣기 관련 거의 모든 교육과정 내용이 그 대상이 될 수 있다. 그만큼 적용 범위가 넓어지고, 때로는 막연해질 수 있다는 문제점이 제기된다. 이 글에서는 이러한 점을 감안하여 연설과 관련된 내용 범위를 좁혀 연설이라는 용어 자체가 제시된 부분을 중심으로 1차 교육과정에서부터 현재까지의 중·고등학교 국어과 영역 및 과목을 위주로 제시한다.

〈표 1〉 교육과정별 연설 담화 제시 양상

차수	구분	내용
1차	중3 국어	(7) 여러 사람 앞에서 설명하건, 연설을 할 수 있다.(말하기) (10) 연설을 듣고 이해한다.(듣기)
2차	중3 국어	(4) 유우모어를 섞어서 여러 사람 앞에서 연설과 설명을 할 수 있도록 한다.(말하기) (1) 연설을 이해하며 개성적인 말의 뉴안스를 알도록 한다.(듣기)
3차	중1,2,3	말하기와 듣기의 주요 형식에 '연설'이 명시적으로 제시됨.
	고등 국어	말하기와 듣기의 주요 형식에 '연설'이 명시적으로 제시됨.
6차	고등 화법	(1) 연설의 목적과 형식에 따른 준비 절차와 방법을 안다. (2) 목적, 대상, 상황 등에 맞게 간단한 연설을 한다.
7차	9학년 국어	(1) 말하기가 사회, 문화적 과정임을 안다. 〈수준별 학습 활동〉 (기본) 연설에서 연사와 청중의 행동을 살펴보고, 연설이 사회적 상호작용을 통한 조정의 과정임을 설명한다.(말하기) (심화) 여러 연사들의 연설 장면을 관찰하고, 연사들이 청중들의 배경이나 요구 등을 어떻게 고려하는지 알아본다.(말하기)
	고등 화법	(1) 연설의 목적과 형식에 따른 준비 절차와 방법을 안다. (2) 목적, 대상, 상황 등에 맞게 연설한다. (3) 내용을 예측하거나 요약하며 듣는다. (4) 내용의 신뢰성, 타당성, 공정성 등을 따져 보면서 듣는다.
2007 개정	8학년 국어	(2) 친구들 앞에서 학급 문제에 대한 의견을 호소력 있게 말한다.
	9학년 국어	(1) 연설을 듣고 내용과 형식을 비판적으로 평가한다.
	고등 화법	(1) 연설의 목적과 형식에 따른 준비 절차와 연설 방법을 이해한다. (2) 목적, 청중, 상황 등에 맞게 내용을 구성하여 말한다. (3) 목적, 청중, 상황 등에 맞게 언어적·반언어적·비언어적 표현을 조절한다. (4) 내용의 신뢰성, 타당성, 공정성 등을 따져 보면서 듣는다.
2009 개정	중1~3 학년군	(4) 담화에 나타난 설득의 전략을 파악하고 평가한다.
	고등 화·작	(1) 연설의 목적과 형식에 따른 준비 절차와 연설 방법을 이해한다. (2) 목적, 청중, 상황 등에 맞게 내용을 구성하여 말한다. (3) 목적, 청중, 상황 등에 맞게 언어적·반언어적·비언어적 표현을 조절한다. (4) 내용의 신뢰성, 타당성, 공정성 등을 따져 보면서 듣는다.
2015 개정	중1~3 학년군	[국01-09]설득 전략을 비판적으로 분석하며 듣는다.
	고등 화·작	(7) 화자의 공신력을 이해하고 적절한 설득 전략을 사용하여 연설한다.

〈표 1〉에서 드러난 바와 같이 연설 담화는 1차부터 꾸준하게 교육 과정에서 제시되어 왔다. 전체적으로 차수가 진행될수록 연설에 대한 구체적인 전략들이 제시되고 있다. 초기 교육과정에서는 연설을 해 본다는 정도에 그친다면 뒤로 갈수록 어떻게 연설을 해야 하는지에 대한 구체적인 내용을 언급하는 경우가 많아지고 있다.

4차와 5차의 경우는 다른 교육과정과는 차별적으로 구체적인 담화를 표면적으로 제시하기보다는 말하기와 듣기의 일반적인 과정과 전략을 주로 진술하고 있다는 점에서 제시를 생략하였다. 하지만 이러한 일반적인 과정과 전략에서 연설 담화에도 적용될 수 있는 내용이 포함되고 있다는 점에서 다른 교육과정과 큰 차이는 없다고 할 수 있다.

전체적으로 연설 담화는 중학교 고학년이나 고등학교 과정의 학습자들에게 지도되어야 할 담화로 제시되고 있다. 즉 지도되어야 할 담화 중에서는 그 내용이나 형식상의 난도가 높은 담화로 간주되고 있다고 볼 수 있다. 이는 대화, 발표, 토의 등의 담화가 초등학교 학습자들에게 지도되어야 담화로 제시되는 것과는 비교되는 부분이라고 할 수 있다.[3]

담화는 그것의 위상 문제를 구체적으로 다루기가 쉽지 않다. 가령 맥락이나 상황에 따라서 대화가 연설보다 훨씬 어려움 담화로 여겨질 수도 있다. 이는 화자와 청자 간의 사회적 관계에서부터 화자가 지니는 여러 가지 심리적 문제에 이르기까지를 모두 고려해야 하는 상황에 기인한다. 따라서 현행 교육과정에 제시된 담화의 위상은 이러한

---

3) 가장 최근 교육과정인 2015개정 국어과 교육과정에서는 대화는 초등학교 1~2학년 군에서부터 교육되어야 할 담화로 제시하고 있다.

문제를 제대로 고려하지 않고 있어 논의의 소지가 많다고 할 수 있다.

아울러 이러한 담화의 위상 문제는 각 담화가 지니는 여러 가지 속성에 기인한다고 할 수 있다. 각 담화의 속성은 겹치거나 중복되는 경우도 많다. 그런 점에서 각 담화의 차별적인 위상을 도출하기가 어려운 것이다. 이 글은 이런 점을 감안하여 시론적으로나마 개별 담화가 지니는 기본적인 위상을 말하기와 듣기가 이루어지는 공·사 영역과 화자의 심리적 불안의 정도로 구분하여 다음과 같이 도식화해 보고자 한다.

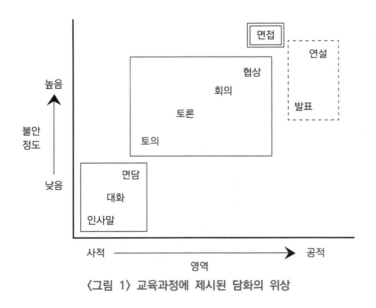

〈그림 1〉 교육과정에 제시된 담화의 위상

〈그림 1〉은 2015개정 국어과 교육과정에서 제시한 담화를 망라하여 그 위상을 공·사 영역과 화자의 심리적 불안 정도에 따라 자리매김한 양상이다. 각 담화가 지니는 상황 맥락의 속성에 따라서 그 위치에

변동 가능성이 있지만, 각 담화가 지니는 보편적이고 일반적인 속성을 감안하여 그 위치를 자리매김해 본 것이다.

먼저 〈그림 1〉에 제시된 담화들은 '인사말, 대화, 면담', '토의, 토론, 협상, 회의', '면접', '발표, 연설' 등으로 재범주화할 수 있을 듯하다. 각 담화의 위상을 몇몇 속성들로 한정짓기 어렵기 때문에 단정적으로 그것의 위상을 차별적으로 자리매김하는 것은 현실적으로 어려운 일이다. 다만 〈그림 1〉에 제시된 담화 이외에도 수많은 담화가 존재할 수 있고 그에 따른 다양한 속성들을 감안해야 한다면, 교육적으로 이러한 범주화작업은 화법의 교수·학습 내용이나 방법 측면의 정합성을 위해서 지속적으로 이루어져야 할 것이다.

〈그림 1〉에서 인사말과 대화, 면담은 사적 영역에서 불안 정도가 비교적 낮은 상태에서 화자와 청자의 관계가 주로 일대일 방식으로 주로 이루어진다는 점에서 함께 묶일 수 있다. 토의, 토론, 협상, 회의는 특정 화제를 두고 화자와 청자가 다대다 방식으로 이루어진다는 점에서 묶일 수 있다. 다만 불안 정도에서 토론에 비해 회의가 높다고 상정된 것은 토론의 경우는 말할 바가 정해진 순서에 의해 이루어지는 반면에, 회의의 경우에는 다양한 의견들이 나오거나 상충될 수 있다는 점에서 참여한 화자들 간에 일정한 불안 심리가 경우에 따라서는 팽배해질 수 있음을 감안한 것이다.

발표와 연설은 화자가 비교적 높은 심리적 불안 정도를 수반한 상태에서 청자가 일대다 방식으로 관계를 맺고 이루어지는 담화로 분류할 수 있다. 면접은 경우는 일반적으로 선발을 위해 화자와 청자가 일대일, 일대다, 다대다의 다양한 방식으로 그 관계가 이루어지기 때문에 여타 담화와는 또 다른 속성을 지닌 담화라고 할 수 있다.

연설은 다수의 청중을 대상으로 한 공적 자리에서 화자의 불안 정도가 비교적 높은 상태에서 이루어지는 담화로 발표와 여러 측면에서 유사한 점을 공유한다고 할 수 있다. 하지만 발표에 비해 언어 수행상의 목적이 설득이라는 점과 화자의 언어적 표현 이외에 다양한 딸림 언어적 표현이 수반되는 호소력 강한 담화라는 점에서 차이가 난다.

하지만 경우에 따라서 발표에서도 이러한 설득과 화자의 호소력이 기반이 되는 경우가 있기 때문에 구분이 어려울 수도 있다. 이런 측면에서 두 담화 모두 청자와의 관계가 일대다 형식으로 이루어지고, 연설에서도 정보 전달에 초점을 둘 수 있는 형식이 있을 수 있기 때문에 연설은 발표와 그 속성 면에서 일정 부분 겹칠 수밖에 없다. 이런 점 때문에 연설과 발표 담화 간에는 일정한 관계 수립이 필요하다. 다음 〈그림〉처럼 두 담화는 그 위상이 정립될 수 있을 것이다.

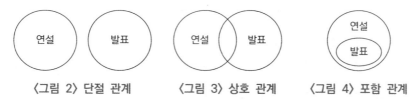

〈그림 2〉 단절 관계   〈그림 3〉 상호 관계   〈그림 4〉 포함 관계

단적으로 위의 〈그림 2, 3, 4〉와 같이 세 가지 형태를 상정해 볼 수 있다. 직관적으로 〈그림 2〉의 경우는 현재 교육과정에서 상정하고 있는 관계이다. 즉 두 담화를 완전히 차별적인 것으로 보고 있는 것이다. 반면에 〈그림 3〉과 〈그림 4〉의 경우는 현실적으로 가능한 형태라고 할 수 있다. 두 담화가 다수의 청중을 대상으로 하고 있다는 점에서 현실에 가장 부합하는 형태는 〈그림 3〉이라는 점에는 이견이 없겠지만, 연설이라는 담화가 정보 전달이라는 목적을 수행한다고 가정한다면, 〈그림 4〉의 형태도 고려할 수 있다.[4]

연설이라는 담화의 위상 문제는 연설이라는 담화의 영역 범위를 어떻게 보느냐에 따라 다른 담화의 위상, 특히 발표 담화에 영향을 줄 수 있다. 가령 연설이라는 담화의 범위를 넓게 보면 연설이라는 담화 속에 발표를 아우를 수 있는 〈그림 4〉의 형태로, 아울러 설득 중심의 웅변술에 초점을 두는 좁은 범위에서는 〈그림 3〉의 형태로 그것의 위상의 접근해 볼 수 있다. 이러한 연설 담화의 범위에 대한 문제는 '3'절의 교육적 정체성에서 심도 있게 다루게 된다.

2.2. 연설 담화의 속성

'2.1'절에서는 교육과정에 제시된 양상과 화자의 불안 정도와 공·사 영역에 따른 연설 담화의 위상 문제를 다루어보았다. 하지만 연설 담화가 지니는 본질적인 속성이 구체적으로 부각되었다고 볼 수는 없다. 즉 연설 담화가 여타 담화와 어떤 관계를 통해 드러나고 있는지를 개괄했다고 할 수 있다.

'2.2'절에서는 이러한 관계를 바탕으로 연설 담화 자체가 지니는 구체적인 속성을 다루어보고자 한다. 이는 연설 담화가 교육 현장에서 제대로 지도되기 위해서 갖추어야 할 필수적인 요건이라고 할 수 있다. 즉 이러한 각 담화의 속성이 구체적이면서도 차별적으로 마련될 때 교육적 접근 가능성이 용이해진다고 할 수 있다. 이에 따라

---

4) 일부 교과서나 논자에 따라서는 〈그림 4〉에서 발표가 연설을 포함하는 경우로 설명하기도 한다. 즉 발표를 상위 담화로 두고, 담화 수행의 목적에 따라 정보 전달과 설득으로 구분하여 논의하기도 한다. 이런 틀에서는 굳이 연설이라는 담화의 명칭도 필요 없고, 오로지 설득이라는 담화 수행의 목적만이 남게 된다. 이는 현행 교육과정에서 제시하고 있는 8가지 명시적 담화 갈래의 양상과는 부합하지 않는다고 할 수 있다.

'2.2'절에서는 연설 담화의 구체적인 속성을 시연성, 이념 지향성, 청중 지향성, 호소성의 네 가지로 구분해서 다루어보고자 한다.

2.2.1. 시연성

연설은 다른 담화에 비해 화자의 개인적 말하기 역량이 더 요구되는 담화라고 할 수 있다. 고대 그리스나 로마 시대에 웅변술은 청중을 사로잡기 위해 정치가들이 갖추어야 할 필수 요건이기도 했다. 이러한 웅변술은 일종의 연기가 수반되는 말하기 기술이라고도 할 수 있다. 물론 이는 전형적인 연기가 아닌 말하기를 설득력 있고 돋보이게 하는 일종의 수사 장치라고 할 수 있다.

청중들에게 설득할 바를 제시하되 설득력을 더 높이기 위해 화자는 다양한 언어 딸림 요소를 수반하고, 이를 바탕으로 청중들이 더 화자의 연설에 몰입할 수 있도록 하는 유도한다.5) 즉 연설이라는 담화는 전달해야 할 내용을 단순하게 전달하는 것으로 끝나는 것이 아니라 이러한 전달내용에 일종의 언어적 울림을 곁들인다.

이러한 언어적 울림은 시에서의 리듬과 같아서 일정한 흐름을 타게 된다. 아울러 이러한 흐름은 언어적 내용과 형식을 아우르게 된다. 특히 언어적 표현에 다양한 딸림 언어라고 할 수 있는 화자의 어조,

---

5) 이는 우리의 근대화 시기였던 개화기와 일제 강점기에 성행했던 연설의 속성을 다룬 논의에서도 많이 언급되고 있는데, 가령 안국선(1907: 5)이나 김창제(1917: 110)에서도 연단에서 화자가 가져야 할 태도에 대해 비교적 상세하게 언급하고 있어 참고가 된다. 이는 이 글의 시연성과도 직접적인 관련이 있다고 할 수 있다. 가령 안국선(1907: 5)에서는 다음과 같이 서술하고 있다.

　態度는 演壇에 立ᄒ야 몸 가지는 法이니 즉 손짓ᄒ고 발짓ᄒ고 얼골 가지는 法이라 (…중략…) 演說의 秘方을 問ᄒ되 答曰 "演說의 秘方은 態度에 재ᄒ니라, 態度에 재ᄒ니라 態度에 재ᄒ니라" 三言ᄒ얏도다.

억양, 표정, 시선, 움직임 등이 다양하게 언어적 맥락에 어울리면서 부각된다. 이른바 화자는 무엇인가를 말하는 동시에 보여주게 된다. 이러한 보여줌이 연설 담화가 다른 담화에 비해 차별적으로 갖는 속성이라고 할 수 있다.

특히 연설의 과정에 수반된 신체의 다양한 움직임은 연설의 과정을 매우 역동적으로 만들어 듣는 이로 하여금 설득에 과정에 몰입하도록 하는 효과가 있다. 이는 말하기가 비단 입으로만 하는 것이 아닌 몸으로도 동시에 이루어진다는 점을 말해주는 바라고 하겠다. 이른바 시연성은 이러한 다양한 신체의 움직임에 수반된 일종의 보여주기(showing) 속성이라고 할 수 있다.6) 반면에 발표에서는 이러한 시연성의 문제가 매체 활용과 더 밀접하게 관련된다고 할 수 있다.

2.2.2. 가치 지향성

1차 교육과정 이래로 연설은 줄곧 국어과 교육과정에서 주요하게 다루어져 온 담화이다. 그만큼 중요성이 강조되어 온 담화라고 할 수 있다. 하지만 정작 학교 현장에서는 연설이라는 담화가 제대로 교육되어 왔는지를 묻는다면 실상은 그렇지 못할 것이다. 수사학의 열풍이 불고 있는 최근에 와서도 이는 크게 변하지 않고 있는 상황이다.

연설은 공공 영역을 기반으로 한 화제를 중심으로 화자의 가치와 생각이 두드러지게 부각되는 담화이다. 특히 1970~80년대만 해도 반공, 자유, 인성, 충·효 사상 등 특정 가치와 이념을 중심으로 다양한

---

6) 아리스토텔레스 수사학에서는 논거발견, 논거배열, 표현, 기억, 연기로 수사적 기술을 구분해서 다루고 있다. 여기에서 연기와 관련된 기술이 이른바 시연성이라는 속성과 밀접한 관련이 있다고 할 수 있다.

웅변대회가 교육 현장을 중심으로 많이 개최되곤 하였다. 하지만 최근 들어 이러한 가치와 이념 등이 다원화되고, 특히 특정 가치와 이념을 주입하는 식의 말하기는 지양되는 상황에서 연설의 가장 전형적인 담화 양식인 웅변이 퇴색하고 있는 실정이다.

하지만 연설은 설득이라는 기본적인 담화 목적을 갖고 있다. 특히 이러한 설득의 주된 목적은 화자의 가치와 이념 지향의 전달 과정에서 나온다고 볼 수 있다. 즉 정보 전달에 초점을 두어 가치중립적 내용 기반의 발표 담화와는 차별적으로 연설은 이러한 화자의 가치가 주관적으로 강하게 표출되는 담화라고 할 수 있다. 웅변은 이런 양상을 실현하는 효과적인 수사적 기술의 집합체라고 할 수 있다.

물론 치열한 논쟁이 수반되지 않은 특정 가치를 감정적 호소에 의거하여 청중들에게 일방적으로 주입하는 것은 연설 담화가 지니는 약점이 될 수도 있다. 하지만 이러한 표출 본능은 말하기의 가장 근원적 기능이라는 점에서 중요하며, 화자 자신의 정체성을 수립해 가는 데 필요한 과정이라고 할 수 있다.

2.2.3. 청중 지향성

모든 담화에서의 말하기는 청자나 청중을 전제로 이루어진다.[7] 심지어 혼자 말하기도 화자 자신을 청자로 삼고 이루어진다고 할 수 있다. 하지만 이러한 청자나 청중의 고려 정도가 모든 담화에서 동일

---

7) 임칠성(2008)에서는 연설의 기본 의미소로 '청중, 일방성'을 들고 있다. 즉 청중은 다른 담화의 청자와는 다른 집단적 속성을, 그리고 일방성은 화자 일변도의 전달에 초점을 맞추고 있는 듯하다. 이 글에서 청중 지향성은 이러한 집단적 속성이라기보다는 화자가 청중을 설득하고 감화시키기 위해 인식상의 초점을 두어야 한다는 점에서 임칠성(2008)과는 차이가 있다고 할 수 있다.

수준에서 이루어진다고 보기는 어렵다. 특히 화자와 청자의 관계가 '일대다'로 이루어지는 연설의 경우는 그 중요성이 더해진다고 할 수 있다.

전형적인 일대다의 말하기 담화에는 발표와 연설이 있다. 발표의 경우는 그 주된 목적이 정보 전달에 있기 때문에 다분히 화자 중심의 적절한 내용 구성과 그 전달에 초점이 있다고 할 수 있다. 이는 화자와 청자들 간의 일정한 정보 간격(information gap)에서 발생한다고 할 수 있다. 아울러 발표의 경우는 이러한 정보 간격의 일정한 차이를 전제한다고 할 수 있다.

연설의 경우는 화자와 청자들 간에 이미 공통 기반(common ground)을 활용하는 전략을 많이 사용하기 때문에 이들 간에 정보 간격을 좁히는 데 있어 큰 어려움이 따르지 않을 수 있다. 다만 이러한 전략이 피상적인 수준에 그치면 청중들이 화자가 전달하는 정보의 내용 가치에 더 이상 관심을 기울이지 않을 수 있다.

따라서 연설에서의 화자는 청중들을 내용상으로 단순히 설득하더라도, 이를 사회적 실천력을 가진 집단으로 승화시키기 위해서는 감화의 수준에까지 도달해야 한다. 연설에서의 청중은 단순히 정보를 받아들이는 수준에 머무는 것이 아니라 사회적 실천력을 가진 잠재적 집단으로 상정될 수 있기 때문이다. 즉 연설 담화에서의 화자는 청중을 다른 담화에 비해 더 깊고 넓은 공감과 감화의 수준에 도달할 수 있도록 이끌어야 한다는 점에서 다른 담화에 비하여 더 청중 지향적 속성이 강하다고 할 수 있다.

2.2.4. 호소(號召)성

연설은 화자가 청자들에게 마음속 품은 생각들을 호소력 있는 말투로 전달하는 담화이다. 여기에서 초점이 되어야 할 부분이 바로 호소력 있는 말투이다. 이는 다른 담화에서 보기 어려운 연설이 지닌 일종의 언어 투식(language register)라고 할 수 있다. 이러한 호소력은, 특히 준언어나 비언어적 등의 언어 딸림 요소에서 부각된다고 할 수 있다.

연설은 다른 담화와는 다르게 발화 과정에 일정한 리듬감을 형성할 수 있다. 화자는 쉼(pause)이나 억양, 어조, 목소리 등을 청자들이 인식할 수 있을 정도로 차별적으로 적용할 수 있다. 이러한 차별성은 다른 담화와는 뚜렷하게 구분되는 속성이라고 할 수 있다. 이는 화자가 전달 내용을 청자들에게 더 뚜렷하고 오래도록 인식하도록 유도하는 호소성에 기인한다고 할 수 있다.

아울러 호소성은 무엇보다 화자가 가진 가치나 이념을 청자들에게 설득력 있게 전달하고자 하는 소통 과정에 기반한다. 이른바 소통의 쌍방향적 속성에 기반한다고 할 수 있다. 그리스 수사학에서는 연설의 종류를 아리스토텔레스의 구분에 따라 식장 연설, 법정 연설, 정치 연설로 통상 구분하는데, 법정이나 정치 연설은 화자의 이러한 호소력이 중심이 된다고 할 수 있다.

어떤 담화이든지 일정 부분 이러한 호소성을 기반으로 한다고 할 수 있다. 즉 화자 자신의 주장에 청자나 청중이 마음이나 감정이 움직여 스스로 행동하도록 요구하는 것이다. 이른바 오스틴 화행론에서의 발화 수반 행위(illocutionary act)와도 밀접하게 관련된다.[8] 특히 연설

---

8) 진실희(2019)에서는 연설문에서 명제적 발화와 대인적 발화를 구분하여, 청중들에

담화에서의 호소성은 이러한 말과 행위의 문제에서 부각될 수 있는 주된 속성이라고 할 수 있다.

3. 연설 담화의 교육적 정체성

연설 담화는 그 목적에 따라 교육적 적용 범위가 결정될 수 있다. 담화의 목적을 '설득'이라는 것에 초점을 둘 경우는 담화 상의 적용 범위가 매우 넓게 적용될 수 있다. 하지만 그 범위를 좁혀 접근하면 웅변 위주의 호소력 강한 담화로 다루어질 수 있다. 이처럼 연설 담화는 그 적용 범위를 넓히고 좁히느냐에 따라 교육적 접근의 방식이 달라질 수 있다. 이런 점이 제대로 고려되어야 연설 담화가 제대로 교육될 수 있다.

이는 토론이나 토의, 발표 등에 비하여 연설 담화가 지니는 언어 투식(language register)의 범위가 넓거나 다른 한편으로 좁은 탓이기도 하다. 연설은 언어 사용의 범위를 넓게 보면 설득이라는 목적 아래 자칫 그 정체성이 때로는 모호한 담화로 취급될 수 있다. 이러한 점은 교육 현장에서 연설 담화의 지도를 어렵게 만드는 요인으로 작용할 수 있다. 따라서 본 장에서는 이러한 연설 담화의 교육 문제를 그 범위와 연관해서 논의하고자 한다.

게 일정한 발화 의도를 전달하기 위해 의도되는 과정에서 이러한 대인적 발화가 부각될 수 있음을 연설 사례를 통해 실증적으로 규명하고 있다. 이러한 발화 의도는 이른바 발화 수반 행위로 볼 수 있으며, 호소성은 이러한 발화 행위에 수반되는 일종의 발화 수반 행위라고 할 수 있다.

3.1. 넓은 범위

연설 담화와 관련된 일련의 연구들에서는 통상 연설을 넓은 범위로 접근하는 경우가 많다.9) 이는 교육적으로 연설이 지니는 담화 자체의 역동성을 설득이라는 담화의 폭넓은 목적에 연관시키려는 의도로 볼 수 있다. 즉 설득이라는 언어 수행 목적의 중심에 있는 연설이라는 담화가 교육적으로 부각된다고 할 수 있다.

일단 이러한 경우에는 연설 담화의 하위 범주를 우선적으로 고려할 수 있다. 전통적으로 연설은 정보 전달, 설득, 환담(친교 및 정서 표현)이나 법정 연설, 정치 연설, 식장 연설로 구분해서 다루어져 왔다. 논자에 따라서는 환담이나 법정 연설이 대화나 토론에 가까운 것으로 논의되기도 하였다.10)

즉 연설 담화를 설득이라는 언어 기능상의 목적에 초점을 두고 논의한다면, 불가피하게 여러 담화와 일정 부분 그 속성이 겹쳐지는 경우를 피하기 어렵다. 하지만 이는 위에 제시된 연설의 하위 범주와는 분명하게 구분되어야 한다. 전통적인 연설의 하위 범주는 비교적 내용상의 구분에 따르기 때문이다.

현재 교육 현장에서는 연설을 비교적 넓게 다루고 있는 상황이다. 물론 연설의 범위를 단정적으로 넓게 혹은 좁게 해석하지는 않는다. 다만 설득의 주된 전략으로 제시된 양상들이 연설에만 국한되어 적

---

9) 김소영(2008)에서는 연설을 웅변으로 협소하게 다루지 말 것을 주장하지만, 정작 연설의 범위를 넓혀서 어떻게 다루어야 할지에 대한 논의는 이루어지지 않고 있다. 이는 교육 현장에서 연설 담화가 어떻게 교육되어야 할지에 대한 논의에 앞서 연설이라는 담화의 범위 설정을 어떻게 해야 할지에 대한 문제가 선결되어야 함을 알려 주는 부분이라고 할 수 있다.

10) 임칠성(2008: 179~181).

용될 수 있는 것은 아니기 때문이다. 이런 양상을 2015교육과정을 통해 살펴보면, 중학교의 경우는 연설 담화가 제시되고 있지 않고, 고등학교 화법과 작문 과목에서만 연설 담화의 명칭이 직접적으로 제시된다.

〈표 2〉 2015교육과정에서의 연설 관련 내용

	성취 기준
중1~3: 국어	[9국01-06] 청중의 관심과 요구를 고려하여 말한다. [9국01-07] 여러 사람 앞에서 말할 때 부딪히는 어려움에 효과적으로 대처한다. [9국01-09] 설득 전략을 비판적으로 분석하며 듣는다.
고: 화법과 작문	[12화작02-07] 화자의 공신력을 이해하고 적절한 설득 전략을 사용하여 연설한다.

중학교의 경우는 〈표 2〉에 제시된 두 가지 경우가 연설과 직결되는 내용이라고 할 수 있다. '01-06'와 '01-07'은 말하기, '01-09'는 듣기에 해당된다. 특히 듣기에 해당되는 성취 기준이 연설과 더 직접적으로 관련되는 내용이라고 할 수 있다. 하지만 중학교의 경우는 내용 체계 표에는 직접적으로 연설 담화가 제시되어 있지 않다. 따라서 제시된 성취 기준 자체가 연설 담화에 국한되기보다는 비교적 다양한 상황에 서의 말하기, 듣기 상황에도 적용될 수 있는 항목이라고 할 수 있다.

고등학교의 경우는 화법과 작문이라는 선택 과목에 연설 담화가 직접적으로 제시되어 있고, 중학교와는 다르게 듣기보다는 말하기에 설득 전략을 제시하고 있는 점이 특징적이다. 중학교와 고등학교 모두 설득 전략을 주된 성취 기준으로 제시하고 있지만, 중학교의 경우는 듣기에, 고등학교의 경우는 말하기에 제시하고 있는 점이 차별적이라고 할 수 있다.

위의 〈표 2〉에 드러난 바와 같이 교육과정 상에서 연설 담화의 주된 교육 내용상의 초점은 설득 전략에 초점이 맞추어져 있다. 즉 연설은 단정적으로 설득하는 말하기라고 할 수 있다. 하지만 이러한 설득이라는 언어 수행상의 목적이 연설에만 국한되어 적용될 수 있는 것은 아니라는 점에서 현행 교육과정 상에서는 연설 담화를 비교적 넓은 범위에서 접근하고 있다고 할 수 있다.

이는 모든 말하기 담화 유형에는 설득의 목적이 내재하고 있다고 보는 관점과 상통한다. 연설은 그 중에서 이러한 설득의 목적이 가장 구체적으로 발현되는 말하기 방식이라고 할 수 있다. 따라서 이런 경우에는 연설을 설득 말하기의 가장 상위 범주 담화에 두고 다른 담화와 연계하여 지도하는 방식을 고려해 볼 수 있다. 이는 설득이라는 담화의 목적이 연설과 담화 수행 방식의 유사 관계를 척도로 〈그림 5〉와 같이 그 관계를 형상화할 수 있다.

〈그림 5〉 넓은 범위의 연설 접근 방식

〈그림 5〉에서와 같이 설득이라는 담화 수행 목적을 기반으로 한다면 연설 담화가 가장 상위 담화에 놓일 수 있다. 하위에는 설득 전략을 기반으로 각 담화들이 재구성될 수 있다. 토론, 협상, 토의의 경우는 논리적이고 이성적인 방법으로 화자의 주장을 뒷받침하는 이성적 전략을, 면접의 경우는 이러한 이성적 전략 이외에도 화자의 됨됨이나 청자의 동정심 등을 자극할 수 있는 인성이나 감성적 전략을 수반할

수 있다. 이는 대화도 비슷한 맥락이다. 발표의 경우도 주로 이성적 설득이 일부 전략으로 활용될 수 있을 것이다.

즉 어떤 설득 전략을 두고 담화를 재구성하느냐에 따라 담화 간 연계 방식이 다를 수 있다. 다만 앞선 〈그림 1〉에서는 발표 담화가 연설과 유사한 맥락에서 조합될 수 있었다면, 〈그림 5〉에서는 발표 담화는 화자와 청자의 관계가 일대다라는 공통점이 있음에도 불구하고 오히려 설득이라는 담화 목적 하에서는 연설과 그 유사 관계가 다른 담화에 비해 떨어진다고 할 수 있다.

하지만 연설 담화를 넓은 범위에서 접근한다면, 연설 담화 자체에 국한된 지도 내용이나 방식을 구성하기 어려운 측면이 있다. 이는 설득이라는 담화 수행 목적이 정도의 차이만 있을 뿐 모든 담화에 내재되기 때문이다. 따라서 현행 교육과정에 제시된 설득 전략만으로 연설 담화의 교육적 정체성을 오롯이 부각하기 어려운 점이 있다고 할 수 있다.

즉 현행 교육과정에서 연설 담화의 지도 방식은 넓은 범위, 이른바 설득 전략을 중심으로 한 말하기에 초점이 주어져 있다. 이는 연설 담화가 다른 담화와 연계해서 지도될 수 있는 이점이 있지만, 정작 연설 담화 그 자체가 무엇인지에 대한 의문을 제기할 수밖에 없다. 이러한 담화 그 자체의 정체성 문제는 오롯이 교육 내용의 수립과 방법 적용에의 어려움으로 귀결되고. 교육 현장에서 연설 담화의 교육적 정체성 수립에 일부 혼란을 줄 수밖에 없다.

3.2. 좁은 범위

통상 연설이라는 담화는 특정한 말하기 기술이 수반되는 웅변이라고 할 수 있다. 이른바 고대 그리스 광장에서 펼쳐졌던 일종의 말하기의 수사법이 적용된 결정체라 할 수 있다. 즉 좁은 범위에서 연설 담화는 웅변이라는 일종의 화자의 화려한 언변과 다양한 신체 움직임을 바탕으로 한 말하기 양식이라고 할 수 있다.

따라서 좁은 범위에서는 연설의 교육은 주로 웅변에 국한된 접근 방식이라고 할 수 있다. 이는 연설 담화의 수행 방식에서 연설만이 지닐 수 있는 차별성을 극대화한 것이라고 할 수 있다. 앞선 넓은 범위에서 설득이라는 담화 수행 목적을 두고 연설 담화를 수행하는 경우와 웅변에 국한된 좁은 범위의 연설 담화를 수행하는 경우는 그 수행 결과에서 확연한 차이를 보일 것이다.

물론 웅변이라는 담화 수행 방식이 현행 교육과정이나 교과서에서 구체적으로 다루어지지 않는다는 점에서 좁은 범위에서의 접근 방식에 어려움이 따른다. 하지만 정작 학교 현장에서 연설 담화를 지도하려고 한다면 우선적으로 고려될 수밖에 없는 담화 양식이 웅변이라는 점에서는 이의의 여지가 없을 것이다.

연설을 연설답게 지도하기 위해서는 다른 담화와의 차별성을 고려해야 하는데, 설득이라는 수행 목적만으로는 그러한 차별성을 확보하기 어렵기 때문이다. 즉 연설이 설득이라는 수행 목적을 기반으로 하지만, 정작 그러한 수행 목적이 외적으로 표출될 때에는 발표나 강연 등과는 그 수행 방식이 차별화되기 때문이다.

이런 차별화는 연설 담화를 넓은 범위로만 접근해서는 달성하기 어렵다고 볼 수 있다. 즉 청자나 청중들이 연설이라는 담화로 수용하기 위해서는 담화 내용뿐만 아니라 형식상에서도 차별성이 있는 속성들이 고려되어야 하기 때문이다. 이러한 속성을 두루 갖춘 담화가 웅변이라고 할 수 있다.

통상 연설은 식장 연설, 법정 연설, 정치 연설의 세 가지 방식으로 구분된다. 이는 전형적인 정보 전달, 설득, 친교 및 정서 표현의 구분 방식과 같은 맥락이다. 즉 서구 수사학에서의 언어 수행의 자각과 관련하여 연설이 분석의 주된 담화가 되어 왔기 때문에 이러한 분류 방식을 현재도 유효하게 따르고 있다고 볼 수 있다.11)

하지만 앞서도 지적했듯이, 식장이나 법정에서 이루어지는 담화 수행을 연설로 보기에는 다소 무리가 있는 것이 사실이다. 물론 서구에서 행하여지던 수행 방식을 현재로서는 그 전모를 알 길이 없기 때문에 단정 짓기 어렵지만, 현재 우리 주변에서 이루어지는 담화 수행 방식을 고려할 때 식장이나 법정에서의 수행 방식은 연설과도 일정 부분 거리가 있다고 할 수 있다.

그런 점에서 전형적인 연설은 정치 연설에 국한된다고 할 수 있다. 하지만 교육 현장에서 이러한 정치적인 문제를 화두로 학습자들이 연설을 수행한다는 것은 교육적으로 바람직한 일은 아닐 것이다. 즉 정치 연설이 전형적인 웅변의 수행 방식으로 수행되는 담화 방식임이 고려되어 교육 현장에서 실시될 수 있지만, 그 내용상의 문제는 수정되거나 재구성되어야 한다.

이런 점을 감안한다면 좁은 범위에서 연설 담화의 지도 역시 교육 현장에서 어려움이 따를 수밖에 없다. 이는 앞선 넓은 범위에서와 마찬가지로 학교라는 교육 현장에서 연설 담화가 제대로 교육될 수 없는 주된 이유이기도 하다. 하지만 좁은 범위에서는 형식상으로 웅변이 가지는 연설 담화 수행 방식의 본령을 살릴 수 있다는 이점이 있다. 즉 좁은 범위에서의 연설의 교육적 접근 방식은 다음과 같이

---

11) 서혁(1995)가 이와 관련된 구체적인 논의라고 할 수 있다.

간략하게 도식화될 수 있다.

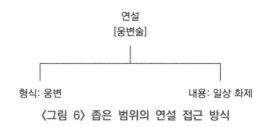

〈그림 6〉 좁은 범위의 연설 접근 방식

　좁은 범위에서의 연설의 지도 방식은 〈그림 6〉에서와 같이 형식과 내용으로 구분되어 다루어질 수 있다. 형식은 전형적인 웅변술의 양상으로, 내용은 정치 연설을 벗어나서 다양한 일상 영역에서의 화제를 중심으로 구성될 수 있다. 이는 앞선 넓은 범위에서의 연설이 설득이라는 담화 수행의 목적과 관련되어 여타 담화와 연계되어 지도될 수 있는 반면에 좁은 범위에서는 웅변이라는 연설 본연의 담화 수행 양상에 초점을 맞춘 것이 특징적이라고 할 수 있다.

4. 마무리

　이 글에서는 연설 담화의 교육적 정체성과 관련된 문제를 다루어보았다. 그 동안 연설이라는 담화가 교육 현장에서 제대로 교육되어 오고 있지 못한 현상의 이면에는 연설 담화의 정체성 수립에 대한 문제가 제대로 이루어지지 못한 점이 지적되었다. 이러한 점을 감안하여 이 글은 연설 담화의 위상과 속성 및 이와 연계된 연설 담화의 교육 방식까지 간략하게 다루어 보았다.

먼저 연설 담화의 위상과 속성에서는 지금까지 우리 교육과정에서 연설 담화가 차지하는 위상의 문제를 살펴보았는데, 연설 담화는 1차 때부터 그 중요성이 인정되어 교육과정에 제시되어 다루어져 온 것으로 드러났다. 아울러 연설 담화는 언어 수행과 관련된 화자의 불안 의식과 공·사 영역에 따라 다른 담화와 비교되어 그 위상이 정립될 수 있었다. 특히 연설 담화와 가장 유사하다고 고려된 발표 담화와 연계하여 그 관계 정립의 결과가 제시되었다.

연설 담화가 교육 현장에서 제대로 지도되어 오지 못한 현상에는 연설 담화의 범위에 대한 인식의 합의가 제대로 이루어지지 못했음이 제기되었다. 이를 위해 이 글에서는 넓은 범위와 좁은 범위로 구분하여 연설 담화의 접근 방식을 고려함으로써 그간 교육적으로 해결되지 못한 연설 담화의 지도 방식을 범주화해서 접근하였다.

이 글은 연설 담화에 대한 여러 부면을 다루었지만, 여전히 연설 담화의 구체적인 교육 내용을 어떻게 마련하고, 나아가 이를 바탕으로 학교 급별로 교육 내용이 어떻게 제시되어야 할지에 대한 구체적인 논의에까지는 이르지 못하였다. 차후 연구 과정에서 이러한 미진한 문제를 구체적으로 다루고자 한다.

제4장 협상

1. 문제 제기

협상이라는 담화가 국어교육 현장에 받아들여지고 교과서를 통해 학생들에게 교육되어 온 지는 불과 10년 남짓 되었다. 하지만 협상은 오래 전부터 개인과 개인 간, 집단공동체나 국제사회 간 주요한 갈등 해결 방식의 하나였다. 아울러 이러한 협상 능력은 기업이나 국가의 경쟁력을 높이고 결속을 다지는 하나의 수단이 되어 왔다.

하지만 국어교육 현장에서는 협상이 지니는 이러한 중요성에도 불구하고, 그간 이론과 실제의 측면에서 협상을 제대로 다루어왔다고 말하기 어렵다. 주로 경영학, 행정학, 법학 등의 사회과학 분야에서 주요한 갈등 해결 도구의 영역으로 다루어 왔다. 실제로 협상론이나 협상학 등의 명칭 하에 전문 분야로 취급되어 왔다.

이는 협상이 지니는 내용적인 면과 밀접하게 결부된다고 하겠는데, 협상의 주요한 의제나 쟁점이 주로 관공서나 기업, 국가 간 갈등의 테두리 내에서 논의될 수 있는 문제였기 때문이다. 따라서 여타 담화와는 다르게 사회과학 영역에서 갈등의 시발점이 되는 여러 사회·경제적이거나 국제적인 문제를 집중적으로 다루게 된 것이다.

국어교육 현장에서는 2007개정 국어교육과정에서 처음으로 협상을 도입하였다. 도입 시기가 많이 늦었지만, 협상이 개인 간, 공동체 간, 나아가서 국가 간 갈등의 주요한 해결 도구로 적극 활동되고 있는 시점에서 매우 바람직한 조치라고 할 수 있다. 아울러 그 동안 국어교육의 틀에서 협상에 관련된 연구가 제법 축적되어 왔다.

특히 국어교육의 영역 내에서 협상의 개념, 전략, 교수·학습 방법 등 다양한 측면들이 집중적으로 연구되어 왔다. 개념의 경우는 협상이 본래 지니는 당사자 간 이익 추구를 넘어 그 이면에 내재하는 근원적 이해관계에 초점을 맞추어 정의되어 왔고, 전략이나 교수·학습 방법의 경우에도 이러한 이해관계에 초점을 두고 상생과 협력 기반의 방법론을 추구해 왔다.

가령, 심영택(2009, 2011), 정민주(2008, 2009, 2015, 2020) 등의 일련의 연구에서는 협상의 다양한 부면을 심도 있게 논의하고 있다. 아울러 서영진(2010), 김수란·전은주(2014), 안인숙(2015), 김미정(2016), 최유리(2019), 윤경미(2021) 등에서는 중등학교와 대학 교육 현장에서 협상을 어떻게 뜻매김하고 다룰 것인지를 논의하고 있어 참고가 된다.

이 글에서는 이러한 논의의 연계 선상에서 협상의 수행 과정에서 파생될 수 있는 속성이나 위상에 대한 문제의식을 상위인지 측면에서 파악하고자 한다. 즉 협상을 실제로 수행하면서 파생되는 여러 가지 인식상의 문제를 언어자각(language awareness)의 틀에서 다루어보고자 한다.[1] 이는 학습자들이 지식 대상으로서의 협상과 행위 대상으로서의 협상 간을 더 명확하게 인식시킬 수 있는 계기가 될 수 있다.

이를 위해 이 글에서는 다수의 학습자들이 모둠을 이루어 협상의 생태학적 맥락이나 실제성(authenticity)을 고려한 다양한 쟁점이나 의제를 중심으로 협상에 참여하도록 하였다. 이러한 협상의 전 과정은 촬영, 전사되었다. 아울러 이 과정에서 인식되는 다양한 문제의식을 언어자각의 틀에서 보고서 형식으로 서술하도록 하였고, 심층 면담 과정을 통해 다양한 문제의식을 고찰하였다.

2. 협상의 속성과 위상

'2'절에서는 협상의 이론적인 측면이라고 할 수 있는 내용을 간략하게 다루고자 한다. 우선 국어과 교육과정 내에서 수용된 협상의 전반적인 내용을 고찰하고, 나아가 협상의 본질적인 특성과 여타 담화와의 관계에서 파생될 수 있는 속성과 위상의 문제를 다루어보고자 한다. 이를 통해 교육적 의미에 부합하는 협상의 정체성을 모색해 본다.

협상은 2007개정 국어교육과정에서 처음으로 도입되었다. 비교적 최근에 도입되었기 때문에 그 이론이나 실제에서 교육 현장에 정착되

---

1) 언어자각은 언어사용 주체의 반성적 사고능력, 이른바 되짚어보기(feedback) 능력과 관련이 깊다. Hawkins(1984), Bolitho et. al.(2003) 등에서 이 문제를 심도 있게 다루고 있어 참고가 된다. 언어자각의 문제는 좁게는 일종의 문법의식, 넓게는 언어 사용을 통한 실존적 자각의 문제에까지 닿아 있다. 즉 언어자각은 언어 사용 주체의 언어와 언어 사용에 대한 총체적 인식의 문제라고 할 수 있다. 이 글은 이러한 언어 자각의 문제를 담화의 한 유형인 협상을 통해 드러내보고자 한다. 이는 협상이라는 담화의 속성과 위상에 문제에 직결된다고 할 수 있다.

었다고 보기 어렵다. 특히 협상의 일반적인 쟁점이나 의제는 교육 현장에서 다루기에 쉽지 않은 제재들이기 때문에 교수·학습 방법론의 측면에서도 어려움이 예상된다. 우선적으로 2007, 2009, 2011, 2015 국어과 교육과정에 제시된 협상의 제시 양상은 다음과 같다.

〈표 1〉교육과정 시기별 협상 교육 내용

시기	학년(과목)	성취 기준 및 내용요소
2007	중3 (국어)	□ 의견이 다른 상대와 협상을 통해 문제를 해결한다 • 협상의 중요성, 절차, 해결방법, 표현방법 등
	고2, 3 (화법)	□ 협상의 개념, 목적, 형식, 절차, 방법 등을 이해한다 □ 협상의 목표를 설정하고 구체적인 타협안을 마련한다 □ 협상의 쟁점을 분석하고 단계적으로 문제를 해결한다 □ 참여자 모두가 만족하는 결론을 도출하기 위하여 협력한다
2009	고2, 3 (화작II)	2007 화법과 동일
2011	중1~3 (국어)	□ 협상의 중요성을 이해하고, 의견과 주장이 다른 상대와 협상을 통해 문제를 해결한다.
2015	고1 (국어)	□ 협상에서 서로 만족할 만한 대안을 탐색하여 의사결정을 한다 • 대안탐색, 의사결정
	고2, 3 (화작)	□ 협상 절차에 따라 상황에 맞는 전략을 사용하여 문제를 해결한다 • 절차와 전략

〈표 1〉에 제시된 바와 같이 협상은 2007 교육과정부터 중학교와 고등학교 과정에 번갈아 포함되다가 2015에 와서는 고등학교 과정에만 포함되었다. 2007에서는 비교적 상세하게 협상의 전반적인 부분을 다루고 있지만, 2015에 와서는 일부 내용으로 축소되었다. 교육과정 내용의 전반적인 축소에 다른 경향이라고 할 수 있다.

전반적으로 중학교 과정에서는 주로 의견이나 주장이 다른 상대방과의 소통 과정의 조절에 초점을 두고 있고, 고등학교에서는 협상의 이론과 실제를 더 구체적으로 제시하고 있는 양상이다. 협상도 근본적으로는 상대방과의 의사소통 조절 과정, 이른바 공통 기반(common ground)을 마련하고 정보 간격(information gap)을 줄여나가는 과정임이 강조되고 있는 점은 중학교나 고등학교 과정에서의 공통점이라고 할 수 있다.

교육과정에 제시된 내용만으로는 협상의 속성이나 구체적인 위상 관계를 파악하기 어렵다. 즉 협상만이 지니는 속성에 기반을 두고 다른 담화와의 관계에서 파생될 수 있는 위상의 문제를 제대로 고려 하기 어려운 상황이다. 가령 중학교의 교육과정 상에서 '협상'을 '대 화'로 바꾸어도 크게 문제될 것이 없어 보인다. 대화에서도 상대방과 의 주장이나 의견의 차이에서 오는 갈등을 풀어야 하는 경우가 허다 하기 때문이다.

이런 점을 감안한다면 협상만이 지니는 속성의 문제를 탐구해야 할 필요성이 제기되며, 나아가 대화, 토의, 토론 등의 여타 담화와의 관계에서 파생될 수 있는 협상의 위상 문제가 구체적으로 다루어져야 할 것이다. 이러한 협상의 속성과 위상의 문제가 제대로 다루어져야 만 교육 현장에서 협상 담화가 더 의미 있게 교육될 수 있다.

2.1. 협상의 속성

협상은 그것 자체만이 가지는 본질적인 특성이 있다. 이는 협상을 다른 담화와 차별적이게 해 주면서 상대방과의 의사소통 맥락을 더 깊고 넓게 확장해 갈 수 있는 디딤돌이 된다. 즉 협상만이 지니는 속성을 제대로 이해한다는 것은 그 담화를 의사소통 맥락에 더 적절 하고 의미 있게 수행할 수 있는 단초가 된다. 이하에서 협상의 몇 가지 속성이 제시된다.

2.1.1. 대립성: 갈등과 대립 구조

협상은 본질적으로 이익과 입장을 두고 개인 간, 집단 간, 국가 간 갈등과 대립을 드러내는 구조의 담화라고 할 수 있다. 수많은 담화 형식이 이러한 갈등과 대립 구조를 일정 부분 드러내지만, 협상의 경우는 그 태생적 본질이 갈등과 대립 구조에 있다고 할 수 있다. 이는 우리 사회 구성원들 간 다양한 갈등 및 대립 양상과 밀접하게 관련된다고 할 수 있다. 이러한 관계는 다음과 같이 간략하게 도식화 될 수 있다.

〈그림 1〉 협상의 갈등과 대립 구조

물론 대화나 토론의 경우도 소통 과정에서 갈등과 대립의 양상을 보인다. 특히 토론의 경우에는 기본적으로 소통 당사자들 간의 대립 구조를 상정한다. 아울러 대화도 수많은 갈등 양상을 드러내거나 해결하는 주요한 담화이다. 하지만 토론의 경우에는 이러한 대립 구조가 다소 작위적이거나 인위적인 경우가 많으며, 당사자들이 갈등 관계에 놓인다고 보기는 어렵다. 대화의 경우에는 갈등이 본질적이기보다는 친교 관계를 형성하는 데 부수적으로 파생된다고 할 수 있다.

그런 점에서 협상은 공적으로 이러한 갈등과 대립의 구조가 가장 잘 드러나는 담화라고 할 수 있으며, 이는 우리 공동체의 삶과 밀접하게 결부되기 때문에 중요하다.2) 물론 이러한 갈등과 대립의 양상이 우리의 삶을 부정적으로 몰고 갈 수도 있지만, 이의 해결을 통해 공동체의 삶을 보다 질적으로 향상되게 이끌어갈 수 있다는 점에서 중요성이 부각되는 담화라고 할 수 있다.

2.1.2. 양면성: 이원 구조

양면성은 동시에 맞서는 속성이 한 가지 사물에 내재하는 경우를 의미한다. 협상은 앞서도 언급했듯이 갈등과 대립의 구조를 드러내는 담화라고 했다. 하지만 그 이면에는 상생과 협력이라는 또 다른 면이 수반된다. 즉 협상은 본디 갈등과 대립 구조의 담화이기는 하지만, 동일한 이익과 이해관계를 추구하는 당사자들 간의 상생과 협력의 구조를 그 기저에 수반한다.

이러한 이원 구조는 협상이 지니는 중요한 속성이라고 할 수 있다. 물론 대화나 토론 등도 이러한 측면이 없는 것은 아니지만, 협상만큼 분명하게 도식화되어 부각되기는 어렵다. 이러한 이원 구조는 협상을

---

2) 이종건·박헌준(2004)에서는 한국인의 협상 인식 틀에 대한 흥미로운 연구 결과를 제시하고 있다. 여기에서는 한국인들이 대체로 협상을 대화가 아닌 권력과 힘에 의해 지배되는 논리로 받아들이고, 여기에 상거래적 사고와 인간적 사고가 혼재되어 있다고 보고 있다. 즉 협상 자체를 소통 당사자 간의 갈등과 대립을 풀기 위한 일종의 전략으로보다는, 일종의 '벼랑끝 전술' 정도로 인식한다는 것이다. 따라서 협상 과정에 임하는 당사자들 간의 심적 상태가 억압되고 수세에 몰려 있는 부정적 인식 상태에 있게 됨을 지적하고 있다. 이러한 인식의 틀이 보편적이라면 협상은 통상 기피될 수밖에 없는 소통 담화가 될 것이다. 교육 현장에서는 이러한 인식의 틀에 대한 편견을 극복할 수 있는 다양한 방법론이 개발되어야 할 것이다. 특히 소통 과정의 이러한 대립과 갈등을 창조적 대안으로 승화시킬 수 있다는 인식이 요구된다고 할 수 있다.

의사소통 과정에서 다양한 전략을 명시적으로 이끌어내도록 하는 데 기여한다고 할 수 있다.

물론 협상에 수반되는 이러한 양면성은 담화의 수행 과정을 어렵게 만드는 요인이기도 하다. 하지만 갈등과 대립의 국면을 상생과 협력의 양상으로 전환시키는 과정은 소통 당사자들 간 체면(face)에 대한 세심한 배려를 고려하게 하며, 나아가 갈등과 대립의 국면을 창조적 대안을 통해 해결해 나가도록 추동하는 요인이 되기도 한다. 이러한 양면성은 〈그림 2〉와 같이 협상의 교수·학습 모형에 기반이 될 수 있다.

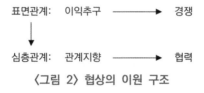

〈그림 2〉 협상의 이원 구조

〈그림 2〉는 협상이 지니는 기본적인 이원 구조를 표상한 것이다. 표면관계는 일반적으로 협상에서 추구되는 이익이나 입장의 관점에서 소통 당사자들 간의 경쟁과 대립을 기본으로 하고, 심층관계는 이해관계나 속내의 관점에서 소통 당사자들 간의 협력과 상생을 기반으로 한다. 즉 협상은 표면적으로는 소통 당사자들 간의 이익을 위한 경쟁이 부각되지만, 심층적으로는 당사자들 간 관계지향을 위한 협력이 추구되는 담화라고 할 수 있다.

아울러 이러한 협상의 이원 구조는 교수·학습 방법과도 밀접하게 연계될 수 있는데, 가령 협상 시작 단계에서는 자신의 이익과 입장이 무엇인지를 분명하게 하고, 협상의 전개 과정을 통해 이러한 이익과 입장이 소통 상대방과 어떤 갈등을 일으키는지를 파악해야 한다. 갈등 관계를 통해 문제점이 파악되면 이러한 문제를 조정할 수 있는 대안을 모색해야 한다. 창조적 대안의 모색은 결국 소통 당사자들 간 상생과 협력의 길을 터주게 되고 협상 관계를 타결과 합의의 결과로 이끌게 된다.

2.1.3. 소통 층위: 전략적 사고

협상은 표면적으로 자신의 이익과 입장을 상대방에게 논리적으로 납득시켜 자신의 이익을 극대화하기 위한 일종의 상거래 소통이라고 할 수 있다. 하지만 최근에 와서는 이러한 협상의 소통 인식에 대한 범위가 확대되어 특정 이해관계를 두고 대립과 갈등에 있는 소통 당사자들 간 논리적 설득 과정으로 자리매김 되고 있다.

협상은 소통 당사자 간 입장과 이해관계, 그리고 이는 표면적 관계와 심층적 관계로 소통 층위(layer)가 배열될 수 있다. 따라서 이러한 소통 층위에 대한 각각의 전략적 사고가 수반되지 않으면 성공적인 협상의 소통 결과를 이끌어내기 어렵다. 즉 앞서도 언급했듯이 갈등과 협력이라는 두 차원의 구조에 부합하는 소통적 접근이 요구된다고 할 수 있다. 앞선 이원 구조의 양상을 소통 층위에 따라 〈그림 3〉과 같이 제시할 수 있다.

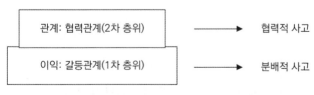

〈그림 3〉 소통 층위에 따른 전략적 사고 모형

〈그림 3〉에서와 같이 소통 층위에 따라 전략적 사고가 다르게 마련될 수 있다. 1차 층위와 2차 층위에 부합하는 전략적 사고가 마련되어야 할 것이다. 즉 1차 층위는 상거래 관계에 부합하는 사고, 이른바 이익과 입장을 두고 첨예한 대립과 갈등이 수반된 사고, 2차 층위는 인간관계를 위한, 이른바 협력과 상생을 위한 사고가 수반되어야 한다. 소통 층위에 따른 사고 전략은 협상 과정 자체가 그만큼 어렵다는 것을 전제한다고도 할 수 있다.

협상 내용에 따른 이러한 소통 층위를 상정한다면, 1차 층위에서의 분배적 사고를 기반으로, 2차 층위에서는 통합적 사고가 적용될 있다. 분배적 사고는 이익과 입장에 기반을 둔 경쟁 지향, 통합적 사고는 인간관계에 기반을 둔 상생과 협력 관계 지향 사고라고 할 수 있다. 따라서 이러한 소통 경로에 따라 전략적 사고를 어떻게 적용할 수 있느냐가 관건이라고 할 수 있다. 즉 협상은 다른 담화와 다르게 이러한 소통 층위에 따른 전략적 사고가 필수적으로 수반되는 담화라고 할 수 있다.

2.2. 협상의 위상

협상은 표면적으로는 소통 당사자들 간의 끊임없는 갈등과 대립의 국면으로 진행되는 반면에 심층적으로는 이들 당사자들의 간의 상생을 위한 협조와 타협이 수반되어야 하는 양면성을 가진 담화라고 할 수 있다. 따라서 이러한 양면성은 때로는 창의적 대안으로 당사자 간 만족도 높은 타결 과정을 이끌어내기도 하고, 때로는 소통 당사자들 간 관계의 결렬이나 파국을 초래하기도 한다.

이러한 양상은 다른 담화와의 관계에서 더 부각되고 차별적으로 드러날 수 있다. 이는 곧 협상이 다른 담화와의 관계 속에서 차지하는 위상과 관련된다. 이러한 위상은 다양한 담화 유형을 특정한 의사소통 상황에서 제대로 자리매김시키는 데 매우 중요하다. 아울러 다양한 의사소통 상황에서 그 자리에 부합하는 담화를 수행하는 데 필요한 상위인지 지식의 활용과도 관련된다.

협상은 전형적인 공적 담화로서 준비된 말하기 유형에 속한다.[3] 이는 대화와는 정반대의 위치에 놓인다고 할 수 있다. 토의의 경우에는 소통 상대방들과 동일한 목적 지향 의식을 바탕으로 일종의 문제 해결을 위한 소통 양상이라고 할 수 있지만, 소통 상대방들과 대립적인 위치에 있지는 않다. 토론의 경우는 소통 상대방들과 대립적인 위치에 있지만, 상생과 협력을 기저에 두지는 않는다.

이러한 담화 위상의 문제를 다루기 위해서는 의사소통 과정에서 발생할 수 있는 다양한 변수를 고려해야 한다. 특히 협상의 상황 맥락에서 고려될 수 있는 변수들이 다른 담화에서의 변수들과 어떤 차별성이 있는지를 검토해야 한다. 하지만 각 담화가 의사소통 맥락에서 지니는 수행에 따르는 변수는 무한하기 때문에 이를 모두 고려할 수는 없다. 따라서 가장 기본적인 변수로 담화의 공적과 사적인 속성, 그리고 즉흥성과 준비성을 들 수 있는데, 이는 담화 상황과 밀접하게 결부된다고 할 수 있다.

---

3) 부모와 자식 간의 용돈을 두고 담화가 전개되는 경우는 사적 담화로서의 협상이라고 할 수 있다. 하지만 이럴 경우에는 대화 담화와 본질적으로 차이가 부각되지 않을 수 있다. 그런 점에서 담화의 위상 문제는 매우 복잡한 문제를 수반하게 될 수밖에 없다. 다만 협상 담화가 개인과 사회에서 유용한 담화로서 부각될 수 있는 지점은 사적보다는 공적 지점에서일 것이다. 따라서 이 글은 공적 담화로서의 협상 위상 논의가 교육적으로 더 유용할 수 있다는 점을 고려하였다.

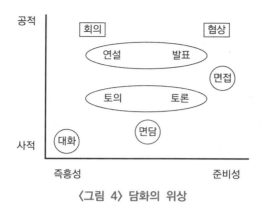

〈그림 4〉 담화의 위상

　〈그림 4〉에서는 2015개정 국어과 교육과정에 제시된 담화를 인사말만 제외하고 모두 제시하였다. 담화 상황에 따른 두 변수만으로 각 담화를 자리매김하였는데, 협상은 공적인 속성과 준비성에서 가장 상위와 우측에 있고, 대화는 가장 하위와 좌측에 놓였다. 토의와 토론은 공적인 속성에서는 비슷하지만, 준비성 측면에서 토론이 더 우측에 놓였다. 연설과 발표의 경우도 즉흥 연설이 있음을 감안하여 발표가 준비성이 더 요구되는 것으로 자리매김 되었다.

　면담은 특별한 목적을 수반하는 경우도 있지만, 대부분 상호간 특별한 준비 없이 이루어지기 때문에 면접보다 즉흥성이 부각되었다. 회의의 경우는 공적인 속성은 높지만, 교육 현장에서의 학급회의는 특별한 준비가 요구되는 것은 아니기 때문에 〈그림 4〉와 같이 자리매김 되었다.

　물론 〈그림 4〉는 각 담화의 일반적인 의사소통 상황을 고려한 결과이다. 가령 대화의 경우에도 준비성이 요구되는 특별한 상황이 수반될 수 있고, 공적으로 전개될 수도 있다. 회의의 경우에도 특별한 문제를 해결해야 하는 경우에는 높은 수준의 준비성의 요구될 수 있다.

하지만 각 담화의 위상을 교육적인 측면에서 범박하게나마 〈그림 4〉와 같은 양상으로 다룰 수 있을 것이다.

아울러 〈그림 4〉에서와 같이 각 담화를 몇몇 군으로 범주화할 수 있을 듯하다. 대화, 면담, 면접은 주로 1 : 1 소통을 근간으로 하지만, 대화나 면담의 경우는 사적 속성이 강한 반면에 면접은 공적 속성이 강하다고 할 수 있다. 토의와 토론은 집단 간 소통을 근간으로 한 공적 속성이 수반되는 것으로, 연설과 발표를 청중을 대상으로 한 비교적 공적 속성이 높은 담화로, 회의와 협상은 공적 속성은 유사하지만 준비성 측면에서 차이가 있는 담화로 구분될 수 있다.

각 담화의 위상을 논의할 때 위의 두 가지 상황 변수가 중요하게 작용하겠지만, 여기에 말하기의 불안성이나 자발성 여부 등도 관련될 수 있다. 특히 말하기 불안의 척도는 사적 상황과 공적 상황에 따라 크게 달라질 것이고, 말하기의 준비성이 높고 낮은지에 따라서도 영향을 많이 받을 수 있다. 자발성의 여부도 이러한 담화 상황에 밀접하게 연관될 수 있다. 하지만 이러한 모든 변수를 도식 상으로 고려하기에는 일정한 한계가 있기에 차후 연구과제로 다루기로 한다.

이상과 같은 담화들의 위상 관계에서 협상의 경우는 공·사적, 즉흥성과 준비성의 측면에서 가장 우측과 상위에 놓임으로써 말하기에서 가장 수준 높은 담화로서의 위상을 보여준다고 해도 과언이 아니다. 그만큼 많은 준비와 전략이 요구되는 담화라고 볼 수 있다.

따라서 이러한 잠정적 위상에 부합하는 학습자들의 다양한 언어자각의 측면이 요구될 수 있다. 이러한 언어자각의 측면은 협상을 전개하는 데 요구되는 여러 문제인식과 결부되기 때문에 교육적으로 그 중요성이 부각된다고 할 수 있다. 이하 장에서는 이러한 협상 담화의 속성과 위상에 결부되어 부각될 수 있는 언어자각의 문제를 다룬다.

3. 협상 수행에 드러난 언어자각 양상

언어자각에 대한 인식 양상은 언어 사용의 전·중·후 과정에서 모두 발생할 수 있다.4) 특히 협상의 수행 과정에 참여해 본 경험이 없는 학습자들이 겪게 되는 다양한 인식과 경험은 교육적으로 활용 가능한 의미 있는 결과가 될 수 있다. 즉 협상을 준비하고, 실제로 수행하면서 겪게 되는 다양한 인식과 경험들이 교육 내용으로 환원될 수 있을 것이다.

이 글의 조사과정에서는 대입 신입생들로 구성된 30개 팀에서 협상 담화를 전개하고 그 과정에서 자각된 측면을 보고서로 작성해서 제출하도록 하였다. 각 팀의 구성원들은 양자나 다자 협상의 구도에서 특정한 의제를 중심으로 협상을 전개하고, 이를 촬영, 전사하도록 하였다. 전사는 음성 전사가 아닌 형태 전사로 이루어졌다. 즉 전사에 대한 전문 지식이 없기 때문에 소리의 미세한 측면을 상세하게 전사하기 어렵다는 점을 감안하여 맞춤법에 맞도록 전사하였다.

담화의 실제 전개 시간은 촬영할 수 있는 여건을 감안하여 지나치게 길지 않도록 하였다. 다만 협상 담화의 완결성을 위해 어느 정도 내용이 갖춰질 수 있는 시간을 고려하였다. 짧게는 5분 내외, 길게는 15분 내외까지 둠으로써 그 시간의 범위를 지나치게 제한하지 않았다. 하지만 대체적으로 4~8분 정도로 이루어졌다.5)

---

4) 언어자각에 대한 논의는 서종훈(2012)을 참고할 수 있다. 여기에서는 언어 사용의 전·중·후 과정에서 발생할 수 있는 언어자각의 양상을 흥미롭게 다루고 있다.

5) 학습자들이 제출한 전사본 중에 한 편이 〈부록〉에 제시되었다. 제출된 전사본 중에서는 5분 내외의 비교적 소략하게 구성된 것으로, 자취방 가격 협상에 대한 역할극으로 임대인, 임차인, 중개인으로 역할을 분담하여 협상을 수행한 결과이다.

협상의 전개 시간이 길어야 담화로서의 내용과 형식적 완결성이 담보되는 것은 아니다. 대부분 일상에서 벌어질 수 있는 문제를 중심으로 전개되는 협상의 경우에는 짧은 시간 내에 당사자들 간 쟁점에 대한 타결을 보는 경우가 허다하기 때문이다. 물론 여기에 촬영 시간과 전사 작업에 대한 어려움도 고려되었다.

학습자들이 제출한 분석 보고서를 중심으로 협상에 대한 어떤 언어자각의 모습들이 제시되었는지는 실제 협상 전·중·후 과정을 중심으로 진술되었다. 다만 협상 전과 후는 실제 전개 과정 중에 제기된 양상보다는 그 수가 훨씬 적었고, 내용도 비교적 소략하게 제시되었다. 이하에서는 이러한 언어자각의 측면에서 제시된 내용들을 중심으로 협상의 실제 사용 측면을 6가지로 구분해서 살펴보고자 한다. 아울러 면담 결과도 일부 제시한다.

3.1. 협상의 정체성

협상에 임하는 학습자들은 대부분 중·고등학교 때 협상이라는 단어는 국어교과서에 들어보았고, 협상 지문을 읽어보기도 했지만, 협상을 수행해 본 적은 거의 없었다. 따라서 이론상으로만 접한 협상과 실제 수행해 본 협상이 다를 것임은 비교적 분명하다. 이는 실제 학습자들에게서도 분명하게 인지되고 있다. 먼저 협상을 수행하기 전에 협상의 정체성에 대한 모호함을 진술하는 경우가 다수 발견되었다.

협상이라는 말을 들어봤지만, 해 본적도 없고 하는 것을 본 적도 없었다. 토론은 화작 시간에 해 보았지만, 협상은 예문만 봤지, 실제로 해 본 적이 없었다. 주제를 정하고 학우들과 협상을 하려고 계획하면서 토론처럼 해야 하나, 그냥 대화처럼 해야 하나 혼란스러웠다.

tv에서 국가 간 무역 협상이나 노사 협상 등 협상이라는 말은 많이 들어
봤다. 과제를 받고, 모둠원들과 어떻게 해야 고민이 많이 되었다. 이익을
두고 다투어야 하는데, 모둠원들 간에 무슨 이익을 두고 다투어야 하는지
도 난감했다. 그냥 대화처럼 하면 되지 않을까 생각했다.

두 모둠의 보고서에서 나온 진술의 일부인데, 협상을 실시하기 전
협상에 대해 말은 들어보았지만, 구체적으로 어떤 언어 투식(language
register)이 수반되어야 하는지에 대한 의문을 제기하였다. 아울러 이익
을 두고 설득 과정이 전개되어야 하는데, 이를 대화로 풀어나가야
한다는 정도로 협상을 인식하고 있다. 이는 결국 협상의 정체성에
대한 인식 부족에서 나온 것이라고 할 수 있다.

이 글의 참여 학습자들은 중·고등학교 시절의 교육 결과로 협상
담화에 대해 일부 지식을 갖고 있지만, 실제 소통 과정에서 협상을
해 본 경험이 거의 없었기 때문에 협상의 정체성에 대한 인식의 결여
는 당연한 결과일 수도 있다. 다만 이러한 문제가 협상을 이익 다툼을
위한 단순한 소통 수단쯤으로 인식한다는 것은 문제로 부각될 수 있
다. 이는 몇몇 학습자들을 대상으로 이루어진 면담 과정을 통해서도
확인되었다.

Q: 중·고등학교 다닐 때 협상을 해 본 적이 있었나요.
A: 아니요. 이번에 처음 해 봤습니다.
Q: 그렇다면 어떤 점이 어려웠나요.
A: 크게 어려운 점은 없었지만, 간혹 우리가 하고 있는 것이 협상인지,

토론인지 헷갈렸어요.

Q: 그렇군요. 구체적으로 어떤 점에서 그랬는지 이야기해 줄 수 있나요.

A: 토론이나 협상 모두 상대를 설득해야 하는데, 협상을 하면서 토론과 다르다는 생각을 하지 못했어요. 한편으로는 대화와도 별 다를 바 없는 것 같았어요.

일부 학습자이기는 하지만, 협상을 토론과 차별적으로 인식하지 못하는 경우가 있었다. 이는 소통 상대방을 설득해서 나의 이익을 관철시키는 것에만 초점을 둔 결과라고 할 수 있다. 즉 협상의 정체성에 대한 인식이 결여된 결과라고 할 수 있다. 이는 교육 현장에서 각 담화에 대한 정체성 교육이 필요하다는 점을 제기하는 부분이라고 할 수 있다.

즉 이는 앞선 협상의 속성에서 대립성에만 인식의 초점이 주어졌을 뿐 협상이 지니는 양면성이나 소통 층위 등을 고려하지 못한 결과라고 할 수 있다. 협상에 대한 이러한 편견은 협상을 더 어렵거나 피하고 싶은 담화로 인식하게 만들 뿐이다. 협상의 정체성에 대한 올바른 인식이 교육적으로 요구된다고 할 수 있다.

3.2. 협상 의제

협상을 수행하기 위해서는 의제(issue)가 결정되어야 한다. 협상의 실제적인 수행이 어려운 것은 이러한 의제나 쟁점을 명확하게 결정하기 어려울 수 있기 때문이다. 물론 공공 기관이나 기업, 국가 간에는 이러한 의제가 비교적 명확하게 드러나기 때문에 이에 대한 갈등의 소지가 크다고는 할 수 없다. 하지만 우리 일상의 소통 과정에서 발생하는 협상은 이러한 의제 선정이 명확하지 않은 경우가 많다.

아울러 의제에 수반된 소통 당사자들 간의 입장(position)을 명확하게 정하기가 어려울 수도 있다.[6] 의제에 수반된 입장을 분명히 하여 소통 당사자 간 갈등과 대립의 국면에서 협상 담화를 공적으로 전개하기가 생각보다 쉽지 않은 면이 있는데, 이는 이른바 협상의 실제성(authenticity)과 관련된 문제이기도 하다. 이러한 문제의식들이 다수 진술되었다.

협상을 과제로 제시받고, 무엇을 주제로 정해야 할지가 어려웠다. 협상이라는 말은 많이 들어봤지만, 정작 해 보려고 주제를 정하려고 하니 모둠원들 간에 혼란이 많았다. 고등학교 때 청소 구역 협상하기, 부모님과의 용돈 협상하기, 학교 기숙사 통금 시간 등 다양하게 나왔다. 주제를 정하고 정작 실제 협상 과정에서는 별 할 말이 없었다. 좀 더 협상에 부합하는 주제를 정할 걸 후회하기도 했다.

대화나 토론은 말할 거리가 많은데, 막상 협상을 하려고 하니까 무엇을 정해서 해야 할지가 막막했다. 교수님께서는 일상에서 우리는 수많은 협상 상황에 처한다고 했지만, 정작 그런 상황에 맞는 주제를 정하기가 어려웠다. 우리 모둠 구성원 대부분은 학교 근처에서 자취를 하고 있었는데, 자취를 하기 위해 부모님과 갈등이 많았다고 했다.(…중략…) 정작 협상을 해 보니, 부모님이 얻는 이익이 무엇인지가 명확하지 않았다. 협상은

---

6) 실제로 교수·학습 방법론의 측면에서는 이러한 의제는 주로 문제인식의 단계로 상정될 수 있다. 즉 의제가 상정되었더라도 거기에 부합하는 다양한 입장이나 이해관계를 고려해 보아야 하기 때문이다. 따라서 이러한 의제 선정의 문제는 협상 당사자들 간 입장과 이해관계에 대한 고려까지를 아우른다고 할 수 있다.

한 쪽은 손해를 한 쪽은 이익을 보는 구조일 수밖에 없는지 궁금했다. 협상 당사자 모두가 이익이 되어야 하는데, 주제를 잘못 선택한 것 같다는 의견도 있었다.

협상은 개인 간에서부터 국가 간에 이르기까지 당사자의 범위가 매우 넓다고 할 수 있다. 그만큼 여기에 수반되는 의제도 다양하다고 할 수 있다. 하지만 교육적으로 환원해서 의미 있게 다룰 수 있는 의제는 생각만큼 구성하기가 어렵다. 실제로 협상을 수행하면서 다중 의제를 상정하기도 하는데, 이는 단일 의제로 협상을 원만하게 수행하기가 그만큼 어렵다는 것을 의미하기도 한다.[7]

실제로 협상의 수행 과정에서 단일 의제보다는 다중 의제를 통해 협상 당사자들 간 원만한 합의에 이르는 경우가 많다. 이는 다중 의제가 협상에서 당사자들 간에 논의의 폭을 넓힐 수 있고, 나아가 원만한 타결과 협의에 이를 수 있기 때문이다. 즉 교육적으로 협상 담화를 원만하게 전개하기 위해서는 의제의 구성과 선택에 주의를 기울여야 할 것으로 판단된다. 실제로 면담 과정에서도 의제에 대한 문제가 다수 제기되었다.

Q: 협상을 수행하는 과정 중에 어려움은 없었나요.
A: 조원들과 협상에 대한 주제를 정하기가 어려웠습니다.
Q: 어떤 점이 그랬나요.
A: 코로나 때문인지 다수 조원들이 대면과 비대면 수업에 대한 것을 이야기했어요.

---

7) 협상 담화의 의제에 관해서는 정민주(2020)가 참고가 된다.

Q: 그것도 역할극을 하면 적절한 협상 쟁점이 될 수는 있을 것 같은데.

A: 근데 막상 해 보니 학생 입장만 설득력 있게 나오지, 교수님 입장은...

Q: 그렇군요. 그리고 다른 어려운 점은 없었나요.

A: 생각보다 할 이야기가 별로 없었어요. 관심 부족인지, 아니면 주제에 대한 지식 부족인지...

다수의 모둠에서 발견된 의제는 코로나와 관련된 문제가 많았다. 시사성이 반영된 당연한 결과이지만, 정작 일상에서 협상을 흥미롭게 수행할 만한 문젯거리에 대한 인식 부족이 발견되었다. 즉 교육 현장에서 협상 담화가 유의미하게 다루어지기 위해서는 다양한 협상 의제에 대한 개발이 시급하다고 할 수 있다.

협상 의제는 협상 수행을 위한 가장 근간이 된다. 의제에 대한 깊이 있는 이해가 수반되지 않고서는 협상의 수행 과정이 갈등과 대립으로 점철될 가능성이 높다. 즉 의제를 소통 층위에 따라 융통성 있게 적용할 수 있거나 다양한 의제를 고안함으로써 대안으로 적용할 수 있는 교육적 전략이 필요할 것이다.

3.3. 협상을 위한 준비성

협상은 다른 담화와 달리 철저하게 준비성이 요구된다. 협상 당사자들 간 입장의 첨예한 대립과 갈등이 수반되기 때문에 즉흥적으로 임하기에는 위험 부담이 많이 따른다. 따라서 본격적인 협상에 돌입하기 전에 미리 협상 상대방의 입장에서부터 이해관계까지를 철저하게 파악해야 한다.

이러한 준비성은 협상의 주된 내용이라고 할 수 있는 의제에서부터 협상 상대방과의 논의 과정에서 전개될 수 있는 갈등을 어떻게 풀어나갈지에 대한 전략에 이르기까지 다양하게 요구된다. 즉 담화의 내용과 형식을 모두 아우를 수 있어야 한다. 이는 협상을 다른 담화에 비해 더 전문적인 영역의 소통 양상으로 자리매김한다.

이러한 준비성에 대한 자각 양상은 학습자들이 협상을 수행하는 중간 중간에 많이 겪고 있는 것으로 드러났다. 협상 의제를 정하고 협상 당사자 간의 입장이나 이해관계에 대한 내용을 준비 없이 진행한 경우에 협상 중간에 자주 발화의 흐름이 끊기거나 말할 내용에 대한 고민으로 인하여 원활한 협상 진행이 되지 않는 경우가 종종 발생했음을 진술하고 있다.

우리 모둠은 협상 주제로 코로나로 인한 수업 방식에 대한 문제를 다루었다. 교수 측과 학생 측으로 나누어 각자가 생각하는 수업 방식을 이야기하고 타협하는 것이었다. 처음에는 별로 어렵지 않게 생각했는데, 중간 중간에 자꾸 흐름이 끊겼다. 교수 측 입장에서 이야기할 내용이 적절하지 않은 것이 문제였다.

우리 조는 부모님과 용돈 문제에 대해 이야기했다. 대부분의 조원들이 겪고 있는 문제라고 생각해 선택했다. 부모님 측과 자녀 측으로 구분해서 협상을 진행해 나가면서 부모님의 입장을 별로 생각해보지 않고, 단편적으로만 이해했던 것은 아니었는가 반성하게 되었다. 왜 부모님께서 용돈을 최대한 적게 주려고 했는지를 좀더 부모님 입장에서 고민했으면 하는 생각을 하게 되었다.

코로나로 인한 시험 방식 변경에 대한 의제로 교수 측과 학생 측 간의 협상을 진행하였다. 주로 학생 측의 의견과 주장이 강하게 제기되는 바람에 교수 측 입장을 맡은 조원들은 충실한 의견과 주장을 내세우지 못하였다. 아마도 교수 측 입장에서 충분하게 고민해 보지 않은 결과라고 생각했다. 협상 현장에서 즉흥적으로 대화를 진행하기보다 사전에 많은 준비를 해야겠다는 생각을 하게 되었다.

주로 협상 의제에 대한 내용을 충실하게 준비하지 못해서 협상이 원만하게 수행되지 못했다는 진술이 다수 발견되었다. 중·고등학교를 졸업한 대다수의 학습자들은 실제로 협상을 공적 자리에서 수행해 본 적이 거의 없다. 이는 깊이 있는 협상 수행에 걸림돌이 된다. 즉 일상 대화에서 상호 간 이익 다툼을 위한 일종의 흥정 정도로 볼 가능성이 높다.

하지만 이러한 흥정 수준의 소통으로는 협상 당사자 간 갈등 관계에서 파생되는 이해관계를 깊이 있게 고민해 보기 어렵다. 따라서 협상을 진행하기 위해서는 협상 의제에 대한 충분한 준비가 필요하고, 나아가 협상 상대방의 입장과 이해관계에 대해서도 협상 전에 충분하게 고민하고 숙지할 필요성이 제기된다고 할 수 있다.

3.4. 협상 상대방과의 관계

협상은 소통 상대방과의 관계 설정에서 다른 담화와 일정한 차이를 보일 수 있다. 가령 대화의 경우는 주로 친교 관계 형성에 초점을 두고, 토의나 토론의 경우는 정보 소통을 두고 갈등과 대립, 그리고 합의의 관계를 형성한다. 반면에 협상의 경우에는 소통 상대방을 어떻게 보느냐에 따라서 담화 전개의 방식이나 전략이 확연하게 달라질 수 있다.

협상 담화의 경우는 소통 상대방을 어떤 수단이나 전략을 동원해서라도 설득시켜야 하는 대상으로 보느냐, 아니면 양보와 타협의 정신으로 합의의 관계를 이끌어낼 수 있는 대상으로 보느냐에 따라서 소통 상대방과의 관계 설정이 달라진다. 하지만 대다수의 학습자들은 전자에 인식의 초점을 두고 있었다.

협상은 상대방을 이겨서 나의 이익을 쟁취하는 것이 가장 중요하다. 따라서 상대방을 설득하기 위한 다양한 수단을 동원하는 것이 필요한 것 같았다.

모둠원과 협상을 진행하면서 우리의 이익을 상대방이 납득하도록 하는 것이 중요하다고 보았다. 만약에 우리가 조금이라도 빈틈을 보이면 상대방이 우리를 설득시키기 때문이다. 가상으로 진행한 대화에서도 그러한데, 실제 이익을 두고 협상을 전개하면 아마도 엄청난 갈등과 스트레스가 동반될 것 같다.

TV이나 인터넷을 보면 노사협상이나 군사협상 등 다양한 형태의 협상을 볼 수 있다. 하지만 대부분이 평화롭게 이루어지기보다는 어느 한쪽 상대측이 굴복하거나 피해를 감수하는 형태로 결말을 맺는 것 같았다. (…중략…) 이번에 처음으로 가상으로나마 협상을 해 보면서 그 어려움을 알게 되었다. 치밀하게 머리를 써서 상대를 논리적으로 굴복시킨다는 것이 어렵다는 것을...

물론 모든 참여 학습자들이 위의 진술과 같은 인식 형태로 협상에 임하지는 않았을 것이다. 하지만 다수의 학습자들은 협상 상대를 상호 호혜성에 기반을 두고 상호 관계의 대상으로 인식하기보다는 오로지 굴복시키거나 설득시켜야 하는 대상으로 보았다. 이는 협상에 드러난 표면적 입장이나 이익에만 인식한 나머지 소통 상대방과의 관계 설정에는 무관심한 결과였다고 할 수 있다.

물론 협상의 표면적인 목적은 나 혹은 우리의 이익과 입장을 관철시키는 데 있다. 하지만 협상의 소통 상대방은 결국 나와 우리의 공동체 삶의 테두리 내에서 함께 삶을 영위해야 하는 존재이기도 하다. 그런 점에서 이러한 눈에 보이는 입장이나 이익을 넘어서는 진정한 상호관계를 추구하는 관계 형성이 요구된다고 할 수 있다.[8] 아울러 이러한 인식은 면담 과정을 통해서도 일부 드러나고 있다.

Q: 협상 상대방과는 소통이 잘 되었나요

A: 낯선 친구들과 조가 돼서 조금 어려움은 있었습니다.

Q: 구체적으로

A: 어. 그러니까 입장이 다른 상대방끼리 이야기를 해야 하니까. 일단은 서로가 견제가 되는 것 같았습니다.

Q: 아 그렇군요. 입장이 다르니까. 좀 더 구체적으로 이야기 해 줄 수 있나요.

A: 음 초면에 우리 입장을 지나치게 내세우면 감정이 안 좋을 것 같아서, 그냥 좋게 좋게 진행했습니다.

Q: 어떻게

---

8) 서영진(2010)은 상호 호혜적 틀에서의 협상 교수·학습 방법론을 다루고 있어 참고가 된다.

A: 입장이 달라 긴장은 했지만, 나중을 생각해서 조금 양보도 한 것 같습니다.

Q: 협상 상대방과는 소통이 잘 되었나요

A: 잘 모르겠습니다. 협상 의제에 맞추어 이야기를 하긴 했는데.

Q: 어떤 점이 어려웠나요.

A: 조원들이 초면인데 각자의 입장을 설득하는 것이 어려웠습니다.

Q: 좀 더 구체적으로 이야기해 줄 수 있나요.

A: 상대방을 설득하고 우리 입장을 반영시켜야 하기 때문에 토론과 비슷하게 진행하는 과정에서 서로 간에 약간의 시비가 있기도 했습니다.

Q: 그랬군요.

두 면담 결과는 약간은 상반되는 내용을 보여주고 있다. 전자는 소통 상대방과 양보가 협상 전개를 하는 데 주요한 전략으로 선택된 반면에 후자는 협상을 토론과 같은 맥락에서 보고 각자의 입장을 반영해야 하는 것으로 협상 과정을 인식하고 있다. 즉 두 면담 결과를 통해 협상 상대방에 대한 학습자들의 인식 양상을 살펴볼 수 있는데, 전체적으로는 후자와 같은 맥락이 다수였다.

즉 이러한 협상 상대방에 대한 인식의 문제는 협상의 수행 과정에서 매우 중요한 문제이다. 앞선 협상 속성에서 제시한 바와 같이 협상 상대방을 갈등과 대립의 각도에서만 본다면 협상은 실패할 가능성이 매우 높다. 그렇다고 무조건적인 양보 또한 협상을 실익 없는 결과로 이끌 수 있다. 그런 점에서 협상의 소통 층위에 대한 인식의 중요성이 부각된다고 할 수 있다.

3.5. 협상 전략

협상은 다른 담화에 비하여 그 담화만의 소통 전략이 더 요구된다고 할 수 있다. 협상 당사자 간 입장의 차이가 크고, 이해관계가 철저하게 대립되는 양상이라면 그 중요성이 더 부각된다고 할 수 있다. 하혜수·이달곤(2017: 160)에서는 협상의 전략으로 '양보-대결', '분배-통합', '조화-부조화', '방임-철수'를 제시하고 있다. 특히 통합적 사고에 기반한 통합 전략으로 파이의 확대, 전략적 교환(log-rolling), 불특정 보상 등이 주목된다.

국어과 교육과정에서는 제시된 협상 전략은 양보와 협상에 국한되어 있다. 즉 통합적 전략의 일부만이 적용되고 있는 실정이다. 하지만 실제 협상에서 이러한 양보와 협상이 실제로 통합적 사고에 기반을 두고 원만하게 협상 당사자 간에 이루어질 것이라고 보기는 어렵다. 이러한 인식은 학습자들의 실제 협상 과정에서 많이 드러나고 있다.

협상 과정 중에 자주 모둠원 간에 의견이 부딪히는 경우가 많았다. 우리 조는 기숙사 통금 시간을 연장하자는 쪽이었고, 기숙 사감 역할을 맡은 다른 조는 그대로 하자는 의견이었다. 우리의 주장을 받아들일 수 있도록 하려면 상대측이 원하는 것도 들어줘야 하는데, 이러한 교환이 잘 이루어지지 않았다. (…중략…) 뭔가 상대측을 설득할 수 있는 전략이 필요할 것 같은데, 계속해서 우리 쪽 주장만을 강하게 내세우는 것 말고는 다른 방법이 없었다.

수업 시간에 협상 전략을 몇 가지 배웠지만, 실제 상대방들과 대화를 하면서 전략이 잘 적용되지 않았다. 상대방 측을 우리 쪽으로 넘어오게

해야 하는데, 전략이 잘 떠오르지도 않았다. (…중략…) 그냥 서로가 조금씩 양보하는 식으로 대화를 끝냈다. 실제로 우리의 이익을 위해서 상대방과 협상을 하면 이러한 양보가 가능할지 모르겠다. 조금 싱거운 결말로 끝난 느낌이었다.

다른 대화와 다르게 협상은 분명하게 우리의 이익을 달성하는 것이 중요하다. 토론은 절차가 정해져 있어, 거기에 따라 발언을 하고 판정단이 평가를 한다. 그런데 협상은 판정단도 없고 오로지 우리가 가진 생각과 입장으로 상대방을 설득해야 한다. 따라서 말하는 방식이 대화와는 다른 것 같고, 뭔가 상대의 허점을 공격해야 한다는 생각이 들었다. 조금은 부담스럽고 예의에 어긋난다는 생각도 들었다.

협상 전략과 관련하여 진술된 내용의 일부이다. 다수의 학습자들은 수업 시간에 배운 협상 전략을 알고는 있었지만, 실제 협상에서 적절하게 사용하기 어렵거나 아예 적용하지 못했다는 지적이 다수 발견되었다. 그리고 일부는 적절한 양보로 싱겁게 협상을 마무리 지었다고 진술하고 있다.

앞선 이종건 외(2004)에서는 한국인의 협상에 대한 인식을 논의하면서, 한국인의 협상에 대한 부정적인 인식의 측면을 부각시키고 있는데, 학습자들의 보고서에도 이러한 인식이 상당 부분 드러나고 있다. 즉 협상에 임하는 것을 상당히 부담스럽게 생각하는데, 특히 상대방을 이기기 위한 방식이 상당히 부정적인 의미로 받아들여지고 있는 양상이다.

협상에서 전략의 사용은 분명 협상을 다른 담화와 차별 짓게 만드는 중요한 속성이다. 하지만 많은 학습자들이 이러한 전략의 사용을 때로는 부정적인 인식의 틀에서 받아들이고 있다는 점은 문제로 지적될 수 있다. 이는 교육적으로 매우 중요한 점이라고 할 수 있다. 협상이 교육 현장에 제대로 자리 잡기 위해서는 이러한 부정적 인식이 극복되어야 하는데, 무엇보다 상호 호혜성에 기반을 두는 다양한 소통 방식이 다양하게 개발되어야 할 것으로 판단된다.

3.6. 협상의 해결 단계

협상은 다른 담화에 비하여 결론이 비교적 명확하게 드러나는 담화이다. 2015국어과 교육과정에서도 협상의 단계를 준비, 조정, 해결 단계로 명확하게 구분해서 제시한 것도 이와 같은 맥락이라고 할 수 있다.[9] 해결 단계는 협상 당사자들 간 타결이냐 결렬이냐의 문제가 되는데, 타협과 조정으로 협상이 타결되면 협상이 바람직하게 종결되지만, 결렬되거나 파국을 맞는 경우는 당사자들 간 입장이나 관계의 측면에서 많은 문제를 초래한다.

이러한 문제는 협상을 수행하면서도 실제로 발생하였다. 특히 해결 단계에서 협상을 어떻게 마무리 지어야 하는지에 대한 의문점이 강하게 제기되었다. 양자간이든 다자간이든 협상에서는 이러한 타협과 조정이 쉽지 않고, 이러한 경우에는 부득불 제3자의 개입을 요구하는 경우가 많다.

---

9) 고1학년 듣기·말하기 영역에서는 협상과 관련하여 "협상에서 서로 만족할 만한 대안을 탐색하여 의사 결정을 한다"가 성취 기준으로 제시되는데, 성취 기준 해설에서 협상의 단계가 준비, 조정, 해결 단계로 구분되고, 해결 단계에서는 "최선의 해결책을 제시하여 타협과 조정을 통해 문제를 해결하고 합의한다"로 전략이 제시되고 있다.

조원들 간에 적절한 합의 조건을 내세워 협상을 적절하게 마무리하였다. 하지만 실제 이익 다툼이 심한 경우에는 이러한 합의가 쉽지 않을 것 같았다. 협상을 가상으로 진행해 봤기 때문에 해결 단계가 원만했지만, 실제 협상에서는 이러한 해결이 거의 불가능할 것이다

우리 모둠은 자취방 월세를 가지고 협상을 하면서 임대인과 임차인으로 구분해서 협상을 했다. 서로가 원만하게 타협하는 것이 쉽지는 않았다. 월세를 낮추고 높이려는 과정에 실제로 다툼이 발생할 수도 있겠다는 생각이 들었다. 누군가 중간에서 중재를 해 주면 좋겠다는 생각도 했다.

가상으로나마 협상을 처음 해 보았다. 모둠원들 모두 즐겁게 협상을 했다. 종교 관련 채플 수강과 관련된 학생과 학교의 갈등을 주제로 협상을 했다. 가상으로 하기는 했지만, 종교 관련해서 지식이 없다보니 학교 측 모둠원은 자신들의 입장을 강력하게 내세우지 못하였다. 결국 학생 측 입장이 반영되고, 협상이 마무리되었다. 하지만 실제로 협상을 진행한다면 결론이 쉽게 나지 않을 것이라고 다들 입을 모았다. 양보를 해야 한다면 한쪽만 피해를 볼 것은 뻔하기 때문이다.

제시된 내용뿐만 아니라, 다수의 진술 내용 중에서 협상의 해결 단계를 지적하는 경우가 많았다. 특히 협상 당사자 간에 해결이 되지 않을 경우를 대비하여 이를 중재할 수 있는 측이 필요하다는 지적이 많았다. 아울러 양보와 협상이라는 전략이 실제로는 해결 단계에서 그렇게 유의미하게 적용되기 쉽지 않을 것이라는 내용도 다수 제시되었다.

즉 협상을 원만하게 마무리하기 위해서는 부득불 양보와 타협의

과정이 수반되어야 하는데, 향후 당사자들 간 이해관계를 고려하지 않고 자신들의 입장만을 고수한다면 협상은 결렬될 수밖에 없다. 따라서 제3의 중재자가 요구되거나 양보와 타협을 위한 상황을 만들기 위해 다중 의제를 제시하여 대안의 선택을 고려하는 것이 필요할 것이다.[10]

4. 교육적 의의

협상은 현대 사회를 살아가는 데 필요한 주요한 소통 담화이다. 이는 개인 간의 삶뿐만 아니라, 나라 간의 거시적 측면에까지 깊숙하게 관여되고 있다. 따라서 협상은 현대 사회에 필수적인 소통 방식으로 교육 현장에서는 협상이 교수·학습될 수 있는 다양한 조건과 상황을 구성할 필요가 있다.

이 글은 이런 점을 감안하여 교육 현장에서 아직 제대로 정착되었다고 보기 어려운 협상에 대하여 언어자각의 틀에서 학습자들의 협상에 대한 인식의 문제를 다루어보았다. 이를 통해 실제 협상 수행 과정을 통해 드러난 언어자각 양상은 대략 6가지 정도로 범주화하였는데. 이는 간략하게 다음과 같이 도식화될 수 있다.

---

10) 〈부록〉에 제시된 협상에서는 중개인이 협상의 중재자로서 적극적인 역할을 하고 있다.

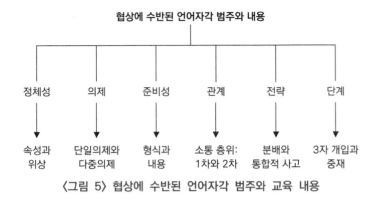

〈그림 5〉 협상에 수반된 언어자각 범주와 교육 내용

〈그림 5〉는 협상의 수행에 따른 학습자들의 언어자각 양상을 간략하게 범주화하고, 그와 관련되는 내용을 일부 제시한 결과이다. 정체성은 협상의 속성과 위상, 협상 의제는 단일의제와 다중의제, 준비성은 협상의 형식과 내용, 관계는 소통 당사자들 간 소통 층위, 전략은 협상의 소통 층위별 사고 양상, 해결 단계에서는 제3자의 개입과 중재가 학습자들의 언어자각 양상과 결부되어 도출된 내용이다.

이러한 결과는 실제 협상을 다루는 교육 현장에서 매우 유용하게 고려해야 하는 내용이기도 하다. 학습자들이 협상 수행 과정에서 자각하게 된 다양한 문제의식의 결과이며, 아울러 협상 수행 과정에서 해결해야 하는 문제이기 때문이다.

즉 이 글은 실제 협상 수행 과정을 통해 부각될 수 있는 다양한 문제의식이 언어자각의 틀에서 구체화될 수 있었고, 아울러 이러한 다양한 범주들은 실제 협상 지도 과정에서 중점적으로 다루어야 할 주된 내용 요소들을 이끌어낼 수 있었다는 점에서 교육적 의의를 찾을 수 있다. 다만 이러한 내용 요소들은 좀 더 세분화되고 구체화될 필요성은 있다.

5. 마무리

이 글에서는 협상의 속성과 위상의 문제를 다루면서, 실제 협상 수행을 통해 드러난 학습자들의 언어자각 양상을 협상의 속성과 위상의 문제에 관련시켜 다루어보았다. 협상은 현대 사회를 살아가는 사람들에게 필수적인 소통 담화이다. 집단이나 국가 간 벌어지는 협상을 언급하지 않더라도 일상에서 수많은 협상의 과정에 처한다는 사실만으로도 그 중요성이 강조될 수 있다.

하지만 이러한 협상을 실제로 공적인 자리에서 수행한 적이 없는 학습자들은 이를 피상적으로만 인식할 뿐 정작 협상의 본질을 제대로 인식한다는 것은 매우 어려운 일이다. 따라서 머릿속으로만 알고 있는 것과 실제 행하는 과정에서 인식되는 언어자각 양상이 중요하게 부각될 수 있다.

그런 점에서는 이 글에서는 학습자들에게서 드러난 협상에 대한 언어자각 양상을 정체성, 의제, 준비성, 소통 상대방과의 관계, 전략, 해결 단계로 재구성하였다. 물론 이러한 양상 이외에도 다양한 측면에서 언어자각 양상이 제기되었지만, 일반화시키기에는 부족한 측면이 있어 6가지로 범주화하였다.

이러한 언어자각 양상은 협상 수행 과정에서 학습자들이 인식하는 주요한 문제의식이라고 할 수 있다. 아울러 이러한 양상은 교육적으로 환원하여 교육 현장에서 학습자들이 협상을 학습할 때 반드시 교육 내용으로 숙지할 필요성이 제기되는 영역이다.

하지만 이 글은 일부 연령대의 학습자들을 대상으로 드러난 언어자각 양상만을 다루었고, 이를 학습자들의 보고서나 면담을 통해 간접적으로 관찰 분석했다는 점에서 일정한 한계를 드러낸다고 할 수 있다. 즉 실제성 높은 협상 자료를 도출하기 위한 다양한 실험상의 제반 조건이 더 요구된다고 할 수 있다.

부록

- 주   제: 임대인과 임차인의 자취방 가격
- 중개인: 서○○
- 임차인: 전○○
- 임대인: 김○○

---시작단계
----

① 중개인: 여러 방들이 있는데, 후문 쪽에 위치한 방은 학교랑도 가깝고 상대적으로 햇빛도 잘 들어오고, 옵션이 추가된 게 많아서 가격대가 좀 있습니다.

② 이 방 같은 경우는 에어컨, 티비, 전자레인지, 침대 등 필요한 물품들이 대부분 갖춰있는 방이라서 가격대가 다른 후문 쪽 방에 비해 더 있는 편입니다.

③ 근데, 이 집 주인은 월세는 안받고 싶어하시고 사글세로 한 번에 계약하고 싶어하십니다.(1.4)

④ 임차인: 이 방이 마음에 드는데, 가격대가 생각했던 것보다 조금 더 있네요.

⑤ 혹시 임대인을 만나볼 수 있을까요?(2.2)

⑥ 중개인: 혹시 임대인께서는 특별히 사글세로 한 번에 계약하길 원하시는 이유가 있으신가요?(2.8)

⑦ 임대인: 우선 월세로 계약을 하게 되면 계약 후에도 신경 써야 할 부분이 많고, 또 학생의 여건에 따라 제때 월세를 받지 못하게 되는 상황이 생길 수도 있다고 생각했습니다.

⑧ 이 방이 남향이라 햇빛이 잘 들어와서 난방비도 적게 들고, 학교랑 가까워서 위치도 좋고 옵션도 풀 옵션 인데다가, 집 구조도 잘 빠져 있어서 가격 값을 합니다.(4.0)

⑨ 또 이 주변 다른 집들은 이 방보다 구조적인 면이나 옵션 적인 면에서 덜하더라도 사글세로 400정도 합니다.

⑩ 그래서 크게 가격적인 면에서 문제가 되지 않을 것이라고 생각합니다.

⑪ 그래서 저는 월세보다는 사글세를 받기를 원합니다.(1.3)

⑫ 임차인: 물론 임대인의 입장에서는 좋은 조건으로 집을 내주는 것이기 때문에 그에 따른 금액이 많이 발생하고 이를 충당하기 위해서는 사글세를 받는 것이 낫다는 입장을 모르는 것은 아닙니다.

⑬ 그러나, 가격적인 면에서 부모님의 도움을 받는다고는 하나, 아르바이트를 해서 용돈을 벌어 쓰는 입장에서는 상당히 부담으로 다가오는 것이 사실입니다.

⑭ 그래서 가격을 조정하거나, 월세로 계약을 하고 싶습니다.(8.1)

---조정단계
----

⑮ 임대인: 그렇다면, 사글세 얼마 정도로 생각하고 오신건가요?

⑯ 임차인: 300중반에서 300후반 정도로 생각하고 왔습니다.(2.5)

⑰ 중개인: 그렇다면, 임차인께서는 300만원대를 생각하고 계시고, 임대인께서는 400중반 정도를 생각하고 계시니, 가격은 400정도로 하고 반년 단위로 계약하는 건 어떠십니까?(1.9)

⑱ 임대인: 글쎄요. 어, 제가 생각했던 가격보다 적게 계약하게 된다면 제가 많은 부담을 안게 됩니다.

⑲ 그래서 말씀이다만, 계약 기간을 늘리는 것에 대해서는 어떻게 생각하시나요?(4.2)

⑳ 임차인: 물론 계약금이 적어진다면 계약 기간을 늘려 그 금액을 충당해야한다는 점은 인정합니다.

㉑ 그러나, 현재 코로나 상황이 계속되고 있고 이것이 언제 끝날지 모르는 상황에서 다음 학기에도 비대면 수업을 할 가능성이 있습니다.

㉒ 그러니 계약금을 300만원대로 줄이는 것이 아닌 10만원 정도만 줄이고, 반년 단위로 계약하는 것은 어떠신가요?

㉓ 중개인: 계약금을 10만원 정도만 줄이는 것은 임대인계도 큰 부담이 되지 않을 것 같네요.

㉔ 가격을 조정하고 계약 기간을 반년으로 하는 대신에 임차인께서는 내년에 3학년이시니까 코로나 상황이 괜찮아지게 되면 이 집으로 재계약하는 것이 어 적당한 대안이라고 생각합니다.(2.5)

㉕ 임대인: 그럼, 원래 가격에서 10만원 내리고, 계약 기간은 반년으로 하는 대신, 코로나 상황이 괜찮아진다면 재계약한다는 조건으로 계약서를 작성하시는 걸로 하시죠.(1.5)

㉖ 임차인: 네, 좋습니다.(1.4)

㉗ 중개인: 그럼 입주 날짜는 임차인과 임대인께서 추후 연락을 통해 정하시는 걸로 하시죠.(1.8)

㉘ 임대인: 네, 알겠습니다.

㉙ 임차인: 네, 알겠습니다.

제**2**부
유창성

제5장 대화의 비유창성

1. 문제 제기

대화는 사적이면서도 즉흥적 속성을 지니는 대표적인 담화로서 말하기의 가장 기본적인 속성을 대변한다고 할 수 있다. 인간은 대화를 통해 스스로의 존재 가치를 드러내고, 나아가 이러한 표현 욕구는 관계 욕구로 승화되면서 타자와의 진정한 소통 관계를 형성할 수 있다. 이처럼 대화는 인간의 내밀한 심리적 과정의 표출 과정이면서 타자와의 친밀한 관계를 형성하는 중요한 수단이기도 하다.

따라서 이러한 대화 과정에 드러나는 다양한 언어적·준언어적 양상들은 다른 담화들과는 차별적 속성을 지닌다고 할 수 있다. 특히 대화에서는 머릿속에서 완전하게 정제되어 표현되기보다는 부지불식중에 내면의 다양한 무의식적 사고의 파편들이 얽히고설켜 드러날 수 있다. 이는 자연스럽게 말더듬이나 주저거림, 막힘 등의 양상을 수반하며, 즉흥적 말하기의 본질적인 모습을 고스란히 노출시킨다.

대화는 그 내용이나 형식에 따라 여러 가지로 나뉠 수 있다. 하지만 대화의 가장 기본 틀은 화자들 간에 공통 기반(common ground)을 마련하고 정보 간격(information gap)을 줄여나가는 데 있다. 이는 사적 자리이든 공적 자리이든 크게 상관이 없고, 대화의 화제가 무엇이든지 혹은 대화자 간의 관계가 어떠하든지 간에 대화의 기저를 이루는 핵심이라고 할 수 있다.

다만 대화의 주요한 내용인 화제가 미리 마련되어 있다거나 대화 참여자들 간의 친밀 관계가 형성되어 있다는 것은 대화를 원만하게 전개하거나 진행해 나가는 데 유용한 기제로 작용할 수 있다. 아울러 이러한 대화 전개의 수월성을 담보할 수 있는 화제의 상정과 높은 친밀 관계는 대화 참여자들 간의 공통 기반을 마련하고 정보 간격을 줄여나가는 데 일정한 영향을 줄 수 있다.

이 글에서는 대화의 전개 과정을 공통 기반 마련하기와 정보 간격 줄여나가기라는 토대 위에 대화의 화제 상정 여부와 친교 관계의 수준이 대화의 전개 과정에 일정한 영향을 줄 수 있을 것으로 보았다. 즉 공통 기반과 정보 간격이라는 추상적 틀 위에서 표면적으로 다양하게 드러날 수 있는 대화의 언어적, 준언어적 요인들이 무엇인지 우선적으로 검토되어야 할 것이다. 왜냐하면 이러한 표면적 요인들이 화제 및 친교 관계와 결부되어 대화를 전개하는 데 직·간접적으로 중요한 작용을 할 수 있기 때문이다.

대화는 다른 담화와 달리 일정한 각본에 의해 전개되는 경우가 거의 없다. 즉 즉흥성이 본령이라고 할 수 있다. 이는 대화를 막힘없이 전개해 나갈 수 있는, 이른바 발화의 유창성 측면에서 어려움을 발생시키기도 한다. 하지만 이러한 측면이 말하기의 본질적인 측면의 일부라는 점을 감안한다면 대화는 말하기의 심리적 과정과 참여자들 간의 미시 사회학적 관계 부면을 살피는 데 최적의 담화라고 할 수 있다.

이 글에서는 이러한 점에 착안하여, 화제 상정 여부와 친교 관계의 수준에 따른 대화의 비유창성 양상을 고찰하고자 한다.[1] 이는 대화 전개 과정에 발생하는 더듬거림, 막힘, 주저거림과 관련되는 다양한 언어적, 준언어적 측면을 고찰함으로써 대화가 지니는 또 다른 측면의 본질적인 측면을 살펴볼 수 있을 것이며, 나아가 말하기 교육에서 대화 담화에 대한 규범 중심의 일관된 지도 방법에도 일정 부분 전환의 계기가 마련될 수 있을 것이다.

이를 위해 대화의 화제 상정 여부 및 친교 관계에 따라 비유창성을 드러내는 다양한 현상들이 어떻게 드러나는지를 고찰한다. 직관적으로 화제가 상정되고 친교 관계가 있다는 점은 공통 기반의 마련으로 인하여 대화에 참여한 화자들 간의 정보 간격을 줄여나가는 데 도움이 될 수 있으므로 대화 전개의 유창성 측면에서 수월성을 보여

---

1) 말하기에서 비유창성이 문제가 되는 것은 발화의 소리나 의미가 산출 과정에서 여러 가지 문제를 발생하고, 나아가 이러한 문제가 청자나 청중들에게도 바람직하지 못한 소통 결과를 낳기 때문이다. 하지만 대화에서는 비유창성 현상이 적절하게 발생해야 이해를 촉진시킨다는 주장도 제기되고 있다. Brennan & Shober(2001)에서는 삽입, 간투사, 적절한 쉼 등이 오히려 이해를 촉진한다고 주장하고 있다. 즉 자연스러운 발화나 대화에서의 비유창성은 반드시 제거되어야 하는 군더더기가 아니라 때로는 오히려 소통을 원활하게 해 주는 역할을 하고 있음을 제기하고 있다. 즉 발화의 비유창성 문제는 화자의 발화 산출과 청자의 이해 측면을 모두 아울러야 그 면모를 제대로 알 수 있다. 이 글은 이러한 점에 동의하면서 우선적으로 대화에 표면적으로 드러나는 다양한 비유창성 유형 파악에 연구의 초점이 있다. 대화 과정에서 발생하는 이러한 유형들이 제대로 파악되어야 청자와의 교섭 과정에서 어떻게 작용하는지를 알 수 있기 때문이다.

줄 가능성이 있을 것이다. 하지만 한편으로 화제의 상정이 일정한 과제 부담으로 작용하여 대화 전개를 유창하지 못하게 만들 가능성도 있다.

즉 이 글에서는 이러한 화제 상정 및 친교 관계에 따르는 대화의 다양한 비유창성 현상을 살피고, 이를 말하기 교육에서 어떻게 교육 내용으로 환원시킬지를 구체적으로 다루고자 한다. 이는 학교 현장의 말하기 교육에서 대화라는 담화가 제대로 교육되지 못하고 있거나 되고 있더라도 대화의 생태학적 환경이 결여된 일종의 대화 규범에만 초점을 두고 교육이 이루어지고 있다는 점에 문제 인식을 초점을 두었다.

2. 이론적 배경

대부분의 대화는 화자들 간의 소통과 공감이라는 상호교섭 관계를 지향한다. 따라서 준비되고 공적으로 이루어지는 말하기와는 다르게 상대방의 감정이나 반응을 보다 세심하게 살펴야 하는 사적 담화이다. 아울러 여러 청중을 앞에 두고 하는 일방적인 혼자 말하기가 아니기 때문에 화자 간 순서 교대에서 실시간으로 발생하는 발화 겹침이나 발화의 주도권 쟁취 등에서 문제가 발생하기도 한다.

즉 이런 과정에서 다양한 비유창성이 발생할 수 있다. 이는 일방향 중심의 혼자 말하기에서 발생하는 비유창성과는 다를 수 있다. 물론 일정한 청중을 대상으로 하는 발표나 연설에서도 청중의 반응이나 태도에 따라 화자의 말하기가 영향을 받을 수 있으며, 이 과정에서 다양한 비유창성 현상이 일어날 수 있다. 하지만 대화는 다른 화자와의 실시간의 상호작용적 관계 속에서 실시간으로 발화를 산출해야 하는 심적 부담감이 수반되기 때문에 보다 복잡한 국면의 비유창성과 결부될 수 있다.

말하기에 드러난 비유창성, 일종의 더듬거림 현상은 다양한 분야에서 연구되어 왔다. 특히 언어 병리학에서는 이를 일종의 장애 현상으로 보고, 이에 대한 다양한 진단과 치료 방식을 연구해 오고 있다. 따라서 말하기 과정에서 발생하는 비유창성은 치료의 대상이 되고, 이러한 현상은 일종의 병적 현상으로 다루어져 오고 있다.

하지만 말하기 과정에서 발생하는 비유창성 현상은 조음 장애를 가진 사람들에게만 국한된 문제는 아니다. 조음과 청각에 아무런 문제를 가지고 있지 않은 정상인도 말하기 유창성에 관해서는 일정한 문제의식을 가지고 있는 것이 일반적이다. 특히 많은 사람들 앞에서 자신을 드러내어야 하는 상황에서는 말하기 불안에 수반하는 다양한 비유창성 현상이 발생한다. 이는 심각한 소통상의 문제로 인식될 수도 있다. 이러한 현상은 대화에서도 발생하며, 심한 경우는 불안을 수반한 소외의 현상으로도 이어질 수 있다.

비유창성은 비단 조음 장애만의 문제로만 볼 수는 없다. 말하기 계획 단계에서 자신의 발화를 되짚어보는 자기-점검 단계에까지 모두에 걸쳐 있다고 할 수 있다. 특히 정상인의 말하기에서 비유창성은 말하기 단계별로 발생할 수 있다. 그런 점에서 르펠트(Levelt, 1999: 87)는 비유창성의 문제를 말하기의 정보 처리 단계의 관점에서 살펴볼 수 있는 주요한 논의라고 할 수 있다.

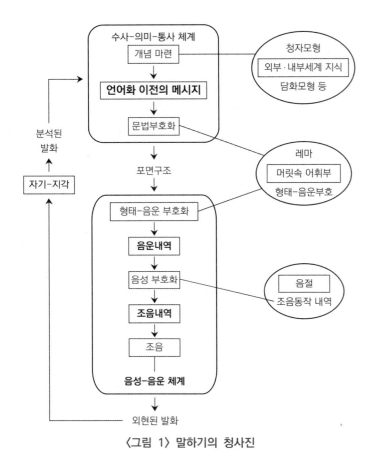

〈그림 1〉 말하기의 청사진

〈그림 1〉에서 제시된 바와 같이 르펠트(Levelt)는 말하기를 크게 두 단계로 구분하고, 마지막에 화자의 재귀적 과정을 전 과정에 관여되는 것으로 제시한다. 이 논의에서는 문법 부호화 과정의 레마(Lemma, 일종의 낱말의 통사·의미값) 선정이 핵심적인 논의라고 할 수 있는데, 이러한 레마의 선정과 조음 과정까지를 정보 처리의 구체적인 단계로 잘 구현해서 보여주고 있다는 점에서 의의가 크다.

즉 이러한 모든 단계에서 비유창성의 문제가 대두될 수 있다. 언어

병리학에서의 비유창성은 주로 조음 단계의 외현적 결과를 두고 논의가 이루어지지만, 정상인들을 대상으로 한 비유창성은 이러한 외적 조음 단계에만 초점을 둘 수 없다. 왜냐하면 정상인들의 비유창성은 조음 기관의 장애로 인하여 발생하기보다는 머릿속 과정에서부터 외현된 발화의 재귀적 과정까지 복합적이고 중층적으로 다양한 단계에서 발생할 수 있기 때문이다.[2]

그림에서 첫 번째 단계에서는 말할 내용의 개념 얼개 마련과 낱말 중심의 레마 형성이 이루어진다. 이는 낱말 중심의 레마가 일정한 통사 중심의 순서와 층위에 기반한 표면구조를 통해 두 번째 단계인 음성, 음운 체계 부서로 넘어간다. 즉 이러한 정보 처리 기반의 말하기 과정의 세분화에 따라 각 단계별로 발생할 수 있는 다양한 비유창성 현상을 상정해 볼 수 있을 것이다.

나아가 이러한 말하기 과정은 대화 담화에도 그대로 적용될 수 있을 것이다. 특히 자기−지각의 재귀적 과정이 주요하게 부각될 수 있는데, 이는 대화 상대방의 반응을 통해 자신의 말하기 과정에서 발생하는 다양한 문제를 실시간으로 자각하고, 이를 끊임없이 수정해 가는 현상과 결부되기 때문이다.

김수형 외(2012)에서는 담화 유형에 따른 비유창성의 특성을 다루

---

2) 심홍임(2005)에서는 이를 전형적 비유창성(정상적 비유창성)과 비전형적 비유창성(비정상적 비유창성)으로 구분해서 다루고 있는데, 전자는 정상인들에게서 주로 드러나는 것으로 단어 단위보다 큰 단위에서, 후자는 유창성 장애를 가진 이들에게서 주로 발생하는데, 단어 내에서 발생하는 것으로 범주화하고 있다. 즉 정상인들과 장애인들 간에 발생하는 말하기의 비유창성이 질적으로 차이가 있음을 지적하고 있다. 이는 Ryan(2001)에서도 정상적 비유창성과 병리적 비유창성으로 구분되어 다루어지고 있다. 전자의 경우는 삽입, 수정, 미완성구, 구 반복으로 후자는 반복, 연장, 폐쇄로 구분된다. 여기에서도 정상적 비유창성의 범위가 훨씬 넓게 다루어지고 있음을 알 수 있다.

고 있다. 학령 전 아동을 대상으로 서술 담화와 설명 담화에 드러나는 다양한 비유창성 현상을 고찰하고 있어 참고가 된다. 다만 조사 대상 자가 학령 전 아동에 국한되어 있으며, 서술 담화와 설명 담화의 말뭉 치 자료의 음성 전사 시간이 비슷하지 않다는 점에서 담화 유형 별 비유창성 연구로서 한계가 따른다.

머카씨(McCarthy, 1998; 김지홍 뒤침, 2010)와 앤더슨·브롸운·쉴콕·율 (Anderson·Brown·Shillcock·Yule, 1984; 김지홍·서종훈 뒤침, 2014)는 모국 어 교육의 입말 말하기 교육에 대한 전반적인 얼개를 제공해주고 있 다는 점에서 참고의 의의가 크다. 특히 전자는 담화 중심에서 입말 교육을 어떻게 해야 할지를 실제 말뭉치를 중심으로 심도 있게 다루 고 있으며, 후자는 입말 과제 중심의 말하기 교육에 대한 구체적인 이론과 방법을 제시하고 있다. 특히 말하기 비유창성의 문제도 담화 교육의 차원에서 폭넓게 다루어져야 한다는 점에서 교육적으로 시사 하는 바가 크다. 다만 다루어진 입말 자료가 영어 말뭉치 자료에 국한 된 점이 한계로 드러난다.

김태경·이필영(2007)에서는 정상인들을 대상으로 일상 대화에 드 러나는 말더듬을 실증적으로 조사했다는 점에서 참고의 의의가 크다. 다만 제공된 대화 담화의 생태학적 환경이나 맥락, 화자들 간의 관계, 대화 화제 등이 전반적으로 세심하게 고려되지 못한 채로 이루어졌다 는 점에서 대화 담화의 비유창성을 정밀하게 고찰하는 데는 일정한 한계를 노출한다.

남길임(2011a, 2011b)에서는 사적 독백, 학술강의, 대화에서 드러나 는 다양한 비유창성 현상을 세종 구어 말뭉치를 통해 실증적으로 고 찰하고 있어 참고가 된다. 전사말뭉치와 음성말뭉치 간에 드러날 수 있는 차이 등이 제대로 고려되지 않았다는 점에서 다룬 자료의 신빙성에 문제가 있지만, 다양한 담화에서 드러날 수 있는 비유창성 현상이 차별적으로 부각될 수 있는지의 문제를 시론적으로나마 다루었다는 점에서 의의가 있다.

문지은 외(2015)에서는 초등학교 모든 학령의 정상 아동들을 대상으로 비유창성 발생 빈도와 유형을 다루고 있다. 모든 학령의 비유창성 유형에서 수정과 삽입이 높은 비율로 드러난다는 점과 학령이 높아질수록 단어부분반복의 비율이 낮아진다는 결과를 도출하고 있어 참고의 의의가 있다. 다만 그림 이야기 과제라는 다소 제한된 말하기 유형만을 다루고 있다는 한계가 있다.

신명선 외(2005)는 정상 아동과 성인을 대상으로 혼자 말하기에 드러난 비유창성의 유형을 고찰하고 있어 참고가 된다. 특히 정상인과 장애인 간에 차별화될 수 있는 비유창성 유형의 파악에 연구의 초점을 두고 있다. 다만 혼자 말하기라는 제한된 담화 영역을 대상으로 하고 있다는 점에서 한계가 있지만, 비유창성의 유형을 살펴보는 데 일독의 의의가 있다.

신문자·한숙자(2003)에서도 생태학적 환경이 고려되지 못한 읽기와 말하기 환경에서 제한적이나마 정상적인 화자를 대상으로 비유창성의 문제를 다루고 있어 참고가 된다. 특히 여기에서는 읽기와 말하기 속도의 문제를 유창성과 결부시켜 다루고 있다는 점에서 참고가 된다. 다만 실험 설계가 지나치게 인위적이라는 점에서 한계가 따른다.

심홍임(2005)에서는 정상 성인들을 대상으로 하여 말하기와 읽기에서의 비유창성 현상을 실험적으로 밝혀내고 있어 참고가 된다. '주저, 삽입, 수정, 미완성, 구 반복, 단어 반복, 음절 반복, 소리 반복, 연장, 막힘' 등으로 비유창성을 구분하고, 정상 성인의 즉흥적 말하기에서 드러나는 다양한 비유창성 현상을 분석하고 있다. 다만 실험 조건이 제약적이며 말하기나 읽기의 생태학적 환경을 고려하지 않았다는 점에서 일정한 한계를 노출하고 있다.

Bortfeld, H., Leon, S. D., Bloom, J. E., Schober, M. F., Brennan, S. E.(2001)에서는 관계, 나이, 성, 역할, 화제 등의 구분에 따른 비유창성의 발생 빈도를 보여주고 있다. Brennan & Schober(2001)에서는 청자 관점에서 화자의 비유창한 부분을 어떻게 내용과 형식상으로 처리하는지를 다루고 있고, Licky(1994)는 자연스러운 발화에 드러나는 비유창성 유형을 제시하고 있어 참고가 된다. 다만 이들 논의들은 주로 특정 언어에 국한되고 있다는 점에서 참고의 의의가 제한된다.

전반적으로 국내의 말하기 비유창성과 관련된 논의들은 진단과 치료를 대상으로 하는 언어 병리학이나 외국인을 대상으로 한 한국어 교육에서 많이 이루어져 왔다. 특히 국내 논의들은 정상적인 학습자나 성인을 대상으로 하는 말하기 비유창성 관련 문헌들이 많지 않은 것도 사실이다. 이는 말하기 교육적 관점에서 비유창성에 대한 인식 범위가 전체적으로 폭넓게 다루어져지지 못했다는 점과도 상통하는 부분이기도 하다. 즉 기존의 선행 연구 검토를 통해 말하기의 조음 장애에 국한된 비유창성이 아닌 담화 차원에서의 비유창성의 문제로 그 인식의 범위가 확대될 필요성이 있음이 확인되었다.

3. 연구 방법 및 가설

3.1. 연구 방법

이 글에서는 대화라는 담화에 드러나는 비유창성 현상을 살피는 데 초점이 있다. 대화 화제의 상정 여부와 대화 참여자들 간 친교 관계의 수준에 따라 드러나는 다양한 비유창성 현상을 고찰하고, 이러한 화제 상정 여부와 친교 관계의 수준이 대화 전개 과정에 발생하는 비유창성 현상과 일정한 관계가 있는지의 여부를 검토하고자 한다.

대화에서 화제와 친교 관계는 참여자들 간에 대화를 전개해 나가는 데 중요한 요인이다. 일상의 사적 대화에서는 이러한 화제가 참여자들 간에 분명하게 인지되거나 부각되기 어렵다. 따라서 일상의 대화에 구체적인 화제가 주어진다면, 이는 친교 관계를 넘어서 과제 중심의 대화, 이른바 정보 전달 중심의 대화를 지향해 나갈 가능성이 높다. 즉 화제가 과제로 인식될 수 있고, 이를 중심으로 참여자들 간에 관계를 넘어서 화제와 관련된 정보를 중심으로 대화가 전개될 것이다.

따라서 이러한 화제가 대화의 전개를 유창하게 만들어줄 수 있는 단서가 될 수도 있지만, 화제가 과제로 수용되고 이를 바탕으로 대화를 전개해야 한다는 참여자들의 인지적 부담감이 대화를 비유창하게 만들 가능성도 있다. 이처럼 화제가 대화 전개의 유창성이나 비유창성에 이중적으로 작용할 수도 있다.

이를 위해 먼저 대화에 드러나는 비유창성의 유형과 범위를 가늠할 수 있어야 한다. 비유창성의 범위를 좁게 보느냐 넓게 보느냐에 따라 비유창성의 개념 정의가 달라질 수 있고, 이에 따라 말하기에 드러나는 다양한 비유창성 현상에 대한 해석에 차이가 발생할 수 있기 때문이다. 이는 말하기의 비유창성 연구에 있어서 중요한 문제라고 할 수 있다.

남길임(2011b)에서는 비유창성 현상의 유형을 형식과 기능 범주로 구분해서 제시하고 있다. 형식 범주로 삽입, 대치, 도치표현을 제시하고 있고, 기능 범주는 형식 범주에 속하는 하위 범주로 담화표지, 수정, 재시작, 반복 등을 들고 있다. 여기에서는 이러한 비유창성 현상의 유형을 세 가지 종류의 담화를 구분하지 않고 적용하고 있다.

말하기에서의 비유창성은 담화에 따라 그 발생 모습이나 유형이 차별화될 수 있다. 특히 면대면을 기본으로 하는 대화의 경우는 혼자 말하기와는 다르게 순서 교대에 따른 발화 겹침이 주된 양상으로 발생한다. 이는 다른 담화와 다르게 대화가 지니는 차별적인 특징이라고 할 수 있으며, 이러한 발화 겹침의 발생 현상은 대화 전개를 유창하지 못하게 만드는 일정 요인으로 작용할 수 있다.

이러한 점을 감안하여 이 글에서는 대화에서의 비유창성 현상의 유형을 간투사, 도치, 반복, 발화 겹침, 삽입, 수정, 쉼 등으로 구분한다.3) 쉼(pause)의 경우는 연구자에 따라 비유창성 현상의 유형에 포함

---

3) 비유창성의 유형에 대해서는 각주 2)에서도 언급했듯이, 정상적 비유창성과 병리적 비유창성으로 구분하는 경우가 많다. 즉 정상인과 조음 장애를 가진 장애인을 대상으로 하여 구분하는데, 가령 전자의 경우는 삽입, 수정, 미완성 구, 구 반복, 후자의 경우는 단어전체반복, 어절전체반복, 음소반복, 음절반복 등으로 제시된다(신명선 외, 2005: 55). 하지만 이러한 구분이 정상인과 장애인 간에 뚜렷하게 구분되기는 어렵다. 가령 병리적 비유창성의 유형도 빈도수에서 차이는 있지만 정상인들을 대상으로 하는 다양한 담화에서 발생하기 때문이다. 다만 병리적 비유창성의 경우는 조음 장애에서 오는 경우가 많기 때문에 발화 상에서 간헐적이기보다는 규칙적으로 발생하는 일종의 미시적인 음성, 음운 결함이라고 볼 수 있다. 이 글은 조음 장애가 없는 정상인들을 대상으로 했기 때문에 이러한 규칙적으로 발생하는 병리적 측면의 비유창성은 발견할 수 없었다. 따라서 정상과 병리적 측면의 비유창성 구분은 따르지 않았다.

시키기도 하고 그렇지 않기도 하다. 가령 대화에 참여한 화자가 의도적으로 '쉼'을 대화상의 일정한 공백으로 사용하면 때로는 대화 전개의 유창성에 도움을 줄 수도 있다. 가령 심사숙고의 과정에 수반되는 '쉼'은 화제를 더 깊이 있게 이끌고 가려는 화자의 의도가 반영되거나 대화 상대방을 배려할 수 있는 수단이 될 수 있다. 따라서 이런 경우에 비유창성 유형에서 제외된다.4)

전체적인 연구 과정은 대화 자료의 수집에서부터 시작되었다. 대화라는 담화는 기본적으로 사적이면서 즉흥적인 속성을 지니므로 그것의 생태학적 환경을 제대로 고려해서 수집한다는 것은 매우 어렵거나 불가능하다. 나아가 자료가 수집되더라도 대화 참여자들 간에 오고가는 사적 내용을 공개한다는 것 자체도 문제가 될 수 있기 때문에 여러 측면에서 연구의 어려움이 따른다. 이를 감안한 전체적인 연구 과정은 〈표 1〉과 같다.

〈표 1〉 연구개관

	화제 상정(×)	화제 상정(○)
자료 수집 기간	2017.03~2017.06	2017.09~2017.12
연구 대상5)	사범대학 국어교육과(2학년) // 교양 과목 수강자	사범대학 국어교육과(3학년) // 교양 과목 수강자

---

4) 이 글에서는 전사 과정에서 '쉼'의 경우는 1초를 구분 경계로 하여, 1초 이하는 생리적인 현상으로 간주하여 분석 대상에서 제외하였다. 1초 이상의 경우는 화자의 의도가 반영된 경우와 그렇지 않은 경우를 구분하여 후자만 비유창성의 대상 유형으로 간주하였다. 클락(Clark, 1996; 김지홍 뒤침, 2009)에서는 이를 '1초의 한계'라고 불렀다. 즉 쉼에서 1초 이상과 이하는 그 의도가 다르게 사용되고 이는 상이한 표지로 표상된다고 말하고 있다. 이를 위해 이 글에 참여한 학습자들이 모둠별로 구성한 대화 촬영본을 실제로 전사 작업을 하면서 쉼에 대한 의도성의 여부를 판단하도록 하였고, 과제로 제출된 촬영본과 전사본을 연구자와 교양 수업 담당 선생님들이 교차로 확인하였다.

	화제 상정(×)	화제 상정(○)
전사 자료	10개 // 10개	10개 // 10개
참여 모둠	10모둠 // 10모둠	10모둠 // 10모둠
전사 방식	형태 전사	형태 전사
모둠 인원	3명	3명
대화 시간	4~5분	4~5분

　　대화 자료는 21세기 세종 말뭉치를 사용할 수도 있지만, 이 글이 화제 상정 유무와 대화 참여자들 간 친교 관계의 수준에 따른 대화의 비유창성 빈도와 유형을 고찰하는 데 초점이 있으므로, 화제를 상정 유무와 친교 관계를 중심으로 각 집단으로 구분해서 자료를 수집하였다. 먼저 화제 상정 유무에 따라 두 집단으로 구분되는데, 사범대학 국어교육과 2, 3학년 및 교양 과목을 수강하는 학습자들로 구성되었다. 각 집단은 친교 관계에 따라 그 수준이 높은 집단이 국어교육과 대상자들이고 친교 관계의 수준이 형성되지 않은 집단이 교양과목 대상자들이다.

　　화제를 상정하지 않은 집단은 사전에 화제를 정하지 않고, 대화를 전개하면서 자연스럽게 화제를 구성할 수 있도록 하였다. 화제를 상정한 집단은 화제가 단순한 일화 중심의 이야기가 아닌 과제 지향적이 될 수 있도록 하였는데, 사전에 화제를 참여 학습자들이 협의에 의해 결정하였다. 정해진 화제는 모든 모둠에게 동일하게 적용되었다. 화제는 '수업 시간 중에 잦은 화장실 이용이나 음료 마시기가 바람직한가'에 대한 것이었다. 이를 교육적인 관점에서 어떻게 볼 것인지를 모둠 간 대화를 통해 자유스럽게 이야기해 보는 것이었다.[6]

---

5) 편의상 이후 명칭을 화제를 상정하지 않은 집단의 경우는 국교A, 교양A로, 화제를 상정한 집단의 경우는 국교B, 교양B로 한다.

참여 대상자는 학기별로 국어교육과 및 교양과목 수강자 각각 30여 명 이상이 대상이 되었다. 즉 한 한기에 60명 이상의 학습자가 3명으로 모둠을 구성하여 대화 결과물을 구성하였다. 실제로 학기별 전사 자료는 20개가 약간 넘었지만, 대화 촬영이 제대로 되지 않았거나 참여자가 불성실하게 참여한 모둠의 대화 결과물은 연구 대상에서 제외하고 학기별로 국어교육과 학습자들을 대상으로 하여 10개, 교양 수업 대상자들로부터 10개씩을 수집하였다.

　아울러 이러한 모든 과정은 참여 학습자들에게 과제 형식으로 주어졌다. 즉 대화를 촬영하고 이를 전사한 모든 결과물을 과제로 제출하도록 하였다. 전사는 형태 전사를 기본으로 하였고, 다양한 준언어적, 비언어적 표현들도 일정한 기호를 사용하여 표기하도록 하였다. 이러한 대화 결과물과 전사본은 본 연구자와 각 학기별 교양 수업을 진행한 국어학 박사 출신의 강사들이 교차로 점검하였다.

　대화를 나눈 시간은 엄격하게 정하지 않았지만, 지나치게 길 경우는 전사나 대화 분석이 어려워질 수 있는 점을 감안하여 4분~5분 정도로 제한하였다. 다만 대화가 너무 짧게 끝나는 경우를 막기 위해 4분 이내로 할 경우는 과제 점수에서 불이익을 주는 것으로 하였다. 전체적으로 짧게는 3분 59초에서 길게는 5분 32초대에 대화가 이루어졌다.

---

6) 대화는 두 사람이 이상이 서로 상호적인 언어활동을 하는 것으로, 그 영역의 범위가 매우 넓다. 때에 따라서는 모든 담화의 상위 인지적 속성을 지니기도 한다. 특히 화제가 무엇이냐에 따라 그 속성이나 영역이 결정될 수도 있는데, 그런 점에서 화제의 결정은 일상 대화의 속성을 결정짓는 매우 중요한 변인이다. 화제를 결정하지 않은 집단에서는 실제 대화 과정에서 주로 연애, 대학 생활, 아르바이트, 향후 진로와 취업과 같은 자신의 주변 생활 이야기가 주를 이룰 것이라는 점을 감안하여, 이와는 차별적인 화제 선정이 요구되었다.

3.2. 가설

가설은 두 가지로 상정된다. 첫 번째는 대화 참여자들 간 친교 관계의 수준에 따른 비유창성 발생 빈도와 유형에 대한 것이고, 두 번째는 화제 상정 유무에 따른 비유창성 발생 빈도와 유형에 대한 것이다. 즉 두 가지 가설은 대화에 참여하는 화자들 간의 관계와 대화를 전개해 가는 데 주요하게 작용하는 화제의 상정 유무에 따라 비유창성 현상이 어떻게 드러나는지를 살펴보기 위해 구성되었다.

가설1: 친교 관계의 수준에 따른 비유창성 발생 빈도와 유형에 차이가 있을 것이다.

이 글에서는 참여자들 간 친교 관계의 수준에 따라 두 집단으로 구분하였다. 국어교육과 대상자들은 상대적으로 친밀한 관계에 있는, 이른바 서로에 대해 어느 정도 공통 기반을 공유하고 있는 관계에 있다. 반면 교양수업 대상자들은 대다수 서로 간에 공유된 배경지식이 없는, 즉 서로 간 친교 관계가 거의 형성되어 있지 못한 상태에 있다.

이러한 친교 관계의 수준은 대화의 전개 양상에 영향을 주는 주요한 변수가 될 수 있다. 상대적으로 친교 관계가 있는 참여자들은 대화 전개를 수월하게 할 수 있는 공통 기반을 쉽게 마련할 수 있다. 그에 비해 낯선 이들 간의 대화에서는 친교 관계가 있는 참여자들에 비해 서로 간의 공통 기반을 마련하고 정보 간격을 줄여나가는 데 상대적으로 어려움을 겪는다. 따라서 이들 간의 대화는 화제 중심의 심도 있는 전개로 이어지기보다는 대화의 변죽만 울리다 끝날 가능성이 있다.

말하기 과정에서 비유창성이 발생하는 이유에는 여러 변인들이 있다. 특히 과제의 난이도, 낯설거나 추상적인 화제, 청자나 청중에 대한 심리적 부담, 짧은 발화보다는 긴 발화, 대화 상황이나 의사소통의 압박 등이 원인이 될 수 있다. 특히 대화에서는 대화 상대방에 대한 심리적 부담감이 이러한 비유창성을 초래하는 주된 변인이 될 수 있다. 이러한 심리적 부담감은 대화 상대방을 제대로 알지 못하기 때문에 대화 과정상에서 생겨날 수 있는 체면(face) 손상의 두려움에서도 기인한다.

이러한 심리적 부담으로 인하여 친교 관계의 수준이 상대적으로 낮은 집단에서는 공통 기반을 마련하고 정보 간격을 좁혀가는 데 있어서 비유창성의 발생 빈도가 높아질 가능성이 크다. 특히 친교 관계가 거의 형성되지 않은 교양수업 대상자들 간의 대화에서는 이러한 대화 단절이나 중단과 관련된 의도하지 않은 간투사, 발화 겹침, 쉼[7] 등의 허사 중심의 비유창성 발생이 잦을 것이다.

가설2: 화제 상정 여부에 따른 비유창성 발생 빈도와 유형은 차이가 있을 것이다.

대화 화제의 상정 유무에 따라서도 비유창성의 발생 빈도에 차이가

---

7) '쉼'은 경우는 '의도하지 않은 쉼'과 '의도한 쉼'으로 구분해 볼 수 있다. 이런 경우 '의도한 쉼'은 대화를 전개하는데 '의도하지 않은 쉼'과는 그 속성이 다르게 작용할 것이다. 가령 Tannen(2007)에서 밝히고 있는 바와 같이, 화자의 성격에 따라 '심사 숙고형'과 '적극 관여형'으로 구분할 수 있는데, '의도한 쉼'은 경우는 심사 숙고형의 화자에게서 발생할 수 있는 속성의 쉼이라고 할 수 있기 때문이다. 따라서 이러한 쉼의 발생이 잦다고 대화가 비유창하게 전개된다고 단정 짓기는 어려울 것이다. 아울러 쉼 없이 말한다고 해서 반드시 유창한 대화 참여라고 보기 어렵기 때문이다. 이 글은 이런 점을 감안하여 전사본과 촬영본을 통해 이러한 쉼의 유형을 분석하고 구분하면서 '의도하지 않은 쉼'만을 비유창성 유형의 대상으로 삼았다.

있을 것이다. 가령 대화가 전개되기 전에 화제가 미리 결정되어 있다면 대화에 참여하는 화자들은 미리 대화의 내용을 가늠해 봄에 따라 상대방의 발화에 따라 좀 더 쉽게 대응할 수 있다. 이는 대화에 참여하는 화자들이 화제에 따른 대화의 전체 얼개를 미리 그려볼 수 있다는 점과 관련된다.

물론 화제는 대화가 전개됨에 따라 바뀔 수도 있지만, 대화가 전개되기 전에 화제를 상정해 두고 그것에 대하여 일정한 고민의 시간을 갖는다면 심각한 대화 전개상의 단절이나 중단이 발생하기는 어려울 것이다. 따라서 화제를 상정한 대화는 그렇지 않은 대화보다는 대화 전개상의 비유창한 측면과 관련된 언어적, 준언어적 표현 등의 발생 빈도가 낮을 것으로 예상된다.

하지만 이러한 전체 발생 빈도와는 다르게 발생 유형은 화제 상정 여부에 따라 차이가 있을 것이다. 가령 화제를 상정한 경우에는 그렇지 않은 경우에 비해 화제와 관련된 내용상의 비유창성 발생 빈도가 증가할 수 있다. 이러한 발생에 수반되는 비유창성의 유형은 삽입, 반복 등 화제와 직간접으로 관련된 내용 중심의 오류나 실수가 포함될 가능성이 높다.8) 이는 화제라는 것이 대화의 전체 틀에서는 비유창성을 감소시키는 기제로 작용할 수 있지만, 실제 대화 전개 과정에서

---

8) 남길임(2011b)에서는 2만 어절 정도의 소량의 말뭉치를 분석하면서 내용 중심의 삽입어구가 일상 대화보다 강의형 말뭉치에서 훨씬 많이 발견되었음을 보고하고 있다. 하지만 형식적인 측면의 속성이 강한 담화표지, 이른바 간투사는 일상 대화에서 그 비중이 훨씬 높음을 보여주고 있어 참고가 된다. 즉 화제 상정은 대화의 내용을 일관되게 전개할 수 있는 주요한 동력이 된다는 점에서 내용 중심의 삽입이나 반복, 수정 등의 비유창성 현상은 화제를 상정한 대화에서 그 발생 빈도가 높을 것으로 예상할 수 있다. 다만 이 글에서는 비유창성 발생 유형에서 반복과 삽입만을 주요한 대상으로 삼는다. 도치와 수정의 경우는 그 발생 빈도가 대체적으로 미미하고, 반복과 삽입이 주된 유형으로 다루어져 왔기 때문이다.

는 지엽적으로 비유창성을 증가시키는 요인으로 작용할 수도 있기 때문이다.

즉 삽입이나 반복 등은 화제의 내용과 관련하여 실사 중심으로 발생할 가능성이 높다. 기능상으로 발생하는 허사의 경우는 화제 상정 여부와 크게 상관없이 발생할 수 있지만, 이러한 내용 중심의 비유창성 유형은 화제의 발생과 조정, 그리고 전개와 관련하여 일정 부분 화제와의 긴밀한 관련 속에서 발생할 수 있기 때문이다.

4. 연구 결과 및 교육적 의의

4.1. 연구 결과 및 논의

연구 결과에 대한 논의는 다음 얼개에 따라 진행된다. 연구 가설은 크게 화자들 간의 관계 수준과 화제 상정 유무에 따라 구분되었다. 관계는 화자들 간의 친교 관계의 수준이 높고 낮은지를 말하며, 화제는 대화를 전개하기 이전에 화제가 있었느냐 없었느냐에 따라 구분된다. 집단 간 비교를 위한 전체 얼개는 〈표 2〉와 같다.

〈표 2〉 집단 간 비교를 위한 얼개

가설과 변수		집단	비교 집단
가설1	관계(↑-↓)	화제(×)	①: 국교A - 교양A
	〃	화제(○)	②: 국교B - 교양B
가설2	화제(×-○)	관계(↑)	③: 국교A - 국교B
	〃	관계(↓)	④: 교양A - 교양B

〈표 2〉에 제시된 비교 집단의 '① → ④'의 순서로 논의가 이루어진다. 먼저 대화 참여자들 간 친교 관계의 수준에 따른 비유창성의 발생 빈도와 유형에 대한 논의이다. 이를 위해 국어교육과와 교양수업 대상자의 두 집단으로 구분되고, 각 집단에 10개의 모둠이 편성되었다. 먼저 화제를 상정하지 않으면서 친교 관계에서 수준 차이가 있는 ①에 대한 논의 결과이다.

〈표 3〉 '국교A – 교양A' 집단에 대한 비유창성 양상 결과

모둠	국교A								교양A							
	간투	도치	반복	겹침	삽입	수정	쉼	합계	간투	도치	반복	겹침	삽입	수정	쉼	합계
1	23	6	9	13	11	3	6	71	17	2	5	13	10	3	11	61
2	30	9	7	22	9	4	3	84	15	3	6	9	16	2	8	59
3	17	6	7	11	11	2	8	62	15	4	9	10	13	4	11	66
4	23	4	28	21	10	1	10	97	12	3	8	11	9	2	9	54
5	18	7	18	21	11	4	7	86	13	1	6	8	10	2	9	49
6	20	4	9	7	13	5	4	62	16	2	5	9	14	1	16	63
7	16	3	14	18	17	5	4	77	14	4	7	9	8	2	13	57
8	25	7	11	9	21	1	8	82	15	3	6	14	11	5	11	65
9	23	2	14	13	15	2	10	79	12	1	11	9	13	4	12	62
10	19	9	10	17	17	4	9	85	11	2	9	8	11	8	7	56
평균	21.4	5.7	12.7	15.2	13.5	3.1	6.9	78.5	14.4	2.5	7.3	10	11.4	3.3	10.3	59.2
편차	4.2	2.4	6.4	5.3	3.9	1.5	2.6	11.0	2.2	1.1	1.9	2	2.5	2.1	2.6	4.5

친교 관계의 수준에 따른 비유창성의 발생 빈도와 유형은 차이가 있을 것이라는 연구 가설1은 화제를 상정하지 않은 경우와 화제를 상정한 경우 두 가지로 구분된다. 먼저 화제를 상정하지 않은 경우는 〈표 3〉에 드러난 바와 같이 친교 관계가 높다고 상정된 국교A 집단에서 비유창성의 발생 빈도가 높은 것으로 드러났다. 즉 〈표 3〉에 드러난 결과만으로는 가설에서 상정한 내용과는 반대의 모습을 보여

주었다.

즉 가설에서는 낯선 이들과 대화를 진행해야 한다는 심리적 부담이라든지 서로 잘 알지 못하는 상태에서 대화 화제를 이끌어내어야 한다는 압박 심리가 작용하여 대화 참여자들 간 친교 관계 형성이 안 된 모둠에서 대화가 유창하게 전개되기 어려웠을 것으로 보았다. 하지만 결과상으로는 이러한 어려움이 비유창성을 발생시키는 주된 요인으로 작용한 것으로 판단되지 않는다.

이는 비유창성 발생 유형도 마찬가지다. 대화 단절을 메우기 위해 사용되는 일종의 간투사나 쉼, 그리고 대화 차례(turn taking)가 원만하게 돌아가지 않기 때문에 발생하는 발화 겹침 등이 친교 관계의 수준이 낮은 집단에서 많이 발생할 것으로 예상했지만, 결과는 '쉼'을 제외하고는 그렇지 못하였다. 즉 대화라는 담화에서 비유창성의 발생 유형도 반드시 친교 관계의 수준과 일정한 관련을 맺으면서 발생한다고 단정 짓기는 어려울 듯하다.

결론적으로 가설에서 상정한 내용과는 다르게 친교 관계가 높다고 상정된 집단에서 비유창성의 빈도가 높게 드러난다는 점은 대화 참여자들의 활발한 대화 참여와 일정 부분 관련될 수 있다. 즉 대화 과정에서 친교 관계의 수준이 높은 화자들 간의 소통 의도가 표면적으로 다양하게 부딪히면서 비유창성 현상이 발생했을 수도 있을 것이다.[9] 다음은 교양A 대상자들로부터 나온 대화의 일부이다.

---

9) 말하기에서의 비유창성은 반드시 제거되어야 하는 아울러 제거될 수 있는 것도 아니다. 오히려 입말을 입말답게 해 주는 주된 요인이 될 수도 있다. 특히 대화에서는 이러한 점이 더 부각될 수 있다. 따라서 국어교육 틀에서 말하기의 비유창성은 조음 장애의 관점에서 다루어지기보다는 입말의 기본적인 속성이 무엇인지를 파악하는 것에 초점을 두면서 다루어져야 할 측면도 있다.

1. A: 어(간투) 우리 이렇게 처음 봤는데 일단(삽입) 내 이름부터 얘기해
    줄게. 내 이름은 ○○이고, 과는 영어? 영어교육과야(반복). 너는?

2. B: 와~~~(

3. A: 크크크 이런 거 하지마.

4. B: 크크크. 알겠어.

5. A: 너는?

6. B: 아(간투) 여기 있네.++(쉼) 내가 이걸 밝히....심리학부 다니는 ○○
    ○이라고 해.

7. A: 아(간투) 중학교 친구야?

8. B: 어.(간투)

9. A: 아(간투) 그럼 고향이 같은 거야?

10. B: 그래.

11. A: 우와(간투) 대박

(…중략…)

46. C: 어차피 내년이면 고3이니까, 놀지도 못하는데++(쉼) 지금 많이 놀
    와 많이 놀아와 라면서 술 줬었다.

47. A: 우와(간투) 진짜 부럽다. 아니(삽입) 저래야 정상이잖아, 원래는(도
    치)

48. C: 근데 나, 우리 반은 담임이 그거였단 말이야. 학생 그 학년++(쉼)
    그(반복) 뭐라해야 되지.

49. A: 학년부장?

50. C: 어(간투) 그래. *그런 거*. 그런거여(반복) 가지고 뭐(삽입) 자기
    일 하는 거 바빠 가지고 우리랑 많이 못 놀았다. 담임.

51. A: *아*(간투)~~맞아 학년부장하면 그렇지 뭐.

52. B: 난 엄청 친한데..

53. A: 학년부장, 쌤 반이었어?

54. B: 2, 3학년 때 담임이 학년부장 둘 다 하고 똑같이 담임했거든

55. A: 아(간투)~ 진짜?

56. B: 같은 사람이

57. A: 똑같은 사람, 안 힘들어, 똑같은 사람 힘들던데 나는(도치)

58. B: 아(간투) 근데 뭐(삽입) 이미 1년 동안 볼 거 다 봤으니까

위의 대화 말뭉치는 교양 수업을 듣는 학습자들을 대상으로 한 것인데, A와 C는 같은 과이고 B와 C는 중학교 동창으로 구성된 모둠이다. 따라서 일부 화자들만 친교 관계가 성립한다고 볼 수 있다. 따라서 대화 시작에서는 서로 낯선 이들끼리 정보 교환을 통해 서로를 탐색해 가고 있다. 중략 이후에는 연애 이야기, 고등학교 생활 등 다양한 화제가 수시로 전환되는 모습을 보여주었다. 간투사, 쉼, 도치, 삽입, 반복, 발화 겹침 등 다양한 비유창성 유형들이 사용되고 있음을 알 수 있다.

집단 간 정확한 비교 기준을 위해 대화 시간과 어절 수를 제시한다. 먼저 대화 시간은 국어교육 대상자 모둠의 경우는 4분 05초에서 5분 31초까지 분포하고 있으며, 교양수업 대상자의 경우는 4분 08초에서 5분 11초대에 분포하고 있다. 전체적으로 일정 시간 차이가 나는 것으로 드러났다. 이에 따른 어절 수도 차이를 보였다.[10] 집단과 모둠별

---

10) 발화 비유창성의 양적 분석과 관련된 문제를 다룰 때 음절, 단어, 어절 등이 주요한 단위가 된다. 이 글에서는 입말이 글말과 달리 문법 단위를 명확하게 구분하기 어려운 점이 있음을 감안하여, 형태 전사의 결과를 바탕으로 어절을 주요한 분석 단위로

대화 시간과 어절 수는 〈표 4〉와 같다.

〈표 4〉 '국교A-교양A' 집단의 대화 시간과 어절 수

	국교A		교양A	
	대화 시간	어절 수	대화 시간	어절 수
1	4분05초	431	5분11초	515
2	5분14초	531	4분19초	430
3	4분59초	514	4분09초	414
4	5분31초	565	4분39초	454
5	4분27초	479	4분11초	409
6	4분26초	465	4분49초	478
7	4분40초	511	4분15초	422
8	4분51초	510	4분22초	440
9	5분10초	553	4분27초	439
10	5분06초	545	4분08초	430
평균	4분51초	510.4	4분27초	443.1

〈표 4〉에서 드러난 바와 같이 친교 관계의 수준이 높다고 상정된 국교A 집단의 대화 시간이 길며 이에 따른 어절 수도 많다. 물론 대화에서의 비유창성 발생이 대화 시간이나 어절 수에 반드시 비례하는 것은 아니다. 하지만 '쉼'이나 발화 겹침에서의 일시적 대화 단절을 제외하고는 대부분의 비유창성 발생 유형은 실제 발화의 명시적 산출 과정에서 발생한다는 점에서 대화 시간에 따른 어절 수는 비유창성 발생의 척도를 가늠하는 데 일정한 기준이 될 수 있다.

일반적으로 전체 발화에서 비유창성 비율을 상정할 때, 발화한 단

삼았다. 더욱더 정밀하고 미세한 분석을 위해서는 음성과 음운, 나아가 담화와 화용 까지 아우르는 분석이 적합하나, 이 글이 입말 전사의 문제를 다룬 본격적인 논의가 아니라는 점을 감안하여 형태 전사 기반의 어절을 분석 단위로 삼는다.

어가 5% 이상일 때를 말을 더듬는 것으로 판단하거나(Bloodstein, 1987) 혹은 정상 화자와 말을 더듬는 화자를 구분하는 기준으로 5% 이상의 비유창성 비율로 상정하는 경우도 있다(Perkins, 1984). 또한 Fox Tree (1995: 709)에서는 전체 발화의 2%에서 26% 정도가 비유창성 현상과 관련되어 있다고 보고하고 있다. 물론 이들 연구들이 대부분 영어를 대상으로 하고 있다는 점에서 이 글과 차이가 있다.

하지만 이 글의 조사 결과에서도 대략적으로 10~20% 정도의 비유창성 빈도가 발생하는 것으로 드러나고 있어 기존의 선행 연구와 비슷한 수준의 비유창성 발생 빈도를 보여주고 있다. 다만 통상의 비유창성 발생 빈도에 대한 연구에서는 발화 겹침과 쉼이 포함되지 않기 때문에 이 글의 비유창성 발생 빈도가 다소 높게 형성된 점은 정상적인 결과라고 할 수 있다. 대화라는 담화의 비유창성 발생 빈도와 유형은 혼자 말하기에서의 비유창성과는 발생 빈도나 유형에서 차이가 날 수 있기 때문이다.

아울러 위의 〈표 4〉에서 드러난 결과만으로 두 집단 간의 비유창성 발생 빈도와 유형을 직접적으로 비교하기는 어렵다. 특히 대화 시간과 어절 수에서 일정한 차이를 보이기 때문이다. 따라서 일정한 비교 기준이 제시되어야 한다. 이를 위해 분당 평균 어절 수를 산정하여 두 집단 간 비교 기준으로 삼고, t검증을 통해 두 집단 간 통계 검증을 실시한 결과 다음과 같은 결과 값을 얻을 수 있다.[11]

---

11) '국교A－교양A' 집단의 분당 평균 어절 수는 다음과 같다.

	국교A	교양A
평균 어절 수(분당)	105.2	99.6

〈표 5〉 '국교A - 교양A' 집단 간 통계 검증 결과

t-검정: 등분산 가정 두 집단		
	합계	합계
평균	78.5	62.5285141
분산	120.7222222	31.1875264
관측수	10	10
공동(Pooled) 분산	75.95487429	
가설 평균차	0	
자유도	18	
t 통계량	4.097816446	
P(T<=t) 단측 검정	0.000337747	
t 기각치 단측 검정	1.734063607	
P(T<=t) 양측 검정	0.000675495	
t 기각치 양측 검정	2.10092204	

즉 '두 집단 간 비유창성 발생 빈도에는 차이가 없다'를 귀무가설로 두고, 두 집단 간 t검증을 하면 통계량은 〈표 5〉에서와 같이 '4.09'로 산출되어 두 집단 간에 평균값은 차이가 있다는 결론을 내릴 수 있다. 하지만 연구 가설에서 상정한 내용과는 정반대로 친교 관계가 높은 국교A 집단의 비유창성 발생 빈도가 유의미하게 높다고 할 수 있다.

비유창성 발생 유형에서도 전체 발생 빈도와 큰 차이가 없다. 대부분의 유형에서 국교A 집단의 발생 빈도가 높다. 다만 '쉼'의 경우는 가설에서 상정한 바와 같이 유의미한 수치로 친교 관계의 수준이 낮은 교양A 집단의 수치가 높다.[12] 다음은 화제를 상정했지만, 친교 관계의 수준에서 현격한 차이가 있는 집단 간의 비유창성 결과이다.

[12) 비유창성 발생 유형도 전체 빈도와 같은 맥락 선상에서 통계 검증이 가능하다. '쉼'만을 두고 검증한 결과 '-3.41'의 통계량이 산출된다. 따라서 두 집단 간 '쉼'의 발생 빈도는 차이가 있으며, 결론적으로 교양A 집단의 '쉼' 횟수가 유의미할 정도로 높다고 볼 수 있다.

〈표 6〉 '국교B – 교양B' 집단에 대한 비유창성 양상 결과

모둠	국교B								교양B							
	간투	도치	반복	겹침	삽입	수정	쉼	합계	간투	도치	반복	겹침	삽입	수정	쉼	합계
1	23	4	14	19	13	5	9	87	23	2	13	15	17	4	15	89
2	22	6	26	12	16	1	7	90	15	5	10	9	16	2	11	68
3	16	2	17	25	18	7	10	95	18	2	9	11	18	5	17	80
4	25	2	18	21	16	4	13	99	14	3	17	14	14	6	14	82
5	21	2	16	24	14	3	6	86	13	3	14	13	12	5	11	69
6	22	5	25	14	13	5	11	95	16	4	21	19	21	7	15	103
7	30	7	17	17	26	6	8	111	12	1	17	10	11	2	10	63
8	21	3	14	25	27	7	11	108	18	2	13	8	11	4	14	70
9	18	2	11	20	17	4	7	79	10	1	11	10	3	3	12	66
10	17	2	22	23	14	9	10	97	15	1	11	13	16	4	16	76
평균	21.5	3.5	18	20	17.4	5.1	9.2	94.7	15.9	2.6	13.5	12.3	14.6	4.2	13.5	76.6
편차	4.1	1.9	4.9	4.5	5.1	2.3	2.2	9.8	3.4	1.3	3.8	3.2	3.6	1.6	2.4	12.3

〈표 6〉도 앞선 〈표 3〉의 연장선상에서 친교 관계의 수준이 다른 두 집단 간 비유창성 발생 결과이다. 앞선 두 집단과 마찬가지로 두 집단 간 비유창성 발생 빈도는 현격하게 차이가 난다. 즉 이들 두 집단은 화제를 상정하고 대화를 전개했지만, 결과는 화제를 상정하지 않고 대화를 전개한 집단과 비슷한 양상의 결과를 보여주고 있다.

비유창성 발생 유형도 마찬가지이다. 대부분 친교 관계의 수준이 높다고 상정된 국교B 집단에서 그 빈도가 높게 드러났다. 하지만 '쉼'의 경우는 앞선 집단과 마찬가지로 친교 관계가 낮다고 상정된 교양B 집단에서만 많이 발생하고 있다. 즉 간투사나 발화 겹침과는 다르게 '쉼'만이 친교 관계의 수준이 낮다고 상정된 모둠원들 간 잦은 대화 단절에서 오는 공백으로 유의미하게 작용한 것으로 판단된다. 집단과 모둠별 대화 시간과 어절 수는 〈표 7〉과 같다.

〈표 7〉 '국교B-교양B' 집단의 대화 시간과 어절 수

	국교B		교양B	
	대화 시간	어절 수	대화 시간	어절 수
1	5분07초	544	5분01초	502
2	5분00초	522	4분15초	441
3	4분36초	486	4분01초	423
4	5분16초	586	4분19초	414
5	4분59초	505	4분11초	429
6	5분11초	538	4분39초	478
7	5분30초	590	4분06초	423
8	5분32초	596	4분22초	450
9	4분32초	501	4분04초	411
10	5분18초	579	3분59초	409
평균	5분06초	544.7	4분18초	438

화제를 상정하지 않고 대화를 전개한 '국교A-교양B' 집단과 비교해 보면, 국교B 집단은 전체적으로 평균 어절 수와 비유창성의 발생 빈도수가 간 증가했고, 교양B 집단은 감소한 것으로 드러나고 있다. 즉 이 글에서 상정한 화제가 국교B 집단에게는 대화를 조금 더 길게 이끌어가는 단서로 작용했지만, 교양B 집단에게는 그렇지 못한 것으로 보인다. 화제가 교육 문제와 관련되었기 때문에 교양B 참여자들에 비해 사범대학 학생들인 국교B 참여자들의 관심과 인식의 초점이 되었던 것으로 판단된다. 분당 평균 어절 수를 중심으로 두 집단 간 비유창성 발생 빈도수를 검증하면 다음과 같은 결과를 얻을 수 있다.[13)

_____

13) '국교B-교양B' 집단의 분당 평균 어절 수는 다음과 같다.

	국교B	교양B
평균 어절 수(분당)	106.9	101.9

〈표 8〉 '국교B – 교양B' 집단 간 통계 검증 결과

t-검정: 등분산 가정 두 집단		
	합계	합계
평균	94.7	80.358587
분산	96.6777778	166.84233
관측수	10	10
공동(Pooled) 분산	131.760053	
가설 평균차	0	
자유도	18	
t 통계량	2.7937341	
P(T<=t) 단측 검정	0.00599834	
t 기각치 단측 검정	1.73406361	
P(T<=t) 양측 검정	0.01199668	
t 기각치 양측 검정	2.10092204	

앞선 집단 비교와 마찬가지로 어절 수를 기준으로 '두 집단 간 비유 창성 발생 빈도는 차이가 없다'로 귀무가설을 두고 t검증하면, 통계량 이 '2.79'가 나와 역시 기각된다. 따라서 두 집단 간의 비유창성 발생 빈도는 차이가 있음으로 결론내릴 수 있다. 하지만 국교B 집단이 교양 B 집단보다 빈도가 높다는 점에서 상정된 가설과는 차이가 있다.

비유창성 발생 유형에서도 앞선 화제를 상정하지 않은 두 집단의 결과와 비슷한 양상을 보여주었다. 즉 간투사, 발화 겹침, 쉼 등에서 교양B 집단에서 그 발생 빈도가 높을 것이라고 상정했지만, 결과는 '쉼'만 그 수치가 유의미한 정도로 높게 드러난다.[14] 즉 '쉼'이라는 비유창성 유형만이 친교 관계의 수준이 낮은 집단에서 그 발생 빈도

---

14) '쉼'만을 두고 검증한 결과 '-4.72'의 통계량이 산출된다. 따라서 두 집단 간 '쉼'의 발생 빈도는 차이가 있으며, 결론적으로 교양B 집단의 '쉼' 횟수가 유의미할 정도로 높다고 볼 수 있다.

의 수치가 높았다는 일관된 결과를 보여주었다.

결론적으로 대화에서 '쉼'은 간투사나 발화 겹침과는 또 다른 비유
창성 유형의 속성을 가진다고 할 수 있다. 가설에서는 이러한 비유창
성 유형들이 주로 허사의 속성을 지니면서 일정한 대화 공백이나 여
백을 메운다는 점에서 공통적이라 할 수 있고, 아울러 친교 관계의
수준이 없거나 낮은 대화 참여자들 간에서 일정 부분 발생 빈도가
높을 것이라고 예상했다. 하지만 '쉼'만이 이러한 적극적인 발화 산출
의 측면과는 거리가 있는 비유창성 유형이라고 할 수 있고, 간투사나
발화 겹침은 적극적인 발화 산출의 틀에서 발생하는 비유창성의 유형
이라고 할 수 있다.

다음은 화제 상정 여부에 따른 비유창성 발생 빈도와 유형에 차이
가 있을 것이라는 연구 가설2에 대한 논의이다. 화제는 대화를 전개하
는 데 주요한 기제가 된다. 특히 이 글에서는 이러한 화제를 대화를
전개하는 주요한 과제 속성으로 보았다.15) 따라서 이러한 화제 유무
에 따라 대화에서 발생하는 비유창성의 발생 빈도와 유형에는 차이가
있을 것으로 예상하였다. 먼저 친교 관계가 높다고 상정된 국교A와
국교B 집단의 모둠 간의 결과이다.

---

15) 통상 말하기 과제라고 하면 혼자 말하기에서 일종의 문제 해결적 성격을 지닌 것이
라고 할 수 있다. 말하기에서의 과제의 다양한 속성과 유형에 대해서는 앤더슨·브
롸운·쉴록·율(Anderson·Brown·Shillcock·Yule, 1984; 김지홍·서종훈 뒤침, 2014)를
참고할 수 있다.

<표 9> '국교A – 국교B'에 대한 비유창성 양상 결과

모둠	국교A								국교B							
	간투	도치	반복	겹침	삽입	수정	쉼	합계	간투	도치	반복	겹침	삽입	수정	쉼	합계
1	23	6	9	13	11	3	6	71	23	4	14	19	13	5	9	87
2	30	9	7	22	9	4	3	84	22	6	26	12	16	1	7	90
3	17	6	7	11	11	2	8	62	16	2	17	25	18	7	10	95
4	23	4	28	21	10	1	10	97	25	2	18	21	16	4	13	99
5	18	7	18	21	11	4	7	86	21	2	16	24	14	3	6	86
6	20	4	9	7	13	5	4	62	22	5	25	14	13	5	11	95
7	16	3	14	18	17	5	4	77	30	7	17	17	26	6	8	111
8	25	7	11	9	21	1	8	82	21	3	14	25	27	7	11	108
9	23	2	14	13	15	2	10	79	18	2	11	20	17	4	7	79
10	19	9	10	17	17	4	9	85	17	2	22	23	14	9	10	97
평균	21.4	5.7	12.7	15.2	13.5	3.1	6.9	78.5	21.5	3.5	18	20	17.4	5.1	9.2	94.7
편차	4.2	2.4	6.4	5.3	3.9	1.5	2.6	11.0	4.1	1.9	4.9	4.5	5.1	2.3	2.2	9.8

국교A는 대화의 화제를 상정하지 않고, 국교B는 대화의 화제를 상정하고 대화를 전개한 집단이다. 비슷한 친교 관계의 수준에 있는 집단들로 화제 상정 유무가 대화 전개상에서 비유창성을 발생시키는 주요한 요인으로 작용하였을 것이다. 가설에서는 화제를 상정하지 않은 집단인 국교A의 모둠들에서 비유창성 발생 빈도가 높을 것이라고 보았다.

하지만 결과는 <표 9>에서 드러나듯이, 화제를 상정한 집단인 국교B의 모둠에서 비유창성 발생 빈도가 높았다. 아울러 모든 발생 유형에서도 국교B 집단에서 그 발생 빈도가 높다. 이는 화제를 상정한 집단의 모둠에서 화자들 간의 활발한 대화가 이루어졌고, 이 과정에서 다양한 비유창성 유형들이 발생했고, 전체적으로 그 발생 빈도도 높게 드러난 것으로 볼 수 있다. 다음은 화제를 상정한 국교B 집단의 모둠에서 나온 대화의 일부이다.

1. A: 근데 저는 근데(반복) 그(간투)+ 갓(삽입)+ 그거 안 된다고 하는 것에도 생각이 있고 된다고 하는 것에도 그것(반복)의 생각이 있거든요. *그래가지고* 두 가지 의견이 다 있어요.

2. B: *응*

3. B: 아(간투), 그래

4. A: 네+

5. B: 어떻게?

6. A: 그니까 가도 된다는 입장에서는 솔직히 대학생이잖아요? 그래가지고 대학생인데+그(간투)+ 고등학교만큼 그렇게 억압하면 안 된다고 생각하고, 그리고 수업이 고등학보다 일단 많이 늘어났거든요. 그만큼의 그 시간 동안에 화장실을 안 간다. 안 갈(반복) 수 + 안 마렵다(수정) 이것 전체 자체가 *조금* 이상 하잖아요. 그리고 물을 마시면 일단(삽입) 누구(삽입) 제 친구처럼 물을 마시면은 화장실을 엄청 자주 가는 애가 있어요.

7. B: *음(간투)*

(…중략…)

21. B: 생리적인 문제를 누가 뭐라 말할 수는 없는데 내 생각에는 문을 열고 닫아야 되잖아 화장실을 가려면은(도치) 그때 시선이 교수님 학생들이 다 저쪽에 한 번 갔다 오면은 흐름이 깨진단 말잇.

22. C: 그건 저도 동의해요.

23. B: 그래서 흐름이 깨지기 때문에 뭐(삽입) 아까 말했던 대로 고등학교 때로 돌아가야 된다 오줌도 못 참으면(도치) *뭐*(삽입) 그런 식으로 했는데 이걸 좀 어(간투) 당연히 못 참지 못 참는데 나의

행동이 방해가 누구한테는 방해가(재시작에 의한 수정) 된다. 요
고를 좀(삽입) 알고 있으면은 화장실을 좀 덜 가지 않을까. 이런
생각 나는(도치)

24. C: 맞요 *푸흡*

화제를 중심으로 다양한 논의들이 이어지고 있음을 볼 수 있다.
전반적으로 막힘없이 유창하게 전개되기보다는 더듬거리는 빈도수
가 다소 많이 발생하고 있음을 알 수 있다. 이는 이 글에서 화제에
대한 참여자들의 흥미나 화제 그 자체의 난이도 등이 미세하게 영향
을 미치는 것으로 판단된다. 앞선 집단 간 검증과 마찬가지로 여기에
서도 분당 평균 어절 수를 통해 집단 간 t검증이 가능하다.

〈표 10〉 '국교A - 국교B' 집단 간 통계 검증 결과

t-검정: 등분산 가정 두 집단		
	합계	합계
평균	78.5	93.19401
분산	120.7222222	93.62735
관측수	10	10
공동(Pooled) 분산	107.1747858	
가설 평균차	0	
자유도	18	
t 통계량	-3.173796762	
P(T<=t) 단측 검정	0.002628276	
t 기각치 단측 검정	1.734063607	
P(T<=t) 양측 검정	0.005256552	
t 기각치 양측 검정	2.10092204	

'집단 간 비유창성 발생 빈도는 차이가 없다'로 귀무가설을 두고

통계 검증하면, 통계량이 '-3.17'로 기각 값을 보인다. 따라서 비유창성 발생 빈도는 차이가 있는 것으로 볼 수 있지만, 화제를 상정한 집단에서 비유창성 발생 빈도가 높다는 점에서 가설의 상정 내용과는 반대의 결과를 보여준다. 하지만 비유창성 발생 유형에서는 화제를 상정한 집단에서 반복과 삽입 등의 내용 중심의 실사 발생 비율이 높은 것으로 드러났다.[16]

  이러한 결과는 친교 관계의 수준이 낮다고 상정된 교양A와 교양B 집단 간도 거의 유사하였다. 표면적으로 화제를 상정한 집단에서 비유창성 발생 빈도가 높으며, 발생 유형에서도 전체적으로 교양B 집단에서의 빈도가 높은 것으로 드러났다. 두 집단 간 전체 비유창성 발생 빈도와 유형별 발생 빈도는 〈표 11〉과 같다.

〈표 11〉 '교양A – 교양B'에 대한 비유창성 양상 결과

모둠	교양A								교양B							
	간투	도치	반복	겹침	삽입	수정	쉼	합계	간투	도치	반복	겹침	삽입	수정	쉼	합계
1	17	2	5	13	10	3	11	61	23	2	13	15	17	4	15	89
2	15	3	6	9	16	2	8	59	15	5	10	9	16	2	11	68
3	15	4	9	10	13	4	11	66	18	2	9	11	18	5	17	80
4	12	3	8	11	9	2	9	54	14	3	17	14	14	6	14	82
5	13	1	6	8	10	2	9	49	11	3	14	13	12	5	11	69
6	16	2	5	9	14	1	16	63	16	4	21	19	21	7	15	103
7	14	4	7	9	8	2	13	57	12	1	17	10	11	2	10	63
8	15	3	6	14	11	5	11	65	18	2	13	8	11	4	14	70
9	12	1	11	9	13	4	12	62	17	3	10	11	10	3	12	66
10	11	2	9	8	11	8	7	56	15	1	11	13	16	4	16	76

---

16) '두 집단 간 반복과 삽입의 발생 유형은 차이가 없다'를 귀무가설로 두고 검증하면, 각각 통계량이 '-1.97', '-1.81'로 나와 기각치에 해당된다. 따라서 두 유형은 집단 간에 차이가 있기 때문에 가설에서 상정한 내용은 수용된다.

모둠	교양A								교양B							
	간투	도치	반복	겹침	삽입	수정	쉼	합계	간투	도치	반복	겹침	삽입	수정	쉼	합계
평균	14.4	2.5	7.3	10	11.4	3.3	10.3	59.2	15.9	2.6	13.5	12.3	14.6	4.2	13.5	76.6
편차	2.2	1.1	1.9	2	2.5	2.1	2.6	4.5	3.4	1.3	3.8	3.2	3.6	1.6	2.4	12.3

〈표 11〉의 결과에서 보여주듯이, 화제를 상정한 집단인 교양B 집단의 모둠에서 비유창성의 발생 빈도가 높은 것으로 드러났다. 아울러 모든 비유창성 유형에서 화제를 상정한 교양B 집단에서의 발생 빈도가 높게 드러났다. 전체적으로 두 집단 간 비유창성 발생 빈도는 유의미한 차이가 있는 것으로 판정된다. 이는 평균 어절 수를 가지고 집단 간 통계 검증이 가능하다.17)

〈표 12〉 '교양A – 교양B' 집단 간 통계 검증 결과

t-검정: 등분산 가정 두 집단		
	합계	합계
평균	59.2	74.87105
분산	20.62222222	143.3475
관측수	10	10
공동(Pooled) 분산	81.98487852	
가설 평균차	0	
자유도	18	
t 통계량	−3.870046837	
P(T<=t) 단측 검정	0.000560928	
t 기각치 단측 검정	1.734063607	
P(T<=t) 양측 검정	0.001121857	
t 기각치 양측 검정	2.10092204	

---

17) 두 집단 간 분당 평균 어절 수와 비유창성 발생 빈도는 다음과 같다.

	교양A	교양B
평균 어절 수(분당)	99.6	101.9

'두 집단 간 비유창성 발생 빈도는 차이가 없다'로 귀무가설을 두고 검증을 하면, 통계량이 '-3.87'로 나와 귀무가설을 기각하는 값이 나온다. 따라서 두 집단 간의 비유창성 발생 빈도는 차이가 있는 것으로 판정된다. 하지만 화제를 상정한 집단에서 비유창성 발생 빈도가 높은 것으로 드러나 가설에서 상정한 내용과는 반대되는 결과를 보여주었다. 하지만 발생 유형에서는 내용을 가진 실사 위주의 일부 유형들인 반복과 삽입 등이 화제를 상정한 대화에서 많이 발생할 것이라는 가설의 내용이 수용되는 결과를 보여주었다.[18]

이상 대화에 드러난 비유창성 현상을 화자들 간의 친교 관계의 수준과 화제 상정의 유무를 중심으로 논의하였다. 가설에서는 친교 관계의 수준이 낮거나 화제를 상정하지 않고 대화를 전개한 집단에서 전체적인 비유창성 발생 빈도와 일부 유형에서의 발생 빈도가 높을 것이라고 상정했다. 하지만 결과에서는 친교 관계의 수준이 높거나 화제를 상정한 집단에서 비유창성의 전체적인 발생 빈도가 높았다.

하지만 일부 발생 유형에서는 친교 관계가 낮거나 화제를 상정한 집단에서 그 발생 빈도가 높았다. 가령 비유창성 발생 유형에서는 '쉼'만이 친교 관계가 낮은 집단에서의 발생 비율이 유의미한 수치로 높은 것으로 드러났다. 이는 '쉼'이 친밀 관계가 낮은 화자들 간의 대화 단절이나 공백을 잘 반영한 결과라고 할 수 있다. 아울러 반복, 삽입 등과 같은 일부 내용을 수반하는 실사 위주의 비유창성 유형 발생 빈도 역시 가설에서 상정한 바와 같이 화제를 상정한 집단에서

---

18) '두 집단 간 반복과 삽입의 발생 유형은 차이가 없다'를 귀무가설로 두고, 통계 검증하면 각각 통계량이 '-4.46'과 '-2.04'로 나와 두 집단 간 이들 유형은 차이가 있는 것으로 귀무가설은 기각된다. 따라서 가설에서 제시한 내용은 수용되는 결과를 보여준다.

그 발생 비율이 높은 것으로 드러났다.

　이상의 이러한 결과는 적어도 대화라는 담화에서 비유창성 문제는 다른 담화와는 차별적으로 접근될 필요성을 제기하는 부분이라고도 할 수 있다. 즉 전체적으로 친교 관계가 높고 화제를 상정한 집단에서 비유창성이 많이 발생했다는 점은 화자들 간의 활발한 소통의 결과에 기인한다고도 볼 수 있기 때문이다. 따라서 혼자 말하기에서의 비유창성과는 다르게 접근될 필요성을 제기했다고 볼 수 있다.

4.2. 교육적 의의

　말하기에서 비유창성을 일으키는 요인은 다양하다. 화자와 청자, 맥락, 화제 등 다양한 요소들이 비유창성 발생에 관련될 수 있다. 하지만 통상 이런 요소들이 복합적으로 작용하여 비유창성을 발생시키고, 이는 심각하게는 화자의 심리적 불안과 소외, 소통의 격차와 단절의 문제를 일으키기도 한다. 이런 점에서 말하기에서의 비유창성은 일정 부분 교육적인 조치를 통해서 극복되어야 하는 것이기도 하다.

　이는 대화라는 담화에서도 마찬가지이다. 하지만 대화라는 담화는 다른 담화와 다르게 실시간 화자 상호간에 직접적인 교섭을 특징으로 하기 때문에 상황과 맥락에 영향을 많이 받을 수 있다. 따라서 비유창성의 발생도 혼자 말하기 담화와는 다르게 더 복합적이면서도 복잡한 모습을 띨 수 있다. 그런 점에서 대화에서의 비유창성 현상은 다른 혼자 말하기의 담화보다 접근 방법이 더 어렵다고 할 수 있다.

　이 글에서는 그런 점을 감안하며, 우선 대화에서 비유창성을 발생시킬 수 있는 주된 요인이 무엇인지를 대화 참여자들 간의 관계와 대화 화제로 상정하고, 이들 두 요인이 대화의 비유창성에 어떤 영향을 주는지를 검토하였다. 이를 위해 상당수의 대화 말뭉치 자료를 수집, 전사하였고, 일정한 검증 절차에 따라 결과를 분석하였다.

직관적으로 대화 참여자들 간의 관계가 돈독하고 화제가 상정될수록 비유창성의 발생 빈도가 낮아질 것이라고 예상할 수 있다. 하지만 이 글의 조사 결과는 일부 그렇지 않다는 점을 보여주었다. 오히려 화자들 간의 적극적인 소통 관계가 형성될수록 비유창성의 발생 빈도가 높아졌다. 이는 대화에서 표면적으로 드러나는 비유창성은 대화의 장애로 작용하기보다는 화자들의 적극적인 대화 참여 과정에서 발생하는 입말 특유의 표현들이라고 할 수 있다.

따라서 대화 담화에서의 비유창성의 문제는 주로 일부 청자나 청중을 대상으로 하는 혼자 말하기에서 제기되는 화자의 불안한 심리 상태의 표출이나 소통 장애로만 간주되어서는 안 될 것이다. 물론 대화 과정에서도 이러한 불안 심리나 소통 장애에서 오는 비유창성이 제기될 수 있다. 하지만 한편으로는 대화에서의 비유창성은 화자들의 적극적인 대화 참여나 의견 충돌의 긍정적인 면도 결부될 수 있다는 점이다.

즉 말하기에서의 비유창성은 부정적인 측면을 갖는 동시에 대화라는 담화에서는 화자들의 적극적인 참여와 소통 과정에서 발생하는 입말 특유의 현상이라는 점도 무시할 수 없는 면이라고 할 수 있다. 따라서 이 글의 논의는 대화 담화에서의 비유창성은 그것이 지니는 부정적인 측면과 다른 한편으로는 소통 과정에의 적극적인 참여에 따른 긍정적인 면도 낳을 수 있음을 보여 주었다는 점에서 교육적 의의를 지닌다.

교육 현장 대화 지도에서의 비유창성은 이러한 이중적 측면의 속성을 지닐 수 있다는 점을 감안해야 하며, 나아가 이러한 비유창성의 궁정적, 부정적인 측면을 감안한 지도 방안이 마련되어야 할 것이다. 즉 이 글은 말하기에서의 비유창성이 자칫 언어 장애나 불안의 조음이나 심리 문제로만 다루어질 것을 대화에서는 오히려 입말 특유의 언어 투식(register)과도 일정 부분 관련될 수 있음을 부각시켰다는 점에서 그 교육적 의의를 찾을 수 있다.

5. 마무리

이 글에서는 친교 관계와 화제 유무에 따른 대화 비유창성을 현상을 고찰하였다. 두 가지 연구 가설을 상정하고 대화에 드러나는 다양한 비유창성 현상을 수집된 대화 말뭉치를 통해 살펴보았다. 대화에서 화자들 간의 관계와 화제는 대화를 전개하는 데 주요한 인식의 단초가 될 수 있다. 즉 이러한 관계와 화제는 대화를 유창하게 만드는 데 일정한 기여 요소가 될 수 있다.

하지만 조사 결과에서는 친교 관계가 형성되지 않았거나 화제가 상정되지 않은 대화가 반드시 비유창한 현상을 더 발생시키는 것으로 드러나지는 않았다. 이는 말하기에서 비유창성이라는 현상이 몇몇 말하기의 전개 단서나 기제에 얽매여서 발생하는 것은 아니라는 점을 말해주는 것이라고 할 수 있다.

다만 '쉼'의 경우는 친교 관계가 형성되어 있지 않은 집단에서 그 수치가 유의미하게 나왔다. 아울러 삽입이나 반복 등의 실사 중심의 비유창성의 경우는 화제를 상정한 집단의 대화에서 그 수치가 높게 나왔다. 하지만 전체적으로 비유창성의 빈도수는 가설에서 상정한 내용과는 다르게 친교 관계의 수준이 높거나 화제를 상정한 집단의 대화에서 높게 나와 대화에서의 비유창성 발생은 혼자 말하기에서의 비유창성과는 다른 측면을 보여주었다.

이 글은 대화 담화를 중심으로 비유창성의 발생과 유형을 검토한 논의가 부족한 상황에서 소규모 대화 말뭉치를 중심으로 비유창성을 현상을 검토했다는 점에서 일종의 시론적 성격의 논의이다. 아울러 대화에서 비유창성 발생은 다양한 맥락에 영향을 받음에도 불구하고, 이 글은 대화 참여자들의 친교 관계와 대화 화제를 중심으로만 그것의 발생 빈도와 유형을 고찰했다는 점에서 일정한 한계를 남긴다.

제6장 발표의 유창성 수준

1. 들머리

1.1. 연구 목적

말을 유창하게 한다고 자각하거나 인식한다는 것은 말하는 맥락이나 상황과 관련되어 있는 매우 복잡한 현상이라고 할 수 있다. 외국어가 아닌 모국어 수행에서는 이러한 말하기 유창성의 문제는 더 복잡미묘한 상황에 놓일 수 있다. 언어 산출의 표면이 아닌 심층의 문제가 때로는 더 중요하게 인식될 수 있기 때문에 듣는 이가 더 중요하게 부각될 수 있다. 따라서 화자가 산출한 발화 양상만으로 문제의 본질을 정확하게 파악하기 어렵다.

현대 사회를 살아가는 사람이라면 누구나 남들 앞에서 말을 유창하게 하고 싶다는 생각을 정도의 차이는 있겠지만 조금씩은 할 것이다. 이른바 말을 유창하게 하는 것은 현대 사회를 살아가는 데 필요한 일종의 소통 능력이자 나아가서는 학업이나 직업 생활을 영위하는 데 필요한 전략적 자산이기도 하다.

하지만 모국어 교육에서 말을 유창하게 한다는 것이 도대체 말을 어떻게 하는 것인지에 대한 합의는 제대로 이루어지지 못한 듯하다. 가령 '말을 조리 있게 하는' 것과 '말을 번지르르하게 하는' 것 중에서 말을 유창하게 하는 것은 어떤 것에 가까운지를 묻는다면 전자보다는 후자 쪽에 손을 드는 사람이 많은 경우도 있을 것이다. 이처럼 말을 유창하게 한다는 것은 말을 잘 한다는 것과는 별개로 일종의 미묘한 부정적 뉘앙스까지 함의하고 있는 인식 개념으로도 사용되고 있다.

일반적으로 말하기 유창성은 외국어 교육이나 언어병리학에서 주로 다루어져 온 개념이면서 언어수행 상의 범주이기도 하다. 특히 외국어 교육에서는 언어수행의 정확성이나 언어 숙달도(proficiency)와 관련해서 주로 논의되어 왔다. 일반적으로 모국어 교육에서는 이러한 언어 유창성의 개념이 본격적으로 다루어지지는 않았다.

이러한 근저에는 유창성의 개념이 앞서도 언급한 것처럼 모국어 교육에서는 외국어 교육이나 언어병리학에서처럼 화자 중심으로만 접근하기 어려운 부분이 있기 때문이다. 즉 화자 중심의 언어 산출 측면으로만 말하기 유창성을 다룬다면 모국어 사용의 미묘한 상황이나 맥락이 반영되지 않을 가능성이 높기 때문이다. 모국어 사용에서는 표면적인 언어 산출 이면에 내재하는 다양한 비언어적 현상이 수반되고, 나아가 청자나 청중의 소통 과정상에 제기되는 다양한 맥락이나 상황이 유창성에 큰 영향을 끼칠 수 있기 때문이다.

따라서 모국어 사용에서는 이러한 맥락이나 상황의 문제가 크게 부각될 수 있다. 단적으로 이러한 양상이 청자나 청중과의 소통 과정에서 발생하는 것이라면, 이는 일정 부분 청자 중심의 인식 문제로 귀결될 수 있다. 즉 청자가 화자의 발화 산출을 어떻게 판단하고 받아들이느냐의 문제가 유창성 판단에 주요한 인식의 관건이 될 수 있다.

이 글에서는 이런 점에 착안하여 말하기 유창성의 문제를 화자 일반도의 산출 결과에 초점을 두기보다는, 청자 중심의 평가 과정과 결과에 인식의 초점을 두었다. 즉 기존의 연구들이 주로 화자의 발화 결과를 두고 그 비유창성의 부면을 다각도로 다루어왔다면 이 글은 이러한 연구의 결과를 수용하되, 청자 관점에서 인식될 수 있는 유창성의 부면을 일정한 평가 기준을 활용하여 살펴보는 것에 연구의 목적이 있다.

1.2. 선행 연구

말하기 유창성과 관련한 논의는 주로 외국어 교육이나 언어병리학에서 이루어져 왔다. 특히 화자를 중심으로 발화 상의 비유창성에 초점을 두고, 다양한 말하기 실수나 언어 병리적 현상 등이 연구의 초점이 되어 왔다. 이 글은 이러한 연구 결과를 일정 부분 수용하되, 모국어 교육에서 정상적인 성인 화자들을 대상으로 한 유창성 논의를 일부 참고하였다.

김상수(2008), 이정희(2010), 이찬규 외(2015), 엄철주(2003) 등은 한국어 교육이나 외국어 교육의 관점에서 말하기 유창성의 문제를 다루고 있다. 김상수(2008)는 한국어 학습자의 유창성에 대한 판단의 문제를, 이찬규 외(2015)는 한국어 교육에서의 유창성의 개념과 요인을, 이정희(2010)는 발화 유창성에 대한 청자 인식의 다양한 요인을 다루고 있어 참고의 의의가 있다. 특히 엄철주(2003)는 외국어를 대상으로 하고 있지만, 시간 흐름에 따르는 청자의 유창성에 대한 인식의 변화 양상을 논의하고 있어 일독의 의의가 있다. 다만 모국어 교육에서 이러한 유창성에 대한 논의를 수용할 때는 보다 민감한 발화 맥락 상황이 요구되어야 한다는 점에서 이상의 논의들을 일정한 한계를 노출하고 있다.

신명선 외(2005), 신명선(2015), 신문자 외(2003), 심홍임(2005), 이경재(2013) 등은 언어병리학의 관점에서 화자의 청자에 대한 유창성 문제를 다루고 있다. 특히 심홍임(2005)의 경우는 언어병리학에서의 유창성의 기준 틀을 수립하기 위해 정상 성인들의 대상으로 하여 비유창성의 다양한 부면을 다루고 있고, 이경재(2013)의 경우는 유창성에 대한 청자들의 인식 문제를 다양한 인상 범주에 의거해 논의하고 있어 참고의 의의가 있다. 하지만 여전히 청자들의 유창성에 대한 인식의 문제를 객관적이면서도 타당하게 접근하기에는 여러 한계점들이 따른다.

김태경 외(2007), 남길임(2011a, b) 등은 모국어 수행에서 드러나는 유창성의 문제를 광범위하게 논의하고 있다. 전자는 유창성 요인에 근거하여 말하기 능력의 문제를 다양한 성인 화자를 중심으로 다루고 있고, 후자는 일정한 말뭉치를 대상으로 하여 말하기 비유창성 현상을 심도 있게 분석하고 있어 참고가 된다. 이들 논의는 모국어 말하기 유창성에 대한 청자의 인식 문제를 다루는 데 있어 어떤 평가 요인들이 고려되어야 하는지에 대한 시사점을 제공한다.

르펠트(Levelt, 1999; 김지홍 뒤침, 2008)는 말하기의 심리적 과정을 과학적으로 증명해 나간 본격적인 말하기 연구서라고 할 수 있다. 특히 레마(lemma: 어휘의 통사·의미값)를 중심으로 메시지 생성에서 실제 조음과정까지를 과학적으로 정밀하게 탐구한 결과를 보여주고 있다. 이는 말하기 유창성의 문제를 메시지 생성에서부터 실제 조음과정, 심지어는 말하기 과정의 실시간 자기재귀 과정까지를 연관시켜 검토할 수 있는 심리적 기반을 제공해 준다는 점에서 참고의 의의가 크다.

Brennan & Schober(2001)는 화자의 발화 과정에서 발생한 유창하지 않은 부분을 청자가 어떻게 인식하는지를 검토한 실험적 문헌으로 참고가 되며, Licky(1994)는 발화 과정에서 발생하는 다양한 비유창성 현상을 여러 언어를 통해 유형화해서 보여줌으로써 이러한 현상이 비단 특정 언어에만 국한된 것이 아니라는 것을 증명해 주고 있다.

물론 이상에서 언급된 문헌 이외에도 말하기 유창성과 관련해서는 다양한 업적들이 산재하고 있다. 다만 이를 모국어 말하기, 특히 청자의 관점에서 이러한 현상을 어떻게 인식하고 있는지를 평가의 틀에서 본격적으로 다룬 논의는 그 수가 많지 않다.

2. 연구 방법 및 가설

2.1. 연구 방법

이 글은 모국어 성인 화자의 말하기 유창성의 문제를 다루었다. 기존 많은 연구들이 언어병리학이나 외국어 교육의 측면에서 말하기 유창성의 문제를 다룬 데 비해, 이 글은 모국어 성인 화자들의 말하기 유창성의 문제를 다루었다는 점에서 연구의 의의가 있다. 하지만 언어 발달이 거의 완성된 지점에 이른 성인 모국어 화자들로부터 말하기 유창성의 문제를 다룬다는 것은 쉽지 않은 일이다.

특히 연구 방법의 측면에서 이러한 어려움이 제기될 수 있다. 언어 병리학이나 외국어 교육의 측면에서는 화자의 발화 측면만을 오롯이 다루어도 어느 정도 말하기 유창성의 문제에 접근이 가능하다. 하지만 모국어 성인 화자들을 대상으로는 이러한 화자 발화 측면만으로는 말하기 유창성의 전모를 제대로 가늠하기 어렵다.

이 글은 이런 점을 감안하여 청자 평가 관점에서 유창성의 문제를 다루고자 한다. 이는 화자 발화에 수반되는 미묘한 상황이나 맥락이 유창성 평가에 어떤 영향을 끼치는지를 살펴보고자 하는 것이다. 이는 모국어 말하기 교육에서 추구해야 할 교육적 지향점이기도 하다.

이 글에서는 이러한 점을 고찰하기 위하여 말하기와 듣기에 어려움이 없는 정상 성인 화자들을 친교 관계와 언어수행 수준을 고려하여 두 집단으로 구분하여 선정하였다. 구체적으로 조사 대상자들은 교양 과목을 수강했던 1학년 학습자들과 전공과목을 수강했던 국어교육과 3학년 학습자들이다. 전자의 경우는 학습자들 간 친교 관계가 없거나 낮은 경우가 대부분이었고, 후자는 높은 수준의 친교 관계에 있는 학습자들이었다.[1] 아울러 언어수행 수준도 마찬가지이다.[2] 이후에는 편의상 전자는 집단A, 후자는 집단B로 칭한다.

말하기에는 다양한 담화가 존재한다. 크게는 즉흥적 말하기와 준비된 말하기, 사적 말하기와 공적 말하기로 구분된다고 할 수 있다. 모국

---

1) 친교 관계의 수준은 엄격하게 시키기 어려운 점을 감안하여 조사가 본격적으로 진행되기 이전에 간단한 면담 과정을 통해 확인하였다.
2) 교양 과목 수강 대상자는 대략 수능 언어 영역 5~6등급, 국어교육 전공과목 수강자는 2~3등급 내에 분포하는 학습자들이다. 아울러 필자가 재직하고 있는 대학에서는 언어 수행과 관련된 간단한 시험 및 면담 과정을 통해 말하기와 쓰기에 부진을 겪고 있는 신입생들을 대상으로 말하기와 쓰기 교육을 실시하고 있다. 이 글의 조사 과정에 참여하는 교양 수업 대상자들은 이러한 말하기와 쓰기에 부진을 겪고 있는 학습자들이다.

어 교육에서 말하기 유창성의 문제가 부각될 수 있는 영역은 즉흥적 말하기와 공적 말하기라고 할 수 있다. 물론 준비된 말하기와 사적 말하기에서도 이러한 유창성의 문제가 배제되는 것은 아니다. 다만 그 인식의 중요도에서 덜하다고 할 수 있다.

이 글은 이런 점을 감안하여 즉흥적 말하기를 중심으로 하되 사적인 자리가 아닌 공적인 자리에서 이루어지도록 하였다. 이는 즉석 발표 형식의 담화로 진행하되, 무작위로 선택된 특정 화제를 중심으로 사전 준비 없이 화자 자신의 경험이나 일화를 자유롭게 전개하도록 하였다. 말하기 화제는 이 글의 조사에 참여한 학습자들로부터 선정된 것이었다. 두 집단에서 제시한 화제는 다음과 같다.

〈표 1〉 집단 별 화제

	집단A	집단B
1	내가 만약에 초능력이 있다면?	내가 가장 좋아하는 음식
2	자신이 요즘 꽂혀있는 것	나의 첫사랑에 대해 말해보자.
3	기억을 가진 채로 과거에 간다면?	내 삶에서 즐거운 순간들
4	내 성격에 대한 장단점	살면서 가장 슬펐던 일들
5	하루에 3억이 생기고, 24시간 안에 다 써야 한다면?	나의 오늘 하루 생활은 어떠했는가?
6	나만의 스트레스 해소법	내 인생에 가장 큰 변화를 준 사건
⋮	⋮	⋮
30	결혼이 의무인가 선택인가	내 인생에서 최악의 사건

제시된 화제는 대부분 일상생활에 기반한 내용이 다수였다. 화제에 따라서는 일상생활에서의 구체적인 단면을 요구하는 것도 있지만, 간혹 추상적으로 접근해야 하는 화제도 눈에 띄었다. 따라서 화제의 난도에 따라서 말하기의 어려움이 수반될 수도 있었다. 실제 말하기

현장에서 학습자들로부터 어떤 화제를 선택했느냐에 따라 희비가 간혹 엇갈리기도 했다. 하지만 실제 즉흥적 말하기의 속성상 이러한 화제의 선택이 말하기에 큰 영향을 주는 변수 요인으로 작용하지는 않았다.

각 집단별로 30여 명의 학습자가 말하기에 참여하였다. 따라서 각 집단의 화제는 〈표 1〉과 같이 각각 30개씩이 선정되었다. 한 집단 내에서 중복된 화제는 새로 정하였다. 아울러 실제 발표 시에 자신이 제시한 화제를 선택한 경우는 화제에 대한 말하기의 사전 준비성이 감안되어 다른 화제를 선택하도록 하였다.

말하기 시간은 대략 3분 이상이 되도록 하였다. 3분 이하일 경우는 과제 평가에서 일정 부분 점수를 감하는 방식으로 진행하였다. 말하기 순서와 화제는 무작위 방식으로 실시되었고, 말하기 전 과정은 모두 촬영되고, 전사되었다. 이는 즉흥적 말하기 현장의 평가에서 놓쳤거나 미진했던 부분을 다시 보고 평가하기 위해서였다. 이를 위해 촬영된 모든 영상물이 웹상에 탑재되었고, 조사에 참여한 이들만이 공유하면서 평가에 참여하도록 하였다. 평가는 정상 분포를 이룰 수 있도록 상대평가 방식으로 이루어졌다.

〈표 2〉 연구개관

	집단A	집단B
대상자	교양 수강 1학년	국교 전공 3학년
대상 담화	발표(즉흥적 말하기)	발표(즉흥적 말하기)
조사 기간	2018.3~6	2018.9~12
발표 시간	3분 이상	3분 이상
자료 처리	촬영 및 전사	촬영 및 전사
평가 방식	상대 평가(자기 및 동료)	상대 평가(자기 및 동료)

평가 방식의 경우는 학습자 자기 및 동료가 참여하는 상대평가 방식으로 이루어졌다. 아울러 총체적 평가와 분석적 평가가 동시에 반영되도록 하였다. 총체적 평가만으로 평가의 신뢰도나 타당도를 높이기 어렵고, 분석적 평가만으로는 평가 기준안에 치중되기 때문에 말하기 유창성과 관련된 청자들의 다양한 반응을 이끌어내기 어렵다. 따라서 평가 기준안에 따르는 평가를 하지만, 기준안과 상관없이 화자의 말하기 유창성과 관련하여 특징적인 면 등을 자유스럽게 기술해서 제시하도록 하였다.

2.2. 연구 가설

가설 1: 친교 관계 수준에 따라 집단 간 학습자 점수의 일치 비율에는 차이가 있을 것이다.

집단A와 집단B는 학습자들 간 친교 관계의 수준에서 차이가 난다. 집단A의 경우는 친교 관계가 없거나 거의 없는 학습자들로 구성되어 있고, 집단B의 경우는 친교 관계가 있거나 높게 형성되어 있다. 따라서 이러한 학습자들 간 친교 관계의 유무가 말하기 유창성 평가에 어느 정도 영향을 줄 것으로 판단된다.

이는 화자들이 친밀하게 느끼는 청자들을 대상으로 말을 더 유창하게 할 것이라는 점과 관련된다. 즉 집단B의 화자들은 청자들과 그들 삶에 대한 공통 기반(common ground)을 어느 정도 형성하고 있다. 따라서 화제에 대해 청자들과 더 자연스럽게 말할 내용을 이끌어낼 가능성이 있다. 이는 일정 부분 유창한 말하기를 이끌어내는 데 기여할 수 있을 것이다.

아울러 이는 자연스럽게 청자들의 관점에서도 화자들의 말하기 유창성에 대해 더 명확하게 접근할 수 있도록 해 줄 것이다. 특히 화자가 청자들과의 관계에서 고려될 수 있는 미세한 말하기 태도나 정서의 문제를 유창성의 관점에서 더 파악하기가 용이할 것이다. 이는 말하기의 미시적인 맥락이나 상황과 관련된다고 할 수 있다.

따라서 이러한 점을 고려한다면 실제 말하기 유창성의 평가에서도 집단B 학습자들의 평가 점수의 일치도가 더 높을 것으로 예상된다. 즉 청자들은 친교 관계의 측면에서 화자의 표면적인 발화뿐만 아니라 미세한 발화 맥락까지, 모국어 유창성을 평가하는 데 여러 부면을 더 잘 고려할 수 있는 상황 때문이다.

가설 2: 언어수행 수준에 따라 집단 간 자기평가와 동료평가 결과 간에는 차이가 있을 것이다.

이 가설은 학습자의 언어수행 수준과 관련된다. 언어수행 수준은 학습자의 학습 수준과도 밀접한 상관관계가 있으며, 넓게는 학습자의 자존감과도 일정 부분 관련성을 갖는다. 즉 학습 수준이 낮은 집단의 학습자들은 대체적으로 높은 집단의 학습자들에 비해 자신에 대한 자존감이 낮아 스스로를 공적인 자리에서 표현하는 것에 더 큰 불안감을 드러낼 수 있다. 이는 자연스럽게 말하기를 덜 유창하게 만드는 요인이 될 수 있다.

아울러 이러한 자신감 결여는 자연스럽게 자신의 말하기가 유창하지 못하다고 생각할 가능성이 있다. 이러한 결과는 자연스럽게 학습자 자신과 동료평가에 영향을 줄 수 있다. 이런 점을 고려해 볼 때, 집단B에 비해 언어수행 수준이나 학습 수준이 전반적으로 낮은 집단

A 학습자들은 자신의 말하기가 동료보다 유창하지 못하다고 평가할 가능성이 높다.

결론적으로 이러한 학습자의 낮은 자존감과 부정적 자기 정체성은 말하기 유창성 수행에 대한 인식 결과에도 영향을 줄 가능성이 크다. 즉 낮은 언어수행 수준에 따르는 부정적인 자아 정체성은 자신의 말하기가 동료보다 유창하지 못하다고 평가할 가능성이 크다.

따라서 집단A 학습자들은 자신의 말하기 유창성에 대하여 동료보다 스스로에게 전반적으로 더 낮은 점수를 부여할 것으로 예상된다. 반면에 집단B 학습자들의 경우는 상대적으로 자기에게 더 후한 점수를 부여하거나 혹은 동료와 큰 차이가 없을 것으로 예상된다.

3. 연구 결과 및 교육적 의의

3.1. 연구 결과 및 논의

연구 결과는 가설1과 2로 구분되어 논의된다. 먼저 가설1에 대한 논의이다. 가설1은 '친교 관계 수준에 따라 집단 간 학습자 점수의 일치 비율에는 차이가 있을 것이다'로, 집단B가 집단A보다 학습자들 간의 친밀함의 정도가 훨씬 높기 때문에 발화 시점의 미세한 맥락이나 상황을 더 잘 파악하는 데 용이하고, 그러한 점이 유창성 평가에 반영될 것이라는 점과 관련된다.

가설에서는 평가 결과를 상위와 하위 학습자들에 국한시켰다. 중위 그룹은 점수 차이가 차별화되어 드러나기에 어려운 점이 있음을 감안하여, 상위와 하위 점수에 대한 일치 비율로 한정하였다. 다만 말하기 유창성에 대한 청자의 반응이 다양하고 차별화되어 드러날 수 있다는 점을 감안하여 상·하 점수 각각 10%대에 있는 3명을 대상으로 하였다.

말하기 유창성에 대한 평가는 총체적 평가와 분석적 평가가 동시에 이루어진다. 총체적 평가는 말하기 유창성과 관련하여 그 결과를 한 문단 정도로 자유롭게 기술하도록 하였다. 분석적 평가의 경우는 그에 부합하는 평가 기준을 제시하였다. 평가 척도는 4점 척도를 제시하였는데, 중앙에 집중되는 경향을 피하기 위해서였다.

〈표 3〉 말하기 유창성 평가 항목 및 척도

번호	심사 항목	평가 항목 및 대상자(합계 점수)		매우 우수	우수	보통	미흡
		대상자:	점수:	4	3	2	1
1	말소리	발음, 억양, 장단, 고저 등이 정확한가?					
2	말소리	목소리가 분명하고 말의 속도가 적절한가?					
3	말소리	반복, 머뭇거림, 휴지(쉼)의 발생 빈도가 낮은가?					
4	어법	어휘의 사용이 다양하고 적절한가?					
5	어법	문장 어법에 맞는 발화를 구사하는가?					
6	의미	전달하고자 하는 의도가 명확한가?					
7	의미	다양한 상황에 적합한 의미의 발화를 구사하는가?					
8	태도	시선 처리, 몸짓, 손짓 표정 등이 발화 상황에 적합한가?					
9	태도	듣는 이들에게 신뢰감을 주는 표현을 하는가?					
10	태도	불안이나 두려움이 없이 자신감 있게 표현하는가?					
합계							

〈표 3〉에서는 드러난 바와 같이 분석적 평가에서는 10개의 항목을 유창성 평가 항목으로 상정하였다. 말소리에서부터 태도까지를 아우르는 좁은 범위의 유창성에 대한 평가라기보다는 넓은 범위에서의 유창성 평가라고 할 수 있다.[3] 평가 척도는 10개 항목 4점 척도로

각 항목별로 모두 만점을 받는 경우는 40점이 된다. 앞서도 지적한 바와 같이 상대평가를 하되, 평가 결과가 정상분포 형태를 드러낼 수 있도록 하였다.

먼저 집단A의 결과이다. 30명 학습자가 평가한 각각의 결과를 지면 상 모두 제시하기 어렵기 때문에 가설에 부합하도록 상위와 하위 각 각 10%대에 해당되는 3명의 학습자에 대한 결과만을 제시한다. 이들 은 30명 학습자 중에서 1위와 30위로 뽑힌 횟수와 자기 및 동료평가를 한 30명 학습자의 점수를 평균한 결과를 토대로 선정되었다.

〈표 4〉 집단A에 대한 결과

수준	대상자	횟수	비율(%)	평균	분산	표준편차
상	9(백○○)	14	46.7	35.0	13.3	3.6
	3(김○○)	6	20.0	33.4	17.7	3.9
	27(최○○)	4	13.3	32.9	15.5	4.2
하	14(서○○)	10	33.3	20.7	24.9	5.0
	8(박○○)	7	23.3	19.2	19.2	4.3
	29(한○○)	5	16.7	19.4	21.8	4.7

---

3) 외국어 교육이나 언어병리학적 관점에서의 말하기 유창성의 문제를 다룰 적에는 주로 표면적인 음성 산출과 쉼, 문법적 적절성에 초점을 두는 경우가 많다. 말하기 가 막힘없이 부드럽고 적절하게 산출되는 측면에 초점을 두는 경우가 많다. 가령 〈표 3〉에서 말소리에 초점을 두고 접근하는 경우가 많다. 이는 일종의 발음이나 발화의 정확성에 연계된 유창성이라고 할 수 있다. 즉 매우 협소한 수준에서의 말하 기 유창성이라고 할 수 있다.

하지만 모국어 말하기 교육에서는 유창성의 문제를 화자 중심의 산출을 넘어 청 자의 발화 인식 측면까지 고려해야 한다. 이른바 상호교섭의 수준에까지 도달해야 제대로 화자 발화의 유창성 문제를 논의할 수 있기 때문이다. 따라서 화자의 의미나 태도의 측면이 유창성 평가에서 주요한 평가 항목으로 작용할 수 있을 것이다. 아울 러 이는 곧 소통 측면에서의 유창성 문제이며 넓은 범위의 말하기 유창성이라고 할 수 있다.

〈표 4〉의 대상자 열의 숫자는 학습자의 명칭을 숫자로 대신하였다. 횟수는 '상'의 경우는 청자들로부터 30명의 학습자 중에서 말하기 유창성의 합계 점수를 가장 높게 받은 횟수를 가리킨다. '9'번 학습자가 14회로 가장 많고, '3'번 학습자가 '6'회로 두 번째 높은 것으로 드러났다. '하'의 경우는 '14'번 학습자가 10명의 학습자들에게서, '8'번 학습자는 7명의 학습자에게 가장 낮은 점수를 받은 것으로 드러났다.

　'상'에 해당하는 학습자는 '9'번이 상대적으로 높지만, '하'의 경우는 그 차이가 줄어든 양상이다. '14'번이 최하위 선정 횟수에서는 다소 앞서지만, 30명 학습자들의 평균 점수상에서는 오히려 '8'번 학습자가 더 낮은 것으로 드러났다. 전체적으로 분산의 결과가 '하' 수준에 해당되는 학습자들에게서 높게 드러나고 있는 것으로 미뤄봐서 학습자들 간 평가 결과가 '상'보다 흩어 퍼짐 정도가 낮다고 할 수 있다.

　전체적으로 '상'의 경우는 10%대에 해당되는 3명 학습자가 제일 높은 점수를 받은 경우는 모두 24회로, 대략 80%정도를 차지한다. '하'의 경우는 3명 학습자가 제일 낮은 점수를 받은 경우가 22회로 '상'보다는 약간 낮은 것으로 드러났다. 결과상으로 '상'과 '하'의 10%대에 해당되는 학습자들이 제일 높은 점수와 낮은 점수를 받은 횟수는 대략 70~80%대에 해당된다. 다음은 집단B에 대한 결과이다.

〈표 5〉 집단B에 대한 결과

수준	대상자	횟수	비율(%)	평균	분산	표준편차
상	11(손○○)	25	83.3	37.2	3.8	1.9
	7(김○○)	3	10.0	34.0	7.9	2.8
	30(한○○)	1	3.3	33.7	7.3	2.7
하	18(정○○)	17	56.7	19.0	9.5	3.1
	28(최○○)	7	23.3	20.5	10.5	3.2
	4(김○○)	3	10.0	20.2	9.7	3.1

〈표 5〉에서와 같이 친교 관계의 수준이 높은 집단이라고 상정된 집단B의 경우는 친교 관계 수준이 없거나 낮다고 상정된 집단A에 비해 전체적으로 분산이나 표준편차가 낮은 것으로 드러나고 있다. 이는 '상'이나 '하' 수준에 모두 해당된다. 특히 '상' 수준에서 가장 높은 평가를 받은 학습자의 경우는 그 일치 정도가 집단A에 비해 훨씬 더 높은 것으로 드러났다. 즉 평가 점수의 일치 정도나 균일 정도가 높다고 할 수 있다.

'상'과 '하'의 10%대에 해당되는 3명 학습자들이 제일 높은 점수와 낮은 점수를 받은 비율이 집단A에 비해 매우 높게 드러났다. 가령 '상'의 경우 해당되는 3명 학습자가 거의 100%에 가까운 비율로 제일 높은 점수를 받았으며, '하'의 경우는 90%에 해당되고 있다. 즉 집단B 의 경우는 '상'과 '하'에 해당된다고 상정된 학습자들이 가장 높은 점 수와 낮은 점수를 받은 비율이 90~100%대에 놓여 집단A보다는 그 비율이 높다고 할 수 있다.

가설1에서는 집단B의 '상'과 '하' 수준에 대한 일치 정도가 높을 것이라고 상정하였다. 이는 두 집단 간 분산 비교인 F-검정을 통해 증명 가능하다. 다만 두 집단 간 비교 기준을 무엇으로 삼아야 할지가 문제가 된다. 이 글에서는 최고 점수와 최하 점수를 받은 횟수를 기준 으로 삼았다. 평균 점수도 고려 대상이 될 수 있지만, 이는 청자들 간의 편차 문제가 따르기 때문에 선택된 횟수를 우선시하였다.

편의상 두 집단 간 비교를 위해 '상'의 경우는 자기 및 동료 학습자 들로부터 가장 높은 점수를 받은 횟수가 많은 순으로 'A1, B1', 'A2, B2', 'A3, B3'로, '하'의 경우는 자기 및 동료 학습자들로부터 가장 낮은 점수를 받은 횟수가 많은 순으로 'A30, B30', 'A29, B29', 'A28, B28'로 칭한다. 가령 'A1'은 집단A의 9번 학습자로 '백○○'이고, 'B28'은 집단

B의 4번 학습자인 '김○○'이다. 아울러 통계 검정 시에도 각 집단의 횟수 순위에 맞춰 비교된다. 먼저 집단A와 집단B의 '상' 수준에서 가장 높은 횟수를 받은 'A1'과 'B1' 간의 검정 결과이다.

〈표 6〉A1과 B1의 비교 검정 결과

F-검정: 분산에 대한 두 집단		
	A1	B1
평균	35	37.2
분산	13.31034	3.751724
관측수	30	30
자유도	29	29
F 비	3.547794	
P(F<=f) 단측 검정	0.000524	
F 기각치: 단측 검정	1.860811	

결과와 같이 기각치를 넘는 값을(3.55) 보여줌으로써 두 집단 간 평가 결과에는 차이가 있는 것으로 드러났다. 집단B의 학습자에 대한 평가 결과가 더 균일한 것으로 드러났다. 이는 평가자들 간의 결과 점수의 합치 정도가 높다고 볼 수 있고, 나아가 가설에서 제기한 결과를 수용할 수 있는 결과이다. 이러한 결과는 'A2'와 'B2', 'A3'과 'B3'의 검정 결과에서도 마찬가지였다.[4] 다음은 두 집단의 '하' 수준에서 가장 낮은 점수를 받은 횟수가 많은 'A30'과 'B30'에 대한 비교 결과이다.

---

4) 'A2'와 'B2' 간의 검정 결과는 대략 '2.23', A3과 B3은 '2.13'의 검정 값이 나와 모두 기각치를 넘어서는 결과를 보여준다. 따라서 두 집단 간 '상' 수준에 해당되는 학습자 간 비교에서는 친교 관계의 수준이 높은 B집단의 학습자들 간 평가 점수의 결과가 더 균일하다고 볼 수 있다.

〈표 7〉 'A30'과 'B30'의 비교 검정 결과

F-검정: 분산에 대한 두 집단		
	A30	B30
평균	20.7	19.2
분산	24.89195	9.544828
관측수	30	30
자유도	29	29
F 비	2.6079	
P(F<=f) 단측 검정	0.005992	
F 기각치: 단측 검정	1.860811	

〈표 7〉에서와 같이 결과 값이 기각치를 넘어서고 있다. 따라서 두 대상자 간 평가 점수의 흩어 퍼짐 정도, 이른바 균일성에 차이가 있는 것으로 볼 수 있다. 결론적으로 두 대상자 간 청자들의 평가 결과에는 일정한 차이가 있음을 알 수 있다. 이는 'A29'와 'B29', 'A28'과 'B28' 간에도 비슷한 양상을 보여주고 있다.[5] 따라서 친교 관계의 수준이 높은 집단B에서의 평가 결과가 더 균일했다고 볼 수 있다.

결론적으로 가설1에서 제기한 내용은 모두 수용된다. 즉 친교 관계를 달리하는 두 집단 간 '상'과 '하'에 해당되는 일부 학습자들의 말하기 유창성에 대한 평가 결과는 차이가 있는 것으로 판정되었고, 특히 친교 관계의 수준이 높은 집단B의 학습자들이 '상', '하' 수준 모두에서 친교 관계가 없거나 낮은 집단A에 비해 말하기 유창성에 대한 평가 결과에서 그 합일 정도가 높게 드러났다고 할 수 있다.

실제로 이러한 결과 양상이 실제 평가 분석에서 어떻게 도출되었는

─────────

[5] 'A29'와 'B29' 간의 검정 결과는 대략 '1.94', 'A28'과 'B28' 간은 대략 '2.25'의 검정 값이 나와 모두 기각치를 넘어서는 결과를 보여주고 있다. 따라서 '하' 수준에 해당되는 학습자들에 대한 평가 결과도 집단 간에 일정한 차이가 있는 것으로 볼 수 있다.

지를 몇몇 학습자들을 대상으로 살펴보자. 평가에 참여한 모든 학습자들은 상대평가 방식으로 학습자들의 말하기 유창성을 평가하면서, '상'과 '하' 수준에 해당되는 일부 학습자들을 중심으로 평가 분석 결과를 기술하도록 하였다. 먼저 집단A의 평가에 참여한 학습자들의 '상'과 '하'를 받은 학습자들의 말하기 유창성 평가에 대한 진술의 일부이다.

유창하게 가장 잘 말했다고 생각되는 이는 9번 백○○이다. 구체적으로 발표할 때 발음이 정확하고 목소리도 또박또박 잘 들리게 했다. 머뭇거림이나 쉼도 적어서 내용이 계속 잘 이어져 가서 듣기에 편했다. 어휘도 다양하게 구사하고 문장 어법도 순서에 맞게 잘 발화되어 불편감 없이 들었다. 청자와 눈을 맞추며 이야기하고 상황에 맞는 다양한 손짓을 함으로 집중하게 만들었다. 또한 자신의 경험을 바탕으로 전달하고자 하는 의도를 분명히 했음으로 더 신뢰하며 들을 수 있었다. 발표에 있어 떨림이나 불안감은 거의 찾아볼 수 없었다.(집단A 13번)

9번 백○○에게 가장 높은 점수를 주었다. 지진에 대해서 이야기 할 때, "지진이 났을 때 뭘 하셨나요?"라고 질문을 하며 청중들의 호응을 유도하였다. 이러한 이유로, 말하기를 '듣기만'하기보다는 말하기에 참여한다는 느낌을 주었다. 특히 다른 사람들에 비해 중간중간 막힘이 거의 없었다.(집단A 29번)

14번 서○○에게 가장 낮은 점수를 주었다. 서○○의 발표에서 가장 큰 감점이 된 부분은 전달하고자 하는 의도가 말하기의 과정에서 전혀 드러나지 않았다는 점이다. 자신의 고향에 대해 이야기를 해야 하는 데 그

부분에 대한 이야기는 거의 언급되지 않았고, 자신이 지금까지 어떻게 살아왔는지에 대한 이야기가 대부분이었다. 또한 자신의 이야기에 확신이 없었다는 점이 아쉬웠다. 이러한 점을 제외하고도 말의 속도도 느린 편이었고, 머뭇거림도 자주 나타났기 때문에 유창하지 못했다고 생각했다.(집단A 7번)

최저점을 기록한 사람은 나이다. 주제는 이성 친구와 헤어졌던 경험 또는 경험이 없다면 그 이유는 무엇인가에 대한 것이었다. 주제에 관해 하고 싶은 말이 없어 말을 억지로 끌어나가다 보니 두서없는 말을 하기 일쑤였다. 말할 거리가 생각나지 않아 머뭇거림과 쉼도 매우 많았고 길었다. 그러다보니 말하기의 자신감이 없어 불안했다. 청중들과 이야기하는 식으로 해보려고 했지만, 정작 내 말하기만 하려고 허둥지둥해 유창하게 말하지 못했다고 판단했다.(집단A 8번)

'상'의 경우는 9번 발표자에 대하여 13번과 29번의 두 학습자 평가 결과를 보여주고 있다. 공히 청자나 청중을 배려하는 화자의 모습에 대해 진술되고 있다. 즉 소통의 관점에서 말을 한다는 점을 부각시키고 있다는 점이 공통적이다. 반면에 '하'의 경우는 14번과 8번 발표자에 대하여 7번과 8번 학습자의 평가 기록이 제시되었는데, 지나친 머뭇거림이나 쉼, 불안 등이 발생하여 유창하지 못했다는 지적이 많았다. 이는 집단B도 크게 차이는 없다.

제일 유창하게 말했다고 생각했던 학우는 손○○과 김○○이었습니다. 평상시에도 이 둘은 주변 친구들로부터 말을 재밌고 유창하게 한다는 이야기를 하는데, 역시 그 기대를 이번 발표에서도 저버리지 않았던 것 같았습니다. 마치 대화를 하는 느낌이었습니다. 평가에서는 둘 다 막상막하였습니다. 먼저 손○○ 학우는 자신의 삶과 밀접한 내면의 야기를 진술하게 잘 들려주었으며, 예시와 풍부한 묘사를 사용하며 청자들이 이야기의 흐름을 머릿속에 쉽게 이해하도록 발표하였습니다. 모든 평가 항목을 만족하는 우수한 발표라 만점을 주었습니다. 뒤이어 김○○학우도 자신의 이야기를 '첫째, 둘째, 셋째'등 일목요연하게 발표 흐름을 잡아주어 이를 우수하다고 평가하였습니다. 두 학우는 공통적으로 청자들이 발표의 흐름을 따라갈 수 있도록 유창하게 발표했습니다. 특히 갑작스러운 상황에서도 당황하지 않고 침착하게 발표를 진행해 나가면서 웃음을 잃지 않는 여유를 보여주었습니다.(집단B 30번)

손○○과 한○○을 말하기 유창성에서 제일 나은 평가를 받은 대상자로 뽑았다. 이들의 발표는 말하기에 '참여'하고 있다는 느낌이 들어 인상적이었다. 이는 평소 그들의 대화에서 드러나는 습관인 것 같기도 했다. 먼저 손○○ 학우는 자신의 주제와 관련해 청중의 관심을 유도하기 위해 청중이 알 만한 이야기로 말하기를 시작하며, 말하기를 하는 도중 틈틈이 청중을 예로 드는 등의 모습을 보여주었다. 한○○ 학우는 자신의 주제와 관련해 크게 두 가지로 나누어 설명을 것을 미리 청중에게 알려 말하기를 구조를 청중에게 알려주었고, 청중의 흥미를 이끌기 위해 질문을 하는 모습을 보였다. 두 학우 모두 혼자만의 말하기가 아닌 청중을 위한 말하기를 했다는 점에서 유창성이 돋보였다고 할 수 있다. (집단B 10번)

말하기가 제일 유창하지 못했다고 생각했던 학우는 정○○과 최○○이다. 일단 두 학우는 비슷한 내용을 반복해서 말하고, 말하기 소재가 고갈되어 주제에 아예 맞지 않는 이야기를 하는 경향을 보여주었다. 정○○은 화제에 대한 본인의 이야기를 하는 것 같다가 일관되지 않은 이야기를 장황하게 풀어놓는 모습을 보였다. 최○○는 머뭇거림이 많았고, 문장 어법에 맞지 않고 상황에 어울리지 않는 용어들을 발화하였으며, 특히 불안의 증상을 보여주어 듣기에 많이 불편하였다. <u>이들과는 평소에 이야기를 별로 해보지 않아서 그런지 발표하는 것이 더 낯설어 보이기도 했다.</u>(집단B 4번)

정○○과 김○○ 학우에게 최저점을 주었다. <u>평소에도 이야기를 잘 하지 않는 친구들이라서 그런지 발표에서도 유창하게 말을 하지 못하는 것으로 보였다.</u> 특히 이들은 말을 유창하게 이끌어 나가는 힘이 너무 부족했다. 그렇다보니 내용 전개가 부자연스럽고 대부분이 이야기가 나열에 불과하다는 인상을 받았다. 세부적으로는 머뭇거림이나 반복이 잦아 이야기를 제대로 이해하기 어려운 부분도 있었다. 전체적으로 화자들이 경직되어 자신의 이야기를 제대로 전개하지 못했다.(집단B 5번)

집단B에서는 '상'에 해당되는 학습자들의 평가 결과에서는 청자나 청중을 고려하는 화자의 태도를 공통적으로 지적하는 경우가 많았다. 가령 다양한 예를 들어 청자를 설득하였고, 일정한 담화 표지나 구조를 활용하여 청중들이 쉽게 이해하도록 하는 데 초점을 두었음을 이야기하고 있다.

반면에 '하'의 경우는 공히 말을 유창하게 이끌어가지 못했다는 점이 지적되고 있다. 이는 말할 화제에 대한 깊은 고민이 결여되어 말을 자연스럽게 화자 중심으로 이끌어가지 못함과 관련된다. 나아가 이러한 현상은 말하기가 경직되고, 이는 화자의 불안 현상과 결부되어 듣기에 불편했다는 지적이 다수 있었다.

아울러 평가 결과에 밑줄 친 부분에서는 발표자들의 평소 말하기나 대화 습관에 대한 모습들이 제시되고 있다. 즉 평가에서 발표자들이 가지고 있는 평소의 말하기 습관이나 태도 등에 대한 생각이 평가에 반영되고 있는 듯하다. 이는 말하기의 미세한 맥락이나 상황에 영향을 줄 수 있는 화자의 말하기 습관이나 태도에 대한 부분들이 유창성 평가에 고려되었다고 할 수 있다.

가설2는 언어수행 수준과 관련된다. 즉 언어수행 수준이 높은 집단의 학습자들은 자기평가 점수가 동료평가 점수보다 높을 것이지만, 언어수행 수준이 낮다고 상정된 집단의 학습자들의 그 반대의 결과가 나올 것이라고 상정하였다. 수준과 관련해서는 상대적이기는 하지만, 이는 학교생활을 하면서 누적되어 온 학습자의 학습 수준에 대한 자기 인식과 관련된 측면이 반영된 것이다. 즉 학습 수준의 중요한 한 단면이라고 할 수 있는 언어수행 수준 또한 이러한 자기 인식의 측면과 깊은 관련이 있다.

먼저 상대적으로 학습 수준이 낮고 언어수행과 관련된 일정한 조사에서 대중들 앞에서의 말하기를 꺼려하거나 어려움을 호소하는 경우가 많았던 집단A 학습자들에 대한 결과이다. 자기평가의 경우는 실제 발표 과정에서 느꼈던 점을 바탕으로 촬영 본을 보면서 평가하도록 하였다.

〈표 8〉 집단A의 자기평가와 동료평가 결과

	자기평가(점수)	동료평가(평균)
1	27	32.3
2	16	19.7
3	28	33.6
4	23	21.5

	자기평가(점수)	동료평가(평균)
5	24	22.8
6	31	30.6
7	25	28.6
8	21	19.2
9	33	35.1
10	24	27.2
11	31	29.0
12	22	24.6
13	15	21.0
14	17	20.9
15	27	30.9
16	23	27.6
17	20	23.9
18	18	22.1
19	30	33.4
20	25	23.6
21	30	33.2
22	34	32.7
23	20	26.1
24	22	24.9
25	27	29.1
26	31	32.7
27	31	33.0
28	20	23.4
29	18	19.5
30	21	25.4
평균	24.5	26.9

집단A의 결과는 〈표 8〉과 같다. 진하게 표시된 부분은 자기평가가 더 우세한 경우로, 30명의 학습자 중에서 자기평가의 점수가 동료평가보다 높은 경우는 7명 정도밖에 되지 않는다. 표면적으로 자기평가보다 동료평가의 점수 평균이 더 높고, 아울러 동료평가의 점수가 우세한 경우가 훨씬 더 많다. 이러한 결과는 대응표본 t-검정(paired t-test)으로 두 평가 결과 간 차이가 있는지를 검정할 수 있다.

〈표 9〉 집단A의 자기평가와 동료평가 간 검정 결과

	자기평가	동료평가
t-검정: 쌍체 비교		
평균	24.46666667	26.92
분산	28.60229885	24.83268966
관측수	30	30
피어슨 상관 계수	0.890465178	
가설 평균차	0	
자유도	29	
t 통계량	-5.498877	
P(T<=t) 단측 검정	3.17332E-06	
t 기각치 단측 검정	1.699127027	
P(T<=t) 양측 검정	6.34664E-06	
t 기각치 양측 검정	2.045229642	

자기평가와 동료평가 결과 간에 차이가 없다는 점을 영가설로 두고 검정하면 〈표 9〉와 같은 검정 결과를 얻을 수 있다. 통계량 값이 '-5.49'로 기각치를 넘어서는 값을 보여준다. 두 결과 값 간에는 차이가 있는 것으로 검정된다.

결과적으로 두 집단 간에 유의미한 차이가 있는 것으로 볼 수 있다. 즉 이 집단의 경우는 자기평가가 동료평가의 결과 값보다 유의미하게 낮은 것으로 볼 수 있다. 제기된 가설의 내용은 수용될 수 있다. 다음은 언어 수행 수준이 높다고 상정된 집단B의 결과이다.

〈표 10〉 집단B의 자기평가와 동료평가 결과

	자기평가(점수)	동료평가(평균)
1	35	33.7
2	26	23.2
3	36	34.0

	자기평가(점수)	동료평가(평균)
4	25	20.2
5	32	35.4
6	27	25.3
7	19	21.2
8	28	32.3
9	30	27.7
10	32	30.8
11	36	37.2
12	28	30.3
13	27	24.9
14	22	23.8
15	32	31.1
16	20	22.7
17	27	28.9
18	21	19.0
19	32	31.4
20	30	26.2
21	25	24.5
22	33	29.9
23	32	32.6
24	28	30.7
25	24	23.9
26	26	29.5
27	34	32.2
28	24	20.5
29	26	23.3
30	30	26.3
평균	28.2	27.8

〈표 10〉과 같이 집단B의 경우는 동료평가에 비해 자기평가의 점수
가 높은 것으로 드러났다. 집단A와는 반대로 동료평가가 높은 경우가
9명으로 진하게 표시되었다. 하지만 집단A에 비해 집단B의 경우는
자기평가와 동료평가 간 평균값의 차이는 줄어든 양상이다. 일단은
표면적으로는 가설에서 상정한 내용과 부합하는 결과를 보여주고 있
다. 다만 이러한 평가 결과의 차이가 유의미한지를 앞서와 같이 대응
표본 t-검정(paired t-test)으로 검정할 수 있다.

<표 11> 집단B의 자기평가와 동료평가 간 검정 결과

t-검정: 쌍체 비교		
	자기평가	동료평가
평균	28.23333333	27.75666667
분산	21.4954023	24.1046092
관측수	30	30
피어슨 상관 계수	0.861216182	
가설 평균차	0	
자유도	29	
t 통계량	1.032587735	
P(T<=t) 단측 검정	0.15516592	
t 기각치 단측 검정	1.699127027	
P(T<=t) 양측 검정	0.31033184	
t 기각치 양측 검정	2.045229642	

〈표 10〉에서 드러난 바와는 다르게, 〈표 11〉의 실제 통계 검정 결과는 자기평가와 동료평가 간에 차이가 없는 것으로 드러났다. 결과 값이(1.03) 단측이나 양측 모두의 기각 치에 이르지 못했음을 보여주고 있다. 즉 〈표 11〉의 표면적인 결과와는 다르게 이 집단의 경우는 학습자 자기평가와 동료평가 간에 차이가 없음을 보여주고 있어 가설의 상정 내용을 수용할 수 있다.

결론적으로 가설2의 경우는 집단에 따라 그 결과가 다르게 도출되었다. 언어수행 수준이 낮다고 상정된 집단A의 경우는 자기평가와 동료평가의 결과 값이 차이가 있는, 즉 자기평가의 결과 값이 동료평가에 비해 유의미하게 낮은 것으로 판명되었다. 그에 반해 언어수행 수준이 높다고 상정된 집단B의 경우는 자기평가와 동료평가의 결과 값이 차이가 없는 것으로 드러났다.

즉 언어 수행 수준이 낮다고 상정된 학습자들의 경우는 자신의 말하기가 동료보다 유창하지 못하다고 평가하는 경우가 많음을 알 수 있다. 반면에 언어 수행 수준이 높다고 상정된 학습자들은 동료와 비교해 차이가 없다고 평가하였다.

이는 결국 학습자의 연령이나 학습 수준에 따라 평가 결과가 다르게 나올 수 있음을 예상할 수 있는 대목이다. 즉 이러한 결과는 학교 현장의 학습자 자기와 동료평가의 신뢰성에도 문제가 될 수 있다. 다음 예는 집단A의 23번 학습자로, 유창성에 대한 자기와 동료평가의 결과가 상당한 차이를 보여준 예이다. 먼저 자기평가의 결과이다.

주제를 뽑고 처음에는 다행이라고 생각했다. 하지만 말하기를 실제 해 보니 말이 입안에서 뱅뱅 도는 느낌이었다. 생각했던 바를 유창하게 말하기는커녕 자주 버벅대기 일쑤였다. 실제 찍힌 동영상을 보니 너무 부끄럽고 민망하였다. 내가 원래 저렇게 말하기가 유창하지 못했는지 처음 알았다. 표정도 말투도 엉성하기 그지없었다. 듣는 사람이 많이 불편했겠다는 생각이 들었다.

실제 점수 상으로 이 학습자는 자기평가와 동료평가의 차이가 거의 6점 이상이 나고 있다. 즉 동료평가의 경우는 평균 점수에 가깝지만 자기평가의 경우는 현격하게 낮은 수준이다. 실제로 자기평가의 진술 결과에 드러난 바도 거의 모든 부분이 부정적인 양상이다. 하지만 몇몇 동료평가에서는 긍정적인 지적이 다수 발견되었다.

○○○은 '어릴 적 특별했던 기억'에 대해 말하기를 하였는데, 목소리가 분명하고 말할 시에 장단과 고저를 적절히 사용하여 듣는 이에게 마치 발화자의 기억 속에 함께 있는 것 같은 생생함을 느끼게 해 주었다. 또한

자신의 경험이라 다른 이에게 지루하게 느껴질 수 있는 이야기를 적절한 손짓을 더해 재밌고 유창하게 전달하였다. 하지만 말하는 한 문장의 길이가 너무 길어 호흡이 길어지며 뒤로 갈수록 '앞에 무슨 말을 했지?'라는 생각을 하게 되었다. 듣기에 조금은 불안하기도 했다. 조금만 짧게 끊어서 말을 해 주었으면 좋겠다는 생각을 했다.(집단A 17번)

비교적 편안하게 들을 수 있게 말을 하였다. 자신의 어린 경험을 이야기했는데, 비교적 재미있고 생생한 느낌을 준다는 생각을 하였다. 비교적 유창하게 말하는 듯했지만, 가끔씩 자신의 말하기에 대해 어색함을 느끼고 있다는 인상을 받았다.(집단A 6번)

일부 학습자들의 동료평가 결과지만, 자기평가와는 약간은 상반된 진술 결과를 보여주고 있다. 즉 자기평가에서는 발음과 전달력이 보통이고 무엇을 말하고자 하는 바가 알 수 없다고 했지만, 정작 청자들은 화자의 전달력이 비교적 양호하고 유창하다고 평가하고 있다. 다만 자신감을 잃고 불안해한다는 지적은 공통적인 양상이었다.

물론 이러한 결과를 집단A 학습자들의 일관된 결과라고는 할 수는 없다. 다만 전체적으로 자기평가에서 자신의 말하기가 유창하지 못함을 지적하는 반면에 오히려 동료평가에서는 유창하다고 평가하는 경우가 제법 많이 발견되었다. 이는 자기평가와 동료평가 결과 간에 유의미한 점수 차이가 없는 집단B와는 비교되는 결과였다.

3.2. 교육적 의의

이 글은 말하기 유창성의 인식 문제를 즉흥적 말하기를 대상으로 해서 다루어보았다. 특히 화자 발화 그 자체에 대한 분석보다는 청자의 인식 측면에 초점을 두고 이를 말하기 평가와 연계하였다. 나아가 청자들의 이러한 인식 측면을 친교 관계와 언어수행 수준으로 구분해서 다루었다. 이런 논의 결과는 두 가지 교육적 의의로 귀결될 수 있다.

첫째, 학습자들의 친교 관계 수준이 말하기 평가, 특히 유창성 평가에 얼마나 영향을 줄 수 있을지는 말하기 평가의 신뢰성 확보를 위해 매우 중요한 문제이다. 모국어의 말하기 유창성 평가에 영향을 직·간접적으로 줄 수 있는 요인들을 많다. 특히 모국어 말하기의 유창성에 대한 인식은 말하는 상황 맥락에 민감해질 수밖에 없다. 이러한 민감성은 학습자들 간 상호간의 친밀성에서도 기인할 수 있다.

이 글에서는 이러한 화자와 청자 간의 친밀성이 말하기 유창성의 상황 맥락에 더 민감하게 작용할 수 있다고 보았다. 물론 이러한 친밀성이 말하기 유창성을 평가하는 데 오히려 선입견이나 편견으로 작용할 수도 있지만, 모국어 말하기 유창성의 미세한 상황 맥락을 고려하는 데 일정 부분 기여할 수 있을 것이다. 이러한 점은 이 글의 조사 결과에서도 유의미하게 드러났다.

즉 학습자들 간 친밀성이 높은 집단이 유창성 평가에서 더 신뢰할 만한 결과를 보여주었다. 물론 제한된 표집 집단과 상·중·하에 따르는 평가 결과가 모두 고려되지 못한 한계가 있지만, 이 글의 조사 결과만으로도 말하기 유창성을 평가하는 데는 이러한 화자와 청자 간의 친교 관계가 고려되어야 한다는 점을 일정 부분 규명했다는 점에서 그 교육적 의의를 찾을 수 있다.

둘째, 평가에 대한 학습자의 인식 문제이다. 이는 특히 현행 교육과정에서도 학습자의 자기와 동료평가를 실제 평가에 고려하고 있다는 점에서 주목된다. 이 글은 학습자의 학습이나 언어 수행 수준에 따라 이러한 평가 결과가 차별적으로 고려될 것이라고 상정하였다. 특히 유창하게 말한다는 것에 대해 학습자들의 평소 인식 상황을 살펴볼 수 있다.

실제 조사 결과에서도 드러났듯이 학습자의 수준에 따라 그 평가 결과가 다르게 산출되었다. 학습이나 언어 수행 수준이 높다고 상정된 학습자들의 경우는 자기와 동료평가의 결과가 유의미한 차이를 보여주지 못한 반면에 수준이 낮다고 상정된 학습자들은 자기평가의 결과가 동료평가의 결과보다 유의미하게 낮은 것으로 드러났다. 즉 언어 수행 수준이 낮은 학습자들은 스스로가 유창하게 말하지 못하다고 인식하는 경우가 많다고 할 수 있다.

이는 평가에 임하는 학습자들의 자기 인식과도 결부된 매우 중요한 문제이다. 자기평가와 동료평가의 결과 여부를 놓고 특정 수준의 학습자들에게서 이러한 유의미한 차이가 발생한다는 것은 유창한 말하기에 대해 다수의 학습자들이 부정적인 자기인식을 가지고 있다는 것을 보여주는 결과일 수도 있다. 이는 모국어 말하기 교육에 있어 반드시 극복되어야 할 문제이다.

4. 마무리

이 글은 즉흥적 말하기의 유창성에 대한 인식 문제를 청자 중심의 말하기 평가와 관련시켜 논의하였다. 이를 위해 두 가지 연구 가설을 상정하고, 그에 따르는 연구 결과 및 논의를 도출하였다. 즉 학습자들 간 친교 관계와 언어수행 수준에 따라 말하기 유창성을 어떻게 인식하는지를 현장연구의 틀에서 다루었다.

첫째, 학습자들 간 친교 관계의 수준 유무에 따라 말하기 유창성의 평가 결과에는 유의미한 차이가 발생하였다. 즉 학습자들 간 친교 관계의 수준이 있거나 높은 경우가 그렇지 못한 경우보다 유창성에 대한 평가 결과의 흩어 퍼짐 정도가 균일하게 도출되었다는 것이다. 이러한 결과는 친교 관계의 수준이 말하기 평가, 특히 상황 맥락에 민감한 유창성 평가에 영향을 줄 수 있음을 시사한다고 할 수 있다.

둘째, 학습자들의 학습이나 언어수행 수준에 따라 학습자 자기평가와 동료평가 간에 유의미한 차이가 발생하였다. 학습이나 언어수행 수준이 낮다고 상정된 학습자들의 경우는 동료보다 자신의 말하기가 유창하지 않다고 평가한 반면에, 언어 수행 수준이 높다고 상정된 학습자들의 경우는 유의미한 차이가 발생하지 않았다. 이는 평가에 참여한 특정 수준 학습자들의 부정적 자기인식을 보여준 것으로, 모국어 말하기 교육에서 반드시 극복되어야 하는 문제이다.

하지만 이 글은 제한된 표집 집단의 학습자들을 대상으로 말하기 유창성에 대한 평가의 문제를 다루었다는 점에서 한계를 지닌다. 나아가 모국어 말하기에 대한 유창성의 문제는 화자와 청자의 복합적 인식 양상의 틀에서 말하기와 듣기의 미세한 상황 맥락이 고려되어야 한다. 하지만 이러한 점이 현장 연구조사와 실험설계 과정상에 완벽하게 수용되었다고 보기는 어렵다는 점에서 일정한 한계가 따랐다.

제7장 수업 시연의 유창성

1. 들머리

1.1. 문제 제기

이 시대를 살아가는 사람이라면 누구나 한 번쯤은 말을 유창하게 하고 싶다는 생각을 해 보았을 것이다. 이른바 말을 유창하게 한다는 것은 우리 일상을 넘어 직업 세계 등 다양한 영역에서 갖추어야 할 주요한 능력이나 품성 등으로 간주된다. 이른바 이 시대를 잘 살아내기 위해 갖추어야 할 주요한 핵심 역량의 한 부분이 되었다.

하지만 말을 유창하게 한다는 것이 말을 어떻게 하는 것인지에 대한 논의는 제대로 되고 있지 못한 듯하다. 가령 일반 언중들은 '말을 유창하게 하는 것'이 '말을 조리 있게 하는 것'과 '말을 번지르르하게 하는 것' 중에서 어디에 가까운지에 대해서 선 듯 판단을 내리기가 어려울 것이다. 이는 말을 유창하게 하는 것을 긍정적으로만 판단하지 않는 우리의 정서와도 결부될 수 있을 듯하다.

그럼에도 말을 유창하게 하는 것은 살아가는 데 필요한 일종의 소통 기술이기도 하며, 대인 관계에서 타인에게 좋은 이미지를 심어줄 수 있는 일종의 능력이기도 하다. 다만 이것이 정도를 넘어서 지나칠 경우는 오히려 소통을 저해하며 좋지 못한 인상을 타인에게 심어줄 수도 있다. 이는 유창한 말하기에 대하여 청자나 청중이 지닐 수 있는 또 다른 측면이라고 할 수 있다.

물론 사적인 자리와 공적인 자리, 준비된 말하기나 즉흥적 말하기의 속성에 따라 말의 유창성이 다르게 판단될 수 있다. 특히 공적인 자리에서 어눌하거나 더듬거리는 일종의 비유창성 현상이 표면적으로 부각될 경우에 사적인 자리에서보다 청자나 청중과의 관계나 소통에서 더 큰 문제를 일으킬 수 있다.

이러한 말하기 유창성은 학교 현장에서 학생들을 지도하는 교사의 경우에는 반드시 갖춰야 할 능력이기도 하다. 수업 현장에서뿐만 아니라 학생 지도의 상황에서 학생들을 설득하기도 하고 때로는 감화를 주기도 해야 한다. 이런 과정에서 유창한 말하기는 학생들에게 주요한 설득의 변수가 될 수 있다. 이는 수많은 청중을 감화시키려고 노력하는 유능한 연사의 화행과도 관련될 수 있다.

하지만 이러한 유창성은 말을 중단 없이 매끄럽게 지속해 나가는 것만으로 이루어지지 않는다. 즉 정상인들을 대상으로 한 말하기의 유창성은 화자의 발화에서 태도, 심지어는 발화 상황이나 맥락까지를 모두 고려해야 하는 매우 복잡 미묘한 현상으로 볼 수 있다. 따라서 이는 화자의 발화뿐만 아니라 청자의 지각이나 인식의 측면도 함께 고려되어야 한다.

말을 유창하게 하지 못하는 것은 다양한 측면에서 그 원인을 찾을 수 있다. 언어 병리학적으로 발생하는 비유창성을 제외한다면, 이는 주로 화자가 가지고 있는 말할 화제에 대한 배경 지식의 부족, 청자나 청중에 대해 지니는 관계에서 오는 두려움, 화자가 지니는 소극적이고 내향적인 성격 등과 다양하게 관련될 수 있다.

말하기에서 유창성은 다양한 담화 영역과 밀접한 관련을 맺는다. 대화에서부터 연설에까지 각 담화에 따라 유창성이 작용하는 부면이 다를 수 있다. 특히 모의 수업 시연, 이른바 강의는 교사 화법에서 주요하게 다루어져야 할 핵심 담화이다. 따라서 국어과 예비교사들이 모의 수업 시연에서 제기될 수 있는 유창성의 양상을 어떻게 받아들이는지는 매우 중요한 문제라고 할 수 있다.

이 글에서는 말하기에서 유창성이 지니는 이러한 중요성을 인식하고, 국어과 예비 교사들을 중심으로 말하기 유창성에 관한 인식 양상을 탐구해 보고자 한다. 다만 말하기 유창성 자체만으로는 그것의 본질에 다가서기가 어렵다는 점을 감안하여, 모의 수업 시연과 관련하여 이러한 유창성이 어떻게 인식되고, 그리고 평가될 수 있는지를 살펴보려고 한다.

1.2. 선행 연구

언어의 주요 연구 영역으로는 언어 습득, 언어 산출과 이해, 언어 병리 등을 들 수 있다. 특히 말하기 유창성의 경우는 언어 병리 쪽에서 그 연구가 많이 이루어지고 있는 실정이다. 말 더듬거림 현상과 그 치료를 하나의 목적으로 하므로 자연스럽게 유창성의 문제를 심도 있게 다루어 왔다.

말하기의 유창성은 비단 말 더듬거림을 겪는 장애인의 문제만은 아니다. 대다수 정상인들도 말을 유창하게 하지 못하는 것에 대해서 일정 부분 문제의식을 갖고 있다. 특히 학습자들을 대상으로 하는 강의 담화에서는 이러한 유창성의 문제가 소통상의 주요한 문제로 대두될 수 있다. 교사들은 수업이나 생활 지도 과정에서 학생들과의 다양한 소통 간격을 조절해야 하는 어려움에 직면할 수 있기 때문이다.

아울러 최근에는 한국어 교육에서 말하기 유창성의 문제에 많은 관심을 갖고 있다. 한국어를 배워가는 외국인들이 실제 말하기에서 겪는 다양한 유창성의 문제를 현장이나 실험적 기법으로 다루어가고 있다. 다만 외국어 교육의 관점에서 발생하는 말하기 유창성의 문제는 모국어 교육의 관점과는 일정 부분에서 거리가 있다는 점에서 논의의 차이가 발생할 수 있다. 이 글은 이러한 말하기 유창성의 문제에 대한 다양한 시각을 포용하되, 모국어 교육, 특히 교사 화법에 직·간접적으로 관련될 수 있는 몇몇 논의들만 간략하게 언급하고자 한다.

김태경 외(2007)에서는 다양한 연령대의 정상인들을 대상으로 말 더듬거림의 다양한 유형을 검토하고, 이를 실증적으로 논의하고 있어 참고가 된다. 특히 모국어를 대상으로 정상인들의 말하기 유창성 문제를 다루고 있다는 점에서 일독의 의의가 있다. 다만 일상 대화 담화에 한정되어 있다는 점에서 보다 다양한 담화 영역에서 발생하는 유창성의 문제를 다룰 필요성을 제기하고 있다.

남길임(2011a, b)에서는 다양한 담화 유형에 드러난 구어의 비유창성 현상을 논의하고 있어 참고가 된다. 특히 대화나 독백, 강의 등의 다양한 담화 유형에 드러난 비유창성 현상을 체계적으로 분석하고 있다. 다만 분석 대상 자료가 세종 구어 말뭉치 자료에 국한되어 있어,

보다 실제적이고 역동적인 구어 상황에서의 비유창성 면모를 살펴보기에는 한계가 따른다.

신문자 외(2003)에서도 말소리에 장애가 없는 정상적인 모국어 화자를 대상으로 하여 말속도와 관련된 유창성의 여러 변인을 다루고 있어 참고가 된다. 특히 여기에서는 읽기와 말하기에서의 속도와 유창성 간의 관계를 다루고 있는데, 학교 현장의 읽기와 말하기 교육에서 유창성을 어떻게 다루어야 할지에 대한 참고 자료가 될 수 있다. 다만 실험 과정상의 연구 설계가 말하기와 읽기의 생태학적 환경을 제대로 반영하지 못했다는 한계가 따른다.

이창덕 외(2010)는 교사 화법에 대한 주요한 참고 자료가 된다. 특히 수업 전개 과정에서 발생할 수 있는 교사의 발화 양상을 다양한 영역으로 구분하고, 여기에 부합하는 교육적 발화가 무엇인지를 검토하고 있다는 점에서 교사 화법에 대한 본격적인 논의로 중요한 의의를 지닌다. 다만 여기에서는 주로 수업에 국한한 교사 화법에 초점을 맞추고 있지만, 유창성의 부면을 교사 화법과 어떻게 연계해서 다루어야 할지는 본격적으로 논의되지 못했다.

Bortfeld, Leon, Bloom, Schober, Brennan(2001)에서는 나이, 대화 참여자 관계, 화제, 역할, 성 등에 따라 드러나는 비유창성 현상을 삽입어, 재시작, 반복 등으로 구분하여 제시하고 있어 흥미롭다. 특히 나이가 들수록, 관계가 익숙할수록 이러한 비유창성이 두드러진다는 점은 비유창성 현상의 직관에 부합하는 것인지 의문이 들기도 한다.

Brennan & Schober(2001)에서는 청자가 화자의 말하기에서 유창하지 못한 부분의 내용과 형식을 어떻게 처리하는지를 흥미롭게 제시하고 있으며, Licky(1994)는 자발적 발화에 드러나는 다양한 비유창성 부분을 제시하고 있어 참고가 된다. 다만 이들 논의들은 주로 특정 언어에 국한되고 있다.

전반적으로 강의 담화와 직결된 유창성의 문제를 본격적으로 다룬 논의는 그 수가 드물다. 몇몇 논의는 주로 강의에 드러난 비유창성 현상을 단순히 언어학적 규명하는 데 그치고 있다. 따라서 이러한 언어학적 현상은 수업과 비유창성 간의 관계 문제를 밝히는 데에는 한계가 따른다. 이런 점에서 이 글은 말하기 유창성을 문제를 다양한 담화, 그 중에서 강의 담화와 관련시켜 논의한 시론적 성격의 논의이다.

2. 연구 방법 및 연구 가설

2.1. 연구 방법

유창성은 담화의 유형에 따른 화자의 산출 부면과 청자의 인식 양상과 밀접하게 관련될 수 있다. 통상 말하기의 유창성은 말할 내용을 막힘없이 설득력 있게 청자에게 전달하는 것이라고 할 수 있지만, 말하는 상황이나 맥락에 따라 청자나 청중에게 상이하게 비춰질 있거나 인식될 수 있다. 특히 모국어를 대상으로 하는 말하기에서는 청자나 청중의 인식의 측면이 더 중요하게 부각될 수 있다.

이 글은 모의 수업 시연 담화를 중심으로 드러나는 유창성에 대한 측면들이 어떻게 인식되는지를 파악하는 데 초점이 있다. 따라서 지엽적으로 드러난 일부 언어적 현상만으로 화자의 유창성을 단정 지을 수 없다. 보다 넓은 범위에서 유창성을 다룰 필요가 있으며, 이는 평가 측면에서 유창성과 관련된 보다 다양한 평가 항목이 마련되어야 한다.

〈표 1〉 유창성에 대한 평가 항목 및 세부 내용

번호	평가 항목	유창성 평가 세부 내용
1	말소리	발음, 억양, 장단, 고저 등이 정확한가?
2	말소리	목소리가 분명하고 말의 속도가 적절한가?
3	말소리	반복, 머뭇거림, 휴지(쉼)의 발생 빈도가 낮은가?
4	어법	어휘의 사용이 다양하고 적절한가?
5	어법	문장 어법에 맞는 발화를 구사하는가?
6	의미	전달하고자 하는 의도가 명확한가?
7	의미	다양한 상황에 적합한 의미의 발화를 구사하는가?
8	태도	시선 처리, 몸짓, 손짓, 표정 등이 발화 상황에 적합한가?
9	태도	듣는 이들에게 신뢰감을 주는 표현을 하는가?
10	태도	불안이나 두려움이 없이 자신감 있게 표현하는가?

〈표 1〉과 같이 10가지로 유창성 평가 범주가 제시되었다. 우선 4개 범주로 크게 구분되고, 10가지 세부 내용으로 평가 항목이 마련되었다. 유창성과 관련하여 다소 많은 평가 항목들이 구성된 것은, 예비 국어과 교사들의 모의 수업 시연에서 제기될 수 있는 미세한 말하기 부면들을 관찰하기 위해서이다. 다른 담화와 다르게 모의 수업 시연의 경우는 학습자들과의 소통 작용이 주요한 변수로 작용한다. 따라서 의미 전달이나 태도의 측면이 주요한 유창성의 변수로 작용할 수 있다. 하지만 말하기 그 자체에만 초점을 두는 경우, 모의 수업 시연이 지니는 본래 목적을 잃어버리기 때문에 이 글은 모의 수업 시연에 대한 평가를 동시에 시행하였다.

〈표 2〉 모의 수업 시연에 대한 평가 항목 및 내용

번호	평가 항목	모의 수업 시연 세부 평가 내용
1	학습 목표	학습자에게 학습 목표를 명확하게 인식시켰는가?
2	동기 유발	학습 목표와 학습 대상을 고려한 동기 유발 활동이 효과적으로 이루어졌는가?

3	학습 내용 제시	학습 내용 요소를 체계적이고 효과적으로 제시하였는가?
4	참여	학습자를 교수·학습 과정에 적극적으로 참여시키고 있는가?
5	자료	효과적인 학습활동을 위한 창의적인 학습 자료가 제시되었는가?
6	발문·피드백	학습 목표 도달에 적합하고 학습자의 사고력을 신장시키는 발문을 하고 학습자의 반응에 따른 피드백을 적절하게 하였는가?
7	매체/판서 활용	학습 활동에 적절한 매체/판서를 효과적으로 활용하고 있는가?
8	수업 시간 준수	수업 시간 배분을 적절하게 하였는가?
9	정리	학습 내용 정리에 대한 정리를 효과적으로 하였는가?
10	평가	학습 목표 성취 여부에 대한 평가를 효과적으로 하였는가?

〈표 2〉1)에 제시된 바와 같이 모의 수업 시연의 경우도 10가지 평가 항목을 모의 수업 시연의 각 단계마다 상정하였다. 모의 수업 시연에서도 말하기 유창성 영역과 중복될 수 있는 평가 내용이 상정될 수 있다. 이 글은 이를 위해 말하기 유창성 영역과 겹치는 것을 피하기 위해 되도록 모의 수업 시연과 관련된 교사 화법 관련 내용은 유창성 영역에 수정, 변형해서 포함시켰다.

모의 수업 시연 및 시연에 대한 평가자로 참여하는 전체 구성원은 국어과 예비교사들로 구성되었다. 모의 수업 시연자는 임용 1차 시험을 치룬 4학년 학습자 중에서 희망자에 한하여 4명으로 선정되었고, 실제 모의 수업 시연은 임용 2차 시험과 같은 환경을 만들어 평가의 실제성을 최대한 높이는 방향으로 설계되었다. 따라서 모의 수업 시연 30분 전에 해당 영역 및 단원을 제시하여 준비된 대본에 의해 수업을 진행하는 것을 사전에 차단하였다.

유창성과 모의 수업 시연에 대한 평가자는 모의 수업 시연과 그것에 대한 평가 경험이 있느냐의 유무에 따라 1, 2학년과 3, 4학년 대상

---

1) 이 글에서 활용한 모의 수업 시연 평가 항목은 경남대학교 국어교육과에서 실시한 모의 수업 시연 대회 평가안을 일부 수정하여 사용한 것이다.

자들로 구분하였다. 앞선 경험 여부가 모의 수업 시연과 유창성을 평가하는 데 차별적으로 작용할 수 있기 때문이다.

아울러 모의 수업 시연과 관련된 국어과 영역도 연구 과정에서 주요하게 고려한 부분이다. 모의 수업 시연에 참여하는 대상자들에 따라 차이는 있겠지만, 말하기 유창성 측면에서 보다 원활하게 수업을 진행할 수 있는 영역이 존재할 수 있기 때문이다. 가령 문법보다는 문학 영역이 학습자들과의 관계나 수업진행 측면에서 보다 유리할 수 있다는 판단 하에 국어과 영역을 하나의 주요한 변인으로 상정하였다.

모의 수업 시연 및 전체 평가는 임용 1차 시험이 끝난 2017년 12월 첫 주에 이루어졌다. 이후에 기말시험과 겹쳐 많은 시간을 할애할 수 없다는 점을 감안하여, 일종의 모의 수업 시연 경연대회 형식으로 실시되었다. 정규 수업이 끝난 5시 이후에 실시되었고, 문법과 문학 영역을 구분해서 이틀에 걸쳐 모의 수업 시연 경연 대회 형식으로 이루어졌다. 모의 수업 시연자는 문법과 문학 영역에 각각 남녀 1명씩이 참여하였다. 전체 조사 과정은 〈표 3〉과 같다.

〈표 3〉 조사 개관

시연 내용 ＼ 시연 평가자	국어교육과 1, 2학년 50명, 국어교육과 3, 4학년 및 복수전공자 50명			
시연 영역	문법		문학	
시연 단원	중⑤ 높임 표현		중⑤ 깃발(유치환)	
모의 수업 시연자	국어교육과 4학년 4명			
시연 인원	남1	여1	남1	여1
시연 일시	2017.12.04		2017.12.05	
시연 시간	25분 내외			

모의 수업 시연 및 유창성에 대한 평가자로 참여하는 인원은 예비 국어과 교사 1, 2학년 50명과 교직이수자를 포함한 3, 4학년 50명으로 구성되었다.[2] 이들은 모의 수업 시연과 유창성에 대한 평가와 아울러 네 명의 모의 수업 시연자에 대한 일종의 수업 비평문을 각각 작성하도록 하였다. 이는 수업을 어떻게 해야 할지에 대한 안목을 기르고, 향후 임용 시험에 대비하기 위함이었다.

모의 수업 시연에 대한 평가가 제한된 시간 안에 충실하게 이루어지기 어렵다는 점을 감안하여, 모의 수업 시연의 과정을 녹화하고 용량이 큰 관계로 판도라 TV라는 사이트에 탑재하였다. 평가자들이 모의 수업 시연이 끝나고 난 이후에도 특정 시간과 공간에 관계없이 평가의 정확성과 객관성을 위해 모의 수업 시연하는 모습을 다시 볼 수 있도록 하였다.

수업 단원의 경우는 박영목 외(2013, 천재교육) 중학교 국어⑤에서 선정하였다. 문법의 경우는 문법 요소의 이해와 활용이라는 대단원에서 높임 표현을 선정하였다. 문학 경우는 표현과 설득 전략이라는 대단원에서 유치환 시인의 「깃발」이라는 작품을 선정하였다. 각 소단원에서는 차시 및 내용을 자유롭게 구성해서 수업하도록 하였다.

모의 수업 시연의 참가 인원의 경우는 희망자에 국한하였다. 학습자들이 많이 참여하도록 독려했지만, 많은 청중들 앞에서 거의 즉흥적으로 실시하는 25분 내외의 모의 수업 시연에 대한 심적 부담감이 작용했고, 임용 2차 시험을 앞두고 있는 상황이라 많은 어려움이 따

---

2) 이들 두 집단은 모의 수업 시연과 그것에 대한 평가 경험이 있느냐의 여부에 따라 구분되었다. 즉 집단1의 평가자들인 1~2학년들은 경험이 없으며, 집단2의 3, 4학년 들은 국어교과교육론과 교재론 시간에 이러한 과정을 거쳤다는 점에서 차이가 있었다.

랐다.

　모의 수업 시연에는 사범대학 국어교육과 4학년이 문법과 문학 영역에 각각 남녀 1명씩, 총 4명이 참여하였다. 이에 대한 평가자로 참여한 이들은 수업에 대한 시연과 그것에 대한 평가 경험 유무를 기준으로 집단1과 집단2로 구분되었다. 평가 요소는 모의 수업 시연과 유창성으로 구분되었고, 평가 요소에 따른 각 항목별로 모두 5점 척도로 실시되었다. 이는 간략하게 다음과 같이 도식화될 수 있다.

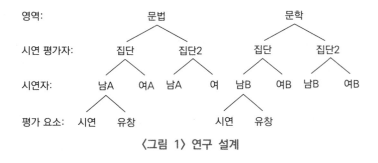

〈그림 1〉 연구 설계

　〈그림 1〉에서 집단1은 수업에 대한 시연과 평가 경험이 없는 1, 2학년 학습자들이, 집단2는 경험이 있는 교직이수자 및 3, 4학년 학습자들이다. '남A, 여A, 남B, 여B'는 수업에 참여한 모의 수업 시연자에 대한 임의상의 명칭이다. 평가 요소는 모든 모의 수업 시연자에 적용된다. 즉 영역과 집단에 따른 모의 수업 시연과 유창성 간의 평가 모습이 달라질 수 있음을 감안한 것이다.

2.2. 연구 가설

　연구 가설은 크게 두 가지로 구분되지만, 이 두 가지에는 기본적으로 모의 수업 시연과 유창성 평가 결과 간에는 일정한 상관관계가 있을 것이라는 점이 상정된다. 구체적으로 연구 가설은 좀 더 세부적으로 국어와 영역과 평가에 참여하는 집단의 차이에 따라 모의 수업 시연과 유창성의 관계가 어떻게 드러나는지를 파악하기 위해 상정되었다.

가설1: 영역 간 모의 수업 시연과 유창성 평가 결과 간에는 일정한 차이가 있을 것이다.

국어과에는 통상 다섯 가지 영역이 있다. 듣기, 말하기, 읽기, 쓰기의 기능 영역과 내용 영역이라고 할 수 있는 문법, 문학으로 구분된다. 이 글은 문법과 문학 영역을 해당 시연 단원으로 선정하였다. 이는 문법과 문학 영역이 기능 영역에 비해 이론과 실제를 연계, 통합해서 수업하기가 수월하다는 판단에서였다. 다만 문법과 문학 영역은 모의 수업 시연을 전개해 나가는 틀에서는 일정한 차이를 보일 수 있다.

수업을 전개해 나가는 데 있어서는 교사마다 차이는 있을 수 있겠지만 통상 문학 단원이 여러 수업 방식이나 모형을 고려할 수 있다는 점에서 수월할 수 있다. 문법 영역의 경우는 학습자 중심의 수업이 학교 현장에서 대세를 이루면서는 주로 탐구 중심의 수업 모형에 국한된 경우가 많았다. 따라서 교사의 유창한 발화가 이른바 수업 전개의 주된 핵심 변수로 부각되기 어렵다.

반면에 문학 영역의 경우는 반응 중심이나 대화, 그리고 다양한 창의성 관련 수업 방식 등이 계발, 적용되어왔다. 즉 학습자들과 보다 자연스럽게 다양한 소통 간격을 유지할 수 있는 영역이 문학이라고 할 수 있다. 이는 문학 영역이 지니는 교수·학습에의 높은 융통성과도 관련될 수 있으며, 이 과정에서 교사의 유창한 화법이 문법 영역보다는 주요한 수업의 변인으로 작용할 가능성도 있다.

따라서 문학 영역이 문법보다 모의 수업 시연과 유창성 간의 보다 높은 상관관계로 연계될 가능성이 높다. 왜냐하면 문학 영역이 문법보다는 보다 융통성 있는 수업 방식이 가능할 것이고, 이는 모의 수업 시연자의 발화 유창성 측면에서 수월성을 발휘할 수 있는 계기가 될 것이기 때문이다. 즉 이 글은 교사의 화법 역량, 이른바 교사 유창한 발화의 양상이 문학 영역에서 모의 수업 시연과 더 결부될 가능성이 높을 것으로 보았다.

가설2: 집단 간 모의 수업 시연과 유창성 평가 결과 간에는 일정한 차이가 있을 것이다.

이 글의 조사에 참여하는 학습자는 모의 수업 시연과 그것에 대한 평가 경험의 유무에 따라 두 집단으로 구분된다. 모의 수업 시연의 경험이 있는 학습자들은 모의 수업 시연과 유창성을 독립적인 평가 변인으로 볼 수 있지만, 모의 수업 시연 경험이 없는 학습자들의 경우는 모의 수업 시연자의 교사 화법, 이른바 시연자의 발화 유창성 쪽에 인식의 초점을 둘 가능성이 높다. 이른바 모의 수업 시연 경험이 없는 학습자들은 모의 수업 시연자의 발화가 대체적으로 유창하게 드러나 보이면 모의 수업 시연의 다양한 평가 항목들을 객관적으로 평가하는 데 어려움을 겪을 수 있다. 왜냐하면 유창하게 수업을 이끌어가는 모의 수업 시연자의 인상에 좌우될 가능성이 큰데, 즉 모의 수업 시연 과정에서 드러나 보이는 모의 수업 시연자의 유창한 발화가 모의 수업 시연의 구체적인 평가 항목들을 인식 상의 초점에서 멀어지게 할 수도 있기 때문이다.

반면에 모의 수업 시연과 그것에 대한 평가 경험이 있는 학습자들은 경우는 모의 수업 시연 평가 항목에 따라 점수를 부여하되, 평가 과정에 유창성 항목이 크게 영향을 끼칠 것으로 보이지 않는다. 즉 모의 수업 시연 경험이 있는 학습자들의 경우는 모의 수업 시연의 전 과정에서 주의 깊게 보아야 하는 모의 수업 시연 평가 항목들에 이미 친숙해 있고, 이러한 항목들에 인식의 초점을 둘 수 있기 때문이다. 시연자의 발화 유창성이 일방적으로 모의 수업 시연에 영향을 줄 수는 없을 것이다.

결론적으로 모의 수업 시연 경험이 없는 학습자들은 모의 수업 시연 평가 항목들을 유창성 쪽에 종속시켜 평가할 가능성이 있지만, 모의 수업 시연 경험이 있는 학습자들은 두 측면을 독립적으로 두고 평가할 가능성이 높을 것이다. 즉 모의 수업 시연 경험이 없는 학습자들은 유창성 점수에 부합되는 양상으로 모의 수업 시연 점수도 줄 가능성이 있으며, 이는 모의 수업 시연과 유창성 간의 보다 높은 평가 결과의 상관관계로 귀결될 것이다.

3. 연구 결과 및 의의

3.1. 연구 결과 논의

3.1.1. 연구 가설1에 대한 결과 논의

연구 가설1에서는 국어과 영역인 문법과 문학 간 모의 수업 시연과 유창성 평가 결과의 차이를 상정하였다. 즉 문학 영역이 문법보다 모의 수업 시연과 유창성 간의 상관성이 더 높을 것이라고 보았다. 편의상 집단1과 2로 구분해서 다루어 나간다.

〈표 4〉 영역 간 집단1의 평가 결과

	문법		문학		문법		문학	
	남A		남B		여A		여B	
	시연	유창	시연	유창	시연	유창	시연	유창
①	3.8	3.7	3.9	4.2	3.9	3.7	4.2	4.3
②	3.6	3.9	4	4.3	3.7	3.5	4.4	4.5
③	4.1	3.5	3.8	4.1	3.8	3.6	4.5	4.6
④	4	3.6	3.7	4.4	3.9	3.5	3.9	4.2
⑤	3.6	3.6	3.7	4.5	4	3.6	4.4	3.9
⑥	3.8	4.2	4.2	4.2	3.5	3.5	3.9	3.9
⑦	3.6	3.7	4.1	4.1	4	3.8	4.2	4.4
⑧	4.3	3.4	4.1	3.9	3.9	3.6	4	4.2
⑨	4.1	3.5	3.9	4.1	3.9	3.6	4.4	4.7
⑩	3.8	3.6	4.2	4	3.6	3.6	4.2	4.5
평균	3.9	3.7	4.0	4.2	3.8	3.6	4.2	4.3
표준편차	0.25	0.23	0.19	0.18	0.17	0.09	0.21	0.27

〈표 4〉에서 '남A, 여A, 남B, 여B'는 모의 수업 시연에 참여한 대상자들에 편의상 붙여진 명칭이다. '시연'은 모의 수업 시연에 대한 평가 결과를, '유창'은 유창성에 대한 평가 결과를 드러내는 열이다. '①… ⑩'은 모의 수업 시연과 유창성에 대한 평가 항목을 가리킨다. 각 항목은 5점 척도로 평가된다. 따라서 각 항목마다 50명 학습자들이 평가한 점수를 평균한 값이 주어진다.

가설1에 대한 결과는 집단1과 2로 구분해서 논의된다. 아울러 '남A'은 '남B'와 '여A'은 '여B'와 비교된다. 모의 수업 시연에서 남녀를 구분

한 것은 유창성에 대한 측면을 고려한 것이다. 즉 모의 수업 시연의
경우는 수업의 맥락에 좌우될 수 있지만, 유창성의 경우는 남녀의
성비 자체가 주요한 변수로도 작용할 수 있기 때문이다. 먼저 문법의
'남A'와 문학의 '남B'의 대한 결과이다. 이들은 연령이나 학업 성취
면에서 비슷한 수준의 학습자들이다.

<표 5> 문법 '남A'의 결과

	시연	유창
시연	1	
유창	−0.56653	1

<표 6> 문학 '남B'의 결과

	시연	유창
시연	1	
유창	−0.67165	1

<표 5>와 <표 6>에서와 같이 두 학습자 모두에게서 모의 수업 시연
과 유창성 간의 상관관계가 있거나 높은 것으로 드러났다. 아울러
문법보다는 문학 영역에서 표면적으로 상관성이 높은 것으로 드러났
다. 하지만 상관계수 값을 비교하는 통계 검증 절차에 따르면 이 두
값은 유의미한 차이가 없는 것으로 판정된다. 즉 문법과 문학 두 영역
모두 모의 수업 시연과 유창성 간의 상관관계는 있거나 높지만, 문학
이 문법 영역보다는 그 상관관계의 수치가 유의미할 정도로 높지는
않았다.

이는 Fisher transformation을 이용해 상관계수 사이의 차이 검증을
통해 상관계수 값의 차이가 통계적으로 유의미한지를 검정할 수 있다.
즉 앞선 <표 5>와 <표 6>에서 남학생들의 문법과 문학 영역에서 모의
수업 시연과 유창성 간의 상관계수가 각각 '−0.56653'과 '−0.67165'이
다. 이 값을 변환하면 아래와 같다.

$$r_1' = 0.5 \times \ln\left|\frac{1+r_1}{1-r_1}\right| = 0.5 \times \ln\left|\frac{1+(-0.56656)}{1-(-0.56653)}\right| = -0.64241$$

$$r_2' = 0.5 \times \ln\left|\frac{1+r_2}{1-r_2}\right| = 0.5 \times \ln\left|\frac{1+(-0.67165)}{1-(-0.67165)}\right| = -0.81375$$

〈그림 2〉 각 상관계수의 변환값

〈그림 2〉의 수식에서 r_1은 문법 영역의 상관계수 값이고, r_2는 문학의 상관계수 값이고, 결과 값은 이를 Fisher transformation을 이용해 구한 변환 값이다. 이를 Z검정을 이용하여 각 영역 간 상관계수의 차이 검증을 하면 다음과 같다.

$$Z = \frac{r_1' - r_2'}{\sqrt{\dfrac{1}{N_1-3}+\dfrac{1}{N_2-3}}} = \frac{0.64241-0.81375}{\sqrt{\dfrac{1}{10-3}+\dfrac{1}{10-3}}} = -0.186$$

〈그림 3〉 상관계수를 차를 통한 검정 공식

즉 Z검정을 통해 문법과 문학 영역의 모의 수업 시연과 유창성 간의 상관계수의 차이가 의미가 있는지를 알 수 있다. 〈그림 3〉의 결과값을 통해 문법과 문학 영역의 모의 수업 시연과 유창성 간의 결과가 차이가 없다는 영가설을 상정하고 검정하면 95%유의수준에서 그 결과 값은 수용되는 것으로 드러난다. 따라서 문법과 문학 영역에서 문학 영역이 문법보다 모의 수업 시연과 유창성 간의 상관관계가 높을 것이라는 점은 기각된다.

다만 모의 수업 시연에 참여한 두 학습자 모두가 모의 수업 시연과 유창성 간의 상관관계는 있지만 부적 상관이 높은 것으로 드러난다. 이는 특히 남학생에 국한되고 있다. 직관적으로 남학생의 경우는 모의 수업 시연에서 교사 화법의 주요한 요인이라고 할 수 있는 유창성 부분에 대해 민감하지 못한 결과라고도 할 수 있다. 직관적으로 여성들이 발화 맥락에 더 민감한 속성을 보인다는 점을 감안한다면 이의 결과를 어느 정도 수긍할 만한 결과라고도 할 수 있다. 이러한 결과는 집단1의 평가자의 수업 비평에서도 일부 진술되고 있다.

> 대학에 입학해서 모의 수업 시연이라는 것을 처음 보았다. 임용을 앞둔 선배들의 수업이라 그 의미가 남달랐다. 높임법에 대한 수업이 진행되었는데, 일단 남자 선배와 여자 선배의 수업 진행 방식이 조금 다르다는 느낌을 받았다. 남자 선배의 경우는 말도 많이 더듬거렸고, 중간중간 말이 끊이는 경우도 있었다. 하지만 여자 선배의 경우는 그런 경우가 많이 없었다. 하지만 수업 내용을 이해하는 데 있어서는 큰 차이는 없었다.

모의 수업 시연과 그것에 대한 평가 경험이 없는 일부 평가자의 수업 비평문의 일부이다. 교사 화법의 유창성에 대한 인식의 일부를 모의 수업 시연과 연계해서 진술하고 있다. 즉 모의 수업 시연과 관련된 전개 측면에서는 차이가 없지만 표면적으로 드러나는 유창성 측면에서는 차이가 있다고 문제를 제기하고 있다. 남학생 시연자들과는 달리 '여A'와 '여B'의 경우는 두 영역 모두에서 정적 상관관계를 보여주고 있다.

〈표 8〉 문법 '여A'의 결과

	시연	유창
시연	1	
유창	0.559017	1

〈표 9〉 문학 '여B'의 결과

	시연	유창
시연	1	
유창	0.744929	1

〈표 8〉과 〈표 9〉에서 드러나는 바와 같이 집단1에 의해 평가된 두 여학생의 경우는 모두 정적 상관관계를 보이고 있다. 문법이나 문학 모두에서 모의 수업 시연과 유창성이 비교적 높은 상관관계를 보여주고 있다. 가설의 상정한 바와 같이 문법보다는 문학 영역에서 표면적으로 더 유의미한 상관관계를 보여주고 있다. 하지만 일정한 통계절차에 따른 상관계수의 차를 검정한 결과 그 값은 유의미한 것으로 나오지 않았다. 우선 변환값은 다음 〈그림〉과 같다.

$$r_1' = 0.5 \times \ln \left| \frac{1+r_1}{1-r_1} \right| = 0.5 \times \ln \left| \frac{1+(0.559017)}{1-(0.559017)} \right| = 0.631402$$

$$r_2' = 0.5 \times \ln \left| \frac{1+r_2}{1-r_2} \right| = 0.5 \times \ln \left| \frac{1+(0.744929)}{1-(0.744929)} \right| = 0.961646$$

〈그림 4〉 각 상관계수의 변환값

〈그림 4〉에서 제시된 변환값을 Z검정을 이용하여 각 영역 간 상관계수의 차이를 검정하면 다음과 같다.

$$Z = \frac{r_1' - r_2'}{\sqrt{\frac{1}{N_1 - 3} + \frac{1}{N_2 - 3}}} = \frac{0.631402 - 0.961646}{\sqrt{\frac{1}{10 - 3} + \frac{1}{10 - 3}}} = -0.358$$

〈그림 5〉 상관계수를 차를 통한 검정 공식

결과에서와 같이 앞선 남학생들의 경우와 같이 문법과 문학 영역에서 모의 수업 시연과 유창성 간 상관계수 값의 차이는 유의미하지 않은 것으로 드러났다. 다만 앞선 남학생들과 달리 여학생들의 경우는 모의 수업 시연과 유창성 간의 비교적 높은 정적 상관을 이룬다는 점에서 모의 수업 시연의 발화 맥락에서 남학생들에 비해 교사 화법의 유창성에 더 민감했다고 볼 수 있다.

결론적으로 모의 수업 시연에 참여한 남녀의 구분에 상관없이 모의 수업 시연과 그 평가 경험이 없는 집단1의 학습자들이 평가한 결과에서는 문법보다 문학 영역의 모의 수업 시연과 유창송의 상관관계가 더 높을 것이라는 점은 기각되었다. 즉 모의 수업 시연과 유창성 간에 일정한 상관관계가 드러나지만, 국어과의 특정 영역이 그 상관관계가 높거나 낮게 나온다고 단정 짓기는 어렵다. 다음은 모의 수업 시연과 그것에 대한 평가 경험이 있는 집단2 학습자들의 평가 결과이다.

〈표 10〉 영역 간 집단2의 결과

| | 문법 | | 문학 | | 문법 | | 문학 | |
| | 남A | | 남B | | 여A | | 여B | |
	시연	유창	시연	유창	시연	유창	시연	유창
①	3.6	4.1	3.7	4	3.5	3.8	4.3	4.6
②	3.3	4	3.8	4.1	3.4	3.5	3.8	4.2
③	3.9	4.2	4	3.8	3.5	4.4	4.1	4.8
④	3.4	3.9	3.9	4.3	3.5	3.6	4.3	4.4
⑤	3.7	3.8	4	4.3	3.6	4	4.3	4.2
⑥	3.4	4.1	3.8	4.2	3.3	3.5	3.9	4.5
⑦	4	3.9	4.1	4	3.8	4.1	4.1	4.3
⑧	3.3	4	3.9	4.5	3.3	4.2	4.2	4.5
⑨	3.8	3.9	4	4.3	3.6	3.4	3.9	4.6
⑩	3.6	4.2	3.9	4.5	3.7	3.9	3.8	4.4
평균	3.6	4.0	3.9	4.2	3.5	3.8	4.1	4.5
표준편차	0.25	0.14	0.12	0.23	0.15	0.34	0.21	0.19

집단2에 대한 결과는 집단1과는 많은 차이를 보이고 있다. 일단은 모의 수업 시연과 유창성 간의 평균 점수의 차가 집단1보다는 더 큰

것으로 드러났다. 가령 집단1의 경우는 모의 수업 시연과 유창성 간의 평균 차이가 0.1~0.2의 분포를 보인다면, 집단2의 경우는 0.3~0.4의 분포를 보이고 있다. 특히 모의 수업 시연에 대한 점수가 집단1에 비해 전체적으로 낮다. 이는 모의 수업 시연과 그것에 대한 평가 경험이 여기에 일정한 영향을 준 것으로 판단된다. 아울러 집단1에 비해 집단2의 경우는 일관되게 모의 수업 시연보다 유창성의 점수가 높다.

집단1의 경우는 문학 영역이 문법보다 표면적으로 모의 수업 시연과 유창성의 관계가 상관성이 높은 것으로 드러났다. 하지만 집단2의 경우는 집단1과는 사뭇 다른 평가 결과를 보여주었다. 집단2의 평가자들이 모의 수업 시연과 그것에 대한 평가에 대한 경험이 있다는 점이 이러한 결과를 이끌어내었는지는 단정 지을 수 없다. 하지만 결과적으로 모의 수업 시연과 유창성 간의 관계는 집단1과 많은 차이를 보여주고 있다. 먼저 모의 수업 시연에 참여한 두 남학생에 대한 평가 결과이다.

〈표 11〉 문법 '남A'의 결과

	시연	유창
시연	1	
유창	−0.06501	1

〈표 12〉 문학 '남B'의 결과

	시연	유창
시연	1	
유창	−0.04105	1

〈표 11〉과 〈표 12〉에서 제시되고 있듯이, 모의 수업 시연과 유창성의 상관관계가 거의 없기 때문에 문학 영역이 문법 영역보다 모의 수업 시연과 유창성 간의 상관관계 높을 것이라는 가설1은 기각된다. 이는 집단1의 평가 결과와는 사뭇 다른 양상이다. 즉 가설에서 문학 영역이 문법보다 상관관계가 높을 것이라고 전제한 이면에는 모의

수업 시연과 유창성 간의 상관관계가 있을 것이라는 점이 상정되었다. 하지만 집단2의 평가자들은 문법과 문학 두 영역 모두에서 모의 수업 시연과 유창성 간의 상관관계를 전혀 보여주지 못했고, 나아가 두 영역 간의 모의 수업 시연과 유창성 간의 상관성에 대한 우위 관계도 없는 것으로 드러났다.

이러한 결과는 이 집단의 평가자들은 모의 수업 시연과 유창성을 유사한 맥락에서 평가했다기보다는 차원이 다른 평가 요소로 인식하고 평가했다는 점과 관련될 수 있다. 가령 유창한 발화로 전개된 수업이 비교적 높은 모의 수업 시연 점수로 이어져야 하는데, 꼭 그렇지는 않다는 것이다. 이는 여학생의 경우도 마찬가지이다.

<표 13> 문법 '여A'의 결과

	시연	유창
시연	1	
유창	0.127844	1

<표 14> 문학 '여B'의 결과

	시연	유창
시연	1	
유창	0.071045	1

<표 13>과 <표 14>에서 제시되고 있듯이, 모의 수업 시연에 참여한 남학생들의 평가 결과와 마찬가지로 문법과 문학 두 영역 모두에서 모의 수업 시연과 유창성 간의 상관관계는 거의 없다. 따라서 문학 영역에서의 모의 수업 시연과 유창성 간의 상관관계가 문법보다 높다고 상정된 가설1은 기각된다고 볼 수 있다. 다음은 이러한 문법과 문학 영역에 대한 집단2 평가자의 진술 일부이다.

이틀에 걸쳐 문법과 문학 영역의 모의 수업 시연을 보았다. 동기들이 임용시험과 같은 상황에서 수업하는 것을 보니 2차 시험이 임박했다는

실감이 났다. (…중략…) 평소 문학 단원이 수업하기가 쉽다는 생각을 했고, 교생 실습 때도 문학 단원으로 연구수업을 했기 때문에 문학 수업한 시연자들의 점수가 나을 것이라고 생각했다. 하지만 이번에 모의 수업 시연을 직접 평가하면서 꼭 그렇지도 않다는 생각이 들었다. 시연자가 유창하게 수업을 전개해도, 실제 수업 내용면에는 교사의 유창한 화법이 크게 영향을 끼치지 않을 수도 있다는 점을 알게 되었다. 교수님께서 평소에 교사의 침묵이 때로는 학생들을 긴장시키고 수업을 팽팽하게 진행시킬 수 있다는 하신 말씀이 떠올랐다.

따라서 모의 수업 시연과 유창성 간에 일정한 상관관계가 있을 것이라는 전제하에 문법보다는 문학 영역이 상관관계가 더 높을 것이라고 상정한 연구 가설1의 결과는 집단에 상관없이 모두 기각된다. 다만 수업에 대한 시연과 그 평가 경험이 없는 집단 1의 경우는 문법과 문학의 두 영역 모두에서 모의 수업 시연과 유창성 간에 일정하거나 높은 상관관계가 있었던 반면에 모의 수업 시연과 평가 경험이 있는 집단2의 경우는 두 영역 모두에서 상관관계가 없는 것으로 드러났다.

수업 전개 과정에서 수업 모형의 다양한 구안이 가능하거나 학습자들의 다양한 반응이나 흥미를 유도할 수 있는 영역은 교사의 화법에 일정한 영향을 끼칠 수 있다. 특히 문법과 문학 영역은 이 점에서 일정한 차이를 보일 수 있다. 통상 문학 영역이 학습자들의 관심이나 흥미에 부합하는 다양한 수업 모형이 가능하다는 점에서 일정 부분 교사 발화에도 영향을 끼칠 수 있다.

즉 문법 영역보다는 문학 영역이 수업의 전개 과정에서 학습자들의 관계나 교사의 발화 측면에서 융통성을 발휘하기가 용이할 수 있다.[3] 이러한 점은 모의 수업 시연을 전개해 나가는 데도 일정 부분 영향을 줄 수 있다. 특히 수업 경험이 많지 않은 예비 교사들에게는 더욱 더 그러할 것이다. 하지만 연구 결과에서 문학 영역이 문법보다 그런 점에서 보다 수월할 수 있다는 점은 통계 검정 결과 유의미하지 않은 것으로 판명되었다.

3.1.2. 연구 가설2의 결과 논의

다음은 모의 수업 시연과 유창성 간의 관계가 국어과 영역뿐만 아니라 집단 간의 차이에 따라서도 부각될 수 있다는 연구 가설2의 결과이다. 가설2의 경우는 집단 간 비교를 위해 문법과 문학 영역으로 구분하며, 영역별 모의 수업 시연자로 참여한 영역별 남학생과 여학생을 가장 상위 범주로 두고 그 결과가 논의된다. 먼저 문법 영역에 대한 집단 간 결과는 다음과 같다.

〈표 15〉 문법 영역에 대한 집단 간 결과

	남A				여A			
	집단1		집단2		집단1		집단2	
	시연	유창	시연	유창	시연	유창	시연	유창
①	3.8	3.7	3.6	4.1	3.9	3.7	3.5	3.8
②	3.6	3.9	3.3	4	3.7	3.5	3.4	3.5
③	4.1	3.5	3.9	4.2	3.8	3.6	3.5	4.4
④	4	3.6	3.4	3.9	3.9	3.5	3.5	3.6
⑤	3.6	3.6	3.7	3.8	4	3.6	3.6	4
⑥	3.8	4.2	3.4	4.1	3.5	3.5	3.4	3.5
⑦	3.6	3.7	4	3.9	4	3.8	3.8	4.1

---

3) 통상 학교 현장의 교사들을 대상으로 하는 수업 경연대회에서도 이런 점이 감안되어 시연 단원으로 문학 영역을 선택하는 경우가 많다.

⑧	4.3	3.4	3.3	4	3.9	3.6	3.3	4.2
⑨	4.1	3.5	3.8	3.9	3.9	3.6	3.6	3.4
⑩	3.8	3.6	3.6	4.2	3.6	3.6	3.7	3.9
평균	3.9	3.7	3.6	4.0	3.8	3.6	3.5	3.8
표준편차	0.25	0.23	0.25	0.14	0.17	0.09	0.15	0.34

집단에 따른 차이는 수업에 대한 시연과 그 평가에 대한 경험 여부를 중심으로 구분되었다. 물론 학년의 차이가 일부 있기는 하지만, 모의 수업 시연과 그것에 대해 평가를 해 본 경험이 있느냐의 여부가 주요한 변수가 되었다. 집단1의 경우는 그러한 수업에 대한 시연과 평가 경험이 없는 학습자들이 평가자로 참여하였다.

이런 점이 고려된다면 집단1의 학습자들은 모의 수업 시연과 그것에 대한 평가 경험이 없기 때문에 시연자의 발화 유창성 쪽에 초점을 두며, 모의 수업 시연의 과정을 이러한 유창한 발화의 틀 아래에서 평가할 가능성이 높다. 즉 모의 수업 시연이 유창성에 영향을 많이 받을 것으로 예상되어서 모의 수업 시연과 유창성 간의 일정한 수준 이상의 상관관계를 보일 것으로 상정되었다. 문법 영역의 '남A'에 대한 집단1과 집단2의 결과는 다음과 같다.

〈표 16〉 집단1의 '남A'의 결과

	시연	유창
시연	1	
유창	−0.56653	1

〈표 17〉 집단2의 '남A'의 결과

	시연	유창
시연	1	
유창	−0.06501	1

〈표 16〉과 〈표 17〉의 결과에서 드러나듯이 문법 영역에 대한 집단 간의 모의 수업 시연과 유창성의 상관관계는 〈표 7〉의 상관계수의

해석 결과에 따르면 뚜렷한 차이를 보여주고 있다. 모의 수업 시연과 평가에 대한 경험이 없는 집단1은 비교적 모의 수업 시연과 유창성 간의 유의미한 상관관계를 보여주고 있지만, 모의 수업 시연과 평가에 대한 경험이 있는 집단2는 모의 수업 시연과 유창성 간에 유의미한 상관관계가 없다.

이는 집단1의 학습자들은 모의 수업 시연과 유창성 간의 관계를 명확하게 구분하고 평가하기보다는 서로 비슷한 양상으로 평가한 결과라고 할 수 있다. 즉 모의 수업 시연과 유창성 중에서 어느 한 쪽에 인식의 초점을 두었을 가능성이 높다. 특히 교사의 유창한 발화에 영향을 많이 받았을 가능성이 크다.

그에 비하여 모의 수업 시연과 그것에 대한 평가 경험이 있는 집단2의 학습자들은 모의 수업 시연과 유창성을 연계해서 평가했기보다는 독립적인 변인들로 구분해서 평가한 것으로 판단된다. 즉 집단2의 학습자들은 교사 발화의 유창함만이 모의 수업 시연의 질을 결정짓는 주요한 변수라고 판단내리지 않거나 혹은 모의 수업 시연에서 교사 발화의 유창성의 영향이 미미하다고 판단내린 결과일 수 있다.

말하기의 유창성은 이른바 인상에 의존하는 경우도 많다. 즉 여기에 집착하게 되면 겉으로 드러나는 면이 지나치게 부각되어 이면에 내재하는 말하기의 중요한 내용 요소들을 놓치게 될 수도 있다. 강의 담화는 이러한 점이 중요하게 다루어져야 한다. 자칫하면 알맹이 없는 화려한 수사만 난무하는 결과가 될 수도 있기 때문이다.

이런 점에서 모의 수업 시연과 그것에 대한 평가 경험은 교사 화법을 유창성에만 인식의 초점을 두고 평가하는 것을 어느 정도는 불식해 주었다고 할 수 있다. 즉 집단2의 평가자들은 모의 수업 시연 과정에서 교사의 유창한 발화 전개 과정도 중요하지만, 모의 수업 시연과 관련된 주요한 요소들에 오히려 인식을 초점을 두었다고도 할 수 있다.

남학생 시연자의 결과와 마찬가지로 여학생 시연자에 대한 평가 결과도 비슷한 양상이다. 즉 수업에 대한 시연과 경험이 없는 집단1의 경우는 모의 수업 시연과 유창성 간의 상관관계가 비교적 유의미하게 드러나지만, 시연과 평가에 대한 경험이 있는 집단2는 상관관계가 거의 없는 것으로 드러났다. 이는 동일 시연자를 두고 평가한 집단 간에 뚜렷한 인식 양상의 차이를 보여주는 결과라고 할 수 있다.

〈표 18〉 집단1의 '여A'의 결과

	시연	유창
시연	1	
유창	0.559017	1

〈표 19〉 집단2의 '여A'의 결과

	시연	유창
시연	1	
유창	0.127844	1

〈표 18〉과 〈표 19〉에서 드러나듯이 집단1의 경우는 모의 수업 시연 과 유창성 간의 유의미한 상관관계가 드러난 반면에 집단2의 경우는 전혀 그렇지 못하다. 즉 이러한 현상이 발생한 것은 집단 간의 학업 수준, 연령 등의 차에서 오는 것이라기보다는 모의 수업 시연과 평가 에 대한 경험 유무가 영향을 끼친 것으로 판단된다.

하지만 집단2는 다른 양상을 보여주었다. 결과에서 드러나듯이 수 업에 대한 시연과 평가 경험이 있는 집단2의 경우는 남녀를 구분하지 않고 모의 수업 시연과 유창성 간의 상관관계를 거의 보여주지 않고 있다. 이는 해당 평가자들이 모의 수업 시연과 유창성 변인을 독립적 으로 두고 평가한 것으로 판단된다. 다음은 문학 영역에 대한 집단 간 평가 결과이다.

<표 20> 문학 영역에 대한 집단 간 결과

	남B				여B			
	집단1		집단2		집단1		집단2	
	시연	유창	시연	유창	시연	유창	시연	유창
①	3.9	4.2	3.7	4	4.2	4.3	4.3	4.6
②	4	4.3	3.8	4.1	4.4	4.5	3.8	4.2
③	3.8	4.1	4	3.8	4.5	4.6	4.1	4.8
④	3.7	4.4	3.9	4.3	3.9	4.2	4.3	4.4
⑤	3.7	4.5	4	4.3	4.2	3.9	4.3	4.2
⑥	4.2	4.2	3.8	4.2	3.9	3.9	3.9	4.5
⑦	4.1	4.1	4.1	4	4.2	4.4	4.1	4.3
⑧	4.1	3.9	3.9	4.5	4	4.2	4.2	4.5
⑨	3.9	4.1	4	4.3	4.4	4.7	3.9	4.6
⑩	4.2	4	3.9	4.5	4.2	4.5	3.8	4.4
평균	4.0	4.2	3.9	4.2	4.2	4.3	4.1	4.5
표준편차	0.19	0.18	0.12	0.23	0.21	0.27	0.21	0.19

〈표 20〉에서 표면적으로 현격하게 드러나 보이는 차이는 발견하기 어렵지만, 전체적으로 모의 수업 시연이나 유창성 모두에서 앞선 문법 영역보다는 평균 점수가 약간 상승했다. 하지만 앞선 문법 영역에 대한 집단 간 모의 수업 시연과 유창성 간의 상관관계의 차이가 문학 영역에서도 그대로 드러나고 있다는 점이 특징적이다. '남B'에 대한 집단 간 결과이다.

〈표 21〉 집단1의 '남B'의 결과

	시연	유창
시연	1	
유창	−0.67165	1

〈표 22〉 집단2의 '남B'의 결과

	시연	유창
시연	1	
유창	−0.04105	1

〈표 21〉과 〈표 22〉에서 드러나듯이, 앞선 문법에 대한 결과와 비슷한 양상을 보여주고 있다. 집단1은 모의 수업 시연과 유창성 간의 높은 상관관계를 보여주지만, 집단2는 그렇지 못하다. 아울러 집단1의 경우는 앞선 문법과 마찬가지로 유의미한 부적 상관을 보여주고 있는 점이 특징적이다.

'남B'라는 동일 모의 수업 시연자에 대한 모의 수업 시연과 유창성 평가 간의 상관성이 이러한 확연한 차이를 보인다는 점은 교육적으로 매우 중요한 점이라고 할 수 있다. 즉 수업에 대한 시연과 그 평가의 경험 유무가 모의 수업 시연과 유창성을 다른 관점에서 평가하도록 했다는 점이 작용한 결과라고 할 수 있다. 이는 다음의 수업 평가에 대한 비평문에서 드러난다. 다음은 집단2 평가자들의 수업 비평문의 일부이다.

○○이 선배를 모의 수업 시연에서 보니 전혀 다른 사람 같았다. 평소에는 말도 잘하고 농담도 잘해서 주변 사람들과 친화력이 좋은 편인데, 이번 수업을 보니 지나치게 긴장도 하는 것 같고, 수업도 조금 딱딱하게 진행되는 느낌이 들어 어색했다. 나도 이번 학기에 모의 수업 시연을 해 봤지만, 무엇보다 자연스러운 것이 좋다는 생각이다. 수업이다 생각하고 지나치게 계획한 것을 그대로 옮기려고 신경쓰다보면 수업 자체가 재미 없어지게 되는 느낌이 들었다. ○○선배 수업이 딱 그런 느낌이다.

두 시연자 모두 유치환의 '깃발'을 수업하였다. 단원의 목표는 시에 사용된 반어법과 역설에 대해 수업하는 것이었다. 두 시연자 모두 유창성 부분에서 우수한 모습을 보였다는 공통점이 있었다. (…중략…) 목소리의 발음, 억양, 장단, 고저 등이 매우 적절하여 학습자들이 수업에 집중하도록 만들었고 목소리도 분명하고 속도도 적절했다. 또한 학습자들의 돌발적인 반응에 적절하게 대처하는 모습을 보였고 이러한 다양한 상황에 적합한 의미의 발화를 구사하는 모습도 보였다. 이처럼 두 시연자 모두 교사 화법 유창성 부분에서는 뛰어난 모습을 보였다는 공통점이 있었지만, 수업 내용을 구체적으로 전개하는 데서는 많은 차이를 보였다. 특히 모둠 수업과 관련된 내용 선정 및 학습 활동 구성에서두 시연자 간의 차이는 확실하게 드러나 보였다.

이들 평가자들은 평소 발화 유창성과 구분해서 모의 수업 시연을 평가하고 있음을 알 수 있다. 즉 평소에는 유창한 발화로 주변 사람들과 비교적 원활하게 소통하는 모습을 보여주지만, 실제 수업에서는 그런 모습을 찾아 볼 수 없다고 지적하고 있다. 즉 수업 속에서 구현되는 교사 발화의 유창성을 새롭게 진단하고 있는 것이다. 다음은 여학생 모의 수업 시연자에 대한 결과이다. 남학생 시연자에 대한 평가와 유사한 결과를 보여주고 있다.

〈표 23〉 집단1의 '여B'의 결과	시연	유창
시연	1	
유창	0.744929	1

〈표 24〉 집단2의 '여B'의 결과	시연	유창
시연	1	
유창	0.071045	1

〈표 23〉과 〈표 24〉에서 드러나고 있듯이, 집단1과 2의 결과는 확연하게 차이가 난다. 집단1은 모의 수업 시연과 유창성을 높은 상관관계로 인식하지만 집단2는 전혀 그렇지 못하다. 즉 집단1의 경우는 모의 수업 시연과 유창성의 관계가 비교적 서로 비슷한 양상으로 평가되고

있지만, 집단2는 이들 두 요소가 거의 관계가 없는 것으로 각각 평가되고 있다.

결론적으로 가설2에서 상정된 내용은 모두 수용된다고 할 수 있다. 즉 모의 수업 시연과 유창성의 상관관계가 수업에 대한 시연과 평가 경험이 없는 집단1이 경험이 있는 집단2보다 높을 것이라고 한 점은 수용된다고 할 수 있다. 집단1의 평가자들은 모의 수업 시연이나 유창성 중 어느 한 쪽에 인식의 초점을 두고 두 변인을 상호관계 속에서 평가했다고 볼 수 있다. 반면에 집단2는 두 요소를 차별적으로 보고 이들을 평가했다고 볼 수 있다.

이 글은 말하기의 유창성 인식 양상에 초점을 둔 연구이다. 특히 강의 담화에 드러나는 유창성의 부면을 다루었다. 다만 모국어 말하기 교육에서 정상인을 대상으로 하는, 그것도 예비 국어 교사들을 대상으로 한 연구이기 때문에 유창성 자체만으로는 의미 있는 분석 결과를 유도하기 어렵다는 판단 하에, 모의 수업 시연과 유창성의 상관관계를 이끌어냄으로써 교사 화법으로서의 유창성의 문제를 일정 부분 다룰 수 있었다.

직관적으로 교사 화법이 유창하다는 것은 수업의 전개에도 직접적인 영향을 주기 때문에 수업의 질을 평가하는 데도 주요한 변수가 될 수 있다. 즉 교사 화법의 유창성과 모의 수업 시연 간에는 그 상관관계가 높을 것이라고 상정될 수 있다. 이 글은 이러한 문제를 국어과의 영역과 모의 수업 시연에 대한 경험 유무에 따른 집단으로 나누어 다루어 보았다.

결론적으로 이 글은 모의 수업 시연과 유창성의 두 요인이 상관관계가 높을 것이라고 상정했는데, 결과는 일부 집단에서만 그러한 것으로 드러났다. 즉 모의 수업 시연에서 높을 점수를 받는다고 유창성 점수가 무조건 높거나 낮은 것은 아니라는 것인데, 이 글에서는 모의 수업 시연을 해 본 경험이 없는 집단만이 모의 수업 시연과 유창성의 상관관계가 유의미하게 나왔다. 아울러 문법과 문학 영역에서 그 상관관계가 차이가 있을 것으로 상정했는데, 결과는 차이가 없는 것으로 판명되었다.

교사 화법은 학교 현장의 두 중요한 축인 수업과 생활 지도 영역에 많은 영향을 끼친다. 특히 수업 현장에서 교사 화법은 개별 교사의 수업에 대한 정체성을 확립해 가는 데 주요한 변수가 될 수 있다. 따라서 이러한 교사 화법은 교사 개개인이 매일의 수업에서 확인하고 다듬어가야 하는 교사의 주된 과제이자 나아가 연마해야 할 역량이기도 하다. 특히 예비 교사들에게는 그 중요성이 더욱 더 크다고 할 수 있다.

유창성도 이러한 교사 화법의 정체성을 형성하는 하나의 중요한 축이다. 특히 예비 교사들은 모의 수업 시연 과정에서 우선적으로 부각되는 이러한 발화의 유창성에 민감하지 않을 수 없다. 아울러 이러한 발화의 유창성이 수업의 질을 평가하는 데 일정한 주요 변수가 될 수 있다는 점에는 반박의 여지가 없다. 다만 이러한 교사 발화의 유창성은 수업의 맥락에 따라 조절될 수 있어야 더 큰 효과를 발휘할 수 있다.

3.2. 교육적 의의

말하기에서 유창성은 매우 중요한 문제이다. 말하기 그 자체의 질적 수준, 나아가 소통 간격을 조절하는 데 매우 중요한 요인이기 때문이다. 특히 청자들과의 소통이 중시되는 강의 담화에서는 표면적으로 부각될 수 있는 말하기의 형식적인 요소들만으로는 유창성의 본질을 파악할 수 없다. 반드시 청자나 청중들과의 관계에서 드러나는 요인들이 고려되어야 할 것이다.

이 글은 이러한 말하기의 유창성을 강의 담화, 이른바 예비 국어과 교사들의 모의 수업 시연과 연계해서 다루어 보았다. 즉 모의 수업 시연 과정에서 시연자의 유창성을 평가자의 입장에서 참여한 청중들이 어떻게 평가하는지를 검토하고 논의하였다. 두 가지 가설을 통해 그 결과를 논의하고, 두 가지 교육적 의의를 도출하였다.

첫째, 모의 수업 시연과 유창성의 관계에 대한 문제이다. 직관적으로 이 두 요인은 상관관계가 높을 것으로 상정될 수 있다. 따라서 모의 수업 시연과 유창성은 비슷한 선상에서 평가될 가능성이 있다. 이 글의 조사에서는 이는 일부 집단에 국한된 결과로 도출되었다. 즉 모의 수업 시연을 교사 화법의 유창성에 밀접하게 관련시켜 평가하는 집단이 있는 반면에 그렇지 않은 집단도 있었다.

말하기에서의 유창성은 말할 내용을 막힘없이 설득력 있게 전달하는 정도로 뜻매김될 수 있다면, 모의 수업 시연에서 발화의 유창성은 그것의 질적 수준을 담보하는 주요한 요인이 될 수 있다. 하지만 그것 자체가 모의 수업 시연, 이른바 강의 담화 자체의 질적 수준을 담보하기 위해서는 필요하지만, 그것만으로는 충분하지 않다. 즉 모의 수업 시연은 교사의 유창한 발화만으로는 그것의 질적 수준이 담보되지 않는다.

이 글에서는 모의 수업 시연과 평가 경험이 있는 집단과 그렇지 않은 집단에서 이러한 차이를 확연하게 발견할 수 있었다. 즉 경험이 없는 집단은 유창성을 모의 수업 시연과 밀접하게 연계해서 평가하며, 경험이 있는 집단은 두 요인을 독립적이면서도 다른 차원에서 평가하고 있다는 점을 발견할 수 있었다. 이러한 점은 향후 강의 담화에서, 유창성의 문제를 어떻게 다루어야 할지에 대한 논의의 시발점이 될 수 있다.

둘째, 국어과의 영역에 따른 유창성 요인의 영향력 문제이다. 이 글은 문법과 문학 영역을 대상으로 이러한 유창성 요인과 모의 수업 시연 간의 관계를 다루었다. 일반적으로 예비 국어과 교사들의 입장에서 문법보다는 문학 영역이 교사 화법의 유창성을 발휘하는 측면에서 용이할 수 있다. 배경지식이나 관심을 쉽게 환기시킬 수 있고, 그리고 다양한 수업 모형을 조금 더 쉽게 구안할 수 있다는 점 등이 고려될 수 있기 때문이다.

하지만 집단에 따라 약간의 차이는 있기는 했지만, 유창성과 모의 수업 시연의 상관성이 국어과의 영역에 따라 유의미하게 차별화되어 드러나지는 않았다. 즉 문학 영역이 문법보다 수업 전개상에서 교사 화법의 유창성이 모의 수업 시연에 더 밀접하게 관련되어 부각되지는 않았다. 이른바 유창성 요인이 국어과의 영역에 따라 그것의 특정 영향 관계를 발휘하기 어렵다는 점을 이 글의 조사 결과는 보여주었다.

이러한 결과는 예비 국어과 교사들의 교사 화법, 특히 강의 담화의 교육에서 중요하게 고려해야 할 문제이다. 교사 화법이 유창한 것이 수업의 질을 평가하는 데 일정 부분 필요 요인이기는 하지만, 그것만으로 수업의 전 과정에 대한 질적 우수성을 담보할 수는 없다는 점이다. 아울러 강의 담화에서 유창성 요인이 지니는 문제는 다른 담화에서 유창성 요인과는 차별화되어야 한다는 것이다.[4]

---

[4] 이는 말하기에서의 유창성 요인을 연구하는 데 매우 중요한 문제라고 할 수 있다. 즉 다양한 말하기 담화 영역에서 유창성이 지니는 중요성이 상대적일 수 있다는 점이다.

4. 마무리

이 글은 말하기에서의 유창성의 문제를 모의 수업 시연과 관련시켜 논의하였다. 국어과 예비 교사들을 대상으로 모의 수업 시연과 유창성 간에 어떤 상관관계가 있을지를 국어과 영역과 참여 집단의 구분에 따라 다루어 보았다. 국어과의 영역은 문법과 문학으로, 집단은 모의 수업 시연과 그것에 대한 평가 경험이 있느냐의 여부에 따라 구분되었다.

첫째, 국어과의 주요 영역인 문법과 문학에서 모의 수업 시연과 유창성의 상관관계는 차이가 있을 것이라는 가설은 기각되었다. 직관적으로 국어과의 영역에 따라 수업이 쉽고 어려울 수 있다. 물론 수업을 전개하는 교사에 따라 차이는 있겠지만, 일반적인 수업 단원의 선호도나 학습자들의 관심이나 배경 지식 등이 영향을 줄 수 있다. 하지만 이러한 점이 직접적으로 모의 수업 시연과 유창성 간의 상관관계에는 크게 영향을 미치지 못했다.

둘째, 집단에 따른 모의 수업 시연과 그것에 대한 평가 경험의 유무는 모의 수업 시연과 유창성 간의 상관관계에 많은 영향을 준 것으로 드러났다. 즉 경험이 있는 집단의 경우는 이들 두 요소를 독립적이면서도 다른 차원의 평가 요소들로 평가했고, 경험이 없는 집단은 이들 중 특정 요소에 얽매여 두 요소들을 평가한 것으로 드러났다. 가령 모의 수업 시연에 얽매여 유창성을 평가하거나, 유창성에 초점을 두면서 모의 수업 시연을 평가했다고 볼 수 있다.

이상의 결과는 강의 담화에서 유창성이라는 요소는 중요하지만, 반드시 교사 발화가 유창하다고 좋은 강의가 반드시 이루어졌다고 볼 수 없음을 말해준다고 할 수 있다. 즉 교사 화법에서 유창성이 중요하지만, 이는 수업 전 과정에서 강조될 것이 아니라, 수업의 맥락에 따라 조절될 수도 있어야 함을 시사한다고 할 수 있다. 가령 막힘없는 지속적 교사 발화보다는 때로는 쉼과 여백을 수반한 교사의 침묵이 때로는 수업을 원활하게 전개할 수 있다는 것이다.

이 글은 예비 국어과 교사들을 대상으로 모의 수업 시연과 유창성 간의 관계를 일부 조명했다는 점에서 그 교육적 의의가 있다. 하지만 참여자가 일부 국어과 예비 교사들에 국한되었고, 모의 수업 시연과 유창성에 포함된 평가 항목들을 구체적으로 논의하지 못했다는 점에서 한계가 있다. 이는 향후 연구과제로 삼고자 한다.

제3부
즉흥성

제8장 즉흥적 말하기란 무엇인가

1. 들머리

국어교육 현장의 화법교육은 이른바 규범 중심의 준비된 말하기에 초점이 맞춰져 왔다고 해도 과언이 아니다. 이는 웅변술 중심의 서구 수사학적 이론을 토대로 형성된 교육 내용이 중심이 되고, 자연스럽게 규범 중심의 화법교육을 교육 현장에서 구현해 온 점과 관련된다. 하지만 이러한 교육 내용은 학습자들의 말하기와 듣기 수행 능력의 신장을 가져오는 데는 일정한 생태학적 한계가 있었다.

한편으로 교육 현장에서는 사적 자리보다는 공적 자리에서 이루어지는 정형화된 담화가 주된 교육 대상이 되어 왔다. 이러한 담화는 다양한 청자나 청중을 상대로 이루어지는 과정에서 화자로 하여금 다양한 심적 불안 현상을 유발시킴에 따라서 학습자들은 대체적으로

말하기가 매우 어렵고 회피하고 싶은 과정으로 인식되게 만드는 주된 요인이 되어오기도 하였다.[1]

아울러 공적 자리에서의 표현 과정은 말하기가 매우 복잡한 인지 작용을 수반하는 사고 과정으로 인식되고, 또한 사전에 말하기를 위한 많은 준비를 해야 하는 힘든 작업 과정으로 인식되었다. 이러한 인식 과정은 자연스럽게 기억의 한계를 넘어서기 위해 일정한 외적 기억 장치가 요구되었으므로, 대부분 각본이나 대본에 의한 말하기가 주류를 이루게 되었다.

즉 우리 교육 현장의 화법교육은 이러한 준비된 말하기와 공적 말하기가 교육의 중심이 되어왔다고 할 수 있다. 이는 자연스럽게 말하기의 생태학적 환경과는 일정한 거리를 두게 되는 결과를 낳게 되고, 나아가서는 말하기가 어렵고 때로는 자신을 남들 앞에서 거리낌 없이 드러내어야 하는 고통스러운 과정으로 학습자들에게 인식되기도 하였다. 이러한 결과는 화법교육의 정체성에 일정 부분 부정적 영향을 주었다.

이 글은 이러한 문제의식에 기반하여 그간 우리 국어교육 현장의 화법교육, 특히 말하기 교육이 준비된 말하기에 치중하거나 그럴 수밖에 없는 상황 맥락을 구성해 왔다는 점을 지적하면서 그간 소홀했던 즉흥적 말하기의 교육적 위상과 일부 입말 담화를 통해 그 현상을 다루어보고자 한다. 나아가 화법교육 현장에서 준비된 말하기만큼 즉흥적 말하기도 그 교육적 필요성이 크다는 점을 지적하고, 그것의 위상 문제를 구체적으로 논의한다.

---

1) 말하기 불안과 관련해서는 전은주(2010), 전은주·서영진(2010), 김평원(2011) 등이 참고가 된다.

결론적으로 이 글은 말하기의 생태학적 환경에 부합하는 말하기 교육이 필요함을 즉흥적 말하기를 통해서 제기하고, 이러한 즉흥적 말하기가 준비된 말하기와 어떤 관계를 통해 부각될 수 있는지를 시론적으로나마 다루어 나간다. 나아가 이러한 즉흥적 말하기가 말하기의 본령임을 인정하고 이의 중요성을 교육적으로 다루어보고자 하는 데 이 글의 연구 목적이 있다.

2. 즉흥적 말하기의 개념과 위상

2.1. 개념

표준 국어 대사전에서는 '즉흥'의 개념을 "그 자리에서 바로 일어나는 감흥 또는 그런 기분"으로 기술하고 있다.[2] 따라서 즉흥적 말하기는 이러한 속성을 가진 말하기라고 할 수 있다. 하지만 감흥이나 기분에 의해서만 말을 하는 것은 아니기 때문에 사전적 의미를 즉흥적 말하기의 개념에 그대로 사용하기는 어렵다. 다만 시·공간상 '지금·여기'의 개념이 포함된다는 것은 분명해 보인다.

말하기는 쓰기와 마찬가지로 오랜 시간 교육과 훈련을 통해 그 역량이 다져지고 발전될 수 있다. 하지만 말하기는 쓰기와는 다르게 이러한 역량의 발전 이면에 일상 속에서 몸과 마음속에 체화되어 즉흥적으로 드러나는 측면이 상존한다. 이른바 인간의 기본적인 욕구인 표현의 욕구와도 관련된다고도 할 수 있다. 이는 범박하게나마 다음

---

2) 국립국어원 표준국어대사전(https://stdict.korean.go.kr/main/main.do).

과 같은 과정을 거친다고 할 수 있다.

[의도 → 화제 → 표현]

이러한 인간의 기본적인 표현의 욕구는 뭔가를 수행하려는 의도에서부터 시작되고, 의도가 초점을 명확히 하여 구성된 결과가 화제이고, 이러한 화제를 구체적으로 풀어내는 것이 표현 과정이라고 할 수 있다. 즉흥적 말하기는 이러한 의도와 화제가 사전에 미리 준비되기보다는 즉석 현장에서 발생하는 경우를 말한다고 할 수 있다.

즉 우리 일상은 철저하게 준비된 말하기보다는 즉흥적으로 이루어지는 말하기가 대부분을 차지한다. 만약에 머릿속에서 말할 내용을 완벽하게 구상하고, 내적 말하기 일정한 과정을 거쳐 외적 발화로 산출한다면 이는 생리적, 인지적 조건에 부합하는 자연스러운 말하기가 되기 어려울 것이다. 즉 우리의 일상은 준비된 말하기보다는 즉흥적 말하기가 기본적인 소통의 토대를 이룬다고 해도 과언이 아니다.

하지만 즉흥적으로 말을 한다고 했을 때, 어디까지를 즉흥적으로 봐야 할지는 상황이나 맥락에 따라 다를 수밖에 없다. 가령 극단적으로는 모든 말하기가 준비된 말하기라고도 할 수 있다. 뇌에서의 일정한 사고 과정과 외재적 발화를 위한 내재적 발화의 준비까지를 감안한다면 인간의 의미 있는 말소리가 입을 통해 밖으로 나오기 위해서는 일정한 준비 과정을 거쳐야 하기 때문이다.

하지만 이러한 말하기를 모두 준비된 말하기로 일컫지 않는다. 통상 말하기 교육 현장에서는 즉흥적 말하기는 외부 기억 장치, 가령 말하기 각본이나 대본의 도움 없이 즉석 현장에서 이루어지는 말하기를 가리킨다고 할 수 있다. 이는 우리 일상에서 많이 살펴볼 수 있는 소통 상황이라고 할 수 있다. 가령 특정 화제를 상정하지 않고 친구들과 자유스럽게 대화하거나, 낯선 사람이 길을 묻는 데 즉흥적으로 답하거나, 혹은 수업 중에 선생님께서 예상치 질문에 재빠르게 대응해야 하는 경우 등이 될 수 있다.

그렇다손 치더라도, 즉흥적 말하기의 개념을 정의내리기는 수월치 않다. 무엇보다 말하기의 한 속성이라고도 할 수 있는 즉흥성의 개념 범주를 어디까지 둘 것인지가 명확하지 않기 때문이다. 즉 즉흥성에 대비되는 준비성의 속성을 감안한다면, 즉흥성과 준비성을 이원 분류법적으로 명확하게 구분하기란 다양한 의사소통 상황을 감안한다면 거의 불가능하다.

이런 점을 감안한다면, 즉흥적 말하기의 개념을 준비된 말하기와 관련해서 정도성의 측면에서 접근하는 것이 가능할 것이다. 이는 입말과 글말의 문체적인 양상과도 유사한 맥락에 있다. 가령 〈그림 1〉에서 가장 왼쪽 편에 놓일 수 있는 담화는 일상 대화가 가능할 것이고, 가장 오른쪽 편에 놓일 수 있는 담화는 판사의 판결문 정도가 될 수 있다.

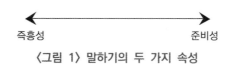

〈그림 1〉 말하기의 두 가지 속성

〈그림 1〉에서와 같이 즉흥성은 준비성의 극단에 위치한 말하기의 한 속성으로 볼 수 있고, 즉흥적 말하기는 이러한 속성을 강조한 말하기의 한 부면이라고 할 수 있다. 하지만 〈그림 1〉에서와 같이 즉흥성과 준비성은 연속선상에 위치한 것으로 말하는 상황이나 맥락에 따라

서 상대적으로도 사용될 수 있다.

이런 점을 감안한다면 말하기는 인간의 기억과 밀접하게 연계되어 논의될 수밖에 없다. 특히 실시간으로 죄어오는 심리적 압박감 속에서 구현되는 말하기에서는 기억의 문제가 더욱더 부각될 수밖에 없기 때문이다. 이런 관점에서 즉흥적 말하기는 기억에 많은 제약이 따를 수밖에 없다. 특히 의미기억(semantic memory)의 사용과 관련해서는 심각한 제약이 따른다. 왜냐하면 의미기억의 대상은 보편적으로 학습에 기반하기 때문이다.

반면에 일화기억(episodic memory)의 사용에서는 조금 더 완화된 상황에서의 접근이 가능하다. 이는 장기기억에서 그 의미의 원천을 끌어온다는 알려져 있는 작업기억(working memory), 더 정확하게는 장기작업기억(long-term working memeoy)의 의도적인 활용과 밀접한 관련을 맺는다고 할 수 있다.3) 즉 일화기억은 화자의 경험 및 체험과 관련하여 체화되어 있는 기억인 반면의 의미기억은 그렇지 못하다는 점에서 접근 상의 어려움이 따른다.4)

즉흥적 말하기는 이러한 기억의 문제와 관련되어 함께 논의될 때 그 본격적인 기반을 마련할 수 있을 것이다. 이른바 기억의 문제는 즉흥적 말하기에서 가장 중요하게 다루어져야 하는 인지상의 제약과 관련되기 때문이다.5)

이러한 관점에서 즉흥적 말하기는 말하기가 지니는 화자의 기억 상의 한계를 극복하기 위하여 일정한 내적·외적 기억 장치의 도움

---

3) Kintsch(1992)에서 이과 관련된 본격적인 논의를 참조할 수 있다.
4) 이정모 외(2009)에서 기억에 관한 전반적인 논의를 참조할 수 있다.
5) 이 글은 이러한 기억의 문제는 그 중요성만을 간략하게 언급하고, 이 글이 즉흥적 말하기와 관련된 시론적 논의임을 감안하여 차후 연구과제로 삼고자 한다.

없이 수행되는 말하기의 한 형식이라고 할 수 있다. 이는 즉흥적 말하기가 독립된 입말 담화의 한 가지 형식이 될 수도 있지만, 말하기의 속성과 관련하여 즉흥성과 준비성의 개념으로 접근될 수 있는 개념 정의이기도 하다.

이러한 개념 정의에도 불구하고, 즉흥적 말하기가 단지 일시적인 내적·외적 기억 장치를 활용하지 않는 말하기로 취급하거나 말하기의 맥락이나 상황에 따르는 일정한 속성으로 접근하기에는 여전히 해결되지 어려운 점들이 상존하는 것이 사실이다. 이는 즉흥적 말하기의 구체적인 위상 문제를 다룸으로써 일부 해결될 수 있을 것이다. 이하 절에서는 말하기의 이론과 구체적인 입말 담화를 중심으로 즉흥적 말하기의 위상 문제를 구체적으로 다룬다.

2.2. 위상

즉흥적 말하기는 말하기의 본질적인 측면과 밀접하게 관련된다. 즉 인간이 호흡을 해서 기본적인 생존을 유지할 수 있듯이, 병적으로나 유전적으로 사고나 조음 과정에 이상이 없다면 말하기도 인간의 삶을 유지하기 위한 생리적이고 인지적인 기본 양상이라고 할 수 있다. 이러한 인간의 기본적이고 본질적인 측면에 즉흥적 말하기가 놓인다고 할 수 있다.

아울러 인간은 어떤 상황에서건 내적으로나 외적으로 말하려는 욕망을 가지고 있으며, 이는 외적 발화를 통해 구체화된다. 이런 과정들이 언제나 충실한 사고를 수반하는 가정한다면, 말하기의 직관에 부합하지 않을 수 있다. 말하기 과정은 때론 이러한 의도적 에너지를 덜 소모하는 형식으로 구현될 수 있다. 이러한 과정이 또한 즉흥적 말하기가 놓이는 자리라고 할 수 있다.

국어교육 내에서 즉흥적 말하기는 준비된 말하기와 함께 직·간접적으로 다루어지고 있다. 물론 즉흥적 말하기 자체를 교육과정이나 교과서에 명시적으로 제시하여 다루고 있지는 않다. 즉흥적 말하기 자체가 독립된 담화나 말하기 유형으로 활용되기는 어려운 측면을 직시한 결과이다. 이는 앞선 절에서도 지적했듯이 즉흥적 말하기가 지니는 속성에 말미암는다.

이런 결과로부터 즉흥적 말하기의 위상은 논의하기 어려운 측면이 있다. 다만 즉흥적 말하기는 말하기의 기본적인 토대를 이루고 있다

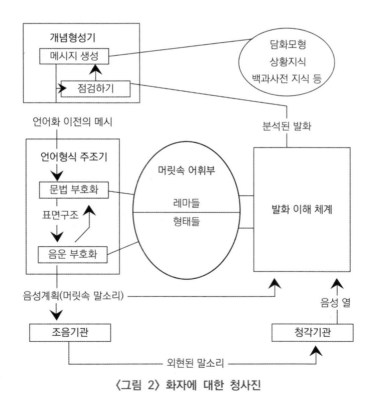

〈그림 2〉 화자에 대한 청사진

는 점을 감안한다면, 먼저 말하기의 심리적 과정을 과학적으로 철저하게 다룬 르펠트(Levelt, 1999; 김지홍 뒤침, 2008: 34)의 논의가 그것의 위상을 수립하는 데 일정 부분 도움이 될 것이다.

〈그림 2〉는 말하기의 심리적 과정을 머릿속 사고 과정에서부터 실제 조음까지를 일종의 어휘 통사·의미값이라고 할 수 있는 머릿속 어휘부의 레마(lemma)를 중심으로 잘 구현해서 보여준다. 전체 과정은 개념형성, 언어형식 주조, 조음의 3단계 과정으로 제시되고 있고, 이는 언어 자각의 관점에서 되짚어볼 수 있도록 설계되었다. 이러한 과정은 이후 르펠트(Levelt, 1999: 88)에서 2단계 과정으로 훨씬 더 간명하게 축소되어 제시되었다.[6]

즉흥적 말하기와 준비된 말하기는 〈그림 2〉의 3단계 과정에서 그 속성이 비교적 분명하게 드러날 수 있다. 즉흥적 말하기의 경우는 첫 번째 단계인 개념 형성의 과정이 비교적 자동화된 상태의 말하기라고 할 수 있다. 즉 화자의 의미기억보다는 일화기억에 바탕을 둔 단기나 장기 작업기억을 가동시킬 가능성이 높다고 할 수 있다.[7] 이미 화자의 머릿속이나 몸속에 체화된 경험기억을 비교적 자동적으로 표출할 수 있다고 할 수 있다.

〈그림 3〉에서 즉흥적 말하기는 첫 번째 단계가 비교적 자동화된 단계의 말하기로, 일부 이해 체계에서의 지식 종류와 상관관계를 가진다고 할 수 있다. 특히 의미기억에 바탕을 둔 다양한 백과사전적 지식보다는 개인의 경험과 일화에 바탕을 둔 지식이 주류를 이룰 가

---

6) 아래 〈그림 3〉에서는 크게 말하기의 단계를 '수사-의미-통사'와 '음운-음성' 체계로 구분해서 제시하고 있다. 즉 전자에서는 개념과 문법 부서가 가동되고, 후자에서는 형태, 음운과 음성, 조음 부서가 가동되어 말하기의 과정에 관여된다. 아울러 이 두 부서를 연계하는 핵심적 역할을 레마(어휘의 통사·의미값)로 부여하고 있다.

능성이 높다. 이러한 지식은 비교적 개인의 머릿속에서 비교적 수월

하게 활성화될 수 있기 때문이다.

즉 즉흥적 말하기는 화자의 머릿속 사고 과정이 청자가 인식하지

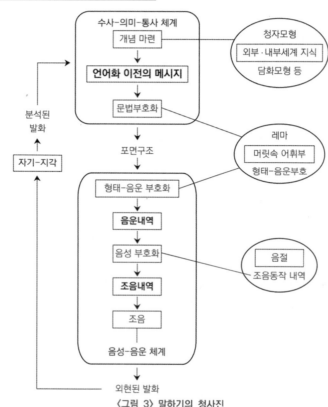

〈그림 3〉 말하기의 청사진

7) 작업 기억(working memory)과 관련해서는 많은 연구들이 진행되어 왔지만, Baddeley
et. al.(1993)에서는 정작 언어 산출과 관련해서는 직접적인 증거는 거의 없다고 지
적하고 있다. 하지만 음운 고리(phonological loop)와 시·공간 메모장(visio-spatial
sketch pad), 그리고 중앙 처리 장치로 구성된 작업 기억은 직관적으로 발화 산출과
관련하여 모종의 관계를 지닐 가능성이 있다. 특히 음운고리에서는 발화의 내적
저장을 통해 실제 외적 발화에 기여할 가능성이 높다고 할 수 있다. 하지만 이를
객관적이면서도 과학적으로 증명해 내기 위해서는 신경생리학적 연구가 바탕이 되
어야 할 것이다.

못할 정도로 짧게 처리되고, 그리고 화자가 말을 하는 데 외부 기억 장치의 도움이 없이 수행된다. 특히 작업 기억의 처리 과정에 많은 에너지를 요구하는 의미기억의 인출보다는 비교적 일화기억 속에서 활성화되어 비교적 자동화된 상태로 인출된다고 할 수 있다.

아울러 두 번째 언어형식 주조 단계에서도 일정한 차이를 보인다고 할 수 있다. 가령 준비된 말하기의 경우는 음운 부호화의 되뇌기 (rehearsal) 단계에서 미세한 억양이나 운율까지도 내적 말하기에서 미리 고려하고 연습될 수 있다. 이는 미세한 상황 맥락이 수반되는 모국어 말하기에서 그 중요성이 더해진다고 할 수 있다.

가령 뉴스 아나운서의 대본이나 판사의 판결문은 이러한 미세한 상황 맥락까지도 고려하면서 철저하게 준비되어 산출되는 경우가 일반적이라고 할 수 있다. 하지만 일상 대화에서는 이러한 미세한 상황 맥락을 고려한 발화가 머릿속에서 철저한 준비 과정을 거쳐 인출된다고 보기는 어려울 것이다. 즉흥적 말하기는 이러한 내적 말하기에서의 되뇌기(rehearsal) 단계를 충실하게 고려하기는 어려울 것이다.

즉 〈그림 2〉를 통해 준비된 말하기와 즉흥적 말하기의 위상이 비교적 분명하게 구분된다고 할 수 있다. 개념 형성 단계와 언어 형식 주조 단계에서 준비된 말하기는 내적·외적 기억 보조 장치를 통해 기억의 제약을 극복하는 반면에, 즉흥적 말하기는 그러한 기억 제약에 일정한 한계를 노출하면서 진행되는 말하기라고 할 수 있다. 다음은 교육 현장에서 일반적으로 고려되고 있는 말하기의 분류 양상이다.

즉흥적 말하기는 〈그림 4〉에서 드러난 바와 같이 네 가지 구분된 양상에서 한 쪽 위상을 차지한다. 〈그림 4〉는 다양한 담화 목적이나 말하기 유형의 근간을 이룰 수 있는 제시 양상이라고 할 수 있다.[8] 즉 이러한 양상은 즉흥적 말하기가 어떤 모습으로 교육되어야 할지에 대한 기본적인 개념을 제시해 줄 수 있다.

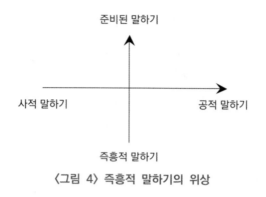

〈그림 4〉 즉흥적 말하기의 위상

먼저 즉흥적 말하기와 관련된 y축은 시간 개념이, x축은 공간 개념
이 초점이 되는 양상이라고 할 수 있다. 즉 시간적으로 여유를 둘
수 있느냐의 여부를 두고 즉흥적 말하기와 준비된 말하기로 구분될
수 있고, 말하는 공간이 화자를 중심으로 닫혀 있느냐 혹은 열려 있느
냐에 따라서 사적 말하기와 공적 말하기로 구분될 수 있다고 할 수
있다.

이러한 시·공간의 개념은 일종의 말하기의 상황 맥락과 밀접한 관
련을 맺는다. 가령 즉흥적 말하기는 화자들 간에 실시간으로 이루어
지는 빠른 전개가 특징적이라고 할 수 있는데, 이는 공적 현장보다는
사적 현장에서 더 적합한 담화 형식으로 부각될 가능성이 높다. 물론
공적 현장을 완전하게 배제할 수는 없다. 따라서 즉흥적 말하기와
관련된 담화는 그래프에서 3분면에 놓일 가능성이 높다고 할 수 있다.

---

8) 최미숙 외(2016: 178~179)에서 네 가지 말하기 양상에 대한 간략한 설명이나 논의
를 참조할 수 있다.

결론적으로 〈그림 5〉는 즉흥적 말하기가 준비된 말하기뿐만 아니라 사적이나 공적 말하기와 직·간접적으로 관련이 있음을 제시해 주고 있다. 즉흥적 말하기는 사적 현장에서뿐만 아니라 공적 현장에서도 그 접근 가능성이 고려될 수 있다. 이는 즉흥적 말하기의 적용 가능성을 높이고, 다양한 교육적 접근 가능성을 고려하도록 한다.

아울러 그래프상의 이러한 말하기 구분 양상을 일종의 말하기의 속성으로도 접근할 수 있다. 가령 x축의 경우는 '사밀성/공개성'으로, y축의 경우는 '즉흥성/준비성'으로 언급할 수 있다. 이러한 속성은 다양한 말하기 담화에 적용되는 일정한 상황 맥락이나 기타 요소에 따라 일정 정도 등급화되어 적용될 수 있다는 점에서 교육적으로 유용한 접근 방식이라고 할 수 있다.

〈그림 2〉에 기반한 즉흥적 말하기가 인지 심리적 과정의 단일한 기반에 근거한 논의라면, 〈그림 4〉는 의한 즉흥적 말하기는 일종의 복합적 접근 방식이라고 할 수 있는데, 인지 심리적인 측면뿐만 아니라 미시 사회학적 측면에서의 논의도 가능하다고 할 수 있다. 따라서 말하기의 다양한 부면과 직·간접적인 연관관계 속에서 그 위상을 논의할 수 있는 방식이라고 할 수 있다.

이러한 구분은 2015 국어과 교육과정에서 제시하고 있는 듣기·말하기 영역과 화법과 작문 과목에서 제시된 구체적인 담화와 연계되어 유용하게 논의될 수 있다. 교육과정에서는 입말 담화가 담화의 목적이나 유형에 따라 구체적으로 구분되어 제시되고 있다. 초등학교 1~2학년 군에서 고등학교 1학년까지의 듣기·말하기 영역에 제시된 담화는 교육과정에서 다음과 같이 제시되고 있다.

〈표 1〉 교육과정에 제시된 학년별 담화 유형

핵심 개념	일반화된 지식	학년(군)별 내용 요소				
		초등학교			중학교 1~3	고등학교 1
		1~2	3~4	5~6		
• 목적에 따른 담화의 유형 • 정보 전달 • 설득 • 친교·정서 표현 • 듣기·말하기와 매체	의사소통의 목적, 상황, 매체 등에 따라 다양한 담화 유형이 있으며, 유형에 따라 듣기와 말하기의 방법이 다르다.	• 인사말 • 대화 [감정표현]	• 대화 [즐거움] • 회의	• 토의 [의견조정] • 토론 [절차와 규칙, 근거] • 발표 [매체활용]	• 대화 [공감과 반응] • 면담 • 토의 [문제 해결] • 토론 [논리적 반박] • 발표 [내용 구성] • 매체자료의 효과	• 대화 [언어예절] • 토론 [논증구성] • 협상

〈표 1〉에서와 같이 목적에 따라 정보 전달, 설득, 친교 및 정서 표현으로, 학년 군별 내용 요소에서는 인사말, 대화, 회의, 토의, 토론, 발표, 협상 등으로 담화 유형이 제시되고 있다. 즉 다양한 입말 담화를 특별한 기준이나 개념에 의거하여 제시하고 있기보다는 지도해야 할 내용 수준에 따라 다소 자의적으로 담화를 나열해 놓고 있는 양상이다.

즉흥적 말하기는 이러한 다양한 담화와 연계되어 그 위상이 더 심층적으로 논의될 수 있다. 그럼으로써 각 담화가 지니는 즉흥성의 문제가 구체적으로 다루어질 수 있기 때문이다. 즉 이러한 즉흥적 말하기의 즉흥성이 담화의 본질적인 측면을 결정할 수 더 큰 요인으로 작용하는 담화가 있을 것이다. 가령 각 담화의 즉흥성은 다음과 같은 담화 상황에서 제기될 수 있다.

- 낯선 사람과의 우연한 대화 상황
- 친구들과의 자리에서 특별한 목적 없는 대화 상황
- 선생님의 갑작스러운 요구로 친구들 앞에서 경험담을 발표해야 하는

상황

- 면담/면접에서의 예상치 못한 질문에 대한 대답해야 하는 상황
- 청중을 상대로 즉흥 연설을 해야 하는 상황
- 토론이나 협상에서 예상치 못한 상대방의 반론에 답변을 해야 하는 상황

각 담화는 즉흥적 말하기의 속성을 모두 가지고 있고, 이는 담화에서의 즉흥성으로 부각될 수 있다. 물론 담화에 따라서 즉흥성의 속성이 부각되는 정도에는 차이가 있다. 하지만 기본적으로 즉흥적 말하기가 각 담화에 내재하고, 이러한 내재된 측면은 교육적으로도 분명 그 수월성 여부를 획득해야 하는 요인이 되기도 한다.

아울러 〈그림 4〉의 각 사분면에는 다양한 유형의 담화가 놓일 수 있다. 물론 특정 담화가 특정 사분면에만 위치하기는 어렵겠지만, 각 담화가 가지는 속성과 사용 맥락에 따라 특정 사분면에 놓일 가능성도 있다. 가령 대화 담화의 경우는 직관적으로 3사분면에 놓일 가능성이 높지만, 연설의 경우는 1사면에 놓일 가능성이 크다. 즉 〈그림 4〉의 네 가지 유형의 말하기에 따라 다양한 담화의 속성과 사용 맥락이 심도 있게 논의될 수 있다. 다음 〈그림 5〉는 대화에 발표 담화를 중심으로 즉흥적 말하기의 위상을 논의한 결과이다.

〈그림 5〉는 대화와 발표 담화를 중심으로 그것의 즉흥성을 그래프 상에 대응시켜 본 결과이다. 대화와 발표를 즉흥적 말하기의 관점에서는 극단의 위치 관계에 있는 말하기라고 할 수 있을 것이다. 대화는 일반적으로 즉흥적 말하기이지만, 발표는 전형적인 준비된 말하기라고 할 수 있다. 하지만 그렇다손 치더라도 대화의 준비성, 발표의 즉흥적인 속성을 완전히 배제하기는 어렵다.

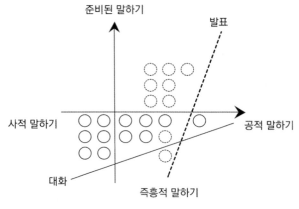

준비된 말하기

발표

사적 말하기

공적 말하기

대화

즉흥적 말하기

〈그림 5〉 담화와 즉흥적 말하기

　물론 〈그림 5〉는 교육과정에 제시된 담화를 두고 그 도식화 양상을 간략하게 제시해 본 것이기 때문에 일정한 논의상의 한계가 따르는 것이 사실이다. 가령 2사분면에는 '청혼'과 같은 담화가 자리매김 될 수 있을 것이다. 이 담화는 본질적인 속성상 '준비된 사적 말하기'로 상정될 수 있기 때문이다.

　또한 4사분면에는 '인사말이나 축사' 등의 담화가 언급될 수 있을 것이다. 이는 '즉흥적 공적 말하기'로 상정될 수 있다. 물론 사전에 그 내용을 완전하게 준비하는 경우는 다르지만, 통상 인사말이나 축사라는 담화의 본질상 즉흥성을 도외시할 수 없기 때문이다.

　현행 교육과정상에 명시적으로 제시된 몇몇 특정 담화만으로는 즉흥적 말하기의 위상을 오롯이 논의하기가 어렵다. 다양한 상황 맥락에서 부각될 수 있는 구체적인 담화를 대상으로 본격적인 논의가 이루어진다면 그 본질적 속성이 제대로 논의될 수 있을 것이다. 이러한 담화를 찾아내고 분류하는 것은 말하기 교육에서의 또 다른 과제라고 할 수 있다.

즉흥적 말하기는 다양한 상황에서 그 위상이 논의될 수 있다. 특히 말하기의 한 속성으로서 즉흥성은 준비성의 대척점에서 그 논의가 가능하다고 할 수 있다. 말하기의 심리적 과정에서 즉흥적 말하기는 개념 형성 단계에서 준비된 말하기와 차별성이 두드러지고, 각 담화와의 관계에서 즉흥적 말하기는 특정 담화에 귀속되기보다는 모든 담화에 일정하게 녹아들어 있다고 할 수 있다.

교육 현장의 말하기 교육은 준비된 말하기에 초점이 모아져 왔다고 해고 과언이 아니다. 그만큼 개념 형성 단계에 많은 시간을 배려했다고 볼 수 있다. 이러한 양상이 긍정적인 측면도 있었지만 한편으로는 이러한 교육적 접근 방식이 오히려 학습자들로 하여금 말하기를 어렵게 인식하도록 만들고, 나아가서는 이를 회피하고 싶은 과정으로 받아들이게 하지는 않았는지 돌아보아야 할 것이다.

결론적으로 '2'절에서는 즉흥적 말하기가 말하기 교육 현장에서 어떻게 자리매김 되어야 할지에 대해 시론적으로나마 논의해 보았다. 말하기의 심리적 과정이나 사회적 관점에서 분명 즉흥적 말하기는 그 위상의 논의가 가능하다. 이는 향후 교육 현장에서도 고려해야 하는 바이다. 이러한 점을 바탕으로 다음 장에서는 말하기의 본령이라고 할 수 있는 즉흥적 말하기의 교육적 중요성을 다루어보고자 한다.

3. 유창성, 자발성, 창의성

'3'절에서는 즉흥적 말하기와 사고 과정에서 일정 부분 연관을 맺는 유창성, 자발성, 창의성의 개념을 말하기 교육의 틀에서 논의한다.[9] 이러한 세 가지 속성은 즉흥성과 일정 부분 관련성을 가지고 있으며,

말하기 과정에서 중요하게 다루어질 수 있다. 이하에서는 즉흥성과 관련하여 이러한 측면들이 말하기 교육에서 어떤 의미를 지니는지를 살펴보고자 한다.

특히 즉흥성과 관련된 이러한 측면들은 모국어 말하기 교육에서 그 중요성이 더해진다고 할 수 있다. 즉 세 가지의 속성들이 부득불 즉흥적 말하기와 밀접하게 결부되고, 특히 미세한 소통 상황이 요구되는 모국어 말하기 교육에서는 이러한 측면들이 강조될 수밖에 없다. 이를 간략하게 도식화하면 〈그림 6〉과 같다.

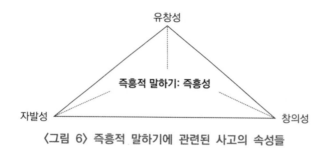

〈그림 6〉 즉흥적 말하기에 관련된 사고의 속성들

〈그림 6〉에서는 즉흥성을 중심으로 세 가지 속성들이 제시되고 있다. 이는 즉흥적 말하기에서 이러한 세 가지 속성들이 교육적으로 중요한 위상을 지닐 수 있음을 말해주고 있다고 할 수 있다. 즉 말하기

---

9) 이 글은 즉흥적 말하기에 대한 시론적 논의이다. 즉흥성이라는 속성이 지니는 언어 수행상의 범위를 어떻게 드러내어야 할지가 본 논의의 주요한 문제가 된다. 특히 이러한 문제가 언어 수행 과정에 수반되는 사고의 문제와 연계된다는 점에서 중요하다. 그런 관점에서 유창성, 자발성, 창의성은 언어 수행 과정상의 사고의 문제와 일정 부분 관련이 된다고 할 수 있다. 특히 실시간으로 수행되면서 화자의 정체성과 심적 불안감을 유발하는 즉흥적 말하기의 경우에 사고의 문제는 일반적으로 다루어지는 사고와는 다른 모습으로 드러날 수 있다. 이는 사고가 지니는 속성이라고 할 수 있는 유창성, 자발성, 창의성의 모습에서 인지적으로 차별화될 수 있다.

의 즉흥성에는 유창성, 자발성, 창의성의 속성들이 연계되어 부각될 수 있고, 각 속성들은 즉흥성에 직·간접적으로 관련되어 말하기 교육에서 일정한 교육적 함의를 지닌다.

3.1. 즉흥성과 유창성

즉흥성은 무엇보다 말하기를 유창하게 만드는 요인 중의 하나로 볼 수 있다. 즉 듣는 이로 하여금 말하기의 과정이 유창하게 인식하도록 하려면 말의 흐름에 막힘이나 인위적인 멈춤 혹은 지연이 없어야 한다. 이는 무엇보다 화자가 상황에 재빠르게 대처하고 이를 표현할 수 있는 역량과 관련된다고 할 수 있다.

유창성에 대한 평가는 청자나 청중에 따라 다소 차이가 난다. 즉 발화 현장의 상황 맥락에 많이 좌우되는 측면이 있다. 특히 모국어 유창성에 대한 인식의 측면은 외국어의 소통 과정에서 발생하는 유창성 인식과는 많은 차이가 있다. 모국어의 경우는 담화 상황에 대한 미세한 측면들이 유창성의 부면에 많이 작용하는 것으로 알려져 있다.

이런 측면에서 말하기의 유창성은 즉흥성과 직결되는 부분이 많다. 특히 일상을 차지하는 대부분의 말하기가 즉흥적이라면 유창성의 부면도 일상적인 말하기에서 그 인식의 토대를 찾을 수 있다. 이러한 관점에서 대화 담화의 교육적 필요성이 부각되고, 대화 담화에서 이러한 유창성은 적절한 상황 맥락에서의 말하기의 즉흥성과 밀접한 관련을 맺는다.

말을 유창하게 한다는 것은 현대 사회를 살아가는 데 중요한 소통 역량 중의 하나이다. 이런 점에서 말을 유창하게 할 수 있도록 화자를 교육시키는 것은 국어교육 현장의 주된 임무 중의 하나라고 할 수 있다. 그런 점에서 즉흥적 말하기는 유창성을 획득하고 향상시키는 데 주요한 말하기라고 할 수 있다.

3.2. 즉흥성과 자발성

말하기는 그 본령이 화자의 내적 욕구에 기인한다. 이는 화자의 자발성과 의도성을 전제한다. 따라서 이러한 속성이 기반이 된 말하기야말로 말하기 산출의 가장 본질적이면서도 충실한 면을 드러낸다고 할 수 있다. 아울러 즉흥성과 자발성 또한 말하기의 본령에서 그 근원이 서로 연관되어 있음을 알 수 있다.

하지만 교육 현장에서의 말하기 교육은 학습자들의 말하기 욕구를 증진시켜주기보다는 억제시키거나 나아가서는 심각한 불안 현상을 수반함으로써 말하기 과정을 어렵고 회피하고 싶은 과정으로 만들었다고 해고 과언이 아니다. 이는 근본적으로 화자의 말하기 욕구에 반한 결과라고 할 수 있다. 즉 학습자의 말하기에 대한 자발적인 욕구를 제대로 감안하지 못한 것이라고 할 수 있다.

이렇듯 학습자의 자발성이 담보된 말하기 현장을 구현하는 것이 말하기 교육에서 중요한 문제가 될 수 있다. 이러한 자발성이 담보된 말하기는 무엇보다 화자 내면에서 말을 하고자 하는 자연스러운 욕구에 기인한다. 아울러 이러한 자연스러운 욕구는 말하기의 인위적인 상황 맥락의 설정보다는 자연스러운 상황 맥락에 의존한다.10) 나아가 이러한 상황 맥락은 철저하게 준비된 말하기보다는 즉흥적 말하기에서 담보될 가능성이 높다.

---

10) 말하기의 상황 맥락 설정과 관련해서는 이주섭(2001)이 주요한 참고 자료가 된다.

왜냐하면 준비된 말하기에서는 자발성에 근거하지 않은 작위적 구성이 가능하기 때문이다. 학습자들이 말하기를 어려워하는 가장 큰 이유 중의 하나는 자신의 실제적 삶과 떨어져 있거나 소통 간격이 큰 정보를 구성해야 한다는 압박감이 상존하기 때문이다. 이는 부득불 인위적인 청자나 청중을 대상으로 하는 과정에서 발생하는 문제이기도 하다.

따라서 즉흥성이 담보되는 말하기 상황이 자연스럽게 구성되고, 이를 통해 화자의 내면 욕구의 자연스러운 발현이 스스로의 의지를 통해 자발적으로 산출되어야 할 것이다. 즉 즉흥성과 자발성은 그 근원에서 맥을 같이 한다고 볼 수 있고, 말하기 교육에서 이러한 두 가지 속성은 반드시 연계해서 다루어져야 할 것이다.

3.3. 즉흥성과 창의성

화자 내면에서 자연스럽게 우러나는 표현의 욕구에 기인하는 즉흥성이야말로 사고의 창의성에 기여하는 바가 크다. 억지스럽게 표현해야 하는 경우에는 사고의 자연스러운 발생에 부정적인 영향을 줄 수 있지만, 내적 몰입에 의한 자연스러운 표현 욕구에 기인하는 말하기야말로 창의성 발현의 내적 토대가 되기 때문이다.[11]

말하기는 쓰기와는 다른 표현 방식이다. 시·공간의 실시간 제약을 받는다는 점에서 말하기는 쓰기보다 인지적 제약을 심하게 받는다고 할 수 있다. 이러한 제약은 말하기를 어렵게 만드는 요인 중의 하나라

---

11) 국어교육, 이른바 언어수행과 관련한 창의성의 문제는 그간 국어교육 현장에서 기본 개념의 설정에서부터 방법적인 측면에까지 다수의 논의가 이루어져 왔다. 김은성(2003), 김창환·한상효(2006), 최홍원(2012) 등이 참고가 된다.

도 볼 수 있다. 하지만 그 이면에는 인간의 근원적이면서도 즉흥적인 표현 욕구와 더 밀접하게 관련되어 있다는 점에서 말하기는 쓰기와는 또 다른 측면에서의 인지적 차별성을 갖는다.

즉흥성이 수반된 이러한 말하기는 화자 내면에 있는 면을 작위적 구성없이 끄집어낼 수 있는 계기가 되며, 때로는 화자 스스로 알지 못했던 내면의 다양한 부면을 접할 수 있는 기회로 작용할 수도 있다. 이는 말하기를 통해 화자 스스로 생각의 열림을 자각하게 되고, 이러한 열림은 자연스럽게 사고의 창의성으로 연결될 수 있다.

즉 즉흥적 말하기를 통해 사고의 열림, 이른바 내면의 숨겨졌던 측면들이 불연속적이고 산발적이지만 역동적으로 산출될 수 있다. 이는 즉흥적 말하기가 창의성을 발현시킬 수 있는 주요한 인지적 과정일 수 있음을 말한다.[12] 따라서 교육 현장에서는 이러한 즉흥적 말하기를 창의성을 발현과 관련하여 의미 있게 관련시켜 나갈 수 있는 방법이나 전략의 모색이 따라야 할 것이다.

---

12) 물론 즉흥적으로 말한다고 하여 창의성이 발현되는 것은 아니다. 아울러 준비된 말하기를 한다고 해서 창의성이 발현되지 않는 것도 아니다. 다만 준비된 말하기는 쓰기에 종속된다는 점에서 말하기의 순수한 과정이 창의적으로 발현되는 것은 아니다. 그런 점에서 임기응변에 따른 즉흥적 말하기는 상황 맥락에 따라 화자의 재치와 기지가 요구된다는 점에서 표현의 창의적인 측면과 결부될 수 있다고 볼 수 있다. 아울러 이러한 점이 일정한 교육적 훈련으로 효과를 거둘 수 있다면 이는 말하기 교육의 중요한 교육 내용이 될 수 있을 것이다.

4. 마무리

이 글에서는 즉흥적 말하기의 위상과 그 교육적 함의를 고찰하였다. 즉흥적 말하기는 그 중요성에 비하여 그간 교육적으로 거의 다루어지지 않았다. 이는 무엇보다 즉흥적 말하기의 개념과 위상에 대한 이론적인 논의가 거의 있어오지 않았고, 특히 준비된 말하기에 비해 그 교육적 중요성이 거의 인정되지 않았기 때문이다.

말하기의 심리적 이론에 비추어 볼 때, 즉흥적 말하기는 개념 마련 부서와 언어 형식 주조 부서에서 준비된 말하기와 차별성을 갖는다고 할 수 있다. 즉 이 두 부서에서 즉흥적 말하기는 내용상으로는 개인의 일화기억에 기반하고, 아울러 방법론상으로 절차기억에 의존함으로써 준비된 말하기와 접근 방식이 달랐다고 할 수 있다.

즉흥적 말하기는 그간 교육적으로 거의 다루어지지 않았다. 이는 즉흥적 말하기가 교육적으로 중요하게 다루어질 수 있는 부분들을 간과하였기 때문이다. 이를 이 글에서는 유창성, 자발성, 창의성의 문제로 구분해서 다루어보았다. 이러한 속성들을 즉흥적 말하기의 교육적 중요성을 부각하는 데 충분한 요인들로 고려될 수 있다.

이 글은 시론적으로나마 즉흥적 말하기의 개념과 위상, 그리고 그 교육적 함의의 문제를 다루어보았다. 따라서 향후 이론적으로 더 보강되어야 할 내용을 마련하고, 실제 교육 현장에서 이러한 말하기를 어떻게 다루어야 할지에 대한 구체적인 논의들이 따라야 한다는 점에서 일정한 한계를 노출하였다.

제9장 즉흥적 말하기의 의미 구조

1. 들머리

1.1. 연구 목적

거시구조는 일반적으로 텍스트의 내용을 요약해 가는 과정에 인식될 수 있는 일련의 소주제나 중심 내용들을 가리킨다. 혹은 텍스트의 내용을 요약하는 일종의 요약규칙이나 거시규칙과 관련하여 드러나는 위계구조를 가리킨다. 따라서 거시구조는 학교 현장에서는 읽기 교육에서 주로 언급되어 온 개념이라고 할 수 있다.

하지만 거시구조는 읽기 과정에만 국한되는 것은 아니다. 말하기나 쓰기와 같은 표현 영역에서도 개념의 적용 가능성을 고려할 수 있다. 읽기 과정이 독자 중심에서 텍스트를 압축해 가는 과정이라면 말하기와 쓰기는 화자나 필자의 생각을 펼치거나 전개해 나가는 과정이다. 즉 이 과정에서 담화의 의미연결(coherence)을 위한 거시구조의 생성을 상정해 볼 수 있다.

말하기가 화자의 생각을 전개해 나가는 과정이라면, 그 과정이 아무리 즉흥적이라고 할지라도 사고나 표현의 연계 과정 자체가 자의적일 수 없다. 일정한 전달내용, 이른바 메시지를 중심으로 사고가 발생하고, 이는 의미연결이 가능한 표현 과정으로 연계된다. 그 과정에서 메시지와 관련된 내용들은 직·간접적으로 의미의 선형과 위계관계를 구성하면서 의미연결되고, 이러한 의미연결된 관계는 잠정적으로 거시구조와 관련될 수 있다.

물론 쓰기나 준비된 말하기에서는 이러한 거시구조가 글의 개요 구성이나 대본 작성 등을 통해 사전에 계획될 수 있다. 하지만 즉흥적 말하기 과정에서는 이러한 거시구조가 미리 상정되거나 계획될 수 없다. 따라서 즉흥적 말하기가 학습자들에게 매우 어려운 인식 과정으로 받아들여질 수 있는데, 전달내용을 발화 상황에 부합하게 실시간으로 의미 있게 구성해야 하기 때문이다.

하지만 이러한 거시구조가 형성되지 않고서는 유의미한 내용의 구성이나 전달이 어렵다. 따라서 즉흥적 말하기에서도 이러한 거시구조의 생성을 상정할 수 있다. 특히 심리적 긴장을 수반하는 청중 대상의 즉흥적 말하기에서 이러한 유의미한 의미연결 관계가 전제된 거시구조를 상정하지 않고서는 바람직한 발화 상황을 상상하기 어렵다.

이 글은 이런 점을 감안하여 즉흥적 말하기에서 구현되는 거시구조의 생성의 문제를 다루어보고자 한다. 준비된 말하기에서는 말하기 대본이나 각본을 통해 거시구조가 실제 표현 과정 이전에 구성될 수 있으므로 글말 수행에서의 거시구조와 별반 차별성이 없다. 즉 말하기 본령에 부합하는 거시구조의 모습을 살피기 어렵다. 하지만 즉흥적 말하기에서 생성될 수 있는 거시구조는 말하기의 본질적인 의미구성 과정과 밀접하게 관련될 수 있다.

나아가 말하기에서의 거시구조의 심리적 실재에 대한 차별성을 고려하기 위해서 학습자의 언어수행 수준과 담화 갈래에 따라 거시구조의 생성 및 그 위계성의 모습이 어떤 차별성을 갖는지를 현장연구 조사의 관점에서 다루어보고자 한다. 이러한 두 변인은 의미연결의 관점에서 즉흥적 말하기의 산출 양상을 차별적으로 이끌어갈 수 있을 것이다.

즉 이 글에서는 즉흥적 말하기에서 의미연결 기반의 거시구조의 생성에 관련된 문제의식을 이끌어내고, 나아가 국어교육 현장 말하기 교육에서 유의미한 의미 생성과 관련하여 거시구조의 모습을 어떻게 다루어야 할지에 대한 교육적 단초를 마련하는 데 일조할 수 있을 것이다. 나아가 입말의 본질적인 모습이라고 할 수 있는 즉흥적 말하기에 대한 국어교육적 관심을 환기시킬 수 있는 계기가 될 것이다.

1.2. 이론적 배경

말하기는 심리적이며 사회적 행위이다. 따라서 이는 전달해야 할 의미를 적절하게 구성하고 상대방과의 공통 기반(common ground)을 마련하고 소통 간격(information gap)을 조절해야 하는 인지적으로 매우 복잡하면서도 어려운 과정이라고 할 수 있다. 특히 공적 영역에서 실시간으로 전개되는 즉흥적 말하기는 고도의 인지 전략과 소통 능력이 요구된다고 할 수 있다.

즉흥적 말하기 과정에서도 전달내용이 의미 있게 전개되기 위해서는 적절한 의미연결(coherence)의 구성이 필수적이라고 할 수 있다. 거시구조는 이런 점에서 매우 유용한 개념 단위라고 할 수 있다. 아무리 즉흥적으로 전개되는 말하기 과정이라고 할지라도, 의미의 일관성을 갖추어야 하기 때문이다.

이 글은 즉흥적 말하기에서 의미연결 기반의 거시구조가 어떻게 상정될 수 있는지를 다루게 되는데, 말하기의 심리적 과정에 대한 연구 기반 및 담화나 텍스트의 거시구조에 대한 연구 성과물이 주요한 이론적 배경이 될 수 있다.

신지연(2005), 서종훈(2007), 김명순(2010), 공민경(2014) 등에서는 글말 수행에 드러나는 통사결속(cohesion)이나 의미연결(coherence) 기반의 탐구에 초점을 두고 있다는 점에서 거시구조와 연계해서 논의가 가능하다는 데 참고의 의의가 있다.[1] 다만 글말 수행에 국한되어 있다는 점이 일부 한계로 드러난다.

이성만(1994, 2006), 정시호 옮김(2001) 등에서는 텍스트 거시구조의 속성과 언어학적 의미를 상세하고 기술하고 있다. 특히 텍스트 언어학뿐만 아니라 화용론적 측면에서도 거시구조의 의미를 탐구할 수 있는 기반을 마련하고 있어 참고의 의의가 크다. 다만 대상 입말 자료가 극히 제한적이라는 점에서 한계가 따른다.

전영옥(2009)와 구현정(2010)은 담화 연구에서 구어가 가지는 다양한 의미와 연구 방법 등을 개괄적으로 논의하고 있다는 점에서 참고의 의의가 있다. 특히 구어 자료가 지니는 인위성이나 조작의 문제가

---

1) 국어과 교육과정에서는 통일성(coherence)과 응집성(cohesion)이라는 용어로 사용되며, 텍스트 언어학계에서는 응결성(cohesion)과 응집성(coherence) 등의 용어로 사용되고 있다. 이 글은 낱말이 가지는 의미를 비교적 쉽게 가늠할 수 있다는 점에서 김지홍(2010)을 따라 의미연결(coherence)과 통사결속(cohesion)이라는 용어를 사용한다.

논의되기도 하는데, 절반 이상의 자료가 준 구어거나 인위적으로 만들어진 자료라는 점에서의 문제를 지적한다.

반 데이크(van Dijk, 1980; 서종훈 옮김, 2017)은 입말과 글말 수행에서 드러날 수 있는 거시구조를 본격적으로 다루고 있어 참고의 의의가 크다. 특히 학제 간 연구를 지향하면서, 특히 일상생활 속에서 즉흥적으로 구현되는 대화에서 거시구조가 화자와 청자의 순서 교대와 대응 쌍 등을 중심으로 다양하게 구성될 수 있음을 실증적으로 논의하고 있다.

르펠트(Levelt, 1998; 김지홍 뒤침, 2008)은 말하기의 심리적 과정에 드러나는 다양한 부면을 독화와 대화의 양 측면에서 과학적으로 철저하게 논의하고 있다는 점에서 참고의 의의가 크다. 특히 메시지 생성과 관련한 수사와 의미, 그리고 이러한 메시지를 산출하는 데 필요한 통사와 음운, 음성 부서들 간의 순차적 연계 과정을 과학적으로 엄밀하게 논의하는데, 이러한 각 과정에서 부각될 수 있는 말하기의 다양한 부면을 살펴볼 수 있다.

물론 제시된 연구 이외에도 다수의 연구가 이 글에 직·간접적인 영향을 주었다. 다만 지면의 한계 상 이 글의 연구 동기나 진술 과정에서 꼭 필요하다고 고려되는 몇몇 연구만을 제시했다. 이하 진술 과정에서 이론적 배경에서 다루지 못한 연구들 중에서 언급의 필요성이 있는 논의는 주석에서 간략하게 다루기로 한다.

2. 연구 방법 및 연구 가설

2.1. 연구 방법

이 글에서는 즉흥적 말하기에 상정될 수 있는 거시구조가 말하기 담화 갈래와 학습자의 언어수행 수준에 따라 어떤 차별성을 보이는지를 살펴보고자 한다. 이를 위해 즉흥적 말하기의 담화 갈래는 친교 및 정서표현과 설득의 두 가지 담화로, 참여 집단 학습자들은 언어수행 수준에 따라 두 부류로 구분된다.

즉흥적 말하기의 경우에 친교 및 정서표현의 경우는 자신의 경험담이나 일화가 중심이 되는 이른바 자전적 이야기라고 할 수 있다. 이 갈래가 간혹 연설에 포함되기도 하지만, 전형적 연설이라고 보기에는 내용상이나 형식상으로 어울리지 않는 면이 있고, 그렇다고 온전히 정보 전달에 초점을 맞춘 발표라고 할 수도 없기 때문에 현행 국어과 교육과정에 제시하고 있는 세 갈래의 명칭인 정보 전달, 설득, 친교 및 정서표현에 따랐다.

설득의 경우는 전형적 연설 담화를 상정하였다. 연설 담화의 경우는 실제로 학교 현장에서 전형적인 웅변의 양상으로 교육되기보다는 설득이라는 폭넓은 담화로 교육되고 있는 실정이다. 따라서 이런 경우는 많은 담화가 설득이라는 언어수행의 목적에 초점이 있음을 감안하여 이 글에서는 범위를 좁혀 웅변 투의 말하기 방식으로 국한하였다.

정보 전달에 해당하는 발표 담화는 사전에 많은 준비가 따라야 하기 때문에 즉흥적 말하기로 부적합하다고 판단되었다. 연설의 경우도 비슷한 맥락에서 간주될 수 있지만, 거리에서의 정치 연설과 같은 즉흥 연설이나 인사말이나 축사와 같은 식장 연설과 같이 즉흥적으로 이루어질 수 있음이 감안되었다.

아울러 이러한 두 갈래 담화의 말하기는 화자 기억 문제와 밀접하게 관련될 수 있다. 가령 설득(연설)의 경우는 공동체의 문제를 다룬다는 점에서 앎이 주된 영역이 되는 의미기억(semantic memory)에, 반면에 친교 및 정서표현의 경우는 화자 자신의 삶에서 체화된 부분들을 끌어내기 때문에 일화기억(episodic memory)에 기반을 둘 가능성이 높다. 아울러 설득 갈래가 전형적인 수사구조나 논리구조를 지향하는 데 반해, 친교 및 정서표현은 시간이나 공간, 사건 등이 수반되는 다양한 거시구조를 상정할 수 있을 것이다.2)

참여 학습자의 경우는 언어수행을 고려하여 두 집단으로 구분하였다. 이 글이 실시하는 즉흥적 말하기가 연령대가 어린 학습자들에게는 다소 무리한 담화 양상임을 감안하여, 필자가 재직하고 있는 학교의 학습자들이 언어수행 수준에 따라 두 집단으로 구분되어 참여하였다. 언어수행 수준의 경우는 입학 시의 수능 언어 점수와 본교에서 신입생들을 대상으로 실시하는 기본적인 쓰기, 말하기 테스트 결과를 고려하였다.

언어수행 수준이 하위 집단이라고 상정된 학습자들은 교양수업을 듣는 신입생들을 중심으로 인문 계열과 자연 계열 대상자로 구성되었고, 각각 1학기와 2학기로 나뉘어 조사가 실시되었다. 언어수행 수준

---

2) 기억의 문제는 국어교육 내에서 그다지 심도 있게 다루어지고 있지 못한 상황이다. 기억은 담화나 텍스트의 이해와 산출 과정에서 메시지의 생성 및 구성과 관련하여 매우 중요한 역할을 하고 있다. 조명한 외(2003)와 이정모 외(2009) 등에서 기억의 문제를 비교적 쉽게 잘 진술하고 있어 참고가 되며, 김지홍(2015)에서는 국어교육의 틀에서 두뇌의 심층적 처리 작용 양상이자 영역인 기억의 문제가 심도 있게 논의되었다.

이 높다고 상정된 집단은 사범대학 국어교육과에 재학하고 있는 2학년 3학년 학습자가 대상이 되었다. 역시 1학기와 2학기로 구분되어 조사가 실시되었다. 참여 인원은 1학기와 2학기 각각 30명으로 한정되었다. 이는 이 글이 질적 조사를 바탕으로 하지만, 기본적으로 양적 조사 방식도 반영되기 때문에 통계 검정을 위한 최소 인원이 대상이 되었다고 할 수 있다. 조사 개관은 다음과 같다.

〈표 1〉 조사 개관

	내용			
조사 대상	교양수업 신입생	국어교육 2학년생	교양수업 신입생	국어교육 3학년생
조사 인원	30여 명	30여 명	30여 명	30여 명
조사 시기	2019.3~2019.4	2019.5~2019.6	2019.9~2019.10	2019.11~2019.12
대상 갈래	친교 및 정서표현		설득(연설)	
수행 시간	3~4분		3~4분	
참여 방식	동료평가		동료평가	
조사 방식	촬영 및 전사		촬영 및 전사	

전체 조사 시기는 2019학년도 1학기와 2학기에 걸쳐 진행되었다. 교양수업의 경우는 1학기에는 인문대학 신입생, 2학기는 자연대학 신입생이 대상자가 되었다. 대략적으로 교양수업 대상자들의 수능 관련 입학 성적은 5~7등급에, 국어교육 대상자들은 2~4등급에 분포하였다. 전체 조사 과정은 본교에 재직하고 있는 말하기와 쓰기 수업의 강사가 교양수업 대상자를, 국어교육과 대상자는 필자가 진행하였다.

참여 인원은 갈래별로 각각 60명이 된다. 실제 1시간 30분 수업 시간에 진행할 수 있는 학습자 수는 대략 5~7명 정도가 최대치였다. 이는 즉흥적 말하기 대상자와 화제를 무작위로 선정하고, 참여자들에게 공적 자리임을 감안하여 말하기를 준비하는 데 최소한의 시간을 주었다.3) 가령 청중들 앞에 서기 전에 옷매무새를 단정히 하고, 목소리를 가다듬는 등의 1~2분 범위 내에 두었다.

즉흥적 말하기 수행 시간은 갈래에 상관없이 3~4분 정도였다. 이 시간이 긴 시간이라고 보기는 어렵지만, 특별한 준비 없이 즉흥적으로 많은 청중들 앞에서 주어진 화제를 풀어나가는 것이 쉽지 않음을 감안한 시간이라고 할 수 있다. 실제로 이 시간을 다 활용하지 못하고 중간에 포기하는 참여자들도 있었다.4)

참여 방식에서는 동료 평가가 연계되도록 하였다. 실제 이를 과제 점수에는 반영하지 않았지만, 즉흥적 말하기에 청중으로 참여하는 학습자들의 관심과 집중도를 높이기 위하여 학습자 상호 간 동료 평가 방식을 적용하였다. 즉 청자 관점에서 즉흥적 말하기의 다양한 부면을 상위 인지적 측면에서 접근하도록 하였다. 아울러 이러한 인식과 평가의 결과를 간략하게 기술하도록 하였다.

조사 방식은 크게 촬영 및 전사로 구분된다. 촬영은 핸드폰이나 동영상 전문 촬영기 등을 사용하도록 하였다. 물론 사전에 촬영해 줄 이를 정하도록 하였다. 자신의 촬영물은 전사하여 과제로 제출하

---

3) 말하기 화제는 사전에 수집되었고, 발표 당일 날 공개되었다. 되도록 학습자들이 관심을 두거나 희망하는 화제로 상정하였다. 가령 설득(연설)의 경우는 대학생 입장에서 바라보는 우리 교육의 문제, 인터넷 악플러의 문제, 교사가 지녀야 할 가치, 소년법 처벌 대상자 낮추자 등이 선정되었고, 친교 및 정서 표현의 경우는 내가 가본 최고의 맛집, 내 기억에 남는 여행지와 그 이유, 친구를 잘 사귈 수 있는 나만의 방법, 살아오면서 가장 기뻤던 일과 슬펐던 일 한 가지 등이 화제로 상정되었다.

4) 조사 인원은 수행 수준별로 30명씩이었지만, 실제로 30명이 조금 넘는 대상자들이 본 조사에 참여하였다. 하지만 일부 대상자들, 특히 교양수업 대상자들은 중간에 말하기를 포기하는 경우가 제법 있었고, 이런 학습자들은 조사결과에서 제외하였다. 다만 말하는 중간에 말하기가 끊어지고 긴 쉼이 이어지는 경우는 학습자들의 상황을 최대한 감안하여 긴 쉼이 이어진 이후에 말하기를 지속하도록 배려하였다. 아울러 즉흥적 말하기를 촬영하는 이가 수신호로 '분'단위 시간을 알려주도록 하였다.

도록 하였는데, 음성 전사보다는 표현된 의미를 직관적으로 파악하기 쉬운 형태 전사를 하도록 하였다. 이 결과물은 이 글의 조사에 참여한 강사와 필자가 교대로 점검하고 평가한 뒤에 촬영본을 두고 최종적으로 수정하여 조사 대상 결과물로 확정하였다.

즉흥적 말하기의 대상자는 촬영본을 두고 전사본을 구성하면서, 전체 담화의 거시구조를 글말의 문단 수준인, 이른바 일련의 발화가 일관된 의미로 구분되어 뭉쳐질 수 있는 발화덩이로 구획 짓고, 이를 '나무-그림' 형태로 간략하게 도식화하도록 하였다. 그 결과는 조사에 참여한 강사와 필자가 교차 점검하였다.

2.2. 연구 가설

'2.2'절에서는 두 가지 연구 가설을 제시한다. 가설1은 참여 학습자의 언어수행 수준에 따른 거시구조 생성의 차별성 양상을, 가설2는 담화 갈래에 따른 거시구조의 생성의 차별성 양상을 다룬다. 즉 즉흥적 말하기를 통해 드러날 수 있는 거시구조 생성의 양상을 화자의 수준과 담화 갈래라는 두 변인을 통해 다루고자 한다.

연구 가설1: 언어수행 수준에 따른 거시구조 생성 양상에는 차이가 날 것이다.

이 글에서의 조사 대상 학습자들은 발화 현장에서 선정된 화제를 사전 준비 없이 청중들 앞에서 자신의 견해나 경험담을 자유스럽게 피력한다. 그들은 화제에 대해 말할 내용을 즉석에서 마련하고 이를 즉흥적으로 산출한다. 이 과정에서 조사 대상 학습자들의 언어수행 수준에 따라 생성되는 거시구조의 양상에는 차이가 있을 것으로 예상된다.

화자가 즉흥적으로 말을 한다고 할지라도 내용의 전개 과정이 순차적이지만은 않을 것이다. 전개되는 발화 내용이 때로는 의미의 계층 관계를 형성하면서 주제의식을 부각시키는 형태로 드러날 수 있을 것이다. 이러한 인식 과정을 통해 적절한 거시구조가 형성될 수 있을 것이다. 하지만 실시간으로 이루어지는 이러한 인식 과정은 인지적으로 매우 부담스러운 과정이다.

특히 언어수행 수준이 떨어지는 학습자들의 경우는 자연스러운 의미연결 관계를 형성하는 담화를 산출하는 데 많은 어려움을 겪을 것이다. 이는 자연스럽게 양적으로나 질적으로 거시구조를 산출하는 어려움으로 귀결될 것이다. 언어수행 수준이 높다고 상정된 학습자들도 이런 상황에서 예외가 아닐 것이다. 다만 담화의 의미적 일관성에 부합하는 거시구조로 형성하는 데 언어수행 수준이 낮다고 상정된 학습자들보다 인지적 수월성을 보일 것이다.

이러한 결과는 우선 거시구조 생성의 양이나 질에서의 차이로 귀결될 것이다. 언어수행 수준이 높은 학습자들은 낮은 학습자들보다 언어 유창성 측면에서 거시구조를 보다 많이 생성, 산출할 것이다. 또한 거시구조 간 의미연결의 적절성 측면에서도 언어수행 수준이 높다고 상정된 학습자들에게서 더 높은 수준의 점수 결과를 기대할 수 있을 것이다.

연구 가설2: 담화 갈래에 따른 거시구조의 산출 양상에는 차이가 날 것이다.

이 글은 두 가지 담화 갈래를 상정하였다. 첫째는 친교 및 정서표현과 관련된 개인 일화를 중심으로 한 자전적 이야기이고, 둘째는 설득과 관련하여 공동체의 문제에 대하여 화자 자신의 주장을 내세우는 연설이다. 교육 현장에서는 주로 설명과 설득으로 구분하여 말하기 담화에 접근하고 있는데, 전자의 경우는 일정 부분 설명과 설득에 모두 관계된다고 할 수 있다.

이러한 담화 갈래에 따른 말하기는 화자의 기억의 양상과도 밀접하게 관련될 수 있다. 인간의 기억은 다면적이라고 할 수 있는데, 특히 개인의 일상과 관련한 개별적이고 미시적인 측면의 내용은 일화기억(episodic memory), 그리고 개인이 속한 공동체의 문화적이고 거시적 측면과 관련되는 내용은 의미기억(semantic memory) 영역과 관련된다고 할 수 있다. 이는 발화 산출의 문제와도 일정 부분 연관을 맺는다고 할 수 있다.

즉 친교 및 정서표현과 관련된 말하기의 경우는 개인의 일상과 관련되기 때문에 개인적 삶의 파편에서 기인하는 다양한 내용을 사고 과정으로부터 끌어오기가 보다 용이할 것이다. 반면에 설득의 경우는 연설조의 투식(register)에서 오는 형식적 어려움에 더하여 제시된 화제들이 평소에 개인의 삶과 밀접하게 관련되어 체화되어 있지 않은 상태가 대부분이기 때문에 일관된 의미의 담화 형성에 어려움이 따를 것이다.

범박하게 말하자면, 개인의 기억에 기반을 두는 친교 및 정서표현과 관련된 즉흥적 말하기가 공동체의 문제에 기반을 두는 설득(연설)적 즉흥적 말하기보다 수행하기가 쉬울 것으로 예상된다. 이는 산출된 거시구조의 수가 설득보다 친교 및 정서표현과 관련된 말하기에서 더 많고, 아울러 거시구조 간 의미연결의 적절성 평가 결과가 더 높다는 점으로 귀결될 수 있다.

3. 연구 결과 및 논의

3.1. 가설1의 결과 및 논의

가설1에서는 언어수행 수준에 따라 거시구조의 생성 양상이 차이를 보일 것이라고 하였다. 언어수행 수준이 다르다고 상정된 학습자들끼리의 비교 논의를 위해서 친교 및 정서표현과 설득 담화로 구분되어 그 결과가 논의된다. 즉 구분된 각 담화에서 언어수행 수준의 차이가 즉흥적 말하기에서 거시구조의 산출과 관련하여 얼마나 유효한 변인인지를 다룬다.

이러한 가설을 구체적으로 논의하기 위해서는 즉흥적 말하기 과정에 생성된 거시구조를 표면적으로 도출할 수 있어야 한다. 거시구조 생성의 수나 거시구조 간 의미연결의 적절성을 학습자 수준 별로 비교하기 위해서는 우선적으로 말하기 과정에 수반된다고 상정된 거시구조를 표면적으로 드러내어야 하기 때문이다.

입말은 글말처럼 명시적인 언어 단위를 상정하기가 어렵기 때문에 전사 결과물을 두고 거시구조를 일정한 범위로 구획지어야 한다. 통상 개별 발화는 글말에서 절이나 문장 수준 정도로, 연속된 발화들의 집합인 발화덩이는 문단 수준 정도로 가늠될 수 있다. 따라서 전체 담화에서 소주제 중심의 일관된 의미로 구획되어 나누어질 수 있는 발화덩이를 거시구조로 상정할 수 있다.5)

이를 위해서 우선적으로 전사본을 중심으로 일련의 발화 연속체를

---

5) 김지홍(2007)에서는 글말 단위에 대응하는 입말 단위를 '소리 → 형태 → 낱말 → 구 → 절 → 발화 → 발화덩이 → 덩잇말'로 제시하고 있는데, 발화는 글말의 문장에 발화덩이는 문단에 대응된다.

전체 담화에서 소주제 중심의 의미 단위로 구획하는 작업이 이루어진다. 말하기 역시 쓰기와 마찬가지로 발화 연속체가 선조적으로만 연속될 수 없기 때문이다. 연속된 발화들 간에 일종의 의미적 여백이 끼어들거나 의미적 위계 관계의 구성으로 발화들 간의 의미 분절이 가능해 질 수 있다. 즉 글말에서 소주제문과 뒷받침문장으로 구성된 문단 수준 정도의 단위가 전사본으로부터 발화덩이로 재구성될 수 있다.

이렇게 의미 분절된 발화덩이는 글말의 문단과 같이 전체 담화에서 일종의 거시구조로 상정될 수 있다. 즉흥적 말하기 과정에서도 이러한 거시구조가 명확하게 인식된 형태로는 아니지만, 잠재적으로 발화 흐름상으로 형성될 수 있다. 직관적으로 이러한 흐름이 형성되지 않으면 화자나 청자 측면에서 적절한 담화로 인식되기 어렵기 때문이다.

학습자 간 도출된 거시구조의 비교를 위해서 두 가지 비교 기준이 마련된다. 첫째, 산출된 거시구조의 총 횟수이다. 즉 제한된 시간 안에 산출된 거시구조의 횟수가 많다는 것은 그만큼 말하기의 내용적인 측면이 선형적으로나 위계적으로 다양하게 구성될 가능성이 높고, 아울러 내용상의 유창함도 기대할 수 있다.

둘째, 상정된 거시구조 간 의미연결(coherence)의 적절성 정도이다. 아무리 거시구조가 수적으로 풍부하게 산출된다고 하더라도 거시구조 간 의미연결의 일관성 정도가 낮으면 수용에 적절한 담화가 될 수 없다. 따라서 상정된 거시구조 간 의미연결의 일관성 정도를 평가하기 위해 세 단계 척도를 도입할 수 있다. 평가 기준은 다음과 같이 간략하게 마련된다.

〈표 2〉 거시구조 간 점수 척도표

척도	내용
3점	거시구조 간 의미연결의 일관성이 높아 화맥상으로 어색함이 발생하지 않는 경우
2점	거시구조 간 짧은 쉼, 머뭇거림, 반복 등이 잦아 원만한 의미연결에 방해를 받거나 의미연결의 일관성이 떨어지는 경우
1점	거시구조 간 장시간 쉼이 지속되거나, 화제가 갑자기 바뀌거나 단절되어 의미연결의 일관성이 매우 낮은 경우

〈표 2〉에서와 같이 비교적 단순한 3점 척도를 적용한 것은 발화덩이 간 의미연결의 흐름, 이른바 화맥의 적절성을 평가하는 데는 발화 당시의 상황 맥락이 고려되어야 하는 등의 복잡한 인지적 작용이 수반되기 때문이다. 즉 평가자의 주관적 판단이 개입되는 것을 막기 위해 지나치게 점수 척도를 세분화하지 않았다. 다만 평가자 간 점수 부여에 이견차가 있을 때는 상호협의 하에 점수를 부여하였다. 먼저 친교 및 정서표현 담화 갈래에서 거시구조라고 상정된 단위 간에 3점이 부여된 경우이다.

국어교육과 ○○학번 ○○○입니다. 어.. 저는 여행에 대한 제 생각과 추천 여행지를 말해 볼려고 하는데요.(M₁)

어 먼저 저는 여행은 세 가지 종류로 분류를 할 수 있다고 생각을 해요. 그게 뭐냐면 첫 번째는 혼자만의 여행, 두 번째는..(1초)친구들이랑 하는 여행, 세 번째는 가족들이랑 하는 여행 〈손동작으로 첫째, 둘째, 셋째를 표현함〉으로 분류를 할 수 있다고 생각하는데 그중에서도 제가 가장 선호하는 거는 가족들이랑 (2초)가는 여행을 선호를 하지만 요즘에는 혼자 하는 여행을 해볼려고 많이 노력을 하고 있습니다. 왜냐하며 언(3초)어 여행 같은 경우는 새로운 곳을 가서 뭔가를 경험하고 볼 수 있다는 장점이 있는데 어 혼자가면 자기만의 시간을 더 가질 수 있고 뭐 다른 사람들이랑 간다면 이쪽을 갔는데 저는 더 남아서 더 보고 싶은데 다른 사람이랑 가면 그 자리에서 벗어나야 되는 일들이 많이 있기 때문에 저는 혼자만의 여행이 좋다고 생각합니다. 그리고 여행이 좋다고 생각을 하는 게 (1초) 어.. 뭔가 마음이 편해지고 일상에서 벗어나서 자신을 되돌아볼 수 있는 계기가 될 수 있다고 생각을 합니다.(M₂)

이어서 제가 추천하고 싶은 여행지를 말씀을 드리면 제가 이번 여름 방학 때 홍콩을 갔다 왔어요. 근데 홍콩을 원래 갈려고 했는데 계에속 미루다가 〈손동작으로 미뤄짐을 표현〉 이번에 가게 된 거란 말이에요. 근데 홍콩이 날씨가 덥고 습하다는 생각이 있어서 사람들이 많이 가기를 꺼려하는데 어 올해 여름에 우리나라가 많이 더웠잖아요? 그래가지고 오히려 제가 갔을 때는 한여름이였는데도 홍콩이 더 선선하고 바람도 잘 불었던 거 같아요.(M₃)

위의 담화는 거시구조라고 상정된 발화덩이 간에 모두 3점을 받은 예인데, 첫 번째 거시구조(M₁)에서 두 번째 거시구조(M₂)로 이어질 때 간투사 '어'가 짧게 사용되면서 자연스럽게 이어지고 있다. 두 번째에서 세 번째로 이어지는 경우는 소주제가 자연스럽게 바뀌면서 간투사나 쉼, 그리고 머뭇거림 없이 매끄럽게 의미연결 되는 양상을 보여주고 있고 있다.

반면에 거시구조라고 상정된 단위 간에 2점을 부여한 경우는 친구와 친해진 계기에 대해 이야기하는 일부 예이다. 놀이공원에서 친구와 친해진 예를 들고 있다가 그 이야기가 마무리되는 시점에 이어갈 이야기가 생각이 나지 않아 머뭇거림에 수반된 간투사가 반복적으로 끼어든 양상을 보여주고 있다.

롯데월드를 갔다 왔었어요. 롯데월드에 갔다가 그 뭐였지?(3초) 후룸라이드를 탔었는데 그때 물이 다 튀겨서 옷이랑 얼굴이 다 젖었었거든요. 그래서 그 때 같이 사진 찍고 놀았던게 굉장히 재밌었던 이야기로 기억에 남고 있고요.(M₃)

음..(1초) 어(1.7초) 음..(4.5초) 재밌었던 순간으로 하면은(2.3초) 아! 그 학교에 있다가 제 친구가 막 자전거를 타고 왔단 말이에요 그(1초).약간 도로랑 학교 인도랑 90도로 꺾이는 사각지대 같은 부분이 있는데 자전거를 타고 가다가 친구가 차에 치여서 그.(2.3초) 뭐 피를 뚝뚝 흘리면서 자전거에서 떨어졌었단 말이에요(M₄)

예에서 드러난 바와 같이 M₃과 M₄로 상정된 거시구조 간에는 쉼이 수반된 간투사의 반복이 자주 발생하고 있지만 앞뒤 거시구조 간 의미연결에는 큰 문제가 없는 것으로 보인다. 다만 마지막 간투사 끝에서는 대략 4.5초의 쉼이 수반됨으로써 자칫 의미연결이 끊길 수 있는 위험이 수반되었다. 이런 경우 잦은 쉼이나 간투사의 반복이 듣는이로 하여금 수용 과정상에 일시적 피로감을 던져줌으로써 일관된 의미연결 과정에 인지적 부담을 주었다고 판단되어 감점의 요인이 되었다. 마지막으로 설득(연설) 담화에서 1점이 부여된 경우이다.

안녕하십니까. 저는 한국어문학부 19학번 정00입니다. 제가 말하고 싶은 바는 인터넷 악플과 악플러의 처벌에 대한 당신의 생각은 입니다.(M₁)
음(5.6초) 어 여러분은 선플 운동이라는 것을 알고 계십니까.(2초) 저는 고등학교 시절에 동아리에서 이제 선플 운동캠페인을 하면서 직접 제가 선플을 달았던 기억이 있습니다. 인터넷 댓글에 대한 현실을 생각한다면 대부분 악플에 대해서 가장 많이 떠오르실거라고 생각하는데 이렇게 선플 운동캠페인이 벌어지면서 선플에 대한 이제 관심도도 높아지고 선플에 대한 이제 영향력도 어느 정도 커진다고 저는 생각하고 있습니다.(M₂)

어(3.2초)어 또한 이제 악플에 대해서도 자세히 말해보자면 2008년도에 온 전 국민이 떠들썩하게 일어났던 고최준최순실 연예인에 사망 그 자살 막아 최진실의 사망 이유가 무엇인지 알고계십니까. 네 악플에 대해서 그 이제 그 자신의 친구의 남편에게 돈을 빌려줬는데 그 남편이 이제 사망을 했어요. 근데 그 사망 이유가 이제 거액을 달라고 독촉을 해서 최순 아최진실이 사망하게 했다 이렇게 하는 얘기와 악플 때문에 자살이 이루어진 걸로 알고 있습니다.(M₃)

제시된 예는 설득(연설) 담화의 일부인데, 먼저 M₁에서는 악플의 현실과 악플러에 대한 처벌을 이야기하고자 하지만, 이어지는 M₂에서는 간투사를 시작으로 긴 쉼이 이어지면서 갑자기 선플에 대한 이야기를 꺼내고 있고 전체가 선플에 대한 개인적 견해를 제시하고 있다. 즉 M₂는 화맥상 일관되게 의미연결된 거시구조라고 보기 어렵다. 따라서 M₁과 M₂ 간에는 1점이 부여되었다. 이는 M₂와 M₃에도 유사하게 적용될 수 있다.

언어수행이 다르다고 상정된 학습자들 간 거시구조의 산출 양상에는 차이가 있을 것이라는 결과는 〈표 3〉과 같이 학습자 집단별로 구분되어 거시구조의 산출 횟수와 거시구조 간 의미연결의 평균 점수가 제시되었다. 먼저 친교 및 정서표현 담화 갈래로 상정된 즉흥적 말하기의 수행 결과이다.

〈표 3〉 '친교 및 정서표현'의 거시구조 산출 양상

	교양수업 신입생(30명)		국어교육 2학년(30명)	
	산출 횟수	평균 점수	산출 횟수	평균 점수
1	7	72.2	7	88.9
2	3	66.7	5	83.3
3	5	58.3	6	86.7
4	6	86.7	7	88.9
5	4	66.7	4	100
6	4	44.4	5	75.0
7	5	83.3	6	93.3
8	6	60.0	4	77.8
9	5	58.3	7	83.3
10	5	75.0	8	85.7
11	4	88.9	5	100
⋮	⋮	⋮	⋮	⋮
30	4	66.7	5	83.3
평균	4.7	72.0	5.8	83.7

〈표 3〉에서 참여 대상 학습자들은 아라비아 숫자로 임의로 지칭되었다. 산출 횟수는 각 학습자가 산출한 거시구조의 총 수를, 평균 점수는 산출된 거시구조 간 의미연결 적절성에 대한 점수를 평균한 결과를 말한다. 30명 학습자 모두의 결과를 드러내기에는 지면상 한계가 있어 일부 학습자들의 결과만 제시하되, 이후의 통계 검정에서는 전체 학습자의 결과를 대상으로 한다.

〈표 3〉에서 드러난 표면적으로 드러난 수치만으로 단정 짓기는 어렵지만 대체적으로 국어교육 2학년 학습자들의 즉흥적 말하기에서 거시구조의 산출 횟수나 거시구조 간 의미연결의 적절성에 대한 점수가 전체적으로 높은 것으로 드러나고 있다. 먼저 집단 간 거시구조의 산출 횟수에 대한 통계 검정 결과이다.

	교양수업	국어교육
평균	4.69	5.75
분산	1.1625	1.533333333
관측수	30	30
공동(Pooled) 분산	1.347916667	
가설 평균차	0	
자유도	58	
t 통계량	-2.58846568	
P(T<=t) 단측 검정	0.007361731	
t 기각치 단측 검정	1.697260887	
P(T<=t) 양측 검정	0.014723462	
t 기각치 양측 검정	2.042272456	

〈표 4〉에서와 같이 친교 및 정서표현 관련 즉흥적 말하기에서의 학습자들의 거시구조 산출의 평균 횟수는 국어교육 2학년 학습자들의 경우가 유의미한 차이가 날 정도로 높은 것으로 드러났다. 검정 통계량이 '-2.59'로 단측(1.69)이나 양측(2.04) 기각치를 넘어서고 있다. 따라서 '두 집단 간에 산출 횟수에는 차이가 없다'로 영가설이 상정되면, 그 결과값은 기각된다. 즉 두 집단 간 거시구조 산출 횟수에는 차이가 있다고 볼 수 있다.

따라서 이 글의 가설1에서 집단 간 거시구조 산출 횟수에는 차이가 있을 것이라고 상정한 내용은 수용된다고 할 수 있다. 이는 언어수행 수준이 높다고 상정된 학습자들이 친교 및 정서표현의 즉흥적 말하기에서 거시구조의 산출의 양적인 면에서는 수월성을 보여주었다고 할 수 있다. 다음은 산출된 거시구조 간 의미연결의 적절성에 대한 검정 결과이다.

〈표 5〉 '친교 및 정서표현'의 거시구조 간 의미연결 적절성 검정

	교양수업	국어교육
평균	72.01	83.69
분산	215.4336111	99.18099537
관측수	30	30
공동(Pooled) 분산	157.3073032	
가설 평균차	0	
자유도	58	
t 통계량	-2.633014625	
P(T<=t) 단측 검정	0.006623653	
t 기각치 단측 검정	1.697260887	
P(T<=t) 양측 검정	0.013247306	
t 기각치 양측 검정	2.042272456	

〈표 5〉에서와 같이 거시구조 간 의미연결의 적절성에 대한 평가 결과도 집단 간에 유의미한 차이가 있는 것으로 드러났다. 검정 통계량이 '-2.63'으로 나와 단측과 양측 기각치를 모두 넘어서고 있다. 따라서 '두 집단 간 평균 점수에는 차이가 없다'를 영가설로 두고 검정하면 이 가설은 기각되는 결과를 보여준다. 즉 언어수행 수준이 높다고 상정된 집단에서의 평가 점수 결과가 유의미한 정도로 높은 것으로 드러났다.

이는 언어수행 수준이 높다고 상정된 집단의 학습자들이 친교 및 정서표현과 관련된 즉흥적 말하기에서 거시구조를 양적으로만 수월하게 산출하는 것이 아니라, 질적으로도 보나 일관된 양상의 의미연결 관계를 수립했다고 볼 수 있다. 다음은 설득(연설) 담화의 집단 간 거시구조 산출 양상 결과이다.

〈표 6〉 '설득(연설)'의 거시구조 산출 양상

	교양수업 신입생(30명)		국어교육 3학년(30명)	
	산출 횟수	평균 점수	산출 횟수	평균 점수
1	3	66.7	7	88.9
2	4	55.6	6	80
3	3	83.3	5	91.7
4	5	58.3	7	94.4
5	3	66.7	8	85.7
6	6	80.0	6	86.7
7	4	88.9	5	83.3
8	3	66.7	7	77.8
9	3	83.3	5	91.7
10	5	50.0	6	86.7
11	4	66.7	7	77.8
⋮	⋮	⋮	⋮	⋮
30	3	83.3	5	100
평균	3.5	68.7	6.2	86.8

〈표 6〉에서 드러난 바와 같이 설득 담화에 대한 결과는 앞선 친교 및 정서표현보다 표면상으로 두 집단 간 거시구조 산출 횟수나 평균 점수의 격차가 더 벌어지고 있다. 이는 언어수행 수준이 낮다고 상정된 학습자의 경우에 친교 및 정서표현의 말하기보다 설득(연설) 담화의 즉흥적 말하기에서 내용을 전개해 나가는 데 어려움을 더 겪고 있음을 말해주는 결과라고 할 수 있다. 먼저 집단 간 거시구조 산출 횟수의 검정 결과이다.

<표 7> '설득(연설)'의 거시구조 산출 횟수 검정

	교양수업	국어교육
평균	3.5	6.2
분산	0.695238095	1.171428571
관측수	30	30
공동(Pooled) 분산	0.933333333	
가설 평균차	0	
자유도	58	
t 통계량	-7.55928946	
P(T<=t) 단측 검정	1.55361E-08	
t 기각치 단측 검정	1.701130934	
P(T<=t) 양측 검정	3.10722E-08	
t 기각치 양측 검정	2.048407142	

〈표 7〉에서와 같이 거시구조의 평균 산출 횟수는 집단 간 유의미한 차이를 보이는 것으로 드러났다. 검정 통계량이 '-7.56'으로 나와 단측이나 양측 기각치를 훨씬 넘어선 결과를 보여주고 있다. 이는 '두 집단 산출 횟수는 차이가 없다'라고 영가설이 상정되면 그 결과는 기각된다. 따라서 이 글의 가설에서 상정한 두 집단 간 거시구조의 산출 양상에는 차이가 있을 것이라는 내용은 수용된다.

특히 설득 담화의 경우는 앞선 친교 및 정서표현 담화에 비하여 거시구조 산출 횟수의 격차가 더 크게 나고 있는 점이 특징적이다. 이는 두 집단 간 언어수행의 차가 더 벌어지고 있다는 점을 말해주는 결과라고 할 수 있다. 즉 설득 담화의 즉흥적 말하기에서 언어수행 수준이 더 주된 변인으로 작용하고 있다고 말할 수 있다. 이는 거시구조 간 의미연결의 적절성 평가 결과에서도 여실히 드러나고 있다.

<표 8> '설득(연설)'의 거시구조 간 의미연결 적절성 검정

	교양수업	국어교육
평균	68.71259259	86.8212698
분산	161.1070347	42.5028632
관측수	30	30
공동(Pooled) 분산	101.8049489	
가설 평균차	0	
자유도	58	
t 통계량	−4.9151063	
P(T<=t) 단측 검정	1.74899E−05	
t 기각치 단측 검정	1.701130934	
P(T<=t) 양측 검정	3.49798E−05	
t 기각치 양측 검정	2.048407142	

<표 8>에서와 같이 설득 담화의 즉흥적 말하기를 통해 드러난 거시구조 간 의미연결의 적절성 점수도 집단 간 일정한 차이를 보이는 것으로 드러났다. 검정 통계량이 '−4.92'로 나와 단측이나 양측 검정치를 넘어서는 결과를 보여주고 있다. 즉 이 글에서 상정한 연구 가설 1의 내용은 수용된다.

이상 연구 가설1에서 상정한 내용은 통계 검증 결과 전체적으로 수용되는 결과를 보여주었다. 즉 언어수행 수준에 따른 집단 간 즉흥적 말하기에서의 즉흥적 거시구조의 산출 양상의 차이는 뚜렷했다. 이른바 거시구조 산출 횟수라는 양적인 측면과 거시구조 간 의미연결 적절성의 평가라는 질적인 측면 모두에서 언어 수행 수준이라는 변수가 유의미하게 작용하였다.

언어수행 수준, 이른바 모국어를 잘 부려 쓴다는 것은 이해 능력, 표현 능력, 문법 능력, 아울러 이러한 모든 능력을 아우르는 소통 능력 등의 다양한 측면에서 그 수준이 논의될 수 있다. 특히 이해나 표현 능력은 적절한 의미 구성 과정이 핵심이라고 할 수 있다. 이런 점에서 담화나 텍스트에서의 거시구조는 잠정적으로 매우 중요하게 작용하는 개념 단위라고 할 수 있다. 거시구조가 의미 구성의 주요한 거점이며 단초가 되는 단위가 될 수 있기 때문이다.

특히 선조적인 의미연결과 관계와 더불어 위계적으로 구성될 수 있다는 점에서 거시구조는 언어 산출과 이해에서 중요한 단위가 된다. 아래의 예는 설득 담화를 대상으로 한 국어교육과 3학년 학습자의 전사본 및 그것에 드러난 거시구조의 위계 관계를 나무-그림으로 재구성한 결과이다. 해당 집단 학습자들 중에서 비교적 하위 순위로 평가받은 학습자인데, 거시구조의 횟수는 비교적 많았지만, 의미연결의 적절성 평가에서 다소 낮은 점수를 받았다. 논설문의 전형적인 수사구조인 서론, 본론, 결론 구조를 따르고 있지만, 그 의미연결 관계가 다소 매끄럽지 못한 양상을 보여주고 있다.

안녕하세요. 오늘 이 귀한 시간 빌어서 여러분 앞에서 연설을 하게 된 국어교육과 ○○○입니다. 요즘 날씨가 많이 추워졌어요. 이런 날씨 때문에 제가 지금(12.3) 목상태가 그렇게 좋지 않고 지금 긴장도 많이 되기 때문에 어(1.4)..별로 듣기 좋을 것 같진 않은데 오늘 여러분 앞에 서서 이렇게 이야기를 할 수 있는 기회가 정말 흔치 않기 때문에 조절 잘 하해가면서 말을 할테니까 여러분도 집 여러분도 쪼금만 집중해서 들어주심 감사하겠습니다.(M₁)

어(2.3) 전 교사가 지녀야 될 가치는 교사와 학생의 관계라고 생각합니다. 사실 전 고등학교 때부터 제가 진짜 존경하 제가 진짜 중요하다고 생각했던 거는 교사의 전문성이었습니다. 그래서 저는 수업을 잘 제가 생각했을 때 수업이 조금만 조금이라도 재미없다고 생각했으면 생각하면 잘 듣지 않았는데요. 그래서 책만 줄줄 읽는 선생님이 정말 많았습니다. 그래서 그 선생님 수업에서는 잠만 자거나 아니면 이제 듣는 척을 하는 경우가 많았고,(M₂)

두 번째로 PPT만 줄줄 읽어주는 선생님도 있었습니다. 사실 이 선생님은 삼 보통 학생들을 잘 챙겨주고 해서 좋아했는데 수업을 잘 들었냐라고 하면 아마 아니라고 대답할 것입니다.(M₃)

그리고 세 번 세 번째는 이제 이 선생님은 수업을 정말 잘했는데 3학년 땐 이 선생님이 담임 선생님이 되면서 생각이 약간 이이 제가 중요하게 생각했던 가치가 전문성에서 아 전문성보다는 이제 학생들에게 이제 학생들과의 서로 커뮤니케이션이 잘되고 학생들과의 신뢰 관계 원만하다 뭐 라포가 형성돼야 되는게 정말 중요하구나라고 생각되는 계기가 되었는데요.(M₄)

어 이제 제가 상담 제가 어 유아교육 복수전공을 하는데 상담이나 (4.1) 상담이나 이제 심리심리나 이제 생활지도에 대해서 좀 더 배우게 됐는데 이제 이를 통해서 이를 통해서 아 정말 상담자가 지녀야 상담자가 상담을 할 때 이제 보다 더 신뢰 관계를 쌓아야 되고 어 신뢰 관계를 형성하고 상담을 제대로 진행해야 되는데 물론 상담자도 상담자지만 교사 또한 학생들을 상대로 그들의 이야기를 들어주고 그들의 이야기를 경청해주는 상담자의 태도를 지녀야 된다고 생각하기 때문에 따라서 저는 어 상 저는 학생들과의 라포 형성이 정말 중요하다고 생각했습니다.(M₅)

전 그중에서도 라포를 형성하기 위해서 학생들을 무조건적으로 수용할 수 있는 그 태도로부터 시작된다고 생각합니다. 어(5.5) 아 참 이는 내담자를 그 아무 조건 없이 수용적인 태도로 내담자를 존중하고 따뜻하게 수용하는 태도인데 이는 학생이 학생에서(11.7) 벗어나서 학생도 전부 인간이고 우리보다 비록 어리긴 하지만 부족하지 않고 이들도 실수를 할 수 있고 이들도 우리와 똑같은 인간이라는 그 가치와 의미성에 대해서 생각하는 것에서부터 시작된다고 생각합니다. 따라서 수용과 존중은 학생들과 밀접하게 소통을 하는 교사는 꼭 필수로 가져야 될 태도이자 가치라고 생각합니다.(M6)

것(2.6) 그리고 교 교사의 권위 또한 수용과 존중에서부터 시작된다고 생각합니다. 권위 있는 교사는 적절과 적절한 훈육과 제제를 할 수 있는 단호함 아니면 카리스마 역시 필요하겠지만 이 이 이만 갖춘다면 정말 권위만 권위적인 교사가 될 것입니다. 권위적이기만 한 교사가 될 것입니다. 그리고 학생들에 대한 존중과 애정을 두루두루 갖춘 사람만이 가갖춘 사람만이 학생들한테 인정받고 존중받고 권위 있는 교사로 인정을 받게 될 것입니다.(M7)

어 이 어 학(5.3) 어 이 이상(15.2) 어 제가 준비가 많이 미흡한데 제가 생각하는 가치 이렇게 앞으로 전문성도 중요하지만 학생들과의 학생들과 원만한 관계를 쌓는 것도 정말 중요하다고 생각하는 입장에서 이상으로 연설을 마치겠습니다. 감사합니다.(M8)

위 전사문은 총 8개의 거시구조로 상정되었다. 논설문의 전형적인 수사구조 형식을 따르고 있는데, 즉 서론, 본론, 결론의 3단 구조로 짜여 있다. 제시된 전사의 결과물만으로는 거시구조가 전체 의미연결의 관점에서 역동적으로 파악되기 어렵다. 거시구조 간 관계를 입체적으로 다루기 위해서는 다음과 같이 나무−그림으로 도식화할 수 있다.6)

---

6) 글쓰기에서는 글의 개요 작성 시에 〈그림 1〉과 유사한 형태의 개요를 작성할 수

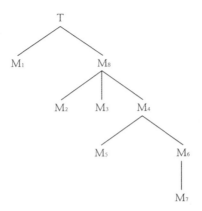

〈그림 1〉 나무-그림으로 형상화된 거시구조 양상

　〈그림 1〉과 같이 해당 전사문이 거시구조 간 의미연결 관계를 드러
내는 나무-그림으로 도식화되었다.[7] M_1은 전체 주제와는 의미상으
로 관련은 없지만 담화 전체의 도입부 역할을 한다는 점에서 그 중요
성이 인정되어 주제를 명시적으로 제시한 M_8과 나란하게 두었다. 그
리고 M_8 이하로 주제와 관련된 다양한 거시구조가 위계적으로 배치
되었다.

　거시구조의 위계 층위가 〈그림 1〉처럼 비교적 많은, 대략 5층위
이상을 이루는 경우가 특히 언어수행 수준이 높다고 상정된 집단에서

　있다. 즉 본격적인 글쓰기 전개 과정 이전에 〈그림 1〉과 같은 글의 전체 의미연결
　관계를 구상할 수 있을 것이다. 하지만 이 글의 즉흥적 말하기에서는 〈그림 1〉과
　같은 사전 얼개를 구성하기가 거의 불가능하거나 어렵다고 할 수 있다. 따라서 전사
　결과물을 두고 〈그림 1〉과 같이 즉흥적 말하기의 의미연결 양상이 거시구조 간 위
　계적 관계의 형태로 재구성될 수 있다.
7) 학습자들의 과제에는 자신의 즉흥적 말하기가 담긴 촬영본, 전사본, 그리고 전사본
　을 바탕으로 거시구조 간 위계 관계로 구성된 나무-그림 형상의 결과물이 포함되
　었다. 전사본과 나무-그림은 필자와 해당 수업의 강사들이 교차 점검을 통해 그
　적절성을 평가하고 오류가 있는 부분은 일부분 수정되었다.

많이 드러났다. 즉 이러한 위계 층위가 단순히 1~2층위에 그치지 않고 다층적으로 발생할 수 있다는 점은 거시구조의 의미연결 관계가 그만큼 복합적으로 구성되었다고 할 수 있다. 이러한 양상은 거시구조의 양적이면서도 질적인 측면을 모두 아우른다고 할 수 있다. 다음은 언어수행 수준이 낮다고 상정된 교양수업 대상자의 전사본과 나무－그림 결과이다.

안녕하세요. 저는 일어일문학과 1학년 ○○○이라고 합니다.(M₁)

음(1.4) 최근 뉴스를 보면 학교폭력에 관한 뉴스 많이 들어보셨을 거예요. 어 예를 들자면 최근에 일어난 학교 폭력도 되게 많았고 가장 제 기억 속에 남았던 학교 폭력은 부산 여중생 사건이었던 거 같아요. 어 여중생임에도 불구하고 기사 사진에서 아이의 머리가 많이*(손짓) 다친 사진을 보면서 이게 과연 여중생 중학생으로써 아직 어린 아이로써 할 수 있는 행동이었을까 라는 의문도 많이 들었고 어(3.4) 제가 중학생 때랑 많이 아이들이 많이 달라지고 있다는 생각도 많이 들었어요.(M₂)

어(6.5) 저희 지역에서도 최근에 학교 폭력이 일어났는데 고등학교 남학생과 어(2.6) 스무 살 두 명의 남자 아이가(3.7) 남자가 어 고등학교 1,2학년을 방에 가둬두고 어 거의 2주정도 폭행을 한 사건이 있었어요. 그래서 그 사건으로 인해서 어 그 학생은 트라우마에 시달리고 있는 걸로 알고 있고 어(5.5) 법적인 처벌을 받기는 했지만 스무 살 어른은 형사 처벌로 들어갔고 나머지 고등학생 아이들은 지금 구치소에 수감돼 있는 걸로만 알고 있어요. 아직까지 법적으로 뭔가가 정확하게 이루어지고 있다는 소식은 듣지는 못했어요.(M₃)

어(1.2) 이걸 이런 사실만 보더라도 학교폭력이 많이 문제가 되고 있고 어(7.5) 저 지금 옛날에 비해서 점점 심각해지고 그 강도도 세지고 있다는

거를 알 수 있습니다.(M₄)

어 그렇다면 여기서 가장 중점이 되는 게 소년법인데 소년법은 여러분이 아시다 시피 만 14세 미만부터 적용이 되어 어(3.7)..만 14세 미만의 어린 아이들 청소년들은 형사 처벌을 받지 못하는 걸로 알고 있어요. 어 근데 과연 만 14세 어린아이들이 어 저(2.2) 뉴스나 제가 했던 얘기들을 보면*(손짓) 어 그 이런 범죄를 저지를 수 있는 그런 나이인가 라는 생각을 한번 해 보셨으면 좋겠어요. 그래서 소년법 폐지가 무조건 타당하다는 *(손짓) 얘기는 아니고 어 소년법을 적용은 시키되 그 연령을 조금 낮추는 방법은 어떨까라는 생각을 했습니다. 감사합니다.(M₅)

위의 대상자는 언어수행 수준이 낮다고 상정된 집단의 학습자들 중에서는 비교적 상위 점수를 받은 전사문이다. 연설의 주된 내용은 학교 폭력이 심해지니 소년법상 가해자의 연령을 낮추자는 논지를 내세우고 있는 것으로, 소년법과 관련하여 학교 폭력의 다양한 예를 논거로 제시하고 있다.

하지만 소년법 폐지나 연령 인하와 관련하여 M_3의 경우는 적절한 논거가 되지 못하며, M_4 역시 구체적이거나 정확한 정보가 결여된 상황이다. 전체 논지는 학교폭력이 심해지니 소년법과 관련하여 가해자의 연령을 낮추자는 것인데, 제시된 논거 중 일부는 학교 폭력의 실상을 위주로 하고 있다는 점에서 논지와 직결되지 못한 양상이다. 거시구조와 관련된 나무-그림은 다음과 같이 제시되었다.

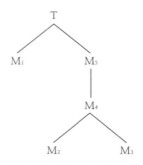

〈그림 2〉 나무-그림으로 형상화된 거시구조 양상

　〈그림 2〉에서 M₁은 담화를 개시하는 도입 역할의 거시구조로, M₅는 소년법상 가해자 연령을 낮추자는 논지를 담은 거시구조로 상정하고, M₄는 주제에 대한 근거를 제시한 M₂와 M₃을 포함한 상위 거시구조로 보았다. 앞선 언어수행 수준이 높다고 상정된 학습자의 나무-그림과는 많은 차이를 보이고 있다. 특히 전체 담화의 도입과 마무리 부분이 매우 빈약하게 구성되어 있고, 거시구조 간 의미연결 관계도 일관성이 떨어지는 경우가 많다.

　즉 언어수행 수준이 높다고 상정된 학습자 집단에서 거시구조 산출 횟수, 위계 층위의 횟수, 거시구조 간 의미연결 관계의 적절성 평가 등에서 언어수행 수준이 낮다고 상정된 집단보다 전반적으로 그 횟수가 많거나 평가 점수가 높았다. 특히 설득 담화에서 이러한 결과가 도드라졌다. 그만큼 의미기억(semantic memory)에 기반한 즉흥적 말하기가 일화기억(episodic memory)에 기반한 말하기보다 더 어려웠음을 보여주는 결과라고 할 수 있다.

　결론적으로 언어수행 수준에 따라 이러한 거시구조의 양적이나 질적인 측면에서 차이가 난다는 것은 거시구조의 구성 능력이 학습자의 언어수행 수준과 밀접한 관련을 맺고 있음을 말해주는 것이라고 할 수 있다. 특히 말하기의 본질적인 측면이라고 할 수 있는 즉흥적 말하기에서 이러한 차이가 발생한다는 것은 일상적인 소통 능력과 관련해서 중요한 논의 사항이라고 할 수 있다.

3.2. 가설2의 결과 및 논의

가설2에서는 담화 갈래에 따른 거시구조의 산출 양상에는 차이가 있는 것으로, 즉 동일 언어수행 수준이라고 상정된 학습자들 간에 담화 갈래에 따른 거시구조의 산출 양상에 유의미한 차이가 있을 것이라고 내용이 상정되었다. 덧붙여 앞선 가설1과 마찬가지로 유의미한 차이는 거시구조 산출의 양적인 측면과 거시구조 간 의미연결의 적절성 평가의 질적인 측면이 모두 고려되었다. 먼저 언어수행 수준이 낮다고 상정된 교양수업 대상 학습자들의 결과 양상이다.

〈표 9〉 '교양수업' 대상자의 거시구조 산출 양상

	친교 및 정서표현		설득(연설)	
	산출 횟수	평균 점수	산출 횟수	평균 점수
1	7	72.2	3	66.7
2	3	66.7	4	55.6
3	5	58.3	3	83.3
4	6	86.7	5	58.3
5	4	66.7	3	66.7
6	4	44.4	2	66.7
7	5	83.3	4	88.9
8	6	60.0	3	66.7
9	5	58.3	3	83.3
10	5	75.0	5	50.0
11	4	88.9	4	66.7
⋮	⋮	⋮	⋮	⋮

	친교 및 정서표현		설득(연설)	
	산출 횟수	평균 점수	산출 횟수	평균 점수
30	4	66.7	3	83.3
평균	4.7	72.0	3.5	68.7

〈표 9〉에서 친교 및 정서표현 갈래는 2019학년도 1학기, 설득은 2019학년도 2학기 교양수업 신입생 대상자들이 참여하였다. 표면적 수치로는 친교 및 정서표현 담화에서 거시구조의 산출 횟수나 많고, 거시구조 간 의미연결의 적절성에 대한 평가의 평균 점수도 높은 것으로 드러나고 있다. 먼저 양적 측면인 거시구조 산출 횟수의 검정 결과이다.

〈표 10〉 '교양수업' 대상자의 거시구조 산출 횟수 검정

	친교 및 정서	설득(연설)
평균	4.6875	3.53333333
분산	1.1625	0.6952381
관측수	30	30
공동(Pooled) 분산	0.936925287	
가설 평균차	0	
자유도	58	
t 통계량	3.317728328	
P(T<=t) 단측 검정	0.001226004	
t 기각치 단측 검정	1.699127027	
P(T<=t) 양측 검정	0.002452007	
t 기각치 양측 검정	2.045229642	

〈표 10〉에서와 같이 친교 및 정서표현 갈래에서 더 유의미한 차이로 거시구조 산출 횟수가 많았다. 검정 통계량이 '3.32'로 단측과 양측 기각치를 모두 넘어서고 있다. 따라서 '두 담화 갈래 간 차이가 없다'

를 영가설로 상정하면 그 결과값은 기각된다. 즉 언어수행 수준이 낮다고 상정된 학습자들은 설득보다 친교 및 정서표현의 담화에서 거시구조를 양적으로 풍부하게 산출하였다고 볼 수 있다. 다음은 질적 측면에서의 검정 결과이다.

〈표 11〉 '교양수업' 대상자의 의미연결 적절성 평가 검정

	친교 및 정서	설득(연설)
평균	72.0125	68.71259259
분산	215.4336111	161.1070347
관측수	30	30
공동(Pooled) 분산	189.206988	
가설 평균차	0	
자유도	58	
t 통계량	0.667510255	
P(T<=t) 단측 검정	0.254861839	
t 기각치 단측 검정	1.699127027	
P(T<=t) 양측 검정	0.509723677	
t 기각치 양측 검정	2.045229642	

〈표 11〉에서와 같이 질적 측면이라고 할 수 있는 거시구조 간 의미연결 적절성의 평가에 대한 검정 결과에서는 유의미한 차이가 발견되지 않았다. 검정 통계량이 '0.67'로 나와 단측이나 양측의 기각치를 넘지 못했다. 따라서 영가설을 '두 담화 갈래 간에 차이가 없다'로 둔다면 영가설은 수용된다고 할 수 있다.

결과적으로 이 글의 가설에서 설정한 담화 갈래 간 거시구조의 산출 양상에 차이가 있을 것이라는 점은 거시구조 산출의 양적인 면과 질적인 면으로 구분되어 논의될 수 있다. 즉 언어수행 수준이 낮다고 상정된 학습자들에게서는 가설2에서 상정한 담화 갈래 간의 차이는

양적 측면의 거시구조 산출에서는 차이가 있지만, 거시구조 간 의미 연결 적절성 평가의 질적 측면에서는 차이가 없는 것으로 추론할 수 있다.

가령 다음 전사문은 일본 여행에서 접하게 된 좋아하는 음식을 자신의 여행 경험을 바탕으로 자유스럽게 전개한 결과물이다. 전체적으로 단편적이고 산발적인 인상을 주며 다수의 거시구조로 상정될 수 있지만, 거시구조 간 관계가 정밀한 논리구조로 환원될 수 있기보다는 화자의 경험에서 떠오르는 단편적 인상을 의식의 흐름에 따라 자유롭게 산출했다고 할 수 있다.

안녕하세요. 저는 오늘 제가 좋아하는 음식에 대해서 발표하게 된 영어영문학부 19학번 최〇〇입니다.(M₁)

어 흐 어(1.9) 제가 네 제가 좋아하는 음식은 일본 음식인데요. 일본 음식에는 다양한 음식들이 있습니다. 네(2.3)제가 수능 끝나고 방학 때 일본 여행을 다녀왔는데요. 어(1.7) 다녀오면서 먹었던 맛있는 음식에 대해서 얘기해볼까 합니다.(4.4)(M₂)

첫 번째로 먹었던 것은 음식은 타코야끼인데요. 타코야끼 여러분들 다 아시죠. 네 제가 일본에 가면 먹어보고 싶었던 음식들 중 하나가 타코야끼였는데요. 어(5.1) 맛집을 가고 싶었는데 너무(2.8) 너무 사람이 많아서 그냥 옆에 사람이 한적한 곳을 가게 되었는데 딱히 맛집이나 맛집이 아닌 곳이나 차이가 없이 둘 다 맛 있어서 맛 있어서 맛있게 먹었습니다.(M₃)

그리고 두 번째로 먹었던 것은 오꼬나미야끼였는데. 오꼬나미야끼도 정말 맛있게 잘 먹었어요. 그런데 타코야끼랑 오꼬노미야끼랑 맛의 차이를 잘못 느껴서 조금 실망을 했었던 적이 있었습니다.(M₄)

세 번째는 스시를 먹었는데요. 제가 스시를 정말 많이 좋아하고 어 스시 관련된 맛집도 많이 찾아서 먹어봐서 스시에 고장고 스시의 가장 발 아니 맛있게 할 수 있는 일본에서 먹었을 때 더 맛있을 거라는 기대를 많이 했었어요. 그런데 생각보다 스시가 너무 비리고 어(2.7) 제 입맛에 맞지 않아서 실망을 많이 했습니다.(M₅)

그리고 네 번째는 라멘을 먹으러 갔는데요. 라멘도 맛집을 찾아서 제가 먹으러가는 걸 좋아해서 한국에서도 많이 먹으러 다녔고 또 이번 일본 일본 여행에서 도라멘 맛집을 찾아서 갔어요. 네네 갔는데 라멘 그 맛집에도 사람들이 줄이 많이 써쪄 있서 있었고 맛있게 먹을려고 했었는데 그 라멘(5.6) 그라멘에 국물이 정말 맛있었어요. 네 정말 맛있었어요.(M₆)

일본여행외에도제가좋아하는음식에는고기가있는데특히돼지고기를가장좋아해요. 그리고 어(3.3) 막창도 좋아하고요, 곱창도 좋아해요. 그래서 어제도 곱창을 먹으러 갔습니다. 네 친구들이랑 먹으니까 더욱더 맛있었구요. 술이랑 먹으니까 더 맛있었어요.(M₇)

어(5.9) 저는 딱히 그렇게 지금 앞에서 말했지만 가장 좋아하는 음식이라고 할거 없이 모든 음식들을 다 좋아하기 때문에 음식을 가리지 않고 잘 먹는 편입니다. 감사합니다.(M₈)

총 8개의 거시구조로 상정될 수 있다. 일본 여행에서 먹었던 음식에 관한 내용이 주를 이루고 있는데, 2번째 거시구조가 주제를 구체적으로 담고 있다고 본다면, 3~7번째의 거시구조는 그 하위 구조로 묶여질 수 있고, 마지막 8번째 거시구조는 담화를 마무리하는 성격의 것으로 상정될 수 있다. 이는 다음의 나무-그림으로 도식화될 수 있다.

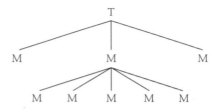

〈그림 3〉 나무-그림으로 형상화된 거시구조 양상

　〈그림 3〉과 같이 비교적 위계 층위의 수가 2~3층위에 불과한 단순한 형태를 보여주고 있다. 다만 8개의 거시구조로 상정되어, 그 수가 학습자들 중에서는 상당히 많은 편에 속한다. 아울러 위의 학습자가 속한 집단에서는 설득 담화에 비해서는 전체적으로 거시구조의 수가 많이 증가한 편을 보이고 있다. 다만 의미연결 관계의 적절성에 대한 평가 결과는 화자의 경험담으로부터 즉흥적으로 떠오르는 사고의 파편들이 정리되지 않은 채로 산출되는 경향이 높았기 때문에 설득 담화와 크게 차이가 나지 않았다. 다음은 언어수행 수준이 높다고 상정된 집단의 갈래 간 거시구조 산출 양상 결과이다.

〈표 12〉 '국어교육' 대상자 거시구조 산출 양상

	친교 및 정서표현		설득(연설)	
	산출 횟수	평균 점수	산출 횟수	평균 점수
1	7	88.9	7	88.9
2	5	83.3	6	80
3	6	86.7	5	91.7
4	7	88.9	7	94.4
5	4	100	8	85.7
6	5	75.0	6	86.7
7	6	93.3	5	83.3
8	4	77.8	7	77.8
9	7	83.3	5	91.7

	친교 및 정서표현		설득(연설)	
	산출 횟수	평균 점수	산출 횟수	평균 점수
10	8	85.7	6	86.7
11	5	100	7	77.8
⋮	⋮	⋮	⋮	⋮
30	5	83.3	5	100
평균	5.8	83.7	6.2	86.8

〈표 12〉에서와 같이 언어수행 수준이 높다고 상정된 집단의 학습자들에게서는 큰 차이는 아니지만 표면적으로 설득 담화의 즉흥적 말하기에서 거시구조의 산출 횟수가 많고, 거시구조 간 의미연결의 적절성에 대한 평균 점수도 높게 드러났다. 이는 가설2에서 상정한 내용과는 정반대의 결과를 보여주고 있다. 하지만 이러한 결과가 실질적으로 유의미한 차이로 귀결되는지는 다음과 같이 통계 검정을 통해 확인할 수 있다.

〈표 13〉 '국어교육' 대상자 거시구조 산출 횟수 검정

	친교 및 정서	설득(연설)
평균	5.866666667	6.2
분산	1.40952381	1.171428571
관측수	30	30
공동(Pooled) 분산	1.29047619	
가설 평균차	0	
자유도	58	
t 통계량	−0.803589732	
P(T<=t) 단측 검정	0.214201808	
t 기각치 단측 검정	1.701130934	
P(T<=t) 양측 검정	0.428403616	
t 기각치 양측 검정	2.048407142	

〈표 13〉에서와 같이 거시구조의 양적 측면이라고 할 수 있는 거시구조의 산출 횟수 결과는 갈래 간에 유의미한 차이가 없는 것으로 드러났다. 검정 통계량이 '-0.08'로 나와 단측이나 양측 검정 기각치 내에 포함되므로 영가설은 두 갈래 간에 차이가 없다로 두고 검정하면 결과는 모두 수용된다. 따라서 이 가설에서 상정한 두 갈래 간 거시구조 산출 양상에는 차이가 있다고 상정된 내용은 기각된다.

즉 언어수행 수준이 높다고 상정된 집단 학습자들의 경우에는 의미연결의 기본이 되는 거시구조의 산출에 있어서 친교 및 정서나 설득(연설)과 같은 담화 갈래에 크게 영향을 받지 않는다고 할 수 있다. 다만 통계적으로 유의미하지는 않지만, 가설에서 상정한 내용과는 반대로 이 집단의 학습자들은 친교 및 정서표현보다 설득 갈래에서 오히려 양적으로나 질적으로 거시구조 산출 측면에서 수월성을 드러내는 것이 특징적이다. 이는 언어수행 수준이 낮다고 상정된 학습자들의 결과와는 반대이다. 이러한 결과는 질적 측면에서도 마찬가지이다.

〈표 14〉 '국어교육' 대상자 의미연결 적절성 평가 검정

	친교 및 정서	설득(연설)
평균	83.7215297	86.8212698
분산	100.5141352	42.5028632
관측수	30	30
공동(Pooled) 분산	71.5084992	
가설 평균차	0	
자유도	58	
t 통계량	-0.827083392	
P(T<=t) 단측 검정	0.207591541	
t 기각치 단측 검정	1.701130934	
P(T<=t) 양측 검정	0.415183081	
t 기각치 양측 검정	2.048407142	

〈표 14〉에서와 같이 검정 통계량이 '-0.83'으로 나와 단측이나 양측 모두에서 기각치를 넘어서지 못하고 있다. '두 갈래 간 차이가 없다'를 영가설로 두면 검정하면 그 결과는 수용된다. 즉 이 글에서 상정한 두 갈래 간 거시구조의 산출 양상에는 차이가 있다는 가설은 전체적으로 기각되는 결과를 보여주었다.

결론적으로 언어수행 수준이 높다고 상정된 학습자들의 경우에는 담화 갈래 간 거시구조의 산출과 관련된 양적 측면과 질적 측면 모두에서 유의미한 차이가 드러나지 않았다. 즉 언어수행 수준이 높다고 상정된 학습자들은 거시구조의 양적, 질적 측면의 산출에서 담화 갈래에 영향을 받지 않는다고 할 수 있다.

반면에 언어수행 수준이 낮은 집단의 학습자들의 경우에는 친교 및 정서표현과 설득 갈래 간 거시구조 산출의 양적 측면에서 유의미한 차이가 드러났다. 즉 언어수행 수준이 낮은 학습자들에게는 일부 담화 갈래가 즉흥적 말하기 과정에서 유의미한 변수로 작용하고 있음을 시사한다고 볼 수 있다.

담화 갈래에 따른 거시구조의 산출과 관련한 특징적인 면 중의 하나는, 설득 담화의 경우는 거시구조가 담화의 수사구조라고 할 수 있는 상위구조의 형성에 수반되어 드러나는 경우가 많았다는 점이다. 즉 서론, 본론, 결론의 3단 구조 형식에 부합하는 거시구조 형성이 특징적이었다. 이는 언어수행 수준이 높다고 상정된 학습자들에게서 더 보편적으로 드러나고 있다.

다만 상위구조 내에서는 비교적 서론과 결론에 해당하는 부분들은 앞뒤 논리적 일관성을 보이는 반면에 본론에 해당되는 부분들에서는 다소 논리적 일관성의 정도가 낮은 것으로 드러났다. 이는 즉흥적 말하기에서의 드러날 수 있는 전형적인 특징이라고 할 수 있다. 이른바 이해의 기억 과정에서 욕조 효과라고 할 수 있는 초두성(primacy)과 최신성(recency) 효과가 말하기 과정에서도 일정 부분 적용될 수 있다고 할 수 있다. 즉 말하기 과정에서도 산출을 위한 시작과 끝 부분은 비교적 분명하게 화자에게 인식되고 있다고 할 수 있다.

반면에 친교 및 정서표현의 경우는 상위구조의 형식에 따르기보다는 화자 자신의 의식의 흐름 기법을 따르는 경우가 많았다. 즉 말하는 과정 중에 의식 속에서 불쑥 떠오르는 생각들이 때로는 여과 없이 산출되는 경우가 많았다. 이러한 결과는 설득 말하기의 경우와는 다르게 상위구조를 전제하기보다는 산발적이면서도 즉흥적인 논리의 거시구조 형성으로 이어졌다.

4. 교육적 의의

이 글에서는 즉흥적 말하기에서 상정될 수 있는 거시구조의 양상을 의미연결의 틀에서 다루어보았다. 특히 학습자의 언어수행 수준과 담화 갈래를 고려하여 그 산출 양상을 양적인 측면과 질적인 측면으로 구분하여 논의하였다. 이는 말하기 교육의 현장 연구조사 틀에서 두 가지 교육적 의의를 지닌다.

첫째, 말하기는 우리 일상의 주요한 소통 매체이다. 다만 준비된 말하기가 학문 영역이나 학교 교육 내, 이른바 앎의 영역에서 그 중요성이 강조된다고 할 수 있는 반면에 즉흥적 말하기는 삶의 영역에 토대를 두고 있다고 할 수 있다. 하지만 이러한 삶의 영역에 기반을 둔 즉흥적 말하기는 교육 현장에서 제대로 다루어지고 않거나 강조되고 있지 못하다.

단적으로 말하기의 본질적인 측면이라고 할 수 있는 즉흥적 말하기는 교육 대상으로 제대로 다루어지지 않았다고 할 수 있다. 이는 앎의 영역에 너무 치중한 나머지 삶의 영역에서 부각될 수 있는 소통의 많은 부분을 간과한 결과라고 할 수 있다.[8] 아울러 즉흥적 말하기에 대한 교육적 내용 마련이나 방법적인 측면의 부실에도 기인한다고 볼 수 있다.

이런 문제의식 하에 이 글은 즉흥적 말하기와 관련된 일정한 담화 유형을 마련하고, 이를 의미연결 기반 하의 거시구조 생성과 관련하여 논의해 보았다. 이를 통해 이 글은 즉흥적 말하기에서도 선조적 발화 연속체가 일정한 의미 위계를 형성할 수 있다는 점을 제시하고, 이러한 양상이 화자의 소통 능력과 의미구성 능력에 중요한 요인이 될 수 있다는 점을 논의하였다.

둘째, 즉흥적 말하기에서도 화자의 언어수행 능력이나 담화 갈래라는 변수가 일정한 역할을 할 수 있다는 점이 논의되었다. 언어수행 능력은 그 검정 범위가 매우 넓다. 특히 언어수행은 상황 맥락과 밀접하게 관련되기 때문에 그 검정이 쉽지 않다. 그런 점에서 즉흥적 말하기에서의 의미연결 기반 하의 거시구조의 산출에 대한 평가의 양적, 질적 접근이 언어수행 능력과 밀접한 상관관계를 드러낼 수 있었다는 점은 교육적으로 유의미한 연구 결과로 수용될 수 있다.

담화 갈래 역시 즉흥적 말하기에서의 유의미한 변수가 될 수 있다는 점이 논의되었다. 다만 이는 화자의 언어수행 수준에 따라 일정 부분 차이가 있었지만, 화자의 일화기억이나 의미기억의 사용과 연관

---

8) 김수업(2006)에서는 일찍이 국어과 영역 논의와 관련하여, 이를 '삶'과 '앎'의 영역으로 구분해서 자세하게 다룬 바 있다.

될 수 있는 담화 갈래에 따라 즉흥적 말하기의 거시구조 기반의 의미 연결 결과가 차별화될 수 있다는 점이 논의되었다. 특히 언어수행 수준이 낮을수록 이러한 담화 갈래에 더 크게 영향을 받을 수 있음이 제기되었다.

말하기 교육의 지향점도 결국은 담화의 의미구성과 의사소통 능력의 신장에 있다고 할 수 있다. 그런 점에서 이 글에서 제시된 즉흥적 말하기에서의 의미연결 기반하의 거시구조 생성의 문제는 매우 중요하며, 특히 그러한 문제가 언어수행 수준과 담화 갈래에 일정 부분 영향을 받고 있다는 점은 교육적으로도 시사하는 바가 크다고 할 수 있다.

5. 마무리

이 글은 학습자의 언어수행 수준과 담화 갈래에 따라 즉흥적 말하기에 상정될 수 있는 거시구조의 양상을 논의해 보았다. 즉흥적 말하기에도 의미의 전개가 자의적으로 이루어지지 않으며, 어느 정도의 의미적 일관성이 담보될 것이다. 특히 담화의 의미연결(coherence)에 기여하는 거시구조는 담화의 선형구조와 위계구조를 형성한다는 점에서 그 중요성이 강조된다고 할 수 있다.

언어수행 수준에 따라서는 이러한 거시구조 산출의 양적, 질적 측면에서의 차이가 유의미한 것으로 드러났다. 즉 언어수행 수준은 의미연결의 토대를 이루는 거시구조의 산출의 모든 측면에서 수월성을 보여주었다고 할 수 있다. 하지만 담화 갈래의 경우는 언어수행 수준이 높은 학습자들의 경우에는 유의미한 차이가 드러나지 않았고, 반면에 언어수행 수준이 낮은 학습자의 경우는 거시구조 산출의 양적이 측면에서 일부 유의미한 차이가 드러났다.

이 글은 의미연결의 토대를 형성하는 거시구조의 산출을 종래의 글말이나 글말 수행에서나 아닌 즉흥적 말하기, 이른바 입말 수행에서 다루었고, 이런 과정을 통해 일정 부분 유의미한 교육적 결과를 도출하였다. 하지만 조사 대상 학습자가 일부 대학생 학습자들로 국한되었고, 담화 갈래 또한 다양성을 확보하지 못한 한계를 남겼다.

제10장 즉흥적 말하기와 준비된 말하기

1. 문제 제기

말하기는 담화 상황에 따라서 준비된 말하기와 즉흥적 말하기로 구분될 수 있다.[1] 준비된 말하기에서 준비성은 말하기의 내용, 방법, 청자나 청중 등의 여러 측면에서 고려될 수 있다. 따라서 준비성은 말하기 교육의 측면에서 방법적으로나 전략적으로 수월하게 접근될 수 있다. 이는 교육 현장에서 준비된 말하기를 교육적으로 두드러지게 부각시킨다.

반면에 즉흥적 말하기의 경우는 상대적으로 교육적 상황에서 전략

---

1) 최미숙 외(2016: 178)에서는 담화 상황에 따른 구분으로 '공식적 말하기와 비공식적 말하기', '준비된 말하기와 즉흥적 말하기'를 제시하고 있다. 이 글은 후자에 논의의 초점을 두었다.

적으로 접근할 수 있는 측면이 적거나 거의 없다. 이런 상황이다 보니 교육 현장에서 말하기 교육은 준비된 말하기에 거의 집중되어 왔다고 해도 과언이 아니다. 이는 담화 상황별 말하기 교육의 불균형을 초래한 것은 물론이거니와 담화 상황별 말하기 구분 양상도 유명무실하게 만들었다.

교육 현장에서의 말하기 교육은 이른바 공식석상에서 이루어지는 준비된 말하기가 대부분이다. 다만 준비성과 관련하여 그 전략적 선택의 폭이 대체적으로 말하기 내용에 제한되어 왔다고 할 수 있다. 그 내용은 일정한 말하기 대본이나 시나리오를 중심으로 이루어지는 경우가 많다.

이런 상황이라면 교육 현장의 준비된 말하기와 즉흥적 말하기의 구분에서 교육적 의미를 찾기 어렵다. 차라리 준비성이라는 단일한 속성의 양상에서 그 정도나 수준을 따져서 담화에 적용하는 편이 나을 듯해 보인다. 즉흥성이라는 속성은 결과적으로 말하기 교육적인 측면에서는 유의미하게 다루어지기 어렵다고 할 수 있다. 하지만 앎의 현장이 아닌 삶의 현장으로 돌아가면 이러한 상황은 역전된다. 우리는 간혹 일상 대화 과정을 통해 '그 순간에 그 말을 했어야 했는데'나 '그 순간에 그 말을 하지 말았어야 했는데' 등과 같은 말을 되 뇌이곤 한다. 하지만 이런 후회를 되풀이하지 않기 위해 대화 전에 말할 내용을 준비하지는 않는다. 대화에서 전개되는 내용은 특별한 무대 상황을 제외하고는 발화 내용이 상정되고 전개되기 어렵기 때문이다.

가령 일상에서 모든 말을 준비해서 한다면 이는 말하기 산출의 직관에도 부합하지 않을뿐더러, 화자의 인지적 부담으로 자연스러운 말하기가 이루어질 수도 없다. 통상 화자들은 머릿속 말하기 과정을 통해 아주 짧은 시간 동안의 준비 과정을 거친 후에 말을 하기 때문에 준비한다는 생각을 거의 하지 못한다. 이러한 과정이 통상 일상의 삶 영역에서의 말하기의 과정이라고 할 수 있다.

즉흥적 말하기는 앎의 현장보다는 삶의 현장에서 그 비중이 훨씬 높다. 이런 점을 감안한다면 즉흥적 말하기의 중요성도 준비된 말하기에 못지않게 높다고 할 수 있다. 오히려 삶의 현장 대부분을 차지한다는 점에서 그 중요성이 더해진다고 할 수 있다. 하지만 이런 중요성에도 교육 현장의 말하기 교육은 지나칠 정도로 앎의 영역에 기반을 두는 준비된 말하기에만 집중해 왔다고 해도 과언이 아니다.

이 글은 이러한 문제의식 하에 담화 상황별 준비된 말하기와 즉흥적 말하기의 구분 양상의 문제를 시론적으로나마 다양한 학문적 토대를 바탕으로 다루어보고자 한다. 이는 특히 즉흥적 말하기의 교육적 실효성을 확보하고 교육 현장에서 즉흥적 말하기를 어떻게 지도해야 할지에 대한 이론적 근거 마련을 위한 목적을 갖는다.

2. 구분의 몇 가지 방식

'2'절에서는 즉흥적 말하기와 준비된 말하기의 구분의 접근 방식을 몇 가지 기준을 중심으로 논의해 보고자 한다. 이러한 논의가 필요한 이유는 기존의 교육 현장에서 지나치게 준비된 말하기 교육에만 집중되어 온 상황을 타개하고, 즉흥적 말하기의 학문적 근거 기반 마련을 통해 담화 상황별 말하기 교육의 균형을 맞추는 데 있다.

두 말하기 양상은 다섯 가지의 기준을 중심으로 구분된다. 첫 번째는 맥락의 관점에서 삶과 앎, 두 번째는 지식적인 측면에서 심리학과 수사학, 세 번째는 기억의 구체적인 부면인 일화기억(episodic memory)

과 의미기억(semantic memory), 네 번째는 언어투식(language register)의 일면인 구어성과 문어성, 마지막으로 텍스트성의 한 측면인 통사결속 (cohesion)과 의미연결(coherence)의 틀에서 즉흥적 말하기와 준비된 말하기의 구분 방식에 대한 구체적 논의가 전개된다.

이러한 다섯 가지 구분 기준의 토대는 말하기 교육의 다양한 학제 간 연구 토대에 기반한다. 특히 말하기와 관련된 언어 산출 영역에서는 언어심리학, 일상 언어 철학, 미시사회학, 수사학, 언어학과 언어교육 등이 주요한 관련 학문이 된다. 다만 층위가 다른 다양한 학문 영역에서 이러한 기준의 설정이 적절한지에 대해서는 논란의 소지가 따를 수 있다. 이 글이 말하기 교육에서 준비된 말하기와 즉흥적 말하기의 내용이나 방법 측면에서의 교육적 실제성을 확보하기 위한 시론적 논의임을 감안한다면, 향후 이러한 구분의 논의에는 좀 더 정치한 기준 설정이 요구된다고 할 수 있다.

아울러 이러한 구분 방식은 담화 상황과 관련하여 기존의 말하기 교육 현장에 대한 비판적 고찰을 기반으로 한다. 특히 교육 현장에서 거의 유명무실할 정도로 그 존재 근거를 잃어버린 즉흥적 말하기의 인식론적 기반의 틀이 일정 부분 마련될 수 있다는 점에서 교육적 의의를 지닐 수 있다.

2.1. 맥락: 삶과 앎

김수업(2006)은 국어과 영역 논의에 삶과 앎의 문제를 적용하고 있다. 국어교과의 존재 기반라고 할 수 있는 영역 논의에서 이러한 삶과 앎의 접근 방식은 국어교육 영역 논의의 교육적 실제성이나 생태학적 맥락을 구성하는 데 상당한 기여를 하였다.

이러한 논의의 바탕에는 결국 우리 국어교육이 삶과 앎의 맥락에 동시에 닻을 내리고 있어야 한다는 깨달음이 내재하고 있다. 아울러 기존의 앎에만 치중된 국어교육의 실상을 반성적인 틀에서 돌아볼 수 있는 주요한 인식의 계기가 되었다는 점에서 논의의 중요한 교육적 의의가 있다.

삶과 앎이 공존해야 한다는 점은 이른바 교육의 실제성(authenticity) 향상과 관련된다. 최근에 학습자의 교육 생태학적 기반의 마련이 강조된다는 점은 바로 이러한 삶과 앎이 공존할 수 있는 교육 환경 조성에 있다고 해도 과언이 아니다. 즉 말하기 교육에서 준비된 말하기와 즉흥적 말하기의 적절한 공존은 삶과 앎이 공존하는 말하기 교육의 생태학적 환경과 같은 맥락에 있다고 할 수 있다.

준비된 말하기와 즉흥적 말하기는 담화 상황에 따른 구분 양상이다. 담화 상황은 화자가 처한 상황에 따라 그 범주가 더 세분화될 수 있지만, 통상 공적 현장과 사적 현장으로, 아울러 이는 더 근원적으로 삶과 앎의 영역으로 구분될 수 있다. 삶의 영역은 주로 사적 현장 중심의 일상생활, 앎의 영역은 공적 업무를 위한 직무 현장이나 학업을 위한 교육 현장이 주된 발화 상황이 된다.2)

이러한 구분은 즉흥적 말하기와 준비된 말하기의 구분과도 밀접하게 연계되어 논의될 수 있는데, 즉흥적 말하기는 그 주된 담화 상황이 사적 현장 중심의 일상생활이 될 것이고, 준비된 말하기는 직무나 교육 현장이 될 것이다. 삶과 앎의 영역에 따라 말하기가 구분될 수

---

2) 이러한 구분은 마치 삶은 일상생활과 관련된 사적 영역, 앎은 직무나 학업의 공적 영역으로 제한되는 일종의 배타적 관계로 이해될 수 있을 듯하다. 물론 그런 측면을 완전히 배제할 수는 없다. 다만 이 글의 이러한 구분 의도는 즉흥적 말하기와 준비된 말하기의 교수·학습 현장에서의 실효성을 확보하기 위한 시론적 성격의 논의임이 감안된 결과이다.

있다는 점은 자연스럽게 화자의 인지 양상과 밀접하게 관련될 수 있다.

삶의 영역에서 대부분의 화자는 인지적 품을 과도하게 들이지 않고도 상대방과 자연스럽게 소통한다. 삶의 영역에서 산출되는 대부분의 발화는 즉흥적이면서도 계획되지 않은 양상으로 산출되는 것이 일반적이라고 할 수 있다. 즉 즉흥적 말하기는 이러한 삶의 영역에서 자연스럽게 구현되는 말하기 양식이라고 할 수 있다.

반면에 앎의 영역에 기반을 둔 준비된 말하기는 주로 교육이나 직무 현장에서 산출되는 발화 양식이라고 할 수 있다. 특히 교육 현장에서는 다양한 담화 갈래가 존재하지만, 대부분이 말하기의 내용이나 절차 등에서 일정한 준비성을 요구한다. 특히 다수의 청중을 대상으로 하는 발표에서는 일정한 매체의 준비도 요구되는 경우가 많다.

삶과 앎의 영역에서는 이러한 말하기는 주제나 화제의 정보성과 긴밀하게 관련된다. 가령 즉흥적 말하기의 경우는 주제나 화제를 미리 상정하고 말하기를 전개하지 않는다. 따라서 주어진 상황에서 대부분 일정한 정보 간격(information gap)을 갖는 상대방과의 소통 과정을 통해 정보 간격을 조절하고 주제나 화제를 도출하면서 서로 간에 공통 기반(common ground)을 마련해 간다.

이러한 속성으로 말미암아 즉흥적 말하기는 예기치 못한 발화가 빚어내는 극적 재미를 산출하기도 한다. 반면에 상대방에 대한 배려나 윤리 의식을 수반하지 못한 막말이나 상황에 부적합하게 산출된 발화는 상대방과의 관계에서 갈등을 유발하는 주된 요인이 되거나 심한 경우에는 관계의 단절이나 파국을 초래한다.

반면에 준비된 말하기는 화제와 주제가 사전에 각본상으로 거의 마련되어 있는 상태에서 전개되는 말하기라고 할 수 있다. 이는 특정 일방의 화자에게만 국한되는 경우도 있지만, 상황에 따라서는 화자

쌍방 간에 열려 있기도 하다. 그런 점에서 전자의 경우는 발표 형식으로 이루어지는 경우가 많고, 후자는 협상이나 토론 등의 화자 간 상호 경쟁 담화로 전개된다.

물론 이러한 삶의 영역과 앎의 영역에 따른 구분 방식만이 즉흥적 말하기와 준비된 말하기를 구분하는 근원적 토대는 아니다. 다만 삶과 앎 속에 깃들어 있는 정보의 사용 측면에서 말하기의 즉흥성과 준비성의 두 속성에 일정한 영향을 줄 수 있다. 이는 삶과 앎의 인식 측면이 인간 간 소통과 교섭의 상황에서 정보나 지식 사용에 대한 근원적인 토대가 되기 때문이다.

아울러 이러한 인식 양상은 근본적으로 삶과 앎의 영역에서의 언어 사용 기능의 차이와도 밀접하게 관련된다. 삶의 영역에서는 주로 상대방과의 관계맺기에 초점을 두며, 앎의 영역에서 정보 전달의 측면과 밀접한 관련을 맺는다. 친교를 위한 관계맺기의 경우에는 사전에 준비된 화제나 주제에 따라 말하기 전개 과정이 이루어지기보다는 화자 간 쌍방향의 즉흥적 말하기 과정을 상호 간 일정한 정보 간격의 조절과 공통 기반의 마련에 초점을 둔다.

반면에 정보 전달의 경우에는 화자와 청자 간에 주로 일방향적 소통 관계가 형성되는데, 이 과정에서 화자는 청자나 청중들이 유효하게 받아들일 수 있는 내용의 준비 마련에 집중하게 된다. 또한 말하기의 내용이나 절차 등에 대부분 인식의 초점을 두게 됨으로써 준비된 말하기의 전형적인 모습을 띄게 된다.

2.2. 지식: 심리학과 수사학

말하기 교육에서 준비성과 즉흥성은 명확하게 구분되기 어렵다.

특히 즉흥성의 경우에는 '즉흥'3)의 인식 범주를 어떻게 가늠해야 할지가 분명하지 않다. 가령 일상에서 이루어지는 대부분의 발화가 아무리 즉흥적으로 전개된다고 하더라도, 머릿속 인지과정은 화자에게 자각되든 그렇지 않든 간에 끊임없는 발화 준비 과정을 설계하고 그에 따르는 발화 산출을 기획하기 때문이다. 이는 말하기의 심리적 과정을 과학적으로 엄밀하게 논의한 르펠트(Levelt, 1999; 김지홍 뒤침, 2008)에서 잘 드러나고 있다.

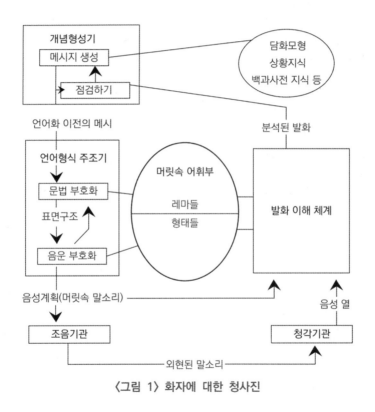

〈그림 1〉 화자에 대한 청사진

---

3) 표준국어대사전(국립국어연구원)에서는 즉흥의 개념을 '그 자리에서 바로 일어나는 감흥. 또는 그런 기분'으로 정의하고 있다.

〈그림 1〉에 제시된 바와 같이 말하기의 과정은 개념 형성에서부터 조음까지의 단계를 거치면서 구체적인 발화 산출이 이루어진다. 특히 머릿속 어휘부의 레마(lemma: 일종의 통사·의미값)에 의해 발화 산출의 구체적인 단초가 마련된다. 레마는 발화를 구성하기 위한 일종의 핵심 단서로 일정한 발화 단위를 형성하는 데 필요한 작동 기제로 작용한다.

즉 발화 산출의 상황이 아무리 즉흥적이라고 할지라도 〈그림 1〉에 제시된 말하기의 일정한 과정을 거치지 않고서는 유의미한 발화가 산출될 수 없다. 이런 과정에는 반드시 전달내용 마련이나 구체적 발화 산출을 위한 통사·의미 기제의 마련에 일정한 준비 과정이 요구된다고 할 수 있다. 물론 그 과정에서 화자가 인지할 수 있을 정도로 폭넓은 시간 폭이 고려되는 것은 아니다.

따라서 머릿속에서 짧은 순간에 구성되는 복잡한 인지 과정을 화자가 자각하지 못할 뿐이지, 실제로 사고 과정이 수반되지 않는 말하기는 있을 수 없다고 할 수 있다. 결국 말하기 산출의 일반적인 심리적 과정을 고려한다면, 즉흥적 말하기라는 담화 상황은 애초에 존재하지 않는다고 할 수 있다.

다만 일상의 수많은 말하기 과정에서 이러한 인식 과정을 머릿속으로 분명하게 고려하고 말하는 화자는 거의 없다는 점을 감안한다면, 일상에서 발생되는 수많은 발화는 즉흥적 속성을 지닌다고 말할 수 있다. 즉 말하기에서의 즉흥성은 화자의 머릿속 과정에서 일어나는 인지 과정을 의식적으로나 의도적으로 인식하지 않을 때에 고려될 수 있는 속성이라고 할 수 있다.

이런 점을 감안한다면 말하기 일반적인 과정은 심리적 과정에 기반을 두고, 화자에게 말하기의 각 과정이 자각될 정도의 시간 폭을 확보되지 못한 채로 전개되어 간다고 할 수 있다. 따라서 통상 즉흥적 말하기는 이러한 말하기의 일반적인 심리적 과정에 기반을 두고 있다고 할 수 있다.

그런 점에서 즉흥적 말하기의 토대 및 그에 수반되는 교육 내용도 말하기의 이러한 심리적 과정을 통해서 정립될 수 있다. 가령 〈그림 1〉의 개념 형성에서부터 조음까지의 단계에서 그 실마리를 찾을 수 있는데, 개념 형성 단계는 그 시간 폭에 따라 차이가 있다. 가령 짧은 시간 안에 개념 형성을 이루는 경우에는 즉흥적 말하기의 과정에도 연계되어 교육될 수 있다.

즉흥적 말하기에 연계될 수 있는 말하기의 심리적 과정은 〈그림 1〉에서 언어형식 주조와 조음 단계일 것이다. 이는 문법 영역과 연계 통합되어 지도될 수 있다. 언어형식 주조 단계에서는 통사와 형태론, 조음 단계에서는 음성과 음운론의 영역이 연계될 수 있다. 물론 이런 경우 특히 통사와 형태론에서는 기존의 글말 문법이 아닌 입말 문법의 틀이 마련되어야 할 것인데, 교육 현장에서는 화용론이나 담화 교육의 측면에서 이런 측면이 일부 연계될 수 있다.

준비된 말하기는 말하기 심리적 과정에 초점을 두기보다는 말하기 전 과정을 철저한 준비의 양상에서 다루는 수사학과 연계된다고 할 수 있다. 이는 고대 그리스나 로마 시대에 근원을 두고 있는 웅변술에 그 맥락이 닿아 있으며 여전히 우리 교육 현장도 이러한 수사학의 틀에 의거하여 말하기 교육을 해 왔다고 해도 과언이 아니다.

수사학에서 제기되는 논거 발견, 논거 배열, 표현, 기억, 연기 등의 전체 준비 과정은 말하기를 자연스러운 심리적 과정으로 접근하기보다는 철저하게 준비해서 청중을 호응을 이끌어내어야 하는 의도적 과정으로 부각될 수 있다.[4] 따라서 각 단계별로 다양한 말하기의 전략이 활용될 수 있고, 학습자들에게는 이에 부합하는 연습과 훈련이 수반될 수 있다.

특히 준비된 말하기는 교육 현장에서 말할 내용의 준비에 초점을 두고 이루어지는 경우가 많다. 물론 연설 등에서는 말하기에 수반된 다양한 신체적 동작이 수반될 수 있고, 토론에서는 말하기의 절차와 관련된 준비 과정도 고려될 수 있다. 하지만 일반적으로 말할 내용이 기재된 대본이나 각본 등이 실제 준비된 말하기의 일반적인 현상과 결부될 수 있다.

이러한 양상은 주로 화자 기억의 인지적 제약을 극복하기 위하여 외적 기억 도움 장치를 활용한다는 점에서 철저하게 준비된 양상으로 간주될 수 있다. 화자가 머릿속으로 말할 내용을 미리 정리하거나 요약해서 실제 말하기에 임하는 경우도 같은 맥락으로 고려될 수 있다. 통상 교육 현장에서의 준비된 말하기는 외적 기억 장치나 매체에 도움을 받는 경우를 주로 말한다고 할 수 있다.

즉 말하기 교육 현장에서 준비된 말하기와 즉흥적 말하기는 준비성과 즉흥성이라는 속성의 개념 정의와 구분에 따른 양상이라기보다는 일반적인 담화 상황을 전제로 했다는 점에서 범박한 접근 방식에 따른 구분 결과라고 할 수 있다. 이러한 구분은 실제 교육 현장에서 준비된 말하기와 즉흥적 말하기의 교육적 실제성과 효율성을 담보하는 데 도움을 주지 못한 결과를 초래했다고 할 수 있다.

특히 말하기의 심리적 과정을 고려한다면 이러한 준비성과 즉흥성의 문제는 준비된 말하기와 즉흥적 말하기로 구분되어 다루어질 수

---

4) 박성창(2000)에서는 서양 수사학의 기본적인 이론과 지식을 비교적 알기 쉽게 전달하고 있다는 점에서 참고의 의의가 있다.

없는 속성이 될 수 있다. 다만 화자가 지니는 말하기 과정의 인지적 자각의 제약이나 한계를 감안한다면, 말하기에서의 즉흥성은 일정 부분 준비성의 수준과 범위에 겹쳐지면서 이와 연계되는 부차적인 속성으로 다루어질 수밖에 없다.

따라서 말하기에서의 준비성은 실시간으로 전개되는 말하기 과정에 대한 화자의 자각이 뚜렷하게 부각되는, 이른바 상위인지 측면의 점검, 조정, 평가가 말하기 전 과정에 수반되는 속성이라고 할 수 있다. 반면에 즉흥성은 이러한 말하기 과정에 대한 화자의 자각 측면이 의식 기반 위로 뚜렷하게 부각되지 않는 속성이라고 할 수 있다.

즉 이러한 인식 과정과 함께 준비성은 특히 말할 내용의 기억 한계를 극복하기 위해 외적 기억 장치를 활용하거나 특별한 말하기 절차에 따르거나 말할 내용에 적절한 동작이 수반되는 경우에 부각되는 속성이라고 할 수 있다. 반면에 즉흥성은 외적 기억 장치나 정해진 말하기 절차, 그리고 사전에 계획된 동작의 수반과 상관없는 말하기의 속성이라고 할 수 있다.

2.3. 기억: 일화기억과 의미기억

삶의 영역이든 앎의 영역이든 담화 상황의 구분은 화자의 인지 상태와 밀접하게 결부될 수밖에 없다. 특히 이러한 화자의 인지 상태는 정보를 유용하게 사용하기 위해 진화론적으로 발달되어 온 기억의 발달 양상과 관련된다. 기억은 인간이 어떤 정보를 어떻게 사용할 것인지의 문제와 밀접하게 관련되는 인지 부서이기 때문이다. 김지홍 (2015: 325)에서는 이러한 기억의 분류를 언어 산출과 연계해서 〈그림 2〉와 같이 도식화시키고 있다.

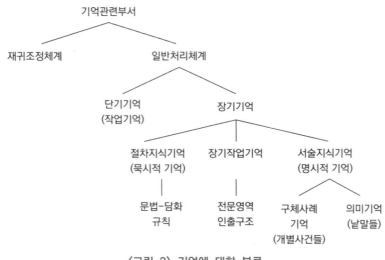

〈그림 2〉 기억에 대한 분류

　〈그림 2〉에서와 같이 말하기 산출 과정은 기억의 다양한 부서와 직·간접적으로 관련을 맺으며 수행된다고 할 수 있다. 가령 절차지식기억은 일종의 언어능력의 틀에서 내재화된 영역으로, 서술지식기억과 관련된 두 기억 부서는 담화 상황에 따른 말하기 방식에 일정하게 영향을 줄 수 있는 영역으로 작용할 수 있다.

　즉 말하기의 구분과 근원적으로 결부되는 이러한 인지적 상황의 한 측면이 바로 인간의 기억이라고 할 수 있다. 물론 역으로 담화 상황이 만들어낸 일정한 인지 양상이라고도 할 수 있지만, 인간 기억은 이러한 담화 상황과 관련하여 즉흥적 말하기와 준비된 말하기에 일정 부분 특화되어 구성되어 온 인지 구성의 결과라고도 할 수 있다.5)

<hr />

5) 최근 기억에 관한 연구는 다중 접근 방식을 지향하고 있다. 기억의 분류는 학자마다 차이는 있지만, 통상 절차 기억(일종의 방법 기억)과 서술 기억(일종의 내용 기억)으

말하기는 한 순간도 삶의 영역과 분리될 수 없는 언어 수행 영역이다. 읽기와 쓰기에 비해 삶의 영역에서 차지하는 비중이 훨씬 높다고 할 수 있다. 반면에 읽기와 쓰기 영역은 앎의 영역에서 그 비중이 상대적으로 높다고 할 수 있으므로 범교과적 측면에서 교육의 전략적 측면의 활용도가 높다.

삶의 영역에서 소통의 주된 근간이 되는 말하기는 우리 삶의 맥락에 밀착해 있다고 할 수 있다. 이러한 삶의 맥락은 우리의 기억을 형성하는 데 주요한 요인이 된다. 이른바 개인의 다양한 삶과 밀착되어 머릿속에 형성되는 일화기억(episodic memory)이 그것이라고 할 수 있다. 이러한 기억은 부지불식중에 우리의 정체성을 형성하는 데 기여한다. 즉 즉흥적 말하기는 이러한 삶의 맥락에 깊이 관여되고, 개인의 일화기억에 기반을 둔 말하기라고 할 수 있다.

반면에 교육 현장이나 직무 현장의 말하기는 준비된 말하기에 초점이 맞춰져 있다고 해도 과언이 아니다. 교육이나 직무 현장에서 요구하는 말하기 모습은 일상적인 삶의 영역에서 요구되는 말하기의 모습과는 차별화된다고 할 수 있다. 이는 일화기억에서 형성된 인지 구성물과는 다른 의미기억(semantic memory)에 기반을 둔다고 할 수 있다. 즉 앎의 영역에 집중된다고 할 수 있다.

일화기억과 의미기억은 삶과 앎의 영역을 대표해서 발달되어 온 기억의 주요한 부서들이다. 이러한 부서들은 인간의 정보 소통 양상

로 구분되고, 서술 기억은 일화와 의미기억으로 구분되어 다루어지고 있다. 즉 두뇌의 단일한 영역에서 가동될 수 있는 기억 전담부서를 상정하기보다는 인지 처리 방식의 차이에 따른 다원적 영역 접근 방식을 적용하고 있다. 이런 점을 감안한다면 기억과 밀접하게 연계되어 가동될 수밖에 없는 말하기라는 인지 수행 과정은 기억의 특정 가동 부서와 밀접하게 연계되어 논의될 수밖에 없다. 이정모 외(2009)에서의 기억에 관한 개괄적인 서술 양상을 참조할 수 있다.

과 밀접하게 관련되어 발달되어 왔는데, 특히 담화 상황과 관련된 말하기의 소통 양상과 밀접하게 관련된다고 할 수 있다. 즉 담화 상황에 따른 준비된 말하기와 즉흥적 말하기는 인간 기억의 주된 부서들인 일화와 의미기억에 각각 밀접하게 연계되어 다루어질 수 있다.

2.4. 언어투식: 구어성(체)과 문어성(체)

즉흥적 말하기와 준비된 말하기에서 드러나는 산출 결과는 일종의 언어 투식(register)6)과 관련된다. 언어 투식은 개인이나 사회, 다양한 학문적 영역에서 굳어진 일종의 글투나 말투를 아우르는 용어로, 즉흥적 말하기와 준비된 말하기는 말하기 산출의 넓은 범위에서는 일종의 언어 투식으로 다루어질 수 있다.

즉흥적 말하기는 전형적인 구어라고 할 수 있지만, 준비된 말하기는 문어성이 일정 부분 결부된 구어라고 할 수 있다.7) 따라서 이러한 양상은 화자마다의 차이를 완전히 배제할 수 없겠지만 구어성이나 문어성과 관련하여 차이를 발생시키면서 즉흥적 말하기와 준비된 말하기는 일정한 언어 투식을 형성할 가능성이 높다.

그런 점에서 즉흥적 말하기는 구어의 전형성을 보여준다고 할 수 있다. 반면에 준비된 말하기는 산출 매체는 구어이기는 하지만, 산출 과정에 드러나는 많은 표현 양상들이 문어의 모습을 드러낸다. 따라

---

6) 학계에서는 주로 언어 사용역이라는 용어가 사용된다. 사용역은 사용 범위 정도로만 그 뜻을 헤아릴 수 있는데, 이보다는 말투, 글투와 같은 맥락에 있는 투식(굳어진 틀로 된 법식)이라는 용어가 이들 낱말이 함의하는 뜻을 잘 드러내는 것으로 판단된다.

7) 안의정(2008)에서는 매체, 문체, 텍스트 차원에서 구어와 문어의 구분 문제를 다루고 있어 참고가 된다.

서 문어성과 관련된 논의가 언어 투식과 관련하여 논의될 수 있다. 즉 즉흥적 말하기와 준비된 말하기는 구어체/문어체의 범주에서 그 논의가 가능할 것이다.

다만 즉흥적 말하기의 경우는 구어체/문어체의 연속선상으로 가정한다면, 가장 극단에 위치하는, 즉 구어체의 모습을 오롯이 보여주는 산출 방식이라고 할 수 있으므로, 연속적인 범주 측면에서의 논의는 불필요할 수 있다.[8] 하지만 언어 투식과 관련된 구어체와 문어체의 정형적인 모습을 발견하기 위해서는 구어의 본질을 그대로 보여줄 수 있는 즉흥적 말하기의 산출물이 요구될 수 있다.[9] 이를 바탕으로 문어의 전형적인 모습도 대조적으로 가늠될 수 있기 때문이다.

여하튼 이런 언어 투식의 문제는 즉흥적 말하기와 준비된 말하기에서 어느 정도의 차별적인 범주 내에서 다루어질 수 있다. 즉 완전한 구어성에 가까운 즉흥적 말하기와 구어성과 문어성에 모두 걸쳐 있는 준비된 말하기는 이러한 언어 투식의 관점에서 차별적인 말하기의 분류 방식으로 뜻매김 될 수 있다.

특히 이러한 언어 투식은 실제 말하기 과정에서 화자의 언어 자각 측면과 깊이 있게 연계될 수 있다는 점에서 중요하다. 즉흥적 말하기 과정에서는 화자 자신의 말하기 습관, 태도 등과 관련된 다양한 측면들이 제기될 수 있고, 준비된 말하기의 경우에는 이러한 습관이나

---

8) 장경현(2011)에서는 구어와 구어체이 구별이 요구됨을 논의하고 있는데, 가령 구어체는 문어라는 매체, 문어체는 구어라는 매체에 드러나는 속성과 관련된다는 점을 진술하고 있어 참조가 된다.

9) 이러한 즉흥적 말하기, 즉 구어의 본질적인 모습을 보여줄 수 있는 언어 말뭉치를 수집하는 것에는 여러 가지 문제가 따른다. 특히 자료 수집의 신뢰성에 많은 문제가 제기될 수 있다. 이는 즉흥적 말하기의 개념 설정과도 연계되어 논의될 수 있는 문제이기도 하다.

태도를 어떻게 전략적으로 이용하거나 수정할지의 문제 등이 고려될
수 있다.

2.5. 텍스트성: 통사결속과 의미연결[10)

말하기는 통상 실시간으로 이루어지는 소통 과정으로, 화자에게는
무거운 인지적 부담으로 작용하기도 한다. 특히 상호 관계가 좋지
못한 화자 간에서나 일정한 수의 청중을 대상으로 하는 말하기 과정
에서는 이러한 인지적 부담이 화자의 심리적 불안의 문제로 이어질
수도 있다. 따라서 이는 말하기 과정의 인지적 측면뿐만 아니라 정의
적인 측면에서도 여러 문제를 발생시킬 수 있다.

이는 근원적으로 말하기가 가지는 심리적 표상의 형성과 밀접하게
관련된다고 할 수 있다. 말하기나 쓰기 수행 과정의 목표는 화자나
필자가 일관된 의미표상(semantic representation)을 형성하는 데 있다.
이러한 일관된 의미표상 형성은 화자나 필자의 머릿속 인지 과정의
적절한 작동 과정과 밀접한 관련된다.

담화나 텍스트는 기본적으로 정보의 선조성과 위계성에 기반하여
구성된다. 화자나 필자의 인지 과정은 이러한 정보의 산출 속성과
연계되어 작동된다고 할 수 있다. 따라서 이러한 과정에 문제가 생긴
다면 일관된 의미표상의 형성은 이루어지기 어렵다. 이는 담화의 통
사결속(cohesion)과 의미연결(coherence)의 문제와 결부된다.

---

10) 이 용어는 국어교육 현장이나 텍스트 언어학계에서 다소 다양하게 사용되고 있다.
전자는 응집성과 통일성으로, 후자는 주로 응결성이나 응집성으로 사용하고 있는
듯하다. 전자가 문법적 관점에서의 문장 연결을 후자는 주제나 화제 중심의 의미연
결을 뜻하기 때문에 이 글에서는 통사결속과 의미연결이라는 용어를 사용한다.

말하기 과정은 통상 실시간으로 청자나 청중을 대상으로 이루어지기 때문에 이러한 인지 작용이 용이하게 이루어지기 어렵다. 특히 말하기는 상대방과의 적절한 소통과 교섭 과정이 수반되어야 하는 쌍방향 소통 과정이기 때문이다. 물론 이러한 과정이 상위인지 측면에서 정보의 적절성을 확인하는 데 더 용이하게 작용할 수도 있다.

통상 즉흥적 말하기의 경우에는 현 발화의 이후 단계를 예측하기 어렵다. 따라서 화자의 머릿속에 일관된 의미표상을 사전에 구성하기 어렵다. 특히 심리적 압박감이 수반되는 즉흥적 말하기 상황에서 실시간으로 담화가 진행되는 경우에는 적절한 통사결속의 구성에도 어려움이 따를 수밖에 없다. 담화의 적절한 의미연결 구성은 제쳐두더라도 인접한 발화 간의 통사결속 과정에도 과도한 인지적 부담이 따른다.

이러한 점을 감안한다면, 통사결속은 즉흥적 말하기에서 매우 중요한 인지 과정상의 문제가 된다. 주제나 화제가 상정되지 않은 상태에서 주로 전개되는 즉흥적 말하기의 경우에는 인접 발화 간 통사결속이 적절하게 구성되지 않는다면 원만한 담화 상황을 상상하기 어렵다. 이는 산출과 이해의 측면 모두에서 그러하다.

반면에 준비된 말하기의 경우에 화자는 일반적으로 통사결속보다는 의미연결 과정에 집중하게 된다. 즉 담화 상황의 보다 거시적인 측면에서 전달해야 할 바를 강조해야 하기 때문이다. 준비된 말하기의 경우에는 화제나 주제가 이미 정해져 있는 경우가 많기 때문에 이를 유효적절하게 전달하거나 부각시키기 위하여 거시명제 수준의 정보 산출과 배치 등에 인식의 초점을 둘 가능성이 높다.[11]

---

11) 서종훈 뒤침(2017)에서는 담화와 텍스트의 거시명제와 거시구조의 다양한 측면을

준비된 말하기와 즉흥적 말하기에서 일관된 의미표상은 의미연결과 통사결속의 두 차원으로 다루어질 수 있다. 물론 궁극적으로는 일관된 의미표상이 적절한 담화의 주제를 산출할 수 있도록 수렴되어야 한다는 점에서는 두 말하기가 공통적이라고 할 수 있다. 하지만 즉흥적 말하기의 경우는 인접한 발화의 연계 과정인 통사결속, 준비된 말하기의 경우에는 주제를 중심으로 한 거시적인 측면에서의 정보의 산출과 조직에 인식을 초점이 주어질 것이다.

Reinhart(1980)에서는 텍스트의 의미연결을 연결성(connectedness), 일관성(consistency), 관련성(relevance)의 관점에서 다루고 있는데, 이러한 속성들을 각각 통사, 의미, 화용론과 밀접하게 관련시키고 있다.12) 연결성은 인접한 문장 간의 통사적 결속, 일관성은 논리적 결속, 관련성은 발화 맥락과 관련된 담화 화제나 주제 차원의 결속으로 제시되고 있다.

여기에서는 연결성은 통사결속의 차원으로, 일관성은 통사결속과 의미연결의 복합적 차원으로, 관련성은 의미연결의 차원으로 다루어질 수 있다. 따라서 즉흥적 말하기에서는 대체적으로 인접한 문장 간의 통사 결속이나 논리적 결속의 차원에서, 준비된 말하기는 논리적 결속과 주제 결속 차원에서 논의가 가능할 것이다.

즉흥적 말하기는 철저하게 상향식 과정으로 진행된다고 할 수 있다. 즉 인접 문장 간 문법과 논리적 결속에 집중되면서 주제 구성으로

다루고 있어 참조가 된다.

12) 심리학에서는 통사결속과 의미연결을 주로 지엽적 의미연결(local coherence)과 총체적 의미연결(global coherence)이라는 용어로 사용하고 있는 듯하다. 따라서 두 차원을 아울러 텍스트의 의미연결로 다루고 있으며, 텍스트의 언어 수준에 따라서 지엽과 총체로 구분한다.

진행되어 간다고 할 수 있다. 가령 현재 발화의 바로 뒷단계의 발화만을 예측할 수 있을 뿐, 몇 단계 이후의 발화는 아예 예측이 불가능하다. 그런 점에서 철저하게 현재 발화 중심적이라고 할 수 있다. 반면에 준비된 말하기는 주제와 화제 맥락을 고려한 하향식 과정으로 진행된다고 할 수 있다. 따라서 현재 발화의 몇 단계 이후의 발화까지도 화제나 주제를 중심으로 잠정적으로 화자의 인지 속에서 고려되면서 말하기가 전개된다고 할 수 있다.

즉 이러한 통사결속과 의미연결 차원에서의 즉흥적 말하기와 준비된 말하기의 접근 방식은 교육 현장에서의 즉흥적 말하기와 준비된 말하기의 구분에 따른 교육의 실제성을 높이는 데 기여할 수 있다. 특히 즉흥적 말하기의 교육 내용과 평가 준거를 구성하는 데 이러한 통사결속과 의미연결의 문제는 주요한 인식의 단초가 될 수 있다.

3. 구분의 교육적 함의

즉흥적 말하기와 준비된 말하기는 그간 말하기 교육 현장에서 담화 상황별 구분 양상으로 다루어져 왔다. 하지만 실제 교육적인 측면에서는 거의 실효성이 없는 유명무실한 구분이라고 해도 과언이 아닐 정도로 제대로 역할을 하지 못했다. 특히 즉흥적 말하기에 있어서는 그 문제가 심각하다고 할 수 있다. 이는 구분 자체에 문제가 있기보다는 이러한 구분의 기준이나 준거에 대한 이론적 뒷받침에 문제가 있었다고 볼 수 있다.

따라서 이 글에서는 시론적으로나마 구분 기준에 대한 토대를 마련하기 위해 다섯 가지 측면에서 즉흥적 말하기와 준비된 말하기의 속성을 구체적으로 다루었다. 이는 말하기 교육의 측면에서 즉흥적 말하기와 준비된 말하기의 실제성 측면을 향상시키고, 특히 즉흥적 말하기의 교육적 활용 측면에서의 접근성을 높이기 위해서이다.

〈표 1〉 즉흥적 말하기와 준비된 말하기 구분 양상

기준 \ 영역	즉흥적 말하기	준비된 말하기
맥락	삶	앎
지식	심리학	수사학
기억	일화기억	의미기억
언어투식	구어성(체)	문어성(체)
텍스트성	통사결속	의미연결

〈표 1〉에서와 같이 일정한 기준을 중심으로 말하기의 주요 영역인 즉흥적 말하기와 준비된 말하기로 구분될 수 있다. 우선 다섯 가지 기준은 즉흥적 말하기와 준비된 말하기의 구분이 교육적으로 의미 있게 활용될 수 있도록 제시된 것이다. 특히 즉흥적 말하기의 교육적 실제성과 효용성을 높이기 위한 점과도 관련된다.

〈표 1〉에 제시된 기준을 중심으로 이러한 두 구분의 교육적 함의를 탐색해 보고자 한다. 먼저 말하기의 맥락은 삶과 앎으로 구분되어 제시된다. 이 기준은 기존의 말하기 교육이 지나치게 준비된 말하기, 즉 앎의 영역에만 집중한 나머지 실생활에서의 다양한 즉흥적 말하기가 교육적으로 환원되기 어려운 측면이 있음과 관련된다.

이러한 삶 영역의 다양한 말하기는 기본적으로 즉흥성을 바탕으로 한다는 점에서 이를 교육적으로 환원하는 것이 필요하다. 특히 대화 담화를 중심으로 일상에서 발생하는 다양한 담화 상황에 대한 구체적인 범주화 작업이 선행되어야 한다. 가령 대화의 경우에도 가족 간,

친구 간, 친교 관계의 수준에 따른 관계 간 등 다양하게 접근되어 그 양상이 논의될 수 있다.

교육 현장에서 대화 담화에 대한 교육은 거의 유명무실한 실정이다. 실시간 즉흥성을 바탕으로 하는 대화 담화를 교육 현장에서 어떻게 지도해야 하는지에 방법론은 거의 언어 수행의 규범성에 맞춰져 있다고 해도 과언이 아니다. 이러한 규범은 말 그대로 실제 언어 사용과는 일정한 거리가 있는 진공 속 언어 수행 양상이라고 할 수 있다.

따라서 삶의 영역에서의 이러한 즉흥적 말하기의 교육적 실제성과 효용성을 높이기 위해서는 말과 행위의 문제가 어떻게 일상에서 결부되는지를 부각시킬 필요가 있다. 가령 즉흥적으로 산출된 말로 인하여 소통 관계가 어떻게 형성되는지를 구체화시킬 필요가 있는데, 극단적으로 누군가의 무심코 던진 말 한 마디가 어떤 이의 인생에 지대한 영향을 끼칠 수 있음을 보여줄 필요가 있다. 즉 이러한 일상에서의 즉흥적으로 전개되는 말이 지니는 다양한 모습을 극화시켜 교육적으로 환원시킬 필요가 있다.

두 번째 기준인 지식은 학문 영역과 관련된다. 심리학에서는 말하기의 자연스러운 과정에, 수사학에서는 말하기의 의도적이고 인위적인 과정에 초점을 둔 것이다. 심리학적 측면에서 즉흥적 말하기는 인간의 자연스러운 소통과 교섭 과정에서의 발현될 수 있는 내용 생성에 초점을 둘 수 있다. 이는 말하기가 가지는 표현의 창의적인 측면과 연계되어 지도될 수 있다. 아울러 이러한 심리적 과정은 화자 개인의 내면에 잠재되어 있는 것을 의식의 표면 위로 끄집어냄으로써 불확실한 내면의 세계를 명료화하는 데 기여할 수 있다.

반면에 수사학과 연계되는 준비된 말하기는 일종의 극적 효과를 창출할 수 있는 표현 과정이라고 할 수 있는데, 가령 청자나 청중이 화자의 말과 행위에 감화되어 설득되는 것에 집중되기 때문에 많은 준비와 훈련이 요구된다. 이는 우선적으로 전달할 내용 마련 과정도 중요하지만, 그 이면에 이러한 전달 내용을 어떻게 전달하느냐의 문제가 더 부각될 수 있다.

따라서 교육 현장에서는 말하기 과정에서 청중을 감화시킬 수 있는 다양한 전략이나 방법이 동원되어야 한다. 이는 일종의 연기술과도 관련되기 때문에 극 갈래와의 통합 교육도 가능할 것이다. 표정, 시선, 몸동작, 목소리, 손짓, 억양, 쉼 등 다양한 비언어와 준언어에 대한 철저한 훈련이 수반되어야 하기 때문에 교육적으로도 상당한 노력과 시간이 요구된다고 할 수 있다.

세 번째 기준인 기억은 실제 말하기에서의 전달내용의 활용 측면과 관련될 수 있다. 일화기억은 화자 개인의 삶에 자연스럽게 밀착된 인지 구성물이고, 의미기억은 앎의 영역과 연계되어 의도적이고 인위적으로 구성된 인지 결과물이라고 할 수 있다. 따라서 이러한 기억의 구분은 말하기 산출의 내용 구성과도 밀접한 관련을 맺을 수 있다.

가령 교육 현장에서 즉흥적 말하기의 경우는 주로 개인 화자의 사적 영역 내의 내용 구성에 적합한 방식으로 적용될 수 있다. 물론 개인의 사적 삶의 경계 내에 있는 내용들을 공적 교육 현장에서 표면화시켜 교육 내용으로 환원하는 것에 문제가 따를 수 있다. 따라서 이러한 즉흥적 말하기에 연계된 내용들은 준비된 말하기에 연계해서 지도될 수 있도록 해야 한다.

이는 즉흥적 말하기와 준비된 말하기의 구체적인 절차와 전략 등에서 차이가 있다는 점과도 관련되는데, 가령 즉흥적 말하기에서는 청중에 대한 부담을 최소한도로 줄여서, 화자가 관련된 주제나 화제에 대하여 자유스럽게 말할 내용을 산출할 있도록 해야 한다. 즉 준비된

말하기에 앞서 일종의 연습 과정으로 즉흥적 말하기를 활용하는 방안
을 고려할 수 있다. 이는 두 말하기 과정이 기존의 담화 상황에 따른
구분만으로 접근할 것이 아니라, 서로 연계된 상황에서 활용할 수
있도록 일정한 말하기 전략으로도 적용 가능할 것이다.

네 번째는 언어 투식과 관련된 즉흥적 말하기와 준비된 말하기의
교육 접근이다. 즉흥적 말하기는 전형적인 구어라고 할 수 있다. 그런
점에서 구어의 본질적인 속성을 파악하는 데 주요한 대상 자료가 될
수 있다. 이는 최근 구어 연구에 대한 활발한 전개가 이루어지고 있는
시점에서 주요한 연구 대상으로서의 의의를 지닌다.[13]

반면에 준비된 말하기의 경우는 구어라는 매체를 통해 전달되지만,
문어체의 모습을 상당 부분 포함하고 있다고 할 수 있다. 언어 투식의
관점에서는 준비된 말하기에 포함된 구어체와 문어체의 양상을 자각
할 수 있는 계기가 될 수 있다. 즉 학습자 화자는 언어자각의 틀에서
이러한 언어 투식의 문제를 언어 수행 과정상에서 되짚어볼(feedback)
수 있다.

이는 교육 현장에서 학습자들이 스스로의 말투에 대하여 어떤 인식
을 하고 있는지를 언어 자각의 틀에서 접근할 수 있다는 점에서 교육
적으로 매우 중요한 의미를 갖는다. 특히 모국어 교육에서 언어 수행
에 대한 미세한 결을 인식하고 자각하는 데 언어 투식이 중요한 역할
을 수 있다는 점에서 이는 두 가지 구분 양상의 말하기에 필연적으로
관련될 수 있다.

즉 즉흥적 말하기는 전형적인 구어로, 준비된 말하기는 문어체의

---

13) 장경희(2009)에서는 구어 연구의 현황과 전망을 상세하게 진술하고 있어 참고가
된다.

관점에서 언어 투식이 논의될 수 있다. 이는 구어체와 문어체의 연속선상에서 구어체의 가장 극단에 위치한 즉흥적 말하기의 수행 양상을 통해 구어의 전형을 인식하고, 아울러 준비된 말하기에 관련될 수 있는 문어체의 양상을 상대적으로 자각할 수 있는 계기를 교육적으로 마련할 수 있다.

마지막으로 텍스트성과 관련된 내용이다. 즉흥적 말하기는 통사결속(cohesion), 준비된 말하기는 의미연결(coherence)에 초점이 맞춰져 있다.14) 이는 말하기 교육에서도 중요한 문제로 부각될 수 있다. 즉흥적 말하기에서는 화자는 현재 발화의 이후 발화들을 사전에 고려하지 못하기 때문에 인접 발화들 간의 결속에 집중할 수밖에 없다. 이러한 점은 일관된 담화를 산출하는 데 많은 어려움을 제기한다.

하지만 즉흥적으로 발화되는 인접 발화들 간의 연결은 말하기의 자연스러운 과정이라는 점을 감안한다면, 이는 심리적으로 매우 중요한 현상이라고 할 수 있다. 유창성과 수월성의 측면에서만 말하기 전개 과정을 판정한다면 이는 말하기가 지니는 본연의 문제를 도외시하는 결과를 초래한다. 이러한 통사결속 관점의 말하기는 문법 영역과 연계하여 지도가 가능하다.

반면에 준비된 말하기는 담화 영역과 더 밀접하게 연계되어 지도될 수 있다. 즉 화자는 말하기를 준비하면서 우선적으로 담화의 주제와 화제를 전체적으로 고려하면서 이들에 부합하는 거시구조 측면의 전달내용을 구성해야 한다. 이는 자연스럽게 일정한 발화를 연속체를

---

14) 물론 즉흥적 말하기와 준비된 말하기 모두 통사결속과 의미연결의 적절성이 확보되어야 담화로서의 일관성을 확보할 수 있다는 점에는 이의가 있을 수 없다. 다만 이 글에서는 말하기 교육적 측면에서 즉흥적 말하기에서는 인접 발화 간 결속 관계에, 준비된 말하기에서는 전체 개요 중심의 의미 연결 관계 수립에 인식의 초점이 주어져야 한다는 점을 강조한 것이다.

구획하면서 의미적으로 일관된 담화 형성을 지향할 것이다.

즉 말하기 교육 현장에서는 이러한 통사결속과 의미연결을 단계적으로 연계해서 교육해야 할 것이다. 먼저 문법 영역을 중심으로 인접 발화 간 통사결속의 인식 문제를 짧은 시간상의 즉흥적 말하기 과정을 통해 학습자들이 언어 수행 과정을 자각할 수 있도록 해야 한다. 이어서 담화의 주제나 화제 구성에 관련된 거시구조 간 의미연결 관계를 상위인지 측면에서 자각할 수 있도록 교육해야 할 것이다.

4. 마무리

이 글은 담화 상황에 따른 구분 양상의 결과인 즉흥적 말하기와 준비된 말하기의 교육적 실제성과 효용성에 문제를 제기하고, 이를 다섯 가지 기준을 중심으로 새롭게 구성하였다. 아울러 이러한 다섯 가지 기준이 교육 내용 환원 시에 어떻게 재구성될 수 있을지의 문제를 말하기 교육의 틀에서 다루어보았다.

기존의 말하기 교육 현장에서 즉흥적 말하기는 거의 유명무실할 정도로 그 교육적 실제성과 효용성이 없었다고 해고 과언이 아니다. 반면에 준비된 말하기는 다양한 담화에서 내용이나 절차 등에서 일정한 교육 내용으로 구성되어 왔다고 할 수 있지만, 실질적으로 말하기 교육 현장에서 즉흥적 말하기와 대별된 상태로 구체적으로 다루어지지는 않았다.

이런 점에서 이 글은 이러한 말하기 양상의 구분의 실질적인 토대 마련에 문제가 있었다고 보고, 다섯 가지 기준을 제시하였다. 이는 맥락, 지식, 기억, 텍스트성, 언어투식으로 제시되었다. 이러한 기준은 범박하게는 언어 수행에 수반되는 관련 상황이나 언어 지식 등으로 관련될 수 있다.

즉 이러한 다섯 가지 기준에 따라서 즉흥적 말하기와 준비된 말하기가 대별됨으로써 교육 현장에서 각각의 말하기가 적절하게 자리매김 될 수 있고, 특히 즉흥적 말하기가 놓일 수 있는 자리가 제대로 확보될 수 있다. 이는 기존의 말하기 교육에서 즉흥적 말하기가 제대로 다루어지지 못한 상황에서 일정한 교육적 의의를 지닌다고 할 수 있다.

하지만 이 글은 담화 상황에 따른 두 가지 양상의 말하기에 대한 이론적 토대를 확보하기 위한 연구로서 시론적 의의를 지닌다. 다섯 가지 기준에 대한 논의의 소지가 있을 수 있고, 특히 즉흥적 말하기에 대한 개념 정의에서부터 그 범주의 논의까지 여전히 많은 문제가 남아 있다는 점에서 향후 연구를 기약할 수밖에 없다.

제4부
준언어적 표현

제11장 '쉼(pause)'의 유형과 인식

1. 들머리

우리 학교 현장의 말하기 교육은 최근 부쩍 높아진 사회적, 문화적 관심과 열의에 비해 그 교육 방법이나 효과 면에서 큰 진전을 보지 못하고 있다. 이는 그간 우리 국어교육에서 말하기 교육의 영역이 지니는 정체성 수립의 문제와도 직결된다. 즉 교육적으로 말하기를 어떻게 학습자들에게 잘 교육시킬 것인지의 문제가 제대로 고민되어 왔는지에 대한 문제 인식과 관련될 수 있다.

하지만 최근 언어 사용 영역의 중요성, 특히 말하기 교육과 그 중요성에 대한 인식이 학교 밖의 사회적 요구에서 날로 증가하고 있는 시점에서 학교 현장의 말하기 교육에 대한 전반적인 검토의 필요성이 증가하게 되었다. 또한 이 문제와 관련해서 어떻게 하면 학습자들의 실제 말하기 능력을 키워줄 수 있는지에 대한 면밀한 연구가 요구되는 시점이라고 할 수 있다.

말하기는 현장성이 매우 중요시되는 의사소통의 영역이다. 따라서 화자는 실시간으로 이루어지는 상황 맥락에 매우 민감해야 한다. 또한 여기서는 다양한 준언어적, 비언어적 요소들이 언어적 요소 이상으로 중요한 역할을 한다. 하지만 국어교육의 틀 내에서는 이런 말하기의 내용 측면들은 제대로 부각되지도, 아울러 교수·학습되지도 못하고 있는 상황이다.

'말을 잘 한다'는 것은 현대 사회를 살아가는 현대인들이 갖추어야 할 매우 필수적인 능력이다. 이른바 자신을 잘 드러내고, 상대방을 잘 설득하고, 나아가 사회나 외교 차원에서도 중요한 수행 능력이기도 하다. 이른바 공동체의 의사소통 능력을 향상시켜 나간다는 것은 국가 경쟁력의 재고 차원에서도 매우 중요한 문제이다. 이런 점에서 말하기 교육의 중요성은 개인뿐만 아니라, 국가 차원에서도 강조될 수 있다.

하지만 이런 중요성에도 불구하고 학교 현장의 말하기 교육 현실은 어떠한가. 입시에 모든 것이 맞추어져 있어 실제로 말하기 교육은 일부 특수 대학의 구술 면접의 통과 의례를 위한 방편으로 실시되고 있다. 이는 상급학교로 진학해도 별반 차이가 없다. 구술 시험을 위한 전형적인 틀 아래에서 융통성 없는 암기식 질의, 응답 위주의 반복 교육이 실시되고 있을 따름이다.

이 글에서는 이상과 같은 말하기 교육의 중요성에 대한 사회적 인식의 증가에 따라가지 못하고 있는 학교 현장의 말하기 교육을 조금이나마 개선해보고자 의도되었다. 즉 실질적으로 말하기가 무엇인지를 제대로 학습자들이 인식할 수 있는 계기를 마련하고, 나아가 이런 과정을 통해 말하기 교육에서 무엇이 구체적으로 다루어져야 하는지에 대한 전반적인 검토와 대안 제시에 그 초점이 있다.

다만 이런 연구 동기는 말하기 교육에 대한 전반적인 인식의 제고를 위해 필요하지만, 보다 실제적인 말하기 교육의 효율성을 높이기 위해서는 세부적인 말하기 교육의 내용 지침이 마련되어야 한다. 이런 세부적인 내용 지침이야말로 말하기 교육의 목적을 달성하는 데 주요한 수단이 되기 때문이다.

말하기는 이른바 언어적, 준언어적, 비언어적 요인이 모두 관여되는 맥락 중심의 정보 전달 방식이다. 물론 말하기 방식이나 담화 양식에 따라 차이는 있지만, 상황 맥락이 중요하게 관련된다는 점에서 여타의 정보 전달 방식과 차별성이 있다. 즉 여기서는 언어적 표현에 부가되는 다양한 준언어적, 비언어적 표현이 실제 미세한 맥락의 의미를 결정하는 중요한 요인이 된다.

하지만 이와 같은 준언어적, 비언어적 요인들이 실제 우리 말하기 교육 현장에서는 거의 다루어지지 못했다. 언어적 내용, 즉 명제 중심의 전달에만 초점이 있었을 뿐, 정작 모국어의 미세한 상황 맥락에 고려되는 준언어적, 비언어적 요인들에 대한 세부적인 교수·학습적인 측면에서의 내용과 평가 측면은 도외시되어 온 것이 사실이다.

따라서 이 글에서는 모국어 말하기에서 미세한 맥락의 의미를 결정과 관련되는 준언어적, 비언어적 표현에 관심을 두었고, 특히 준언어적 표현의 한 양상인 '쉼(pause)'이 말하기 과정에서 어떤 양상으로 드러나고 있는지를 파악하는 것에 초점을 두었다. 이는 '쉼'이 말하기에서 일정한 의미 분절의 역할도 하지만, 때때로는 미세한 상황 맥락을 드러내는 중요한 역할을 하기 때문이다.

즉 이 글은 학습자들의 말하기에 드러나는 '쉼(pause)'의 양상을 언어적 의사소통 이면에 작용하는 주요한 속성이라고 보고, 이런 '쉼'의 양상이 실제 학습자들의 말하기에서 어떤 식으로 표출되는지를 파악하는 데 연구의 목적이 있다. 이는 실제 말하기가 보다 원활하게 이루어지는 데 주요한 매개 변수가 무엇인지를 파악하는 것과도 관련된다.

이런 '쉼'의 양상은 모국어의 말하기 교육에서 주요하게 다루어질 수 있는 교육 내용으로 선정될 수 있다. 아울러 학교 현장에서 말하기 교육이 실질적으로 이루어질 수 있는 계기를 마련해 줄 수 있다. 특히 매체를 활용한 말하기 교육은 학습자들의 적극적인 반응을 유도할 수 있으며, 국어교육에서 말하기 교육이 차지하는 범위와 중요성을 확대시켜 줄 수 있는 효과도 거둘 수 있을 것이다.

2. 선행 연구

'2'절에서는 말하기 수행 양상에 대한 연구의 큰 틀을 바탕으로 국어교육적 관점에서 몇몇 선행 연구들을 살피고자 한다. 특히 '쉼'과 관련된 언어학적 분석을 중심으로, 교육 현장에서의 말하기 교육과 관련될 수 있는 언어 투식, 입말 담화의 전사 작업과 관련된 내용 등을 간략하게 다루고자 한다.

김성규(1999)는 우리말에 드러날 수 있는 잠재적 '쉼'을, 음성적이고 음운론적인 면뿐만 아니라, 형태, 통사적인 측면까지 두루 다루고 있어 '쉼'에 대한 개괄적인 접근으로 주요한 참고 자료가 된다. 아울러 교육적인 측면에서 초등학교 저학년 읽기에서의 '쉼'의 사용 가능성에 주목하면서 이를 교육적인 측면에서 보다 포괄적으로 확대하는 것이 바람직함을 주장하고 있다. 다만 이런 교육적인 측면을 초등학교에 저학년 읽기에 국한시키고 있다는 점은 한계로 파악된다.

이호영(1990), 임규홍(1997), 양영하(2002), 안종복 외(2005), 이창호(2010) 등도 언어적 측면에서 '쉼'의 기능에 대한 면밀한 분석을 통해 '쉼'이 지니는 다양한 언어 사용 현상의 부면을 드러내고 있다. 학습자들의 입말 사용의 교육에 그대로 적용시키기는 어렵지만, 언어 사용 영역에서 '쉼'의 기능적인 측면을 교육적인 측면에서 응용 가능할 수 있다는 점에서 의의가 있다.

전영옥(2005)에서는 발표 담화와 발표요지 간의 비교를 통해 글말과 입말의 변이 양상을 고찰하고 있는데, 발표요지가 전제하고 있는 다양한 내용 변이 양상을 발표 담화가 제대로 담아내고 있지 못한 한계가 드러나고 있다. 서종훈(2011)에서는 글말과 입말의 수행 과정을 일정 수준의 학습자들을 연속선상에서 고찰하고 있는데, 특히 여기에서는 글말의 과정을 입말로 수정하면서 글말과 입말의 변이 양상을 '쉼'을 중심으로 살펴보고 있다는 점에서 의의가 있다. 하지만 입말의 양상을 전사본이 아닌 말하기 대본을 중심으로 고찰하고 있다는 점에서 한계를 노출하고 있다.

이기갑(2010)과 김현강 외(2010)에서는 담화 자료의 전사 작업에 대한 문제를 논의하고 있다. 전자는 전사에 대한 규범적인 틀을 제시하고 있으며, 후자는 드라마를 대상으로 전사하면서 드러나는 여러 가지 어려움을 다루고 있어 참고가 된다. 쉼만을 전문적으로 다루지는 않지만, 쉼에 대한 전사의 기본적인 내용들을 참고할 수 있다.

르펠트(Levelt, 1999; 김지홍 뒤침, 2008), 싸뤼 루오마(Sari Luoma, 2004; 김지홍 뒤침, 2013)와 앤더슨·브롸운·쉴콕·율(Anderson·Brown·Shillcock·Yule, 1984; 김지홍·서종훈 뒤침, 2014)는 입말 산출과 관련된 전반적인

문제를 본격적으로 다룬 결과이다. 특히 말하기 산출과 평가에 대한 전반적인 사항들을 다루고 있으며, 학교 현장에서 사용할 수 있는 입말 본연의 다양한 연구조사 문제들을 제시하고 있어 참고가 된다. 다만 모국어 교육에 국한하지 않고, 다양한 언어를 토대로 구성되었기 때문에 국어교육 현장에서는 이를 재구성해야 할 필요성이 제기된다.

이상의 다수 연구는 실제 학습자들의 다양한 말하기 결과에서 드러나는 '쉼(pause)'의 양상을 포착하기보다는, 특정 입말 말뭉치에 한정된 결과물을 토대로 하는 경우가 많았다. 아울러 실험실에서 성인 화자들을 대상으로 하는 경우가 많았다. 이는 교육적 관점으로 환원하기에 어려움이 따른다. 따라서 이 글은 실제 학교 현장에서 학습자들의 말하기 수행 결과를 토대로 '쉼'의 양상을 파악하고, 이를 통해 국어교육 현장에서 말하기 교육의 실천적인 내용을 구성한다.

아울러 이 글에서는 학습자들의 준비된 말하기의 전 과정을 교육적 관점에서 관찰하고 그 의의를 이끌어낸다. 이는 말하기 과정이 단순히 실제 말하는 과정만을 중시하기보다는 말하기 이전 단계와의 연속성의 관점이 반영된 것이다. 즉 말하기 이전 과정과 실제 말하기 과정을 모두 포함해서 접근한다는 점에서 또한 이전 연구들과 차별성이 있다.

3. 연구 방법 및 연구 가설

3.1. 연구 방법

기존의 말하기 교육에 대한 논의들은 여러 가지 연구 환경의 어려움으로 인해 이론적 측면에서 이루어진 면이 많았고, 따라서 실제 학교 현장에서 이와 같은 논의들을 직접적으로 수용하기 어려운 면이 있었다. 이런 점을 감안해 이 글은 우선 소단위 중심의 학습자들에게서 실시간으로 드러나는 말하기 수행 과정의 관찰과 수집, 그리고 분석에 초점을 두었다.

이를 위해서는 학습자들의 실시간 말하기 수행 과정을 담아낼 수 있는 매체의 활용이 우선적으로 요구된다. 사용되는 매체는 교사와 학습자들을 쉽게 이어줄 수 있는 것이어야 하고, 아울러 학습자들이 쉽게 활용할 수 있어야 한다. 말하기는 실시간의 현장성을 반영하기 때문에 이런 과정을 쉽게 담아낼 수 있는 매체가 요구되는데, 이른바 순수 언어학이나 전산 언어학에서 요구되는 전자기기를 학교 현장에서는 사용하기가 현실적으로 매우 어렵다. 따라서 이 글은 학습자들이 쉽게 활용할 수 있는 스마트폰을 말하기 수행 과정을 담아내는 주요한 매체로 사용하였다.[1]

이 매체를 통해 학습자들은 말하기 수행 과정에 드러나는 다양한 준언어적 표현 및 비언어적 표현을 담아낼 수 있다. 아울러 학습자들은 이를 Cool Edit 2000 프로그램[2]을 이용하여 음성 전사한 것을 쉼 위주로 분석하게 된다. 물론 이 프로그램이 정밀한 음성 전사 프로그램은 아니지만, 이 글에서 분석하려는 준언어적 표현인 쉼의 지속 시간을 학습자들이 쉽게 측정할 수 있다는 측면에서 유용하다.

---

1) 이미 중·고등학교 현장에서는 스마트 교육이 하나의 교육 방법론 혹은 내용론으로 부각되고 있으며, 스마트폰은 이런 교육의 주요한 매체로 자리매김 되고 있다.

2) 이는 음악 편집 프로그램으로 인터넷상에서 손쉽게 내려 받을 수 있다. 무료로 사용할 경우, 일정 기간이 지나면 사용할 수 없는 셰어웨어 프로그램이다. 특히 이 프로그램은 다양한 음악이나 소리 파일을 손쉽게 수정, 편집, 변환할 수 있는 음성 편집기로 인기가 높다.

구체적으로 학습자들은 이런 매체의 활용을 통해 말하기 대본과 전사본을 비교함으로써 자신의 말하기 과정 전체를 돌아볼 수 있다. 특히 이 과정에서 말하기 계획상의 '전제한 쉼'과 실제 말하기에서의 '구현한 쉼', 아울러 '구현한 쉼'은 그 속성에 따라 '의도한 쉼'과 '의도하지 않은 쉼'으로 나뉜다. 학습자들은 이들의 비교, 분석을 통해 '쉼'의 말하기에서의 주요한 기능과 역할을 파악하게 된다. 이는 말하기 전 과정을 언어 자각(language awareness)의 관점에서 살필 수 있는 주요한 계기가 된다. 전체 과정을 간략하게 정리하면 〈표 1〉3)과 같다.

〈표 1〉 준비된 말하기 과정에 따른 쉼의 유형

	대본	전사본	
말하기 과정	머릿속 말하기 (소리읽기)	실제 말하기	
'쉼' 유형	전제한 쉼	구현한 쉼	의도한 쉼
			의도하지 않은 쉼

르펠트(Levelt, 1999: 87)에서는 말하기의 산출 과정을 '수사학적 – 의미론적 – 통사론적 체계'와 '음운 – 음성 체계'의 두 단계로 간략하게 구분했다. 즉 산출의 과정을 언어화 이전과 이를 언어화하는 단계로 구분하고 있는데, 쉼은 여기에서 이들 두 단계를 연계해 줄 수 있는 주요한 하나의 요소가 될 수 있다. 이는 〈표 1〉에서 대본과 전사본을

---

3) 〈표 1〉의 '쉼' 유형에서 '전제한 쉼'과 '의도한 쉼'의 구분에 자칫 구분상의 어려움이 따를 수 있다. 엄밀하게 전제한 쉼은 말하기 계획상의 쉼이고, 의도한 쉼은 실제 말하기 과정에서 발생한 쉼이다. 물론 전제한 쉼과 의도한 쉼이 일부 겹칠 수 있다. 하지만 실제 말하는 과정에서 화자는 다양한 발화 맥락 상황에 처하게 되고, 이 과정에 화자는 상위인지를 통해 쉼을 실시간으로 조정하게 된다. 즉 말하기 계획 구성물인 대본에서의 전제한 쉼과는 별도로 화자는 실제 말하기에서 의도적으로 쉼을 조정하여 발화의 유창성을 유지할 가능성이 높다.

연속선상에서 매개해 줄 수 있다. 〈그림 1〉은 르펠트(Levelt, 1999)에서 가져온 언어 산출 체계의 청사진이다.

하지만 여기에서 부각되는 문제는 쉼의 속성에 대한 것이다. 쉼은 그 속성상 화자의 심리적 상태와 밀접하게 관련되면서 드러나기 때문에, 그 분포나 지속 시간, 형태 등에서 규칙성을 규명하기가 어렵다. 따라서 과학적이고 객관적인 잣대 하에서 그것의 속성을 제대로 밝혀

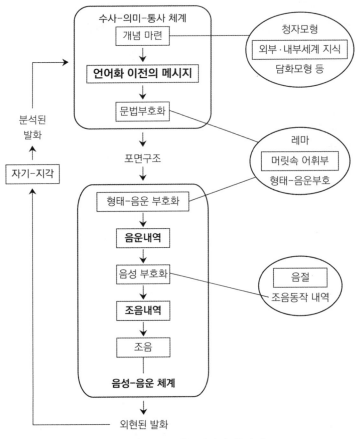

〈그림 1〉 언어산출 체계의 청사진

내기 어려운 부분이 있다. 이런 면은 고스란히 국어교육 현장에도 반영되는데, 즉 이는 쉼과 관련된 명시적인 교육 내용이 없음과도 무관하지 않다.

이 글에서는 음성학이나 음성 공학적 측면에서 쉼을 규명하는 것이 아니기 때문에, 쉼의 여러 속성을 모두 다룰 수는 없다. 다만 쉼의 지속 시간에 대한 규명이 쉼이 지니는 속성을 해명하는 데 주요한 측면으로 부각될 수 있다. 하지만 쉼에 대한 지속 시간은 학자들마다 다양한 견해를 제시하고 있다. 그만큼 쉼의 지속 시간에 대한 객관적 토대의 마련이 어려운 것이다. 〈표 2〉는 몇몇 국내·외 학자들의 쉼의 지속 시간과 그 기능에 대한 것을 정리한 것이다.

〈표 2〉 쉼에 대한 지속 시간과 유형

제시자	지속 시간	쉼의 유형과 의미
Goldman-Eisler(1958)	250ms, 500ms, 1초	생리적인 쉼, 의도적인 쉼
Boomer, D. S.(1965)	평균 1.03초 평균 0.75초	문법적 접속어의 쉼 길이, 음소절 안에서의 쉼 길이
Beattie(1978)	0~200ms, 500ms 전후	발언권 넘김의 자연스러운 정도
Back(1987)	시간 미제시	짧은 쉼, 보통 쉼, 긴 쉼
Levelt(1989)	200ms 이하, 700ms 이상	pause(짤막한 쉼), gap(묵묵부답), lapse(긴 침묵)
Jefferson, G.(1989)	1초 전후	쉼의 최대 허용 시간
양영하(2002)	0~200ms, 300~600ms, 700ms~	짧은 쉼, 중간 쉼, 긴 쉼
안종복 외(2005)	0.94초	정상적인 지각 대상의 쉼

어떤 연구에서는 지속 시간을 제시하지 않고 있는데, 이는 지속 시간을 기록할 수 있는 연구 기반이 형성되지 있지 않거나 혹은 직관적으로 쉼을 분류하는 데만 초점을 둔 경우이다. 하지만 대략적으로 인식상 혹은 지각상으로 의미 있는 쉼의 지속 시간은 대략적으로 1초

전후임을 다수의 연구를 통해 파악할 수 있다.

쉼은 그 지속 시간을 엄밀하게 구분하기 어렵다. 이는 화자의 발화 맥락에 따른 다양한 심리적 상황이 관련되기 때문이다. 하지만 중요한 것은 쉼이 화자의 생리적 호흡 조절에 따른 것인지, 아니면 화자의 자발적 의지가 반영된 것인지의 여부에 따라 그것의 발화에 따른 기능이 달라질 수 있다는 점이다.

이런 점을 감안하여, 이 글은 쉼의 지속 시간을 엄밀하게 구분하기보다는 양영하(2002)에서 제시한 700ms 이상의 시간을 발화 맥락에서 유의미한, 혹은 말하기에서 내용과 형식상으로 일정하게 기능하는 것으로 간주하고자 한다. 따라서 생리적으로 발생하는 호흡과 삼키기에(嚥下) 따른 쉼은 논의의 대상으로 다루지 않는다.

본 연구의 참여 대상 학습자들은 필자가 재직하고 있는 대구 C대학교 국어교육과 및 국어 교직 과정 이수 학습자들이다. 이들은 대다수 학교 현장의 국어 교사를 목표로 하고 있으며, 특히 임용고사를 통해 학교 현장에 나기기를 원하고 있다. 때문에 우선적으로 중·고등학교 국어교육 현장의 요구가 무엇인지를 정확하게 파악하고, 이를 실제 대학 교육 현장에서 훈련하는 과정이 필요하다.

본 연구는 기본적으로 소집단 중심의 질적 연구에 토대를 두고 있기 때문에 방대한 양의 입말 자료를 수집하는 데 그 목적이 있지 않다. 소집단 학습자들의 심층적인 말하기 수행 양상을 '쉼'을 중심으로 파악하고, 이를 교육 내용으로 환원시키는 데 역점을 두기 때문에 부득불 참여 연구 대상을 확대하기 어려운 점이 있다. 아울러 중·고등학교 현장의 학습자들로부터 말하기 수행 과정을 담은 다양한 말뭉치 자료를 수집하는 데는 교육 현장의 여러 여건상 많은 어려움이 따르기 때문에, 일정 기간 연구에 참여가 가능한 예비 국어 교사들을 대상으로 하였다.

본 연구에 소요되는 연구 기간은 대략 두 학기에 걸쳐 있다. 이는 학습자들이 말하기에 드러난 '쉼'에 대한 기본적인 내용들을 파악하고, 나아가 실제 말하기 양상에서 드러난 쉼을 수집하고 분석하는 데 일정한 시간이 필요하기 때문이다. 즉 학습자들은 의사소통 교육론이나 화법교육론 등의 수업을 통해 말하기에 드러나는 다양한 준언어적 양상을 학습하며, 이를 통해 실제 말하기 양상을 매체를 통해 담고, 전사하게 된다. 최종적으로 전사된 입말 자료를 통해 쉼의 양상을 분석하게 된다. 이상의 점들을 간략하게 정리하면 〈표 3〉과 같다.

〈표 3〉 연구 개관

연구 기간 / 연구 내용	대상자	인원	참여 과정
(2012.04~2012.11)	예비 국어과 교사	60여 명	① 음성 전사 작업에 대한 학습
			② '준비된 말하기' 주제 선정
			③ 실제 말하기 및 음성 전사 작업
			④ '쉼'과 관련된 음성 전사 작업 분석

연구 기간이 두 학기에 걸쳐 있는 것은 대상 학습자들을 한 학기에 모두 해당 연구 과정에 참여시킬 수 없었기 때문이다. '준비된 말하기'의 경우는 크게 말할 목적에 따라 정보 전달과 설득, 친교 및 정서 표현으로 크게 두 가지로 나뉘어 그 주제를 선정하도록 하였다. 아울러 말하기 목적에 따라 각 학년별로 각각 그 수를 균등하게 나누어 말하기가 실시되었다. 말하기 시간은 말하기 목적에 상관없이 3분 내외로 하였다. 또한 지면상으로는 A4 한 면 이내로 대본을 작성하도록 하였다.

3.2. 연구 가설

이 글은 기본적으로 소집단 학습자들의 말하기 과정에 대한 실험 연구이자 질적 연구로, 두 가지 연구 가설을 중심으로 말하기 수행에 드러나는 쉼의 양상을 고찰하고자 한다. 이는 언어 산출의 공학적 혹은 순수 어학적 측면에서의 쉼의 규명이 아니라, 국어교육의 관점에서 준언어적 표현의 일환으로서 쉼의 발화 기능적 의미를 조사 분석하는 데 초점이 있다.

가. '전제한 쉼'과 '구현한 쉼' 간의 속성에는 차이가 있을 것이다.

전제한 쉼은 말하기 대본에 상정된 양상이다. 이는 머릿속 말하기의 결과라 할 수 있다. 말하기 과정은 범박하게 말하기 이전의 내용 생성과 이를 형식화하는 단계로 나눌 수 있다. 즉 이 두 단계는 긴밀하게 연관을 맺는다. 하지만 일반적으로 말하기 교육 현장에서는 형식화 단계에 초점을 많이 맞추고 있다. 즉 말하기 이전 단계와 실제 말하기 단계를 연속적으로 긴밀하게 연관시키는 경우는 많지 않다.[4]

이 가설은 말하기 이전의 계획 단계와 실제 말하기 과정의 단계에 드러나는 '쉼'의 양상을 연속선상에서 견주어 봄으로써 말하기 전 과정에 드러나는 준언어적 표현으로서의 쉼의 속성 파악에 초점이 있다. 즉 말하기 이전 단계의 쉼에 대한 세밀한 계획이 실제 말하기 과정에 얼마만큼 유효하게 반영될 수 있는지를 살펴봄으로써 준언어적 표현에 대한 말하기 계획의 실효성을 검토하게 된다.

---

4) 전영옥(2005)에서는 발표요지와 실제 발표된 담화의 비교를 통해 말하기 이전과 실제 말하기 과정 단계를 연속적으로 검토하고 있어 참고가 된다.

실제로 많은 학습자들은 준비된 말하기에서 말하기 대본을 그대로 외워서 발표에 임하는 경우가 많다. 특히 연령대가 어리거나 혹은 언어 수행 수준이 낮고 불안 의식이 높은 학습자들일수록 말하기 과정에서 쓰기의 결과물인 대본에 종속되는 경향이 있다. 즉 글말에 종속되는 입말의 수행 양상을 보인다. 이는 실제 말하기에서 많은 어려움을 발생시키는 원인이 되기도 한다. 즉 완벽하게 암기되고 연습되지 않은, 혹은 완벽하게 암기된 대본이 바탕이 된다고 할지라도 말하기 실제 과정에서 발생하는 미묘한 상황과 맥락에 따라 쉼과 같은 준언어적 표현은 언어적 표현에 비해 변화의 가능성이 더 클 것이다.

즉 쉼과 관련하여 구체적으로 그 양상을 예상해 본다면, 대본에서는 쉼의 빈도수가 전사본에 비해 많지 않을 것이고, 발생 위치는 어느 정도 정형화된 위치, 즉 문장 끝이나 의미가 전환되는 문단 등에 주로 놓일 것이다. 이는 화자가 쓰기에 종속된 글말의 틀을 벗어나지 못하고, 거기에 맞추어 입말 계획을 세울 것이기 때문이다. 하지만 말하기 실제 결과물인 전사본에서는 실시간 발화 맥락에 따른 여러 상황으로 인해 쉼의 빈도수가 대본에 비해 증가할 것이고, 아울러 그 위치도 다소 자의적으로 드러날 것이다.

나. '의도한 쉼'과 '의도하지 않은 쉼' 간의 빈도수에는 차이가 없을 것이다.

이 가설은 실제 말하기에서 발생하는 '쉼'과 관련된다. 실제 말하기에서 화자는 상위 인지적 틀에서 쉼을 조정할 수 있다. 이 과정에서 화자 자신은 말할 주제를 강조하거나 전환하기 위해서 혹은 청자의 반응을 유도하기 위해서 쉼을 의도적으로 사용한다. 아울러 화자는 실시간 말하기의 민감한 맥락과 상황을 통제하지 못해 의도하지 않은 '쉼'이 발생할 수도 있을 것이다.

즉 의도한 '쉼'과 의도하지 않은 '쉼'은 화자가 실제 말하기 과정에서 겪는 인식의 차를 반영할 것이다. 이는 곧 실제 말하기에서 학습자들에게 '쉼'의 본질적인 측면이 무엇인지를 파악할 수 있게 해 주는 주요한 단서로 작용한다. 특히 실제 말하기에서 예기치 않은 상황과 맥락에 민감하게 영향을 받을 수 있는 화자는 실시간으로 죄여 오는 말하기 불안에서 벗어나기 어렵다. 학습자들은 암기된 언어적 표현이 청중에게 전달되는 과정 중에 청중의 예상하지 못한 반응을 접하게 된다. 이는 발화 맥락의 유창성을 저해하는 의도하지 않은 쉼의 발생을 초래할 것이다.

다만 이 글의 말하기는 이른바 공식석상의 준비된 말하기이다. 즉 말하기 계획의 결과물인 대본을 바탕으로 실제 말하기가 이루어지고, 그 결과가 전사물로 구성된다. 또한 조사 대상 학습자들도 예비 국어과 교사들로 언어 수행 능력이 전반적으로 우수한 편이다. 따라서 상위 인지적 측면에서 실시간 말하기의 전반적인 과정을 학습자들이 어느 정도 통제할 수 있는 측면도 있다. 아울러 이는 의도한 쉼의 발생과 관련될 수 있다.

결론적으로 학습자의 상위 인지적 측면에서의 능숙한 언어 수행 능력과 말하기의 전체 시간이나 분량 제한 등은 의도한 쉼으로 귀결될 수 있고, 언어적 표현의 전달 과정에서의 예기치 못한 청중의 반응, 실제 말하기 과정에서 끊임없이 개입되는 불안감 등은 화자의 의도하지 않은 쉼의 발생과 관련될 수 있다. 즉 학습자의 언어 수행 수준이나 말하기 당시의 맥락과 상황에 따라 의도한 것과 의도하지 않은 쉼의 빈도수가 달라지겠지만, 전체적으로 드러나는 의도한 쉼과 의도하지 않은 쉼의 발생 빈도수 는 위의 여러 측면들이 복합적으로 작용해서 비슷한 양상이 될 것이다.

4. 연구 결과 및 교육상 의의

4.1. 연구 결과 및 논의

'4.1'절에서는 두 가지 연구 가설을 토대로 말하기에 드러난 쉼의 양상을 논의한다. 우선 앞 절에서 논의한 대로 본 절에서 다룰 쉼은 그 지속 시간이 대략 700ms 이상인 것을 대상으로 하였다. 학습자들은 Cool Edit 2000 프로그램을 이용하여 전사 시에 쉼 지속 시간을 정확하게 측정하였으며, 이는 과제 제출 시에 점검과 평가의 주요 항목이 되었다.

아울러 학습자들은 말하기 대본과 전사본에서 '짧은 쉼'과 '긴 쉼'으로 구분해서 표기하였다. 이는 쉼의 지속 시간을 명확하게 구분하기 어려운 점이 있지만, 제시된 모든 쉼을 분석의 대상으로 삼을 수 없기 때문이다. 짧은 쉼은 생리적인 측면에서, 긴 쉼은 화자의 유창성 측면에서 드러난 의도적이거나 비의도적인 쉼이다. 본 절에서는 긴 쉼만을 분석 및 논의의 대상으로 삼는다.

첫째, "'전제한 쉼'과 '구현한 쉼' 간에는 차이가 있을 것이다"라는 연구 가설1은, 이른바 언어화 이전의 쉼의 양상을 언어화 이후의 쉼과 비교하는 데 그 초점이 있다. 이는 쉼의 양상이 언어화 이후에만 단순히 고려될 수 있는 것이 아니라, 언어화 이전의 계획 단계에서도 잠정적으로 구성될 수 있다는 점을 감안한 것이다. 즉 준언어적 표현 또한 발화 이전 단계에서 메시지의 구성과 함께 고려될 수 있다.[5]

---

5) 르펠트(Levelt, 1999; 김지홍 뒤침, 2008: 177~181)에서는 연속 발화를 위한 음성계획의 생성에서 운율의 생성과 관련된 내용을 억양, 강세, 쉼 등의 준언어적 표현과 관련하여 상세하게 설명하고 있어 참고가 된다.

전체 결과는 말하기의 목적에 따라 정보 전달 및 설득과 친교 및 정서 표현으로 크게 구분되며, 이들 각각은 대본과 전사본으로 나뉘어 쉼의 빈도수가 제시된다. 참여 학습자들은 학년별로 각각 24명, 20명, 16명이고, 말하기 목적에 따라 각 학년별로 해당 참여자들이 반씩 나뉘어 조사에 참여하였다. 구체적 결과는 〈표 4〉와 같다.

〈표 4〉 대본과 전사본에서의 '쉼'

		정보 전달 및 설득		친교 및 정서		일치율(%)
		대본	전사본	대본	전사본	
'쉼' 빈도수	1학년(24명)	77	135	83	105	17.8
	2학년(20명)	60	119	71	95	20.5
	3학년(16명)	52	91	60	81	25.6
	합계	189	345	214	281	
	평균	6.3	11.5	7.1	9.4	21.3

개별 학습자들 간에 일부 편차는 있지만, 〈표 4〉에서 드러나듯이 대본과 전사본의 전제한 쉼과 구현한 쉼 간에는 그 빈도수에서 일정한 차이를 보이고 있다. 전체적으로 전사본에서 구현한 쉼의 횟수가 대본에서의 전제한 쉼보다 그 수치가 유의미할 정도로 많다. 아울러 전제한 쉼과 구현한 쉼 간의 일치율은 상당히 낮다. 이것은 말하기 계획에서 전제한 쉼이 실제 말하기에서 구현한 쉼으로 제대로 실현되지 못했음을 보여주는 결과라 할 수 있다.

이는 이 글의 조사에서 말하기 분량이 3분 이내의 A4 한 면 이내로 제한되어 있고, 대본에 근거한 준비된 말하기였다는 점을 감안한다면, 〈표 4〉의 결과는 의외이다. 즉 참여 대상자들이 일정한 수준의 말하기 수행 역량을 갖춘 예비 국어과 교사들임에도 불구하고, 청중

앞에서의 공식적이고 준비된 말하기의 경우에도 계획된 말하기와 실제 말하기에서의 쉼의 결과가 현격하게 달라질 수 있음을 조사 결과는 보여주고 있다.

또한 대본에서의 쉼은 문장 끝이나 문단으로 상정될 수 있는 곳에 위치하는 경우가 많았으나, 전사본에서의 쉼은 그 발생 위치가 정형화되어 드러나지 않았다. 특정한 낱말이나 구, 문장 등 다양한 위치에서 쉼이 발생하였다. 아울러 전사본에서의 쉼은 표지를 수반하는 음성적 쉼이 표지를 수반하지 않은 묵음의 쉼보다 많이 발생하는 것으로 드러났다.

즉 전제한 쉼과 구현한 쉼 간에는 발생 빈도수, 발생 위치, 발생 유형 등 여러 측면에서 현격한 차이가 드러났다. 물론 준언어적 표현의 하나인 쉼만으로 계획된 말하기와 실현된 말하기 간의 차이를 논의할 수는 없다. 하지만 일반적으로 화자는 발화 산출을 위해 율격 정보를 발화 초기 단계에서 계획한다는 점을 감안한다면 이는 언어 자각의 측면에서 중요한 문제라 할 수 있다.

아울러 말하기 목적에 따른 대본과 전사본 간의 쉼의 빈도수에서 그 차이가 유의미하게 나고 있다. 즉 정보 전달 및 설득의 경우가 친교 및 정서 표현의 경우보다 그 차이가 많이 나고 있음을 알 수 있다. 정보 전달 및 설득을 목적으로 하는 말하기는 기본적으로 학습자들이 그 주제에 관해 자료를 모으고, 재구성하는 과정이 필요하다. 특히 말하기 주제가 화자에게 익숙하지 않다면, 보다 많은 시간의 말하기 준비 과정이 요구된다.

그에 비해 친교 및 정서 표현의 말하기는 화자의 일상에서 그 주제를 이끌어내기 때문에 정보 전달에 비해 말할 내용 구성이나 실제 말하기 전개 과정이 수월했던 것으로 판단된다. 즉 친교 및 정서 표현의 말하기는 정보 전달에 생리적, 호흡적인 측면이 부각되는 말하기의 실제 과정에서도 화자에게 비교적 안정감을 주었고, 이는 쉼의 빈도수나 지속 시간에 영향을 주었던 것으로 판단된다.[6]

일반적으로 말하기는 준비된 말하기와 즉흥적 말하기로 구분된다. 학교 현장에서의 말하기는 거의 준비된 말하기에 대한 교육이 이루어지는 실정이다. 이는 말하기 계획에 다양한 요소들이 고려되어야 하는데, 특히 모국어 말하기에서는 다양한 준언어적, 비언어적 표현에 대한 측면들이 중요하게 부각될 수 있다. 이 글의 조사에서는 그와 같은 준비된 말하기에서, 준언어적 표현의 하나인 쉼에 대한 화자의 계획이 실제 말하기에서 많은 차이를 보이며 변화되는 것으로 드러났다.

물론 글말과 입말의 실제적인 짜임의 차이가 자연스럽게 언어 사용 상황에 많은 변이를 보이며 드러날 것이다. 하지만 말하기 계획의 전체 틀이 실제 말하기에서 지나치게 상이한 방향으로 진행된다면, 이는 학교 현장에서의 말하기 계획에 대한 교육적 타당성에 심각한 문제로 지적될 수 있다. 즉 글말과 입말의 미세한 짜임이 고려되지 않은 말하기 계획은 오히려 말하기 계획과 실제 말하기 간의 구성물에 대한 인식의 단절을 초래할 수 있다.[7]

---

6) Good & Butterworth(1980)에서는 대화에서 머뭇거림 비율을 조사하면서, 친숙한 내용과 그렇지 않은 내용 간의 침묵 시간에 유의미한 차이가 있음을 지적하고 있다. 아울러 친숙하지 않은 내용이라도 반복해서 이야기하도록 할 경우에 그 침묵 시간이 줄어들고 있음을 다양한 대화의 예들을 통해 제시하고 있다. 즉 화자 자신에게 익숙한 내용일수록 쉼이 줄어들 것으로 예상할 수 있다.

7) 특히 준언어적 표현 등에서 이런 문제가 제대로 다루어져야 할 것이다. 따라서 언어 수행 수준이나 연령이 낮은 학습자들일수록 글말에 종속되는 말하기 계획 틀에 얽매이게 할 것이 아니라, 사적인 대화 등을 통해 자연스럽게 입말 사용을 이끌어내는 과정이 우선적으로 필요하다.

이하 〈그림 2, 3〉은 정보 전달 및 설득과 관련하여 대본과 전사본 간의 차이가 현격하게 드러난 학습자의 예이다. 정보 전달 및 설득과 관련된 말하기에서는 이런 현상이 특히 두드러졌다. 〈그림 2〉은 '전제한 쉼'이 드러난 말하기 대본이다.

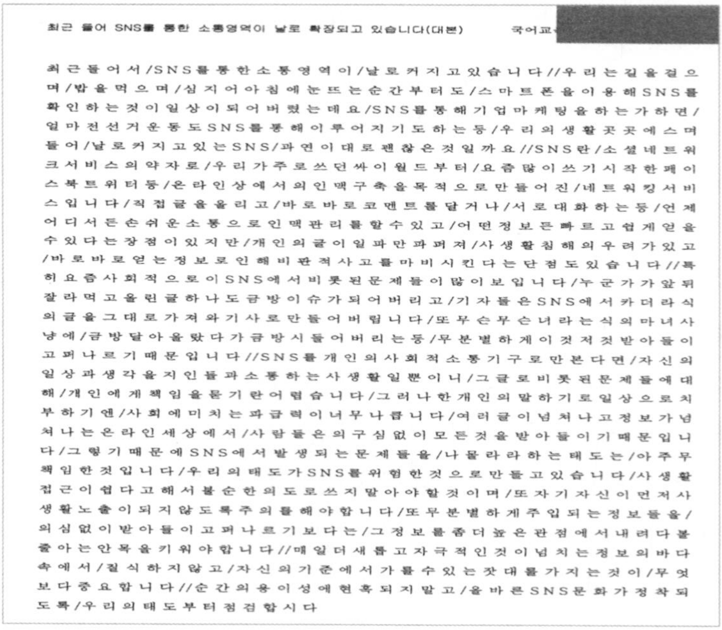

〈그림 2〉 정보 전달 및 설득과 관련된 대본

〈그림 2〉에서는 짧은 쉼과 긴 쉼이 구분되어 드러났다.[8] 6군데에서 발생한 긴 쉼만을 대상으로 살펴본다면, 그 위치가 모두 문장 끝이나 문단 위주의 단위에서 이루어지고 있음을 알 수 있다. 즉 화자는 말하기 계획에서는 긴 쉼의 위치를 매우 정형화해서 드러내고 있음을 알

---

8) 짧은 쉼은 '/'으로, 긴 쉼은 '//'으로 표시하도록 하였다.

수 있다. 이는 대다수의 조사 대상 화자들에게 드러나는 보편적인 현상이다. 이에 비하여 〈그림 3〉은 대본과 동일한 학습자의 구현한 쉼이 드러난 전사본으로, 대본에서와 다른 양상으로 쉼이 드러나고 있다.

최근 들어 SNS를 통한 소통영역이 날로 확장되고 있습니다(전사본)
국어교육과 10

안녕하세요sns에대해서발표를하게된국어교육과정은해입니다//최근들어서/sns를통한/소통능력/소통영역이날로커지고있는데요우리는길을걸으면서/아니면밥을먹으면서심지어는아침에눈을뜨는순간부터도스마트폰을이용해서/sns를확인하는등/이제일상이되었다고해도과언이아닙니다//또기업에서는sns를통해서/마케팅을하기도하면서/또일마전에선거운동도/sns를통해서도이루어졌는데요/(손짓하다가 손등 치는 소리)이렇게우리일상//곳곳에스며들어/날로확장되고있는sns는/과연이대로괜찮은것인지/한번고민해봤습니다/먼저sns란소셜네트워크서비스란뜻으로/우리가주로쓰던싸이월드나/요즘많이쓰는페이스북/그리고/트위터같은온라인상에서/다수와소통을할수있게하는/네트워크서비스인데요//뭐이것들은뭐//어디서나손쉽게/다른사람들과소통할수있어서/인간맥관리가쉽다는장점도있고또//바로바로많은정보를/손쉽게토얼수있다는/장점이있습니다그러나/한개인이쓴글이일파만파퍼져서이게도/사생활침해의우려가또/있고또바로바로얼어지는정보때문에/무분별한/주입되는정보때문에사람들의/비판적인/어/비판적인태도가마비된다는/단점도있습니다/그러므로/어특히이요즘사회적으로이것을비롯/sns를비롯/문제가많이보이는데요//뭐기자들은/그냥sns에있는/글을/뭐카더라통신이라고하죠그거를그냥가져와서/기사로만들어고/또앞뒤잘라갖고손글이/순식간에하루아침에이슈가되어버리기도하고/이런식으로사람들이무분별하게/받아들이기때문에이런문제점/점들이많다고생각합니다/그냥sns를/한개이이/지인들과뭐자기생각이나감정/일상같은것들을소통하는사회적소통기구라만본다면/이글하나로비롯된문제를/개인에게책임을물긴힘들지만/이글하나가사회적으로파급력이너무크기때문에/이이런문제들에대해서나올라라하는태도는무책임하다고생각합니다/그렇기때문에먼저우리의태도가먼저변해야된다고생각합니다/우리의태도가/sns를위험한것으로/만을고있다는/생각이듭니다/그러므로/어/사생활침해로남들의사생활접근이쉽다해서이거를좀/개인의도로접근하거기나이러치말아야하고또자기자신자기/자기정보나자기/사생활을먼저자기가주의해서/노출이잘안되도록/노력해야합니다/그리고무분별하게쏟아지는정보들을/아무장대없이그냥/생각할겨를없이그냥/무분별하게/받아들이고피나르기보다는/자기/자신의기준에서가수있는/잣대가/필요하다고생각합니다/음순간의용이송에/여용이성에현혹되지말고/좋은sns문화가/정착되도록우리모두/태도를점검해야한다고생각합니다//이상입니다

〈그림 3〉 정보 전달 및 설득과 관련된 전사본

우선 〈그림 3〉과 같이 전사본에서는 긴 쉼의 횟수가 대본보다 훨씬 증가하고 있다. 총 14개 곳에서 긴 쉼이 발생하고 있다. 그 발생 위치도 문장 끝이나 문단 구분에 해당되는 경우도 있지만, 낱말 간에 발생하는 경우가 절반을 넘는다. 아울러 '뭐', '어', '음' 등의 음성 표지를 수반한 쉼이 다수 발견된다. 즉 전사본에서는 화자가 대본에서 계획

했던 언어적 내용에 관련되는 쉼을 제대로 통제하기 어려웠음을 보여주고 있다.

"'의도한 쉼'과 '의도하지 않은 쉼' 간의 빈도수에는 차이가 없을 것이다"라는 연구 가설 2는 전사본에서의 구현한 쉼의 속성을 살피고자 한 것이다. 즉 실제 말하기에 드러난 쉼의 속성을 화자의 의도성 여부에 따라 구분하였다. 이는 실제 말하기에서 화자가 쉼을 어떻게 사용하고 있는지, 아울러 이와 같은 쉼의 사용 양상이 실제 말하기에서 언어 자각과 어떤 관련성을 지니는지를 파악하고자 한 것이다.

청중들 앞에서 말의 흐름이 유창하지 못하여 발생하는 쉼은 화자의 입장에서는 실시간 말하기의 불안 의식을 조장하거나 혹은 그것을 반영하는 양상으로 드러날 수 있다. 하지만 의도한 쉼은 발화 흐름과 관련된 유창성의 문제라기보다는 화자가 발화 흐름을 조절하려는 의도적인 측면의 심적 과정에서 발생한 것이라고 할 수 있다. 즉 이런 의도한 쉼은 오히려 언어 자각의 측면에서 발화의 유창성을 높여주는 역할을 할 수 있다. 전체 결과는 〈표 5〉9)와 같다.

〈표 5〉 '의도한 쉼'과 '의도하지 않은 쉼'

		구현한 쉼 (빈도수)	의도한 쉼 (빈도수)	의도하지 않은 쉼 (빈도수)
정보 전달 및 설득	1학년	135	41	94
	2학년	119	34	85
	3학년	91	31	60
	합계(수)	345	106	239
	비율(%)		30.7	69.3

---

9) 학습자는 촬영된 말하기 동영상을 바탕으로 드러난 쉼의 의도성 여부를 전사본에 기술하였다. 즉 짧은 시간에 이루어지는 쉼의 속성을 학습자 스스로가 동영상을 보면서 구성하였다. 이는 이후에 제출된 과제에서 재차 확인되었다.

		구현한 쉼 (빈도수)	의도한 쉼 (빈도수)	의도하지 않은 쉼 (빈도수)
	1학년	105	33	72
	2학년	95	30	65
친교 및 정서	3학년	81	33	48
	합계(수)	281	96	185
	비율(%)		33.8	66.2

〈표 5〉에서와 같이 의도하지 않은 쉼의 수가 의도한 쉼에 비해 그 빈도수가 유의미할 정도로 많다. 즉 정보 전달 및 설득과 친교 및 정서 표현 말하기 모두에서 의도하지 않은 쉼이 의도한 쉼보다 유의 미한 수치 이상으로 나왔다. 이는 연구 가설에서 예상한 바와는 다른 결과이다. 즉 대다수의 학습자들이 언어 자각의 측면에서 실시간 말 하기의 준언어적 양상인 쉼을 제대로 조절하거나 통제하지 못한 것으 로 볼 수 있다. 대다수의 학습자들은 실제 말하기에서 언어적 표현의 유창한 전개에 문제가 생기면, 곧이어 쉼이 이어졌고 이는 불안 상태 로 이어졌다. 이는 준언어적 표현인 쉼이 언어적 표현과 매우 밀착되 어 발생하는 현상이라 할 수 있다.

분명 말하기 대본에서 쉼의 양상이 일정하게 전제되고, 아울러 3분 이내의 A4 한 면이라는 분량 제한으로 언어적 표현인 내용상의 변화 가 최대한 통제되었다. 그럼에도 불구하고 의도하지 않은 쉼의 양상 이 다수를 차지하는 결과가 나왔다. 이는 그만큼 청중을 대상으로 한 실시간 말하기 수행 과정이 언어 자각의 측면에서 화자에게 완벽 하게 통제되기 어렵다는 점을 보여주는 것이라 할 수 있다.

다만 앞선 연구 가설 1에서와 다르게 말하기 목적에 따른 의도한 쉼과 의도하지 않은 쉼 간의 차이는 크지 않은 것으로 드러났다. 즉 정보 전달 및 설득에서 대본과 전사본 간에 쉼의 빈도수 격차가 컸던 것에 비해 차이가 있기는 하지만, 그 정도가 미미한 것으로 드러났다. 이는 친교 및 정서 표현의 말하기에서도 의도하지 않은 쉼이 정보 전달 및 설득만큼이나 많이 발생한 것으로 볼 수 있다.

말하기(전사본), 교

안녕하십니까/교육학과11학번/반규백입니다/에저는에스엔에스엔에스에대해설명을할건데에스엔에스는/소셜네트워크서비스의약자로/1)인터넷을기반으로/사용자간의자유로운의사소통과/2)정보교류/그리고인맥확대등을//3)스/인맥확대등을제공해주면서/사회/사회관계를강화시켜주는서비스입니다/4)(코홀쩍이는소리)/이에스엔에스가/인터넷이발달하/아/그리고스마트폰이개발되고발달하면서/무선인터넷의확장으로/에스엔에스/이용자가많이늘었는데/그로인해서/에스엔에스의순기능과역기능이/대두되고있는데요/(헛기침)/에스엔에스의순기능으로는//그빠른정보//5)정보수집/이가능하다는장점이있습니다//6)스마트폰을이용하면은//언제어디서든/빠르게정보를수집할수있기때문에/신속성과이동성을/동시에/갖출수있어서/정보수집이빠르다는장점이있고요/(헛기침)(종이넘기는소리)/8)에/이이와대조해갖/이와대조해서/역기능이있는데/그것은/정보의신뢰성이떨어진다는단점이있습니다//9)에이에스엔에스를이용하는사람들이//10)모두/11)정보를올리고퍼뜨릴수있기때문에//12)있기때문에/정보의신뢰성이많이떨어진다는단점이있습니다//13)그래서/이에스엔에스를잘활용하려면//14)활용하려면//15)그/제(기침소리)/제공되는정보를모두/맹신하고받아들이는것이아니라/자기자신의의견을갖추고비판적으로수용자세가필요하다고생각합니다/이상으로발표를마치겠습니다/감사합니다(박수)

1) 2.137초의 '쉼'이 지속됨-비의도적인 양상. 말 끝부분을 늘임. 시선을 청중 모두에게 두려고 노력했으나 좌측 청중에만 시선을 두며 긴장된 표정으로 바라봄. 손은 뒤로한 상태로 설명을 돕기위한 손짓은 사용하지 않음.
2) 1.032초의 '쉼'이 지속됨-비의도적. 침을 한번 삼키며 하늘을 보고 다음에 할 말을 생각함
3) 2.081초의 '쉼'이 지속됨-비의도적. 순간적으로 할 말을 잊어버림
4) 7.193초의 '쉼'이 지속됨-비의도적. 처음엔 문장을 끝내고 잠깐 쉬려고 했으나 예상외로 쉬는 기간이 길어짐. 멋쩍게 웃고 옷매무새를 만지는 등 당황한 모습이 보임.
5) 1.13초1의 '쉼'이 지속됨-비의도적. 말끝부분을 늘임. 몸은 계속 좌우로 건들거리며 왼쪽다리에 무게를 두고 짝다리를 짚음.
6) 1.279초의 '쉼'이 지속됨-의도적. 문장을 끝내고 다음 문장으로 넘어가기 위해 잠깐 숨을 고르며 침을 한번 삼킴. 손짓을 계속해서 뭣겠을 진 상태.
7) 3.051초의 '쉼'이 지속됨-비의도적. 말 끝부분을 늘임. 억양은 계속 떨어지는 편. 시선은 좌, 우를 번갈아 이동하여 시선처리가 불안정함.
8) 1.162초의 '쉼'이 지속됨-의도적. 문장을 끝내고 잠깐 쉼. 목을 가다듬기 위해 헛기침을 함. 손이 잠깐 앞으로 나오다가 다시 뭣겠을 짐.
9) 1.034초의 '쉼'이 지속됨-의도적. 문장을 끝내고 잠깐 쉼.
10) 1.137초의 '쉼'이 지속됨-비의도적. 다음 할 말이 생각나지 않아 쉼. 침을 한번 삼키고 숨을 고름.
11) 1.288초의 '쉼'이 지속됨-비의도적. 다음 할 말이 생각나지 않아 쉼. 교수님 쪽을 한번 쳐다봄
12) 5.031초의 '쉼'이 지속됨-비의도적. 다음 할 말이 생각나지 않아 쉼. 시선 좌, 우를 번갈아 쳐다보며 시선처리가 불안정함. 당황한 모습이 역력함.
13) 1.231초의 '쉼'이 지속됨-의도적. 문장을 끝내고 다음 문장으로 넘어가기 위해 침을 삼키고 잠깐 숨을 고름.
14) 2.148초의 '쉼'이 지속됨-비의도적. 다음 할 말이 생각나지 않아 쉼. 고개를 오른쪽으로 한번 꺾음, 허공을 보며 잠시 명하게 있음.
15) 4.095초의 '쉼'이 지속됨-비의도적. 다음 할 말이 생각나지 않아 쉼. 숨을 고르고 입술에 침을 바르며 계속 생각함. 시선처리는 여전히 불안정.

〈그림 4〉 정보 전달 및 설득 말하기

〈그림 4〉는 일부 학습자들의 정보 전달 및 설득 말하기에서의 의도한 쉼과 의도하지 않은 쉼의 양상이다.10)

〈그림 4〉에서는 총 15회의 쉼이 드러났다. 비의도적인 쉼이 압도적

으로 많이 드러나고 있다. 대다수의 의도하지 않은 쉼은 말할 내용에 대한 망각으로 인한 불안 상태의 지속과 관련되고 있음을 알 수 있다. 특히 〈그림 4〉에 제시된 '각주 4'의 쉼도 의도적이라고 제시되어 있지만, 지속 시간이 길어짐으로 인해 화자의 불안감이 비언어적 표현의 측면으로 전달되고 있어 의도적이지 않은 쉼의 양상으로 의심해 볼 수 있는 부분이다. 물론 의도성에 여부에 대해서는 전적으로 화자의 판단이 중요하다.

또한 대다수 학습자들의 의도한 쉼의 경우도 삼키기(swallowing)와 함께 발생하고 있는 생리적 쉼의 양상인데, 다만 이것의 지속 시간이 여타 생리적 쉼에 비해 상당히 길다. 따라서 의도적으로 쉼을 구성했다기보다는 오히려 화자가 제대로 쉼을 통제하지 못하고 발생한 생리적 현상, 즉 의도하지 않은 쉼의 양상으로 해석이 가능하다. 이에 비해 〈그림 5〉의 학습자는 몇몇 위치에서 의도한 쉼을 제대로 구현하고 있다.11)

---

10) 〈그림 4〉의 각주에 의도한 쉼과 의도하지 않은 쉼이 제시되고 있다. 이는 학습자 본인이 실제 말하기 과정의 동영상 촬영본을 바탕으로 재구성한 것이다. 즉 실제 말하기 과정에서 쉼의 의도성 여부는 학습자 본인이 가장 잘 자각하고 있다. 따라서 학습자 본인이 긴 쉼에 국한해서 그 의도성을 여부를 표기하고, 그 이유를 제시하도록 하였다.

11) 이와 같은 의도한 쉼이 실시간 말하기에서 발화의 유창성과 관련하여 적절하게 잘 이루어졌는지의 여부는 말하기 평가에서 검증되어야 할 중요한 부분이다. 이 글은 여기까지는 나아가지 못했다. 차후 연구과제로 남겨두고자 한다.

<국어교육론 - 전사본, 국어...>

안녕하십니까국어교육과12학번은용형입니다/어/제가이말하기주제를받고/한번생각해봤는데/아마자신의정체성을가장잘드러낼수있는것은아마/본인의꿈이아닌가/[1]싶습니다/저희국어교육과에들어온모든친구들의꿈이//[2]대부분은아마국어교사일거라고생각됩니다/저도그중에한명이고요/근데제가국어교사의꿈을키우기까지는조금특별한경험으로인해서/그꿈을키우게됐습니다/그게중학교2학년때돼//[3]여느때와다름없이그냥전과목다가르쳐주는그런입시학원에다가서국어수업을하고있었어요/근데그국어수업을담당하시는국어선생님이많지많은매우친했던분이셨어요/장난도치고반말도하는그런사이였어요/[4]근데그러는도중에수업을하고있는데갑자기선생님이용형아니가나와서수업을해봐라근데저는그게당연히장난인줄알고아알았어요내가해볼게요/그래서선생님저앞으시고나나와서이케수업을했었어요/요지금도아직도생생히기억나요김기림의바다와나비라는그런시가있어요/뭐공주처럼지쳐서들풀이데이런내용의그런시가있었어요/[5]그때당시에는그냥장난이니까애들하고같이뭐장난치면서놀고또참고서를보시면아시겠지만/그시가한줄있으면밑에파란색해설이있어요그냥그거읽는게다였어요요그때당시에는근데그수업을하니까뭔가장난이었지만근금이나마아가르치게내적성에맞나/[6]맞는가라는생각이좀들었어요/그래서이이야기를하니까한번더해보자국어선생님의말씀이계셔서한번더해봤어요근데그러니까아정말말하는거잘다라는생각이들게됐어요그렇게해서교사의꿈을가지게되었어요근데중학교3학년때또독어선생님과어떻게하다보니까또친해졌어요근데중학교2학년때얘기를그선생님이들으신거예요/그래서//[7]용형아니가삼학년오육칠팔구반에다가서수업을해보자/라는이야기를하셨어요/근데처음에는당황했죠/아내가나나도아직찰모르는데어야내가거두가서수업을할줄알겠노라는생각을했었는데근데어떻게생각해보니까/뭔괜찮은경험인거같았어요내꿈을좀더확실하게해주는/그래서수딱했어요그래서삼학년오육칠팔구반에다가서수업을했었어요그때하니까꿈이더확실해지고이제교사보다는국어과목이그때더재밌어지고그러다보니까이제국어교사의꿈을완전하게키우게된거예요요그래서저는이/음/대구가톨릭대학교국어교육과에입학하게됐습니다/이상입니다감사합니다/

---

1) 0.844초의 쉼이 지속됨. 비의도적인 양상으로 쉼이 이루어짐. 원래는 정체성을 잘 드러낼 수 있는 것이 꿈이
   다 라는 것을 강조하고 싶어서 쉼이 아닌가 싶으나 긴장 앞에서 쉼을 주게 되었다.
2) 1.013초의 쉼이 지속됨. 의도적인 양상으로 쉼이 이루어짐. 정체성을 잘 드러낼 수 있는 것이 꿈이란 얘기를
   앞에 하면서 국어교육과 친구들의 꿈이 국어교사라는 것에 대한 공감을 일으켜 과 친구들과 눈을 마주치면서
   의도적으로 쉼을 주었다.
3) 1.296초의 쉼이 지속됨. 의도적인 양상으로 쉼이 이루어짐. 중학교 2학년 때부터 교사의 꿈을 키워왔다는 것
   을 부각시키기 위해 손동작을 하면서 의도적으로 쉼을 주었다.
4) 0.685초의 쉼이 지속됨. 비의도적인 양상으로 쉼이 이루어짐. 말을 빠르게 한 탓에 잠깐 숨을 돌리기 위해 비
   의도적으로 쉼을 주게 되었다.
5) 0.622초의 쉼이 지속됨. 의도적인 양상으로 쉼이 이루어짐. 처음으로 가르쳐본 작품이 김기림의 바다와 나비
   라는 것을 부각시키고 청중들이 한번 쉼은 집해봤을 작품이라 생각하고 공감을 얻어내려고 시선을 마주치
   면서 의도적으로 쉼을 주게 되었다.
6) 0.911초의 쉼이 지속됨. 의도적인 양상으로 쉼이 이루어짐. 가르치는 것이 적성에 맞아 교사라는 꿈이 나에게
   어울리는것이 맞는 가 라는 것을 그때 당시의 심정으로 표현하기 위해 검지손가락을 펴면서 내밀듯이 손짓을
   하면서 의도적으로 쉼을 주게 되었다.
7) 1.259초의 쉼이 지속됨. 비의도적인 양상으로 쉼이 이루어짐. 원래는 그래서 라고 말하기 전에 긴 쉼을 주려
   했으나 긴장한 탓에 그 후에 쉼을 주게 되었다.

〈그림 5〉 친교 및 정서 표현 말하기

　　여기에서는 총 7회의 쉼이 발생했다. 의도적인 쉼이 4회, 비의도적인 쉼이 3회로 화자가 의도적으로 쉼을 통제한 경우가 많다. 특히 이 학습자에게서는 의도한 쉼이 대다수 주요한 내용을 강조하거나 혹은 청중의 반응을 이끌어내기 위해 사용되고 있다. 그에 비해 의도하지 않은 쉼은 앞선 학습자와 마찬가지로 내용 통제가 제대로 되지 않아 불안과 긴장감이 조성된 경우에 발생하고 있다.

　　학습자들에게서 제시된 의도한 쉼과 의도하지 않은 쉼은 말하기 전개상의 일정한 기능 양상으로 드러났다. 이를 구분해서 정리하면 〈표 6〉과 같다.[12]

<표 6> 의도한 쉼과 의도하지 않은 쉼의 기능 및 역할

	기능 및 역할
의도한 쉼	• 말하기의 속도를 조절하기 위함 • 청중의 반응을 이끌어내기 위함 • 화제 제기와 내용 강조를 드러내기 위함
의도하지 않은 쉼	• 말할 내용이 생각나지 않는 경우의 시간적 여백을 채우기 위한 비음성적 머뭇거림이나 더듬거림에 수반됨 • 청중 앞에서의 긴장 고조에 따른 생리적 불안 표출에 수반된 침 삼키기 등에 수반됨

이상 두 가지 연구 가설을 바탕으로 학습자들의 말하기에 드러난 쉼의 양상을 살펴보았다. 연구 가설 1은 말하기 계획의 결과물인 대본에서의 전제한 쉼과 실제 말하기 과정의 결과물인 전사본에서의 구현한 쉼 간에는 그 발생 빈도수, 발생 위치, 발생 유형 등에서 많은 차이를 보이는 것으로 그 결과가 드러났다. 즉 준언어적 표현으로서의 쉼은 언어적 표현에 비해 실제 말하기 과정에서 그 변화가 상당히 심한 것으로 드러났다.

연구 가설 2는 실제 말하기 과정에서 드러난 화자의 의도성 여부에 따른 쉼의 양상을 다룬 것으로, 의도한 쉼과 의도하지 않은 쉼이 발생 빈도수는 차이가 없을 것으로 상정되었다. 이는 학습자의 상위 인지 능력상의 언어 수행 능력과 말하기 분량 제한 등의 문제를 고려한

---

12) 연구 가설 1과 2에서 제시된 쉼들은 말하기의 유창성 논의와 관련해서 혼란의 소지가 있을 가능성이 있다. 즉 쉼의 빈도수가 잦다는 것은 분명 말하기의 유창성에 문제가 있음과 관련된다. 하지만 쉼 속성의 측면에서 의도한 것과 의도하지 않은 쉼은 분명 차이가 있다. 의도한 쉼은 화자가 실시간 말하기 과정을 언어 자각의 측면에서 제대로 통제하고 있는 상황에서 드러나며, 의도하지 않은 쉼은 그렇지 못한 상황에서 드러난다. 따라서 유창성의 측면에서 의도한 쉼이 실제 말하기에 많이 제시된다는 것이, 단순히 쉼의 빈도수가 많아 말하기가 유창하지 못한 것과 동일선상에 놓일 수 없다는 점이다. 물론 이는 말하기 평가의 측면에서 과연 청자들이 그와 같은 화자들의 의도적인 쉼을 제대로 인식하고 이를 유창성의 관점에서 인정할 수 있을지의 문제와 관련될 것이다.

것이었다. 결과는 의도하지 않은 쉼이 의도한 쉼보다 유의미한 수치 이상으로 나왔다. 즉 조사 대상 학습자들이 상위 인지적 측면에서 말하기의 과정을 의도적으로 통제하지 못했음을 보여준 것이라 할 수 있다.

4.2. 교육상 의의

이 글의 조사과정은 학교 현장에서 말하기 교육의 현장 연구에 초점을 두고 진행되었다. 학교 내·외의 말하기 교육에 대한 관심이 날로 증가하고 있으나, 기존 학교 현장의 말하기 교육은 여전히 제대로 이루어지지 않고 있다는 문제의식이 연구 동기가 되었다. 이는 기존의 말하기 교육의 교수·학습 내용, 방법, 평가 측면 등의 이론적 측면이 여전히 학교 현장에 정착되는 과정에 많은 어려움이 있는 것과 관련된다.

이런 점을 감안하여 이 글에서는 매체를 활용하여 학습자들이 보다 쉽게 말하기와 그에 대한 언어 사용의 자각 문제를 이끌어낼 수 있도록 연구 방법을 고안하였다. 우선 모국어를 말하기답게 하려면, 언어적 표현 이외에 준언어적, 비언어적 표현의 중요성에 강조가 이루어져야 하는데, 정작 실제 학교 현장에서는 이런 측면들이 매우 부족하게 인식되었던 것이 사실이다.

따라서 이 글은 준언어적 표현의 하나인 쉼을 말하기 과정의 주요한 인식의 요소로 상정하였다. 이는 실제로 학습자들이 말하기 이전 단계에서부터 실제 말하기 단계까지를 모두 고려하는 총체적인 인식 과정이 될 수 있도록 하였다. 결론적으로 본 연구의 교육상 의의는 두 가지 정도로 요약할 수 있다.

첫째, 학교 현장에서의 말하기 교육은 대부분 준비된 말하기에 초점을 둔다. 즉 학습자들에게 일정 시간을 실제 말하기를 위한 준비 과정으로 제시하고, 말할 내용이나 여러 가지 말하기 형식 등에 대해 고민하도록 한다. 아울러 동료 학습자들을 청중으로 둠으로써 말하기의 사회적 관계를 자연스럽게 고려하도록 한다. 즉 말하기 계획의 과정에서 학습자들은 머릿속으로 말할 내용을 전개할 수 있다.

하지만 머릿속에 기억되거나 암기된 내용들은 실제 말하기 과정에서 왜곡되거나 부적합한 양상으로 전개되는 경우가 많다. 이는 언어적 표현, 즉 메시지만을 말하기 계획상에 초점을 둘 경우, 실제 말하기에서는 그와 같은 언어적 표현들이 실시간 맥락이나 상황에 따라 변화될 수 있다. 혹은 소리읽기에 가까운 말하기 형식으로 변질될 가능성이 높다. 따라서 언어적 표현, 즉 전달 내용 자체의 계획만으로 완벽한 말하기 수행을 이끌어내기는 어렵다.

이 글은 이런 점에 착안하여, 준언어적 표현의 하나인 쉼을 말하기 계획과 실제 말하기의 연속선상에 드러나도록 하였다. 조사 결과는 준비된 말하기와 실제 말하기 간의 쉼에는 여러 측면에서 많은 차이가 있는 것으로 드러났다. 특히 친교 및 정서 표현의 말하기에 비해 정보 전달 및 설득의 목적을 지닌 말하기에서 그런 현상이 더 두드러졌다. 이는 학습자들이 말하기 계획을 세울 때, 입말이 아닌 글말 중심의 언어 투식(language register)에 익숙해져 있음과도 관련된다.

즉 학교 현장의 말하기 교육에 드러나는 문제점 중의 하나는 말하기 계획을 세울 때 사용된 글말 중심의 원고가 그대로 실제 말하기에 반영된다는 점이다. 이는 곧 말하기가 쓰기가 종속되는 결과를 초래하고 결국 학습자들의 말하기 본령의 언어 사용에 대한 감각을 잃게 만든다. 따라서 말하기 계획을 세울 때에는 무엇보다 말하기 본령에 맞는, 즉 입말 중심의 맥락과 상황에 대한 고려가 필요하다. 이런 점에서 쉼은 입말 맥락과 관련된 발화 유창성을 결정짓는 주요한 요소로 부각될 수 있음이 교육적 의의로 제기될 수 있다.

둘째, 말하기는 화자의 언어 자각(language awareness)에 대한 문제와 매우 결부되는 언어 사용 양상이다. 언어 자각의 문제는 모국어 교육에서 특히 강조되어야 하는 것인데, 이는 언어 사용자가 자신의 언어와 언어 사용에 대한 상위 인지(meta cognition) 능력을 어느 정도 지니고 있는지와 직접적으로 관련된다.

특히 청중을 대상으로 하는 공식적인 말하기는 특정한 맥락과 상황에서 실시간으로 전개되기 때문에 화자에게 고도의 인지적 능력을 요구한다. 이는 실제 언어 사용 상황에 대한 상위 인지적 측면의 조정과 통제의 문제라고 할 수 있다. 아울러 이는 언어적 표현뿐만 아니라 그에 수반되는 다양한 준언어적, 비언어적 표현 등이 모두 간여될 수 있다. 특히 맥락이나 상황에 더 민감할 수 있는 준언어적 표현은 그 중요성이 더 부각된다고 할 수 있다.

이 글은 이런 점을 감안하여 준언어적 표현의 하나인 쉼의 사용에 대한 화자의 의도성 여부의 문제를 다루었다. 이는 조사 대상 학습자들이 실시간으로 전개되는 말하기 과정에서 쉼을 맥락과 상황에 맞게 적절하게 통제하는지의 여부와 관련될 수 있다. 결과는 다수의 학습자들이 실시간으로 전개되는 말하기 과정에서 쉼을 의도적으로 통제하지 못하고 있음을 보여주었다.

즉 기본적인 언어 수행 능력을 갖추고 있는 대다수의 학습자들조차도 실제 말하기에서 상위 인지적 측면의 기제를 제대로 사용하지 못하고 있는 것이다. 물론 쉼의 사용에 대한 의도성 여부 하나만으로 말하기 전체의 질적 수준을 판가름할 수는 없지만, 대다수 학습자들이 말하기의 전개 과정에서 유창성과 밀접한 관련을 맺는 쉼을 의도적으로 제대로 사용하지 못한다는 점은 청중을 대상으로 한 말하기 교육에 시시하는 바가 크다고 할 수 있다.

5. 마무리

이 글은 준언어적 표현의 한 요소인 '쉼'의 양상을 다루었다. 현장 조사의 관점에서 일부 학습자들을 조사 대상자로 선정하고, 말하기의 목적을 크게 정보 전달 및 설득, 친교 및 정서 표현으로 구분해서 준비된 말하기의 형식으로 진행되었다. 즉 준언어적 표현의 하나인 쉼이 말하기 계획과 실제 말하기에서 어떻게 관련을 맺고 드러나는지, 그리고 실제 말하기에서 쉼의 의도성 여부가 어떻게 실현되는지를 학습자들의 대본과 전사본을 통해 구체적으로 검토되었다.

두 가지 가설이 상정되었고 그 결과가 논의되었다. 첫째, 준비된 말하기와 실제 말하기, 즉 대본과 전사본에 드러난 쉼은 여러 측면에서 많은 차이를 보였다. 발생 빈도수, 발생 유형, 발생 위치 등에서 차이가 났다. 이는 준비된 말하기에서 계획과 실제 상의 차이를 단적으로 보여주는 것으로, 말하기 계획과 실제 말하기 간의 간격을 줄이기 위해서는 입말과 글말 투식에 대해 교육적 필요성을 상기시켰다고 할 수 있다.

둘째, 실제 말하기에서는 상위 인지적 측면에서 의도한 쉼과 의도하지 않은 쉼이 상정되었는데, 의도하지 않은 쉼이 유의미한 수치 이상으로 많이 발생했다. 즉 학습자들이 상위 인지적 측면에서 쉼을 제대로 조정하고 통제하지 못한 결과이다. 이는 말하기의 상위 인지적 측면에서의 언어 자각에 대한 교육적 필요성을 제기했다고 볼 수 있다.

하지만 이 글에서는 보다 과학적이고 정밀한 연구 토대 하에 쉼을 측정, 분석하지 못했으며, 아울러 대상 학습자들이 일부 대학생들에 국한되었다는 한계를 드러냈다. 쉼은 학교 현장의 말하기 교육에서 지금까지 제대로 다루어진 적이 없다. 따라서 그 연구 기반도 미약할 수밖에 없다. 이 글은 그 점에서 미약하나마 준언어적 표현으로서 쉼에 대한 연구의 시발점이 되었다는 점에서 그 의의가 있다.

제12장 '쉼'의 발생과 속성

1. 들머리

국어교육은 우리말과 글에 담긴 속뜻을 학습자들이 제대로 이해하고, 표현할 수 있도록 돕는 데 그 목표가 있다. 이런 이해와 표현의 수월성을 위해서는 언어적 표현 그 자체가 지니는 의미의 파악이 중요하다. 하지만 기본적인 의사소통에 장애가 없는 수준이라면, 표면적으로 드러나는 언어적 표현은 의사소통에 있어 그렇게 중요하게 부각되지 않는다. 특히 일상의 입말 의사소통에서는 더욱 그렇다. 오히려 그런 언어적 표현에 결부된 준언어적 표현과 비언어적 표현이 소통 관계에 더 중요하게 작용하는 경우가 많다.

이는 국어교육의 목표가 외국어 교육의 그것과는 다르다는 점에서 주목할 만한 점이다. 외국어 교육에서는 언어적 표현 그 자체의 소통이 중요시되는 반면에, 국어교육에서는 말과 글에 담긴 표면적 뜻 이외에 화자와 청자가 실시간으로 공유하는 다양한 비언어적, 준언어 적 표현이 관여되는 미세한 맥락이 더 주요한 초점이 될 수도 있다.

이런 점에서 본다면, 현행 우리 국어교육은 여전히 언어적 표현에 만 초점을 두는 이해와 표현 교육에 머물러 있다고 할 수 있다. 아울러 이는 모국어 사용에 담겨 있는 언어 외적 상황의 미세한 맥락을 제대 로 다룰 수 없다는 한계를 노출하게 된다. 즉 언어적 표현에 부가되는 혹은 언어적 표현에 관련되는 다양한 준언어 및 비언어적 표현은 언 어적 표현의 의미를 명확하게 드러내며, 나아가 모국어 사용의 정확 성과 유창성에 중요한 사용 기제가 될 수 있다는 점에서 그 교육적 의의가 크다.

이 글은 이런 점을 감안하여 국어교육의 틀 안에서 준언어적 표현 의 고찰에 초점을 두었다. 특히 국어의 준언어적 표현 중에서도 쉼 (pause)에 초점을 두고, 그것과 관련된 다양한 언어 사용에서의 속성을 살피고자 한다. 이는 국어교육의 틀 안에서 쉼이 지니는 다양한 기능 과 형태를 고려함으로써 언어적 표현의 문제를 더욱 분명하게 다룰 수 있으며, 나아가 의사소통의 관점에서 보다 충실한 국어교육의 얼 개를 마련할 수 있는 계기가 될 것이다.

'쉼'은 준언어적 표현의 한 가지이다. 이는 주로 음성적 측면에 결부 되어 드러나는 것으로, 모국어의 소리와 의미 결정에 일정한 역할을 담당하고 있는 언어 사용의 한 요소이다. 주로 소리의 장단, 고저, 강약 등과 같이 언어적 표현과 구분되어 다루어지는 말소리의 운율적 요소라고 할 수 있다. 하지만 언어적 표현에 가려 국어교육 현장에서 는 거의 다루어지지 못하고 있다.

국어교육 측면에서 '쉼(pause)'은 문법교육에서는 소리와 관련된 운율 혹은 비분절 음운의 측면에서 접근 가능한 교육 요소이며 문장 이상의 담화 교육에서는 여러 가지 담화표지와 관련하여 주제 전개나 강조 등의 주요한 기능을 한다. 읽기에서는 소리읽기와 관련하여 독자의 호흡 조절과 관련한 의미 분절 의식 및 리듬(가락) 의식과 밀접한 측면이 있다. 아울러 말하기에서는 담화의 측면에서 미세한 의미 부여 및 주의 환기 등 다양한 측면에서 접근 가능하다.

하지만 이런 준언어적 표현의 연구가 국어교육의 틀 안에서는 매우 부족한 상황이다. 음성적인 측면에서는 쉼의 규명을 위한 많은 연구들이 있어왔지만, 담화나 국어교육 측면에서는 걸음마 수준이거나 거의 이루어지지 않았다. 따라서 이 글은 이런 점을 감안하여 언어 사용에 제기될 수 있는 쉼의 속성을 시론적 측면에서 다루어보고, 나아가 이를 교수·학습 현장에 사용할 수 있는 교육 방안을 모색해 보는 데 연구의 필요성과 목적이 있다.

2. 선행 연구

쉼은 크게 음성학적 측면과 담화적 측면에서의 연구를 들 수 있다. 전자는 음운론과 관련되지만, 실제 언어 사용 양상을 정확하게 반영하기 위해 음성적인 측면, 즉 운율적인 양상을 연구에 결합한 것이다. 이는 낱말 이하의 단위에 결부되어 그 낱말의 음운론적 단위의 명확성을 추구하는 데서 나아가, 통사와 의미의 결정에까지 기여한다는 측면과 관련된다. 후자의 경우는 비교적 최근에 이루어지고 있다. 주로 담화 인지적 측면에서, 쉼이 담화 맥락에서 주제 전환이나 지속, 순서 교대, 발화문 교체 등으로 다양한 사용되고 있는 측면을 조사

분석한 것이 많다. 아울러 몇몇 연구들은 소리읽기, 즉 낭독에 드러난 쉼의 속성을 말하기와 비교해서 다루고 있다.

이 글에서는 쉼만을 단독으로 다룬 국내·외 논의를 주로 다룬다. 쉼은 음성과 음운 측면에서 일어날 수 있는 언어 경계 간의 문제이기 때문에 성조나 가락, 그리고 음운 현상과 관련해서 논의가 이루어질 수밖에 없다. 따라서 쉼을 중심으로 이런 문제들을 다룬 음성적 측면에서의 논의들을 중심으로, 담화 및 음성언어 처리 인식의 관점에서 쉼을 집중적으로 다룬 논의들을 개괄한다.

이원봉(1976)은 소리읽기와 관련해서 쉼을 문제를 다룬 논의로, 소리읽기의 중요성을 쉼과 관련하여 부각시켰다는 점에서 그 의의가 있다. 다만 그 논의들이 외국어와 비교해서 소략하게 드러나고 있어, 좀 더 진전된 논의의 필요성이 제시된다. 특히 소리읽기에서 가락의 표상과 관련한 논의는 객관적이고 과학적인 검증이 요구된다는 점에서 한계를 남긴다.

임규홍(1997)은 쉼의 언어 기능을 개괄적으로 다룬 논의로, 쉼을 형태, 통사, 담화로 나누어 그 기능과 속성을 다루고 있다. 쉼에 대한 전반적인 문제를 알기 쉽게 전달하고 있다는 점에서 참고의 의의가 있다. 다만 이루어진 논의들이 필자의 직관이나 논리에 근거한 경우가 많아 보다 충실한 사례연구 조사가 뒷받침되어야 할 필요성이 제기된다.

김성규(1999), 김정우(2004), 안병섭(2007), 이창호(2010) 등은 음성, 음운, 형태의 측면에서 쉼의 속성을 심도 있게 다룬 논의들이다. 기존의 외국 연구들의 연장선에서 이루어진 것으로, 쉼의 전형적인 음성적 측면을 성조, 운율 등과 관련시켜 그것의 위치, 지속 시간, 속성 등을 다루고 있어 참조가 된다. 다만 준언어적 표현으로서의 쉼의 부면에 대한 이론적 고찰로서의 의의는 있지만, 교육 현장에서 실제로 적용하기에는 다소 한계가 따른다.

양영하(2002)는 구어 담화에 드러난 쉼의 모습을 고찰한 논의로, 주로 대화라는 담화 양식을 중심으로 쉼을 속성을 다루고 있다. 쉼은 실제 언어 사용 상황이 담보되어야 그것의 준언어적 모습을 제대로 파악할 수 있다. 따라서 담화의 관점에서, 그 논의의 필요성이 제기된다고 할 수 있다. 그 점에서 이 논의는 중요한 참고의 의의가 있다. 하지만 대화에서 전개되는 쉼의 분류가 다소 인위적이라는 점, 쉼에 대한 측정 및 분석이 객관적이고 과학적인 검증에 의해 이루어지지 못한 점 등이 한계로 지적된다.

Maclay & Osgood(1959)는 자발적 영어 발화에 드러난 쉼의 문제를 회의에서 드러난 12명 참여자들의 다양한 머뭇거림 현상 하에서 다루고 있다. 네 가지 유형의 머뭇거림, 즉 반복, 실패한 시작, 음성적 쉼, 비음성적 쉼으로 구분하고, 비음성적 쉼이 낱말 간격에서 가장 많이 드러나고 있음을 제시하고 있다. 이는 내용어와 연계되어 더욱더 많이 발생함을 지적하고 있다. 결국 쉼 발생의 불확실성 문제는 담화 전체의 차원으로 확대되거나 혹은 화자의 감정적 상태 등에 받은 영향을 받음을 직·간접적으로 제기하고 있다는 점에서 참고의 의의가 있다. 하지만 조사 자료나 조사 대상자들이 매우 지엽적이라는 점에서 한계가 노출되고 있다.

Boomer(1965)는 쉼의 문제를 문법적 부호화의 관점에서 다룬 고전적 논의이다. 쉼을 음성적 쉼(filled pause)과 비음성적 쉼(silent pause)으로 구분하고, 이를 두 가지 가설을 통해 검증하고 있다. 발화에서 머뭇거림의 문제를 쉼으로 인식하고, 이를 구와 절을 중심으로 과학적으로 다루고 있다는 점에서 그 의의가 높은 논의라 할 수 있다. 하지만 연구과정 자체가 과학적이라고 할지라도, 이 논의가 지니는 애초의 성격이 쉼의 가변성과 역동성을 파악하는 것과는 거리가 있고, 나아가 쉼의 속성을 제대로 드러냈다고 보기에는 어려운 점이 있다.

Goldman-Eisler(1972)는 절과 문장의 단위를 토대로 쉼의 문제를 다루고 있다. 특히 자발적 발화와 낭독을 중심의 다양한 언어 자료를 토대로 쉼의 통사적으로 규명하고 있다는 점에서 참고의 의의가 높다. 하지만 Boomer(1965)에 비해 쉼을 문제를 통사적으로 보다 자세하게 다루고 있다는 점에서 연구의 진전을 보이고 있지만, 여전히 쉼이 지니는 소통상의 문제를 다루고 있지 못한 점에서 준언어적 표현의 이론적 참고 자료만으로 그 의의가 있다.

Back Eung-Jin(1987)은 중세국어 용비어천가를 중심으로 쉼을 문제를 다루고 있다. 여기서는 쉼은 성조 그룹과 밀접하게 관련된다는 점을 지적하면서, 짧은 쉼, 긴 쉼, 최종 쉼으로 읽기의 단위로 쉼의 문제에 접근하고 있다. 중세국어의 문헌에서 쉼을 다룰 수 있는 문헌을 찾고, 거기에서 쉼의 준언어적 표현으로서의 존재 근거를 찾고 있다는 점에서 의의가 있다. 하지만 이 논의는 일부 문헌과 시대에 국한되며, 나아가 실제 언어 사용 상황에서 발생하는 가변적이고 다양한 쉼의 속성을 다루기에는 여러 측면에서 한계가 있다.

Zellner(1994)는 쉼과 발화의 시간적 구조를 다루는 논의이다. 쉼은 기본적으로 시간성을 드러내는데, 이는 매우 자의적이고 불규칙하다는 점에서 과학적 검증이 어렵다. 여기에서는 쉼을 생리적, 심리 언어적으로 구분하고, 전자는 발화 근육의 움직임 측면에서 후자는 인지적 처리과정의 관점에서 다루고 있어 앞선 연구들에 비해 보다 쉼의 다양한 부면을 파악하는 데 도움이 된다. 다만 앞선 연구들과 같이 쉼을 주로 낱말, 구, 절 등의 간격에 국한하여 다루고 있어 담화의 관점에서 심층적으로 접근할 필요성을 남긴다.

Schilperoord(2001)은 담화 산출의 관점에서 쉼의 인지적 규명을 목표로 하고 있다. 이 논의는 쉼의 개괄적인 관점에서부터, 쉼의 다양한 속성들, 가령 위치, 화자의 경험적 상태, 빈도수 등을 자유 발화와 낭독 발화의 관점에서 구체적으로 다루고 있어 쉼에 대한 참고 자료로서 그 의의가 크다. 특히 낭독에서도 쉼이 지니는 사고 단위와의 상관성의 문제를 제기하고 있어, 다양한 언어 사용 상황에서의 쉼을 속성을 다룰 수 있는 데 도움이 된다. 다만 쉼을 다루는 실험적 방법들이 심리적 조사로는 의미가 있지만, 교육적인 접근에서는 재구성되어 해석될 필요성을 제기하고 있다.

Gustafson-Capkova & Megyesi(2001a, 2001b, 2002)의 일련의 논의들은 스웨덴어에서의 낭독 발화와 자유 발화 간에 드러나는 쉼의 분포, 유형, 지속 시간 등을 고찰한 사례 연구이다. 특히 담화 간의 주제 지속 및 전환과 관련된 쉼의 양상을 조사하고 이를 검증해서 논의한 점이 참고가 된다. 다만 조사의 범위가 지나치게 좁아 그 검증의 신뢰도에 문제가 있다는 점에서 더 충실한 조사 및 논의가 이루어져야 할 것으로 판단된다.

3. 말하기와 읽기에서의 '쉼'의 속성

쉼을 다룰 때, 기본적인 사항은 발화 단위를 설정하는 것이다. 발화 단위의 설정은 글말에서 마침표에 의해 문장이 형식적으로 일단락되는 것과 같은 맥락에 있다. 르펠트(Levelt, 1999; 김지홍 뒤침, 2008: 23)에서는 발화 산출의 처리 단위를 가리키는 용어로 18가지를 제시하고 있다. 특히 문장, 명제, 어조 집단(tone group), 어조 단위(tone unit) 등이 제시되고 있는데, 이는 쉼과 매우 밀접한 관련을 맺는 것으로 논의된다.

따라서 쉼은 다양한 관점에서 그 정의가 가능하다. 생리적, 음성적, 담화적 관점에서 그 접근 방법이 다르기 때문이다. 다만 기본적인 논의 맥락은 비슷하다. 가령 몇몇 논의를 보면, 임규홍(1997)은 화자의 표현적 필요에 의해 잠시 발화를 멈추는 상태로, 양영하(2002)에서는 발성의 결여로 다루고 있다. 아울러 Duez(1993)에서는 조음, 음향, 지각의 관점으로 구분해서 쉼을 정의한다. 특히 여기에서 지각의 관점은 담화가 일정하게 경계를 지어 구분되어 들리는 것으로 쉼이 논의된다. 이는 청자 중심 정의라고 할 수 있다.

아울러 보다 다양한 관점의 정의가 있을 수 있지만, 기본적으로 쉼은 일정 시간 발화의 결여가 지속되거나 혹은 일정한 경계 단위로 구분되는 간격의 관점에서 정의된다. 이 글에서는 청자보다는 화자의 관점에서 일정한 시간 간격이 지속되는 발화의 결여로 쉼을 고찰하고자 한다.

일반적으로 쉼과 관련하여 말하기는 자유 발화로, 읽기는 낭독 발화의 관점에서 접근할 수 있다. 다만 읽기에서 묵독의 경우는 독자의 머릿속에서 진행되는 인식과 정보의 흐름에서 발생하는 쉼의 측면을 고려해야 하기 때문에 연구 접근 상에서 어려움이 따른다.

아울러 쉼은 말하기와 읽기에서 각각의 상황, 전략, 양식에 따라 그 구현 양상이 다르게 실현될 수 있다. 이는 그만큼 쉼이라는 준언어적 요소가 지니는 맥락 가변적인 속성 때문이라 할 수 있다. 이를 위해 이 글은 말하기에서는 발표와 대화라는 담화 양식을, 읽기에서는 소리읽기와 뜻읽기로 구분해서 쉼의 속성을 다루고자 한다.

3.1. 말하기에서의 '쉼'

말하기에서의 쉼은 음성학적인 측면과 담화적인 측면에서 그 양상을 살펴볼 필요가 있다. 우선 음성학적인 측면에서 쉼은 분절음을 뒷받침하거나 혹은 분절음의 의미를 담화의 맥락과 관련해서 미세하게 결정하는 주요한 역할을 한다. 여기서는 억양 및 어조 등과 밀접하게 관련을 맺으며 형태나 통사적인 측면으로 그 기능이 확대되기도 한다.

담화적인 측면에서는 주로 발화 멈춤과 관련하여 그 앞·뒤 맥락에 주요한 영향을 끼친다. 이는 주로 다양한 담화표지와 결합해서 드러난다. 특히 담화에서는 쉼이 화자의 의도 및 비의도와 관련하여 다양한 기능을 하는데, 이의 사용을 통해 특정 발화가 강조되기도 하며, 말실수 수정을 위한 시간 벌기에 사용되기도 한다.

이하에서는 이와 같은 음성학과 담화에서의 쉼의 속성을 고려하여, 그것의 실현 양상을 대화와 발표라는 말하기 양식을 통해 조금 더 구체적으로 살펴보고자 한다.

3.1.1. 대화에서의 '쉼'

대화에서는 화자들 간에 드러나는 쉼을 우선적으로 고려해 볼 수 있다.[1] 이는 화자들 간의 순서 교대(turn taking)에 있어 일정한 기능을

---

1) 르펠트(Levelt, 1999; 김지홍 뒤침, 2008: 76~77)에서는 대화에서 드러나는 쉼을 다양하게 구분해서 다루고 있다. 여기에서는 "pause(짤막한 쉼), gap(묵묵부답), lapse (긴 침묵)"의 세 가지로 구분하고 있다. 하지만 세 가지 구분 양상이 화자들의 자의적인 발화 의지 혹은 습관, 또는 발화 교체 등에서 명확하게 구분되어 드러나지는 않는다. 특히 200ms 이하의 짤막한 쉼이나 묵묵부답의 경우는 현실적으로 화자나

하는 쉼이라 할 수 있다. 아울러 이 쉼도 의도적이거나 혹은 비의도적일 수 있다. 왜냐하면 화자가 다른 화자에게 말차례를 넘기고자 하는 의도가 대화에서 어느 정도 드러나는지의 여부가 쉼에 반영될 수 있기 때문이다.

또한 동일 화자에게서 드러나는 발화문 교체 시에도 쉼이 일정한 기능을 하게 된다. 이는 말차례를 다른 화자에게 빼앗기지 않으면서 동시에 자신의 발화를 지속적으로 이끌고 나가야 하기 때문에 비음성적 쉼보다는 담화표지나 간투사를 포함하는 음성적 쉼이 드러날 가능성이 높다. 뿐만 아니라 대화에서는 다수의 화자들이 공동으로 공유하는 쉼도 발생한다. 즉 특정 발화에 의해 유발된 사고의 유도 및 지속이 쉼을 통해 전달될 수 있기 때문이다.

대화는 즉흥성을 드러내는 말하기이지만, 청중들 앞에서 실시간으로 이루어지는 긴장과 불안을 동반한 공식적인 말하기가 아니다. 즉 대화는 사적인 영역에서 화자들 간의 발화에 대한 일정한 인출과 지속의 자유로움을 공유하고 있는 담화 갈래이기 때문에, 발화의 연속과 중단에 걸쳐 있는 쉼이 빈번하게 발생하지는 않는다. 물론 화자들 간에 의도적인 침묵 혹은 쉼이 대화 전체를 중단하게 만들 수도 있다. 다만 이는 발화 외적인 부문에서 관련되는 상황의 간섭으로 인한 경우가 많다. 〈그림 1〉은 대학생 학습자의 대화 일부분을 기록한 전사본이다.[2]

청자가 지각하기가 쉽지 않다. 따라서 의미 있는 쉼이기보다는 호흡과 관련된 생리적 측면으로 접근하는 것이 더 적절할 듯하다. 따라서 이 글에서는 대화에서의 이들 세 가지 쉼을 양상을 참고로 하되, 의도성이 다분히 반영된 긴 침묵에 초점을 두고 화자(들)의 쉼에 대한 인식 양상을 논의한다.

2) 필자가 예비 국어교사 1, 2학년 학습자 50여 명을 대상으로 2012.03~2102.12월까지 발표 및 대화와 관련된 말뭉치를 수집하면서 이뤄진 일부 자료이다. 학습자들은

```
소   현 : 1)할까요↗2)
유   라 : 3)시험 끝나고 뭐 할건지↗4)
소   영 : 엉
진   욱 : 그걸로 하면 되겠다5)//6)
소   영 : (크☺/ ㅎㅎ)
진   욱 , 소 영,유 라 : [왜☺] [어 또 갑자기 어색해져서 어] [자 이제 시작7)]8)
유   라 , 소 현 : <근데 우리만 되게 늦게 끝난거 같애/9)> [흠]10)
소   현 : 흠
진   욱 : 응
유   라 : 다른 과는 아무~ 이/11) 오늘 안 끝나/12)
소   현, 소 영 : [맞아~ 어후/][맞다]
진   욱 : 보통은 다 수요일 날 끝나는데//13)
소   현 : 우리 너무 14) 힘들었어/
진   욱 : 항상 이 때 끝나지 않나↗15) 국교/
소   현 : 아닌데/
소   영,진 욱 : [근데 우리 과는] [작년에도 비슷한 거]
소   영 : 우리 과는/ 거의 2주한다 아이가↗16) 시험 기간
─────────────────────
1) 머리를 만지며 / 대화 시작
2) 궁금하여 질문 하기 위해 끝을 올림
3) 머리를 절레절레 흔들며
4) 궁금하여 질문 하기 위해 끝을 올림
5) 시선을 좌우로 향함, 어깨부상에 신경씀
6) 1.24초의 쉼 발생
7) 왼쪽귀를 만지며, 머리카락을 쓸어 내리며
8) 본론 시작
9) 0.91초의 쉼 발생/ 다음 이야기를 생각하기 위한 쉼
10) 소주제 : 시험이 끝남
11) 1.02초의 쉼 발생/ 다음 이야기를 생각하기 위한 쉼
12) 실망한 듯한 목소리로 끝을 내림
13) 1.28초의 쉼 발생
14) 시선을 아래로 향하며
15) 궁금하여 질문 하기 위해 끝을 올림
```

〈그림 1〉 대화 전사본

이는 '시험이 끝나고 할 일'에 대한 학습자들의 대화 일부를 전사한 것이다. 대화의 서론 부분인데, 몇몇 긴 쉼이 발견됨을 알 수 있다. 전사본에서 생리적인 짧은 쉼은, 즉 아주 짧은 시간에 지각될 수 있는 것은 "/"로, 1초 전후의 대화 전개상의 유의미한 표지로 간주될 경우에 발생하는 긴 쉼은 "//"로 표시된다.3) 긴 쉼이 표기된 4곳 모두 주로

─────────────────────

말뭉치를 모으고 분석하는 데 스마트 폰과 쿨 에디터 음성 분석 프로그램을 활용하였다. 아울러 전사에 있어서는, 발음 전사가 개인에 따른 다양한 음성 실현형의 표기 문제가 부각될 수 있기 때문에 철자 전사를 따랐다. 이는 학습자들에게 과제로 부가되었고, 과제물로 평가되었다. 전사에 대한 기본적인 연구는 서상규 외(2002)가 참고가 된다.

3) 쉼의 지속시간에 대한 표준적인 합의는 없다. 다만 어느 정도의 쉼 지속 시간이 유의미한지에 대해서는 많은 논의가 이루어지고 있다. 일례로 양영하(2002)에서는 긴 쉼을 0.7초 이상으로, 중간 쉼은 0.3~0.7, 짧은 쉼은 0.2초 이하로 보고 있다. 클락(Clark, 1996; 김지홍 뒤침, 2009)에서는 '1초의 한계'라는 표현으로 쉼의 지속 시간

순서 교대나 발화문 교체시에 이루어지고 있음을 알 수 있다. 〈그림
1〉에서 각주 9와 11의 경우는 다음 이야기를 전개해 가기 위해 지엽적
성격의 단절이 생기는 곳이고, 각주 6과 13의 경우는 이야기 주제의
전환을 위한 총체적 성격의 단절이 생긴 곳이다. 세 곳은 비음성적
쉼이, 한 곳은 표지를 수반한 음성적 쉼이 드러났다.

쉼의 빈도수, 지속 시간, 발생 위치, 유형 등과 관련해서, 대화에서는
상대적으로 빈도수가 발표와 같은 청중을 대상으로 공식적인 말하기
에 비해서 적으며, 지속 시간의 경우는 화자 간 순서 교체의 경우에는
주제 전환이 이루어지는 경우와 지속되는 경우에 차이가 있다. 즉
주제 전환을 동반한 화자 교체의 경우에는 쉼과 관련한 지속 시간이
길어지고, 주제 지속의 경우에는 그 지속 시간이 상대적으로 짧다.
아울러 대화의 경우는 묵음으로 지속되는 경우는 다소 짧은 지속 시간
을, 음성적 쉼의 경우는 다소 긴 지속 시간을 수반한 것으로 파악되었다.

3.1.2. 발표에서의 '쉼'

발표에서는 크게 화자가 청중의 의도를 끌거나 주요한 내용을 강조
하기 위해 사용하는 '의도된 쉼'과 준비된 내용이 기억나지 않아 화자
의 불안감이 수반되는 '의도되지 않은 쉼'으로 구분할 수 있다. 아울러
발표문을 작성하는 경우 발표문에 상정될 수 있는 '전제된 쉼'과 발표
시에 실제로 드러나는 '구현된 쉼'으로 구분할 수 있다.

을 단정짓고 있다. 즉 1초를 넘는 경우는 화자의 명백한 의도적 기능에 대한 인식이
고려된다는 것이다.
　아울러 쉼에 대한 천 가지 이상의 사례를 검토한 제퍼슨(Jefferson, 1989)에서도
대략 1초 정도까지의 쉼을 자연스럽게 이어질 수 있는 발화 단절의 표준적인 최대
허용 시간으로 간주하고 있다. 이 글에서도 1초 전후를 '긴 쉼'으로 간주하였다.

물론 전제된 쉼은 엄격하게 말하기와 소리읽기가 혼재된 양상에서 드러나는 것이라 할 수 있다. 발표 원고를 화자가 그대로 읽으면서 혹은 원고를 말하기와 유사한 상황에서 구현할 수도 있기 때문이다. 하지만 발표 원고를 그대로 읽는 경우가 아니라면, 청중과의 대면에서 실시간으로 발생하는 긴장과 불안으로 의도적이든 그렇지 않든 다양한 쉼이 발생할 것이다. 〈그림 2〉는 이와 관련된 전사본의 예이다.[4]

에스엔에스란소셜네트워크시스템의약자로써작게는사람과사람을크게는단체까지도턱연결해주는그물조직입니다/요즘널리이용되는것턱으로는미투데이트위터페이스북등이있는데이외에도많은업체들이빠르게생겨나고있는추세입니다탁/이처럼/널리확산되고있는에스엔에스는대중들에게원활한소통의장을제공합니다/에스엔에스를통해서턱언제어디서든지/손쉽게정보를나눌수있고또무엇이든지말할수있고며/누구든지자자유롭게의견을주고받을수있다는장점을가지고있습니다/그러나아탁이런에스엔에스는장점뿐만아니라단점도탁할께가지고있습니다/자신이올린글이쿵끼익퍼꼭되어/불특정다수에게전파될수릅있고또이러한왜곡을악용하여분란을만드는것도가능합니다/뿐만아니라개인의사생활침해도심각하게일어나고있습니다탁턱/[1]이러한단점에도불구하고에스엔에스의파급력은나날이높아지고있는추세입니다/그래서어수많은기업들과연예인릅정치인등은/에스엔에스틀이용하여탁자신틀의홍보나마케팅을하고있습니다/어/이처럼여러분야에서많은정보들이쏟아지는데이를무분별하게받아들인다면/어심각한상황을초래할수있습니다/[2]얼마전채선당임산부폭행사건과같이/[3]같이이/어/이어채선당임산부폭행부사건과같이어왜곡된정보를받아들여서무고한사람에게/[5]많은비바난이쏟아진것처럼안타까운일이일어날수있습니다/어그래그러므로이와같은상황을예방하기위해서/어범국가적인차원에서/[6]캠페인이나탁예절교육등을통하여에스에에스상의자세를교육하는것이필요하다고생각합니다//[7]탁먼저/[8]면저/어/무분별하게쏟아지는정보를비판적으로받아들이는자세를자세에대한교육이필요합니다/빠른시일에/다수의사람들이/정보를전달할수있다는장점을악용하여서잘못된정보를전달하는경우가있기때문입니다탁/또한상대를배려하고여역지사지의입장에서/생각하는마음가짐을대마음가짐에대한교육도필요요합니다/에스엔에스는개인적공간이기도하지만어개방되어있기때문에어어느정도의예절은갖추어야다가가야할필요성이있기때문문입니다/어/이와같이어이급부상하고있는는에스엔에스가더나아가기위해서는/어워와같은자세들에대한쌍/아워와같은자세들에//[9]자세들에대한교육이필요하다고생각합니다쿵/[10]어이만발표를마치겠습니다짝짝짝

1) 1.207초의 '쉼'이 지속됨. '의도'적인 양상으로 '쉼'이 이루어짐. 긴장감을 완화시키기 위해 쉬었음. 억양이 차분하나 청중을 바라보고 있음. 긴장된 표정을 보이고 있음. 손을 쥐었다 펴고 왼쪽다리가 약간 건들거리는 몸짓에서 긴장하였음이 느껴짐. 주변에서 불쾌소리가 들림.
2) 0.996초의 '쉼'이 지속됨. '비의도'적인 양상으로 '쉼'이 이루어짐. 소리의 진폭이 초반에 비해 줄어든 것으로 보아 숨을 쉬기 위해 쉬었음. 억양은 차분하나 성량이 줄어들었음. 시선은 청중을 둘러보고자 노력하면서 했음. 여전히 긴장된 표정을 보이고 있음. 입술을 적시고 코를 만지작거리는 동작에서 긴장하였음이 느껴짐.
3) 1.838초의 '쉼'이 지속됨. '비의도'적인 양상으로 '쉼'이 이루어짐. 뒤어올 말이 생각나지 않아 쉬었음. 목소리에 조금 떨림이 있고 말을 흐림. 시선은 청중을 향해서가 아니라 한 곳을 쳐다보고 있음. 어서 다음 대사를 생각해내기 위해 인상을 찡그렸음. 손톱을 만짐.
4) 3.133초의 '쉼'이 지속됨. '비의도'적인 양상으로 '쉼'이 이루어짐. 뒤어올 말이 생각나지 않아 쉬었음. '어'라고 말을 더듬으며 성량이 작음. 시선은 천장이나 바닥을 향하고 있음. 당황해서 혀를 내밀거나 웃고 있음. 손을 만지작거림.
5) 1.145초의 '쉼'이 지속됨. '의도'적인 양상으로 '쉼'이 이루어짐. 말을 가다듬기 위해 쉬었음. 억양이 다시 차분해졌으나 성량은 그대로임. 시선은 청중을 향하고 있음. 표정은 약간 긴장한 듯함. 말하는 바를 강조하기 위해 손을 모아 뭔가를 전달하듯이 동작을 취함.
6) 1.442초의 '쉼'이 지속됨. '비의도'적인 양상으로 '쉼'이 이루어짐. '캠페인'이라는 단어가 생각나지 않아 쉬었음. 억양이 조금 상승됨. 시선은 부산스럽게 움직임. 표정은 약간 긴장한 듯하며 입술을 적심. 손을 모으고 있음.
7) 1.705초의 '쉼'이 지속됨. '의도'적인 양상으로 '쉼'이 이루어짐. 잠시 숨을 고르고 대사를 정리하기 위해 쉬었음. 억양은 변동 없이 이어짐. 시선은 청중을 한번 둘러보았음. 입을 잠시 다물었다가 떼었음. 손을 계속 만지작거리며 긴장하였음을 나타내고 있음.
8) 3.674초의 '쉼'이 지속됨. '비의도'적인 양상으로 '쉼'이 이루어짐. '무분별'이라는 단어가 생각나지 않아 쉬었음. 다음 대사가 생각나지 않아 앞의 말을 다시 작은 소리로 반복함. 인상을 찌푸리며 시선을 부산스럽게 움직임. 머리카락을 귀 뒤로 넘기고 손을 만지작거림.
9) 1.307초의 '쉼'이 지속됨. '비의도'적인 양상으로 '쉼'이 이루어짐. 말이 정리되지 않아 당황하여 쉬었음. 억양은 변함없음. 시선이 청중 쪽에서 딴으로 분산됨. 인상을 약간 찌푸려 말을 정리하고자 하는 모습이 보임. 머리를 귀 뒤로 넘김.
10) 1.208초의 '쉼'이 지속됨. '의도'적인 양상으로 '쉼'이 이루어짐. 발표를 끝냈기에 쉬었음. 성량이 줄어들었음.

〈그림 2〉 발표 전사본

---

4) 이 전사본은 SNS의 사용과 관련된 학습자의 비판적 이해를 담고 있다.

〈그림 2〉에서는 긴 쉼이라고 상정된 것이 상당히 많이 드러나고 있다. 아울러 긴 쉼의 양상이 의도된 것과 의도되지 않은 것으로 구분된다. 이는 발표자가 긴 쉼에 대한 의도성 여부를 전사본을 통해 드러낸 것이다. 의도된 쉼의 경우는 주로 숨을 고르고 다음 말을 전개하기 위해서, 의도적이지 않은 쉼은 연이어지는 적절한 발화를 고심하는 가운데 일어나는 경우가 대부분이다.

우선 화자의 의도된 쉼을 생각할 수 있다. 이는 화자가 청자의 주의를 끌거나 혹은 발표내용의 주제를 강조하거나 전환하기 위해서 사용하는 것으로, 일정 시점 청중의 주의를 끄는 데 효과가 있다. 하지만 발표 과정 시에 청중 반응과 주변 상황으로 인해 화자는 발화 지속의 유창성에 어려움을 겪을 수 있다. 이 과정에서 의도되지 않은 쉼이 수반될 수 있는데, 이는 화자의 생리적 현상으로 인해 일어나는 것으로 긴장과 불안을 중재하는 역할을 하는 동시에 발화의 유창성에 문제를 발생해 오히려 긴장과 불안을 증폭시키기도 한다.[5]

다만 화자의 언어 수행 수준에 따라 차이는 있겠지만, 기본적으로 청중을 대상으로 한 공식적인 말하기라는 점을 감안한다면, 발표라는 담화에 수반되는 쉼 또한 대화와 마찬가지로 그 빈도수, 지속 시간, 위치, 유형에 따라 다양하게 분포할 수 있다. 대화와 비교해 본다면, 빈도수 면에서는 그 수가 보다 많으며, 지속 시간 측면에서 길거나

---

5) 발화에서 유창성은 쉼의 문제와 밀접하게 관련을 맺는다. 쉼의 지속 시간이 길어짐에 따라 발화의 유창성은 떨어지는 것으로 간주될 수 있다. 다만 언어 병리적 측면에서의 쉼은 그 불안의 정도가 상대적으로 매우 커서 조음 기관이 발음을 위한 준비를 갖추기보다는 아예 작동 방식이 멈춰버려 이후 진행이 되지 않는 상태를 말하게 된다. 따라서 정상인의 발화 관점에서의 쉼과 언어 병리적 관점에서의 쉼을 구별할 필요도 제기된다. 언어 병리적 측면에서 쉼의 문제는 안종복 외(2005)가 참고가 된다.

짧은 여부를 명백하게 구분하기 힘들지만, 확연히 긴 쉼을 수반하지는 않았다. 발생 위치에서는 발표와는 다르게, 문장 중심의 발화 단위 간에 위치하는 경우가 많다.

즉 이상에서 대화와 발표에 드러나는 쉼의 속성을 간략하게 쉼의 위치, 지속 시간, 빈도수, 유형 등을 중심으로 정리하면 〈표 1〉과 같다.6)

〈표 1〉 대화에 발표에서의 쉼 비교

	빈도수	지속 시간	위치	유형
대화	적음	김	순서 교대 및 발화문 교체	• 비음성적 쉼 • 음성적 쉼
발표	많음	짧음	발화문 교체	비음성적 쉼

3.2. 읽기에서의 '쉼'

읽기에서의 쉼은 말하기에서의 쉼과는 다르다. 우선 읽기에서는 읽기 대본, 혹은 텍스트가 주어지기 때문에 독자가 심적으로 안정된 상태에서 언어 수행 행위를 하게 된다. 따라서 말하기에서처럼 화자의 심적 상태와 밀접하게 결부되어 드러나기보다는 텍스트에 내재된 가락 의식 혹은 리듬 의식의 초점과 관련되어 드러날 가능성이 높다.

그런 측면에서 읽기에서의 쉼은 말하기에서보다 의미 분절의 면에서 더 중요하게 부각된다. 띄어쓰기를 통해 의미 단위가 구분되어 제시됨에도 불구하고, 실제 학습자들의 소리읽기에서 드러나는 오류

---

6) 이 글은 국어과 예비교사들인 1~2학년 50여 명의 학습자들을 대상으로 대화와 발표에 관련된 말뭉치를 구성하고, 이에 대한 전사본을 작성하도록 하였다. 즉 〈표 1〉에서 제시된 내용은 이것에 기반한 것이다. 빈도수의 경우는 긴 쉼을 기준으로 했고, 지속 시간은 전체적으로 긴 쉼을 대상으로 했을 때, 대화에 드러나는 긴 쉼이 더 길게 지속되는 경향이 있었음을 말하는 것이다.

를 살펴보면, 주로 문장 내의 성분 간에 쉼의 적절한 적용 없이 붙이거나 띄어 읽음으로써 잘못된 의미를 일으키는 경우가 발견된다. 이는 언어 수행 수준이 낮거나 연령이 어린 학습자들일수록 빈번하게 발생하는 현상이다. 가령 1)과 2)는 소리읽기나 뜻읽기가 쉼의 여부에 따라 그 의미가 명확해질 수 있는 경우이다.

1) 우리 엄마는 나보다 영화를 더 좋아한다.
2) 손님들이 다 오지 않았어요.

1)의 예는 가령 '우리 엄마는 / 나보다 영화를 더 좋아한다'로 쉼을 두고 읽을 때와 '우리 엄마는 나보다 / 영화를 더 좋아한다'로 쉼을 두고 끊어 읽을 때 의미가 구분되어 들리게 된다. 특히 예문 2)의 경우는 그 쉼의 적용 여부와 끊어 읽기에 따라 의미가 분명하게 구분된다. 가령 '손님들이 다 / 오지 않았어요'와 '손님들이 / 다 오지 않았어요'로 쉼을 두고 끊어 읽었을 때 그 의미가 분명하게 구분되어 전달된다. 전자의 경우는 전체부정의 경우이고, 후자는 부분부정의 경우라 할 수 있다. 이는 통사구조에서의 중의성의 문제를 쉼을 통해 해결할 수 있는 예들이라고 할 수 있다.

지금까지 우리 국어교육 현장에서는 뜻읽기에 비해 소리읽기를 중요하게 다루지 않았다. 물론 뜻읽기에서도 쉼의 기능에 대한 논의가 없었다. 소리읽기나 뜻읽기에서의 쉼은 독자의 텍스트에 대한 인지적 상태와 밀접하게 관련된다. 독해 과정에서 독자는 유창한 의미 해독 과정을 지속적으로 유지할 수 없기 때문에 머뭇거림을 반복하게 된다. 이는 특히 뜻읽기 과정에서 더욱 부각되며, 사고 단위가 큰 것일수록 그 쉼은 인지적으로 더 유의미하게 관련된다.

따라서 소리읽기나 뜻읽기에서 낱말에서 문장으로, 그리고 문단으로 갈수록 그 쉼의 지속 현상이 길어질 것으로 예상할 수 있다. 이는 독자가 읽기를 통해 텍스트를 이해하는 과정에서 이해의 주요한 과정마다 쉼을 수반할 것이라는 점과 관련될 수 있다. 이하에서는 소리읽기와 뜻읽기로 구분해서 쉼의 주요한 속성들을 다루고자 한다.

3.2.1. 소리읽기에서의 '쉼'

소리읽기는 학교 현장에서 매우 초보적인 과정에서 다루어진다. 주로 초등학교 저학년에서 그 과정이 끝이 나고, 이후에는 뜻읽기와 관련된 다양한 읽기 방법 및 전략이 교육되고 있는 것이 우리 학교 현장의 실정이다. 하지만 소리읽기를 매우 초보적인 읽기만으로 본다면, 이는 그 인지적 복잡성의 이면을 제대로 헤아리지 못한 처사이다.

소리읽기는 일반적으로 일정한 청자 혹은 청중을 대상으로 하는 경우가 많다. 따라서 말하기에서 발생하는 불안보다는 덜하지만, 일정한 불안을 동반하는 경우가 많다. 이는 학교 현장에서 학습자들에게 일정한 텍스트를 읽게 하는 과정에서 쉽게 발견할 수 있는 현상이다. 물론 학생들의 수준에 따라 차이를 보이기는 하지만, 일정 부분 불안의 심적 현상을 수반하는 경우가 많다.

이는 소리읽기의 과정 자체가 텍스트를 인지하고, 소리로 변형하는 과정에서 상당한 수준의 인지적 능력을 요구한다는 점과도 통하는 부분이다. 따라서 이와 같은 복잡다기한 인지적 현상의 하나로 볼 수 있는 소리읽기에도 다양한 인지적 오류나 장애가 발생할 수 있음은 당연하다. 따라서 유창하고 능숙한 소리읽기로 나아가기 위해서는 소리읽기만의 특별한 전략이 필요하다.

일반적으로 소리읽기에서 유창한 능력을 소유한 학습자들은 그렇지 못한 학습자들보다 대개 읽기 속도가 빠를 것으로 간주된다. 하지만 읽기 속도만이 읽기의 유창성의 유일한 속성이라고 할 수 없다. 여기에서는 듣는이를 고려한 일정한 흐름을 유지해야 한다는 점이 부각된다.[7] 즉 소리읽기가 읽는이의 호흡과 아울러 듣는이의 호흡에도 그 박자를 맞추어 나가야 한다는 점이다. 〈그림 3〉은 앞선 〈그림 2〉 학습자의 발표를 위한 대본이다.[8]

에스엔에스란소셜네트워크시스템의약자로써/작게는사람과사람을크게는단체까지도연결해주는 그물조직입니다/요즘널리이용되는것으로는미투데이트위터페이스북등이있는데/이외에도수많은업체들이빠르게생겨나고있는추세입니다/이처럼널리확산되고있는에스엔에스는/대중들에게 원활한소통의장을제공합니다/에스엔에스를통해서언제어디서든지손쉽게정보를나누고/또무엇이든지말할수있으며/누구든지자유롭게의견을주고받을수있다는장점을가지고있습니다/그러나에스엔에스는장점뿐만아니라단점도함께가지고있습니다/자신이올린글이왜곡되어불특정다수에게전파될수있으며/또이러한왜곡을악용하여분란을만드는것도가능합니다/뿐만아니라개인의사생활침해도심각하게일어나고있습니다/그러나이러한단점에도불구하고에스엔에스의파급력은나날이높아지고있습니다/그래서수많은기업이나연예인/정치인등은에스엔에스를이용하여자신들의홍보나마케팅을하고있습니다/이와같이여러분야에서많은정보들이쏟아지는데이를무분별하게받아들인다면아주심각한상황을초래할수있습니다/얼마전채선당임산부폭행사건에서왜곡된정보를받아들여보고한사람이수많은비난을받은것처럼안타까운일이일어날수있습니다/이처럼에스엔에스는잘만하면더좋은소통의장이될수있지만잘못하면아주심각한문제가될수있습니다/그러므로위와같은상황을예방하기위해선범국가적으로캠페인이나에티켓교육등을통하여에스엔에스상의자세를교육하는것이바람직하다고생각합니다/먼저무분별하게쏟아지는정보를비판적으로받아들이는자세의교육이필요합니다/빠른시일에다수의사람들에게정보를전달할수있다는장점을악용하여/잘못된정보를전파하는경우도있기때문입니다/또한상대방을배려하고역지사지의입장에서생각하는마음가짐에대한교육도필요합니다/에스엔에스는개인적공간이기도하지만개방되어있기때문에/어느정도의예절은갖추어서다가가야할필요성이있기때문입니다/이처럼급부상하고있는에스엔에스가더나아가기위해서는/위와같은자세에대한교육이주지되어야한다고생각합니다

〈그림 3〉 읽기 대본

---

7) 안종복 외(2005)에서는 청자 중심의 지각적 관점에서 쉼을 분석하고 있는데, 대략 정상인들이 지각하는 쉼의 평균 지속 시간의 길이는 0.94로 제시하고 있다.

8) 〈그림 3〉은 〈그림 2〉의 발표문이다. 즉 발표하기 이전의 원고이다. 이는 엄격하게 말해서 실현된 말하기와는 거리가 먼 소리읽기의 대본이라고 할 수 있다. 즉 실제 말하기의 다양한 맥락을 완전하게 상정해서 원고를 구성하기란 불가능하기 때문이다. 이는 학교 현장에서 말하기가 쓰기나 읽기에 종속되는 결과를 초래하는 경우와 밀접하게 관련된다.

〈그림 3〉에서 제시된 바와 같이 읽기 대본이라고 상정된 것에서는 긴 쉼을 거의 찾아보기 어렵다. 즉 소리읽기에서는 생리적으로 발생하는 쉼의 측면이 유의미할 정도의 시간을 요구하기보다는 지각하기 어려울 정도의 짧은 시간 안에 이루어지고 있음을 알 수 있다. 따라서 의미 분절도 주로 문장 이하의 단위에서 이루어지고 있다.

이 점에서 소리읽기에서의 쉼은 읽기의 가락 혹은 리듬의 형성과 밀접한 관련을 지닌다. 아울러 이는 소리읽기에서 발생하는 일정한 호흡의 흐름과도 밀접한 관련을 맺는다. 이와 같은 일정한 가락의 형성과 일정한 호흡의 조정에 필수적으로 작용하는 것이 쉼이라고 할 수 있다. 즉 쉼의 적절한 작용을 통해 이와 같은 가락 및 호흡의 흐름이 일정하게 유지될 수 있는 것이다. 또한 일정한 의미 분절 및 구분을 위한 쉼의 형성도 그 범위가 문장 이하에 국한되고 있다. 이는 짧은 쉼이 지니는 소리읽기에서의 사고 범위와도 밀접한 관련을 맺는 부분이다.

이상의 점들은 소리읽기에서의 쉼이 뜻읽기에서 요구되는 쉼과 차별적으로 이해될 수 있는 부분이다. 소리읽기는 그 인지적 범위가 텍스트 전체에 걸쳐 있지 않다. 즉 인접한 단위들에 초점을 두고 진행되는 경우가 많다. 주로 낱말, 구, 절, 문장, 문장 간 수준의 단위에서 그 흐름이 조절되고, 아울러 쉼이 조정되는 경우가 많다. 따라서 주로 음성적 측면에서 쉼의 적용이 바탕이 되고, 이는 통사론적으로 확대되어 일정한 호흡이나 가락의 형성에 주요한 영향을 끼치게 된다.

3.2.2. 뜻읽기에서의 '쉼'

묵독(黙讀) 형태로 이루어지는 뜻읽기는 소리읽기에서의 쉼과는 그 적용 양상이 다르다고 할 수 있다. 뜻읽기의 경우 독자의 인지 과정 상태를 순수하게 관찰하기 어려운 점이 있다. 따라서 이는 연구의 주요한 한계가 된다.9) 다만 안구 추적을 통해 읽기의 흐름을 관찰하는 경우는 있지만, 이는 실험실에서나 가능한 매우 제약된 형태의 실험이다. 아울러 쉼의 관찰도 소리읽기에 비해 그 적용 위치나 범위를 헤아리기가 매우 어렵다.

하지만 직관적으로 독자들이 텍스트를 읽어 나갈 때, 아무런 멈춤이 없이 지속적으로 읽기를 수행해 나갈 수는 없다.10) 이는 생리적인 현상뿐만 아니라, 의미를 파악해 가는 과정에서 멈춤의 현상이 지속적으로 생길 수밖에 없기 때문이다. 이런 멈춤의 현상은 이해의 과정이 원활하게 이루어지고 있지 못한 경우에 재차 읽던 곳에서 앞으로 다시 돌아가서 읽거나11) 혹은 잠시 멈추고 생각을 정리하면서 읽은 내용을 재차 재구성하는 과정 등에서 발생할 수 있는 현상이라 할 수 있다.

따라서 직관적으로 뜻읽기의 과정에서도 멈춤을 동반한 쉼 현상이 일정하게 일어날 것이라고 예상할 수 있다. 다만 쉼의 빈도나 적용 범위에서 있어 소리읽기와 비교된다. 이는 소리읽기가 독자의 생리적

---

9) 뜻읽기에서의 쉼과 관련해서는 독해에서 시선의 문제를 다룬 이춘길(2004)이 참고가 된다. 다만 이 글은 이와 같은 언어심리학적 방법을 전문적으로 적용하지 못했고, 뜻읽기가 소리읽기와 다를 수 있다는 관점에서 뜻읽기에서의 쉼의 문제를 직관적으로 접근했다.

10) 언어심리학에서는 이를 안구의 고정과 도약 운동으로 다룬다(이춘길, 2004: 64~66). 글을 읽는 동안 안구의 움직임은 계단 모양의 독특한 패턴을 보인다고 알려져 있다. 즉 고정과 도약이 반복적으로 일어나면서 이해가 이루어지는 것이다. 여기에서 고정은 일시적인 멈춤 현상으로 볼 수 있는데, 그 이유는 여러 측면에서 고려될 수 있을 것이다. 다만 이런 멈춤은 쉼이라는 현상을 반드시 수반하기 때문에 인지적으로 유의미성을 띄게 된다.

11) 이를 언어 심리학에서는 역행성 도약 운동으로 다룬다.

인 현상인 호흡과 밀접한 관련을 맺고, 아울러 지엽적 의미 분절 단위에서 발생하기 때문에 그 빈도수가 잦은 반면에 뜻읽기에서는 호흡의 흐름에 맞는 쉼보다는 독자의 인지적 역량이 더 요구되는 쉼이 수반되기 때문이다.

즉 뜻읽기에서는 음성과 음운, 그리고 형태나 통사 단위의 미시적 접근보다는 보다 큰 단위에서 쉼이 일어날 것으로 상정할 수 있다. 이는 뜻읽기에서는 독자의 주요 초점이 텍스트에서의 의미 파악에 있기 때문에 인식 범위가 미시적 단위에 국한되기보다는 담화 차원으로 확대될 가능성이 크기 때문이다.12) 따라서 쉼의 적용도 이런 감안해서 의미 분절이나 의미 구획, 나아가 의미 전환과 관련해서 발생할 수 있다. 이는 거시적 단위에서의 쉼의 적용과 발생이라 할 수 있다. 즉 이상의 읽기와 관련된 쉼의 내용을 구분해서 정리하면 〈표 2〉와 같다.

〈표 2〉 소리읽기와 뜻읽기에서의 쉼의 적용 범주

쉼 \ 읽기 범주	소리읽기	뜻읽기
빈도수	많음	적음
적용 범위	음성적 단위	담화적 단위
호흡에 따른 기능	생리적 호흡 조정 (가락의 생성)	의도적 호흡 조정 (의미의 구성)
인식적 기능	지엽적 단위의 의미 분절	총체적 단위의 의미 분절 및 전환

---

12) 박영민(2012)에서는 내용상 오류 문단을 삽입하고 이를 읽을 때 드러나는 학습자들의 눈동자 움직임을 추적하고 있다. 조사 결과 평균적인 읽기 능력을 지닌 중학교 학습자들은 그것을 읽을 때에 고정 시간이 길어짐을 현장 조사를 통해 제시하고 있어 담화 층위에서 쉼의 적용과 관련해서 참고가 된다.

이상 간략하게 예비 국어교사들의 언어 사용에 드러난 쉼의 인식 양상을 살펴보았다. 이 글이 본격적인 현장 연구조사가 아님을 감안하여, 선행 연구에서 제시된 논의 및 이 글에서 실시한 현장 연구조사 결과를 토대로 해서 말하기와 소리읽기(낭독)에서의 쉼의 차이를 개략적으로 제시하면 〈표 3〉[13]과 같다.[14]

〈표 3〉 말하기와 읽기에서의 '쉼'의 차이

언어사용 쉼의 속성	말하기	소리읽기
사고 단위	담화적 측면	음성적 측면
의미 구성	의미 전개 및 전환	의미 분절
호흡	의도적 측면	생리적 측면
기능	화자, 주제, 발화문 교체	리듬 의식 부여
분포	자의적임	규칙적임
유형	음성적/비음성적	비음성적

즉 〈표 3〉에서와 같이 말하기와 소리읽기에서 쉼은 그 속성면에서 차이가 난다. 가령 말하기의 경우는 소리읽기에 비해 화자의 의도적인 측면에서 쉼이 부각될 수 있는데, 이는 문장 이하의 의미 분절보다는 의미 전개나 전환 등의 문장 이상의 담화 단위에서 이루어지는

---

13) 여기에서의 쉼은 지속 시간이 1초 전후인 비교적 '긴 쉼'이다. 따라서 〈표 3〉의 구분이 절대적이라고는 할 수 없다. 가령 소리읽기의 호흡 면에서도 의도적인 측면이 부여될 수 있다. 하지만 말하기에 비해서는 그 의도성이 적게 부여된다는 것이다. 실제 관찰에서도 소리읽기에서 학습자의 의도성이 강하게 반영되는 쉼을 발견하기 어려웠다. 따라서 더 객관적이고 명확한 쉼의 속성을 이끌어내기 위해서는 향후 보다 많은 말뭉치를 수집하고 이를 과학적으로 규명하는 작업이 뒤따라야 할 것이다.
14) 비교 대상에서 뜻읽기(묵독)는 다루지 못하였다. 이 글의 조사가 말소리 측면에서 이루어진 쉼의 양상이었기 때문에, 뜻읽기(묵독)의 경우는 〈표 2〉에서와 같이 소리읽기와의 비교에 그쳤다.

경우가 많았다. 따라서 담화의 주제 전환, 화제 교체 시에 음성적 담화 표지를 수반하거나 혹은 그렇지 않은 비음성적 쉼이 발생하였다.

그에 비해 소리읽기에서는 쉼의 적용이 의도적으로 이루어지기보다는 독자의 생리적 호흡에 따라 규칙적으로 발생하는 경우가 많았다. 따라서 쉼의 주된 기능은 입말의 흐름과 관련된 가락과 리듬 의식 부여에 있으며, 그 분포도 비교적 문장 이하 단위에서 규칙적으로 발생하였다. 아울러 음성적 담화 표지를 수반한 쉼은 거의 발견되지 않았다.

4. '쉼'의 교육 방안 고찰

'4'절에서는 쉼과 직·간접적으로 관련된 교육과정 상의 내용과 매체와 결부된 교수·학습 방법론에 대한 문제를 다룬다. 이를 통해 시론적으로나마 쉼의 문제를 국어교육의 틀 안에서 접근해 보고, 그 교육적 의미를 탐구해보고자 한다.

가장 최근 교육과정인 2011에 드러난 준언어적 표현으로서 쉼과 관련될 수 있는 내용은 〈표 4〉와 같다. 명시적으로 쉼만을 다룬 영역은 없다. 다만 준언어적 표현의 테두리 안에서 그것의 교육적 활용 방안을 모색해 볼 수 있다는 점에서 준언어적 표현과 관련된 영역은 모두 제시한다. 저학년의 경우는 주로 읽기와 듣기·말하기에 고학년으로 갈수록 문법 영역에 준언어적 표현이 놓여 있다.

〈표 4〉 교육과정에 제시된 준언어적 표현

	내용 성취 기준
읽기(초1~2)	• 의미가 잘 드러나도록 글을 알맞게 띄어 읽는다 • 글의 분위기를 살려 효과적으로 낭독하고 읽기의 재미를 느낀다
듣기·말하기(초3~4)	• 반언어적·비언어적 표현의 효과를 이해하고 활용한다
문법(중1~3)	• 음운 체계를 탐구하고 그 특징을 이해한다
국어 I (문법)	• 음운과 음운 체계를 이해하고 교양 있는 발음 생활에 대해 알아본다
화법과 작문	• 청자의 이해를 돕기 위한 언어적·반언어적·비언어적 표현 전략을 사용한다
독서와 문법	• 음성, 음운의 세계를 탐구하고 올바르게 발음 생활을 한다

〈표 4〉에 제시된 바와 같이, 쉼과 관련한 직·간접적인 내용이 읽기, 듣기·말하기, 문법에 성취 기준으로 제시되고 있다. 쉼을 직접적으로 언급한 부분은 초1~2학년군의 읽기 영역이다. 여기에서는 띄어 읽기 유의사항과 관련해서 쉼의 위치와 길이 등을 제시하고 있다.[15]

쉼을 학습자들에게 명시적으로 지도할 수 있을 것인지의 문제는 바로 듣기·말하기, 읽기, 문법에서의 쉼의 다양한 속성들로부터 이끌어낼 수 있다. 쉼은 분명 명시적 언어 단위는 아니지만, 그런 명시적 언어적 표현에 직·간접적으로 관련되어 다양한 기능을 하는 준언어적 표현 기제로서 중요한 역할을 한다.[16]

따라서 쉼의 대한 지도는 우선 언어적 표현에 부수하는 쉼의 속성을 제대로 학습자들이 이해할 수 있도록 해야 한다. 이는 쉼이 그것 자체로 유의미한 단위는 아니기 때문이다. 아울러 쉼은 언어적 표현

---

15) 교육과학기술부(2011: 10~11).
16) 손세모돌(2002)는 준언어적 표현을 평가 측면에서 다루고 있다. 이 연구에서는 주로 학습자들의 말하기 상호 평가 측면에서 준언어적 표현의 상대적인 중요성을 강조하고 있다. 쉼을 집중적으로 다루지는 않았지만, 준언어적 표현이 말하기에서 주요한 평가 지표로 간주될 수 있음을 사례연구를 통해 잘 보여주고 있다.

에 결부되어 다양한 기능을 드러내는데, 특히 독자나 화자의 의도적인 쉼에 초점이 맞추어져야 할 것이다.

앞서 제시했듯이, 쉼은 독자와 화자의 비의도적인, 혹은 생리적인 측면에서의 호흡 조절 및 연하(嚥下, swallowing)[17]와 관련된 측면이 있기 때문이다. 물론 엄격하게 접근한다면 호흡 조절 및 연하(嚥下)와 관련된 쉼의 양상도 일정 부분 독자나 화자의 의도적인 측면이 관련되는 면은 있다. 하지만 이는 대개 아주 짧은 양상으로 독자나 화자나 청자에게 의식적으로 지각되기 어려운 면이 있기 때문에 교수·학습의 내용으로 부각시키기 어려운 면이 있다.

쉼은 일종의 머뭇거림 혹은 주저거림 현상이다. 여기에는 소리 없이 머뭇거리는 전형적인 쉼이 있고, 특정한 의미 없이 발화 산출과 관련된 사고의 일정한 전개를 유보하기 위한 간투사나 담화 표지의 사용이 수반되는 경우가 있다. 소리읽기에서는 전형적으로 전자가 교육적으로 적용될 수 있고, 말하기에서는 두 가지 모두가 교육 내용으로 다루어질 수 있다.

하지만 앞서 언급했듯이 쉼은 그것 단독으로 지도되기 어렵다. 왜냐하면 쉼은 언어적 표현에 수반되는 준언어적 양상이자, 다양한 비언어적 표현이 수반될 수 있는 복합적인 현상이기 때문이다. 또한 쉼은 말하기나 읽기를 막론하고, 실시간으로 발생하는 현상이기 때문에 학습자들이 쉽사리 그것의 속성을 인식하고 의도적으로 사용하기 어려운 면이 있다.

따라서 쉼은 학습자들의 언어 자각(language awareness)의 측면에서 접근할 필요가 있다.[18] 왜냐하면 그것은 실시간으로 언어적 표현에

---

17) 구강 내에 있는 음식물 또는 액체를 위에 보내주는 운동.

부수됨으로 인해 독자와 화자의 인식 범위에 매우 밀착되기 때문이다. 즉 언어 수행 상황의 맥락과 밀접한 관련을 맺는다는 점에서 의사소통 상황에서 주요하게 부각될 수 있는 단위가 된다.

쉼의 이와 같은 점을 감안한다면, 우선적으로 쉼이 사용되는 다양한 상황을 학습자들이 직접 의사소통 상황에서 경험하는 것이 중요하다. 아울러 실시간 상으로 아주 짧은 순간에 일어나는 현상이기 때문에, 쉼이 사용되는 순간을 포착하고 그것을 담아내는 것이 중요하다. 이는 매체의 사용과 결부되어 지도될 수 있다. 특히 요즈음 학습자들이 사용하는 스마트폰(smart phone)은 이런 말하기와 읽기에서의 쉼을 직접적으로 담아낼 수 있는 주요한 매체가 될 수 있다.

즉 학습자들은 다양한 담화 상황에서 일어나는 쉼을 매체를 통해 담아내고, 조작이 간편한 음성 분석기를 통해 이를 전사해서 분석해 봄으로써 쉼의 다양한 양상을 관찰할 수 있다. 읽기에서는 소리읽기를 다양한 담화 갈래나 혹은 동일 텍스트에서의 언어 단위의 변형을 통해 쉼이 어떤 식으로 드러나는지를 관찰할 수 있으며, 말하기에서는 다양한 담화 갈래에 따라 쉼이 발생하는 위치나 지속 시간을 살펴볼 수 있다.

아울러 이들 두 언어 사용은 반드시 전사 작업이 뒤따라야 한다. 왜냐하면 이를 통해 실제 입말 사용의 양상을 제대로 파악할 수 있기 때문이다. 전사는 다양한 입말 현상을 세밀하게 관찰하기 위해서 따르는 작업으로 국어의 기본적인 문법만 알고 있으면 어느 정도 학교 현장에서 실시해 볼 수 있는 언어 자각의 측면에서 유의미한 작업이

---

18) 언어사용과 관련하여 언어자각(language awareness)에 상세한 논의는 서종훈(2012)를 참고하시기 바람.

될 수 있을 것이다.[19]

이상의 내용을 교육 현장에서 '쉼'과 관련하여 실제 학습자들에게 적용할 수 있는 교수·학습 방안으로 구체화하려면 〈표 5〉와 같이 '준언어적 표현으로서의 쉼 이해하기'라는 큰 틀 아래 몇몇 구체적인 교수·학습 목표가 설정될 수 있다.

〈표 5〉 '쉼'과 관련된 교수·학습 목표

	준언어적 표현으로서의 '쉼' 이해하기
교수·학습 목표	① 낭독에서 '쉼'의 이유와 그 중요성을 인식할 수 있다
	② 대화나 발표에서 '쉼'이 담화 전개에 일정한 영향을 줄 수 있음을 안다
	③ '쉼'의 발생 위치와 지속 시간에 따라 발화 의미가 달라질 수 있음을 안다.

〈표 5〉에 제시된 목표는 학년이나 학교급 별의 수준에 따라 다르게 적용될 수 있는 예이다. 아울러 그 내용도 수업 상황에 맞게 변경될 수 있다. 다만 '쉼'의 이론적 내용만으로 목표를 구성하기가 어렵기 때문에 부득불 실제 언어 사용과 그에 부합하는 자료의 수집이 필요할 수 있다. 이는 이른바 과제중심 언어교육(Task-Based Language Teaching)과 밀접하게 관련될 수 있다.[20]

즉 〈표 5〉와 같은 교수·학습 목표를 달성하기 위해 학습자들은 일

---

19) 물론 전문적인 전사 작업 및 말뭉치 구축 작업은 국어를 전공한 전문가들에게도 매우 어렵고 품이 많이 드는 일이다. 다만 전사에 대한 이론적 토대가 교육적으로 제대로 구축되어 있지 못한 우리 국어교육 현실에서는 입말 교육에 대한 학습자들의 다양한 인식의 토대를 제대로 구성하기가 어렵다. 따라서 전사 작업이 매우 중요한 교육적 수단이 될 수 있다고 할 수 있다. 다만 이 글에서는 전문적인 전사 작업의 과정으로 입말 전사를 다루기보다는 학습자들이 자신의 입말 사용의 언어자각의 관점에서 고찰하기 위한 일부의 과정으로서 제시했다.

20) 대표적인 참고 자료로 Kris Van den Branden et. al.(2009)를 들 수 있다.

차적으로 말하기나 읽기와 관련된 말뭉치를 수집해야 한다. 특히 언어 자각과 관련해서 자신의 말하기, 읽기 수집 자료가 유용하게 사용될 수 있다. 아울러 이와 같은 자료 수집과 분석을 위해서는 매체를 활용하는 것이 필요하다. 하지만 학습자들에게 매우 전문적인 수준의 말뭉치 수집과 분석 작업은 요구할 수 없기 때문에 학교 현장에서 손쉽게 구할 수 있고 활용할 수 있는 매체를 선택하는 것이 중요하다. 이를 과제중심 언어교육(TBLT)과 관련해서 두 가지 과정으로 접근해 볼 수 있다.

첫째, 매체의 사용을 통한 입말 자료 수집 과정이다. 기존의 입말 교육이 학교 현장에서 제대로 이루어지지 못한 이유 중의 하나는 실시간으로 처리되는 학습자들의 다양한 언어 수행의 결과를 제대로 담아내지 못했다는 점에 있다. 이는 결국 입말의 교수·학습 방법과 평가의 측면의 부실로 이어졌다. 따라서 학습자들에게 익숙한 매체를 통해 입말의 다양한 측면을 담아낼 수 있게 한다면, 이는 입말 수행과 매체 활용을 결합한 적절한 교육 방법이 될 수 있을 것이다. 이 과정에서는 학습자들이 많이 사용하고 있는 스마트폰을 활용을 할 수 있다.

둘째, 매체 사용을 통한 입말 분석 과정이다. 수집된 입말은 분석을 위해 전사되어야 한다. 따라서 동영상 촬영본을 음성 파일로 전환시켜 구체적으로 분석할 수 있어야 한다. 여기에는 간단한 음성 분석 프로그램인 쿨에디터(cool editor) 2.0을 활용할 수 있다.21) 이 두 과정은 "과제중심 언어교육 기반 하의 실시간 언어 수행에 대한 언어 자각

---

21) 이는 음악 편집 프로그램으로 인터넷 상에서 손쉽게 내려 받을 수 있다. 무료로 사용할 경우, 일정 기간이 지나면 사용할 수 없는 셰어웨어 프로그램이기도 하다. 특히 이는 다양한 음악이나 소리 파일을 손쉽게 수정, 편집, 변환할 수 있는 음성 편집기로 인기가 높다.

(language awareness) 능력 향상시키기"라는 큰 틀 아래, 방법과 내용으로 나누어 〈표 6〉과 같이 요약될 수 있다.

〈표 6〉 매체를 활용한 쉼의 교육 방안

	단계	교육적 의미
방법적 고찰	① 매체를 활용한 언어수행 파악하기	실시간 언어 수행 담아내기
	② 전사를 통한 언어수행 되짚어 보기	입말 분석의 기초 마련하기
내용적 고찰	① 쉼의 위치 파악하기	준언어적 표현의 발생 파악
	② 긴 쉼과 짧은 쉼 구분하기	준언어적 표현의 유형 인식
	③ 의도적 쉼과 비의도적 쉼 구분하기	준언어적 표현의 기능 고찰
	④ 불안과 쉼의 관련성 인식하기	준언어적 표현의 심리적 표출 이해

〈표 6〉은 쉼의 교육 방안을 방법과 내용적인 측면으로 구분한 것이다. 즉 방법적인 면은 쉼을 기능과 형태 등을 파악하기 위한 선행 작업으로서 매체를 활용한 준언어적 표현의 파악에 관련되며, 내용적인 면은 읽기, 듣기·말하기 교육에서 준언어적 표현으로서 다룰 수 있는 교육적 의미와 관련된다.

즉 이상의 두 과정을 통해 학습자들은 자신과 동료들의 다양한 입말 사용 상황을 담고, 이를 분석해 봄으로써 입말이 지니는 다양한 담화 갈래의 속성 등을 파악할 수 있다. 또한 준언어적 표현으로서 쉼의 다양한 부면을 자신과 동료들의 생생한 말하기나 읽기를 통해 분석하고 이해할 수 있을 것이다.

5. 마무리

'쉼'은 화자가 처한 다양한 맥락에 따라 그 변화가 심하고, 특히 화자의 심적 상태가 반영되는 준언어적 표현 양상이다. 발화의 단위가 비교적 억양을 중심으로 분절되어 드러나지만, 그 앞뒤로 주로 드러나는 '쉼'은 비교적 분명한 시간 길이 단위로 드러나지 않는다. 즉 말하는 당시 주변의 상황과 화자의 심적 상태에 많은 영향을 받아서 다분히 자의적으로 드러난다.

하지만 '쉼'의 적절한 사용에 따라 텍스트의 의미 분절이나 담화의 미세한 의미나 맥락 등이 좌우될 수 있기 때문에, 쉼은 언어 사용 상황에서 매우 주요한 의미 결정 요소가 될 수 있다. 따라서 '쉼'의 이론적 규명에 앞서 중요한 것은 다양한 언어 사용 상황에서 드러나는 '쉼'의 양상을 파악하고 그것의 기능과 형태 등을 고찰하는 것이다.

이 글은 이런 점을 감안하여 우선 '쉼'의 이론적 규명을 위한 예비 조사 연구로서의 성격을 지녔다. 그간 국내·외에서는 '쉼'에 대한 연구가 꾸준하게 진행되어 왔지만, 주로 음성적인 측면에서의 '쉼'에 초점을 둔 경우가 많았고, 담화에 대한 연구는 최근에 와서야 본격적으로 이루어지고 있음을 선행 연구를 통해 살폈다.

의사소통의 과정에서 쉼은 다양한 기능으로 화자와 청자 간에, 혹은 낭독자와 청자들 간에 작용할 수 있다. 듣기·말하기에서는 쉼이 읽기에서보다 기능이나 형태, 그리고 지속 시간의 측면에서 더 자의적일 수 있다. 또한 듣기·말하기에서는 쉼이 의미 전환, 화자나 발화문 교체, 주의 환기 등에 사용될 수 있지만, 소리읽기(낭독)에서는 호흡 조절에 따르는 가락과 리듬의 조율에 초점이 있음을 살폈다. 나아가 매체를 활용하여 이를 방법과 내용적인 측면으로 나누어 구체적인 교육 방안을 모색하였다.

준언어적 표현으로서 쉼은 모국어 교육에서 중요한 의사소통 기제의 주요한 한 요소이다. 하지만 우리 국어교육에서는 이런 준언어적 표현으로서의 쉼에 대한 교육적 내용이나 방법에 대한 논의가 거의 없었다. 이는 국어교육의 목표가 의사소통의 원활함에 놓인다는 점을 감안한다면 교수·학습 상황에 걸림돌이 될 수 있다. 이런 점에서 이 글은 준언어적 표현으로서의 쉼에 대한 시론적 고찰로서의 의의를 지닌다.

제5부
주제 전개

제13장 주제 전개와 발화 요소

1. 들머리

현행 교육 현장에서 대화 교육은 토론이나 협상 등의 다른 담화 교육에 비해 교육적 실효성이 적고 그 효과가 미진한 편이다. 이는 대화라는 담화가 지니는 이론적 토대의 미비나 대화 담화의 실제성 부재에서 오는 문제라고 할 수 있다. 이런 점에서 대화가 교육 현장에서 제대로 다루어지기 위해서는 다양한 대화 자료의 축적과 그에 대한 유용한 교육적 해석의 결과가 수반되어야 할 것이다.

대화 교육은 대화 분석(CA), 담화 분석(DA), 화용론 등의 영역에서 다루어졌던 다양한 이론 및 관찰 결과를 통해 이루어져 왔다. 주로 공손성이나 협력 이론과 같은 대화 규범 영역이나 순서 교대, 인접쌍, 대화 구조, 담화표지 등의 대화를 구성하는 미시나 거시 구조를 다루어왔다. 이는 교육 현장의 말하기와 듣기, 그리고 화법교육에 그대로 반영되어 왔다.

하지만 이러한 내용들이 일상 대화가 지니는 다양한 상황과 맥락, 그리고 나아가서는 소통 문화의 측면까지 아우르지 못하는 경우가 많았다. 아울러 화자 일방향 말하기 방법이나 태도의 측면에 초점을 맞춤으로써 쌍방향 대화의 속성이 확보되지 않아 실제 대화의 본보기로 활용하기 어려운 경우가 대부분이었다. 이른바 이상적 대화의 표본이 교육의 대상으로 교과서에서 주를 이루어 왔다고 해도 과언이 아니다.

이 글은 이런 문제의식에 기반을 두고, 대화 교육이 제대로 이루어지려면 어떤 토대가 이루어져야 하는지에 대한 문제에 인식의 초점을 두었다. 대화의 실제성이 담보되지 않은 채 이상적 대화 규범이나 이론 등을 그대로 숙지하는 것은 현실 속 대화를 잘 이해하기보다는 오히려 현실 속 대화를 왜곡된 양상으로 보게 될 가능성이 높다.

따라서 이러한 문제를 극복하기 위해서는 현실의 맥락과 상황이 고스란히 반영된 대화 표본을 우선적으로 확보하는 것이 필요하다. 하지만 문제는 여기서부터 시작된다. 이러한 대화 표본을 일상에서 구하기 어려울 뿐만 아니라, 상당한 윤리적 문제가 따르기 때문이다.

하지만 단순히 현실 속 실제 대화를 확보한다고 하더라도 문제가 온전하게 해결되는 것은 아니다. 현실 속 일상이나 제도 대화가 어떻게 교육 내용이나 활동으로 환원될 수 있을지에 대한 문제도 주요한 연구의 대상이 될 수 있다. 특히 교육 현장에서는 이러한 문제가 더 크게 부각될 수 있다.

대화가 지니는 여러 형식이나 구조적인 측면을 통해 이런 문제를 근본적으로 해결하기는 어려울 것이다. 이는 단지 대화의 표면적인 속성에 불과할 수도 있기 때문이다. 대화를 자율적이고 주체적으로 이끌어가는 화자들 간의 소통과 협력의 문제만이 이런 표면적인 문제를 넘어서는 단초를 제공해 줄 것이다. 이는 결국 화자들 간에 소통되거나 합의될 수 있는 대화 전개와 관련된 중심 내용이나 주제라고 할 수 있다.

대화를 이끌어가는 힘은 대화에 내재된 목적의식이라고 할 수 있다. 이러한 목적의식은 대화의 주제나 화제로 표상될 수 있다. 특히 주제를 어떻게 상정하느냐에 따라 대화의 양과 질이 차별화될 수 있고, 화자들 간의 상호소통 관계에 영향을 끼치는 대화의 미시와 거시 구조의 측면도 다르게 부각될 수 있을 것이다.

이러한 조사 연구 과정은 대화의 자료 확보에서 발생하는 윤리적 문제를 일부분 극복하면서도, 대화의 쌍방향적 속성을 제대로 고려할 수 있을 것이다. 이 글은 이런 점을 감안하여 대화 주제의 상정 여부가 대화의 여러 가지 속성에 끼치는 영향을 고찰하고, 나아가 이를 바탕으로 대화 교육의 바람직한 방향을 모색하는 데 그 목적이 있다.

2. 연구 방법 및 가설

2.1. 연구 방법

주제 상정 여부에 따른 대화의 여러 속성들이 어떤 점에서 차이가 나는지를 검토, 분석하기 위해서는 다양한 대화 사례를 확보하는 것이 중요하다. 특히 주제 상정이라는 변수가 대화의 여러 속성들에 어떤 영향을 주는지를 살펴보기 위해서는 주제를 상정한 집단과 그렇지 않은 집단으로 구분해서 실제 대화 사례를 수집하는 것이 필요하다.

또한 이렇게 수집된 대화를 전사본으로 구성하기 위해서는 일정한 시간과 역량이 요구된다. 이를 위해 이 글에서는 대화 참여자로 대학교 2학년 대상자를 선정하였다. 일선 중·고등학교 학습자들의 경우는 대화 전사본을 구성하기 힘들고, 학교 시험이나 일정상 참여가 어려웠기 때문이다. 진행 방식은 주제를 미리 상정한 집단과 그렇지 않은 집단으로 구분해서 일정한 수로 구성된 모둠별로 대화를 전개한다. 연구 방법에 대한 개관은 다음과 같다.

〈표 1〉 연구개관

	대화 주제 유무	
	○	×
대화 주제	연애관과 결혼관	미결정
조사 대상자	국어교육과 2학년	국어교육과 2학년
조사 시기	2016.04~2016.5	2016.11~2016.12
방법	모둠	모둠
모둠 인원	3	3
모둠 수	10	10
시간	5분 이내	5분 이내
전사 방식	형태 전사	형태 전사

대화 주제는 대상자들이 희망한 것 중에서 선정되었는데, '우리의 연애관과 결혼관'으로 사전에 정하였다. 참여자들이 제출한 주제 중에서 다수의 견해를 반영한 결과이다. 이는 이 글의 조사 대상 담화가 일상 대화임을 감안한 것이다.1) 주제를 상정하지 않은 모둠의 경우는

---

1) 일상 대화는 대화의 본질에 더 가깝다. 하지만 이러한 일상 대화의 경우는 특정

대화를 전개하면서 주제를 상정하도록 하였기 때문에 대화 내용을 사전에 모의하는 것을 금지했다. 아울러 모둠원 구성을 과제 제출 시점에 임박하여 지정하였다.

조사 대상자는 1, 2학기 모두 국어과 예비 교사 2학년을 중심으로 선정되었다. 학기별로 동일 학습자들이 3명씩 총 10개 모둠으로 구성되어 조사 과정에 참여하였다. 대화 시간은 5분 내외로 지정했는데, 일상 대화의 경우가 지나치게 길지 않은 점을 감안하였고, 아울러 일회성으로 끝나는 짧은 질문 응답식의 대화를 피하기 위해서였다.

전사본은 의미를 좀 더 명확하게 파악하기 위해 맞춤법 규정에 맞도록 하였다. 이 글의 조사 참여자들이 전문적인 전사 방식에 대한 지식도 없을뿐더러 이 글의 연구 목적이 전사 결과에 대한 엄격한 분석을 토대로 하는 말뭉치 연구가 아니기 때문이다. 아울러 소리 나는 대로 전사할 경우 자칫 분석할 시에 의미를 파악하기 힘든 경우도 있음을 감안하였다.[2] 따라서 그 얼개만 형태 전사의 방식을 따랐다.

주제를 이미 공유하기보다는 즉석으로 주제를 타개해야 하고, 아울러 이러한 주제는 일관성을 갖고 진행되기보다는 많은 변화를 겪는다. 따라서 주제 전환과 연계된 대화의 구조나 형식적인 측면을 살펴보기에 더 적합하다고 할 수 있다. 다만 이 글은 주제의 상정 여부가 대화 모습에 어떻게 영향을 끼치는지를 파악하기 위해서 대화 상정 여부에 따른 집단을 구분했다.

다만 일상 대화의 범위를 어떻게 규정할지는 매우 중요한 문제로 남는다. 이 글에서는 공개 석상에서 이루어지기보다는 사석에서 참여자들 간에 자유로운 방식으로 대화를 전개한다는 점을 감안하여 일상 대화의 범주에 가늠하였다. 하지만 여전히 일상 대화의 개념 규정에 있어서는 문제가 남으며, 아울러 이는 대화 자료의 수집 방식과도 밀접한 관련을 맺기 때문에 추후 연구과제로 삼고자 한다.

2) 전사 방식에 대한 문제는 이기갑(2010)과 김현강·송재영·신유리(2010)를 참고하였다. 이 글은 방언학이나 사회언어학, 말뭉치 언어학 등에서 사용된 엄격한 의미의 전사 방식을 적용하지는 못했다. 그러한 전사 방식에 대한 교육이나 훈련을 체계적으로 받은 적도 없으며, 아울러 이 글 주요한 연구 대상이 주제 상정에 따른 대화의 다양한 부면을 탐구하는 것이기 때문에 전사 방식이 크게 연구 과정에 영향을 줄 것이라고 판단하지 않았기 때문이다. 다만 전사본을 보고 그 의미를 구체적이면서

연구 조사는 과제 형태로 제시되었고, 주제 상정 여부에 대한 언급은 전혀 없었다. 편의상 1학기의 경우는 주제를 상정하였고, 2학기의 경우는 주제를 상정하지 않고 대화를 전개하도록 하였다. 1학기의 경우는 학습자들이 대화의 구조 방식 및 인접쌍 등을 검토하였고, 2학기의 경우는 대화의 주제가 어떻게 파생되고 전개되는지를 파악해 보는 것이 주된 과제로 주어졌다.

2.2. 연구 가설

'2.2'절에서는 연구 목적에서 제기된 문제를 구체적으로 다루기 위해 세 가지 연구 가설을 상정하였다. 주제의 상정 여부에 따른 대화 모습의 차이를 대화의 구조 및 준언어적 표현 등에 관련시켰다. 이러한 가설 설정과 검증에 대한 논의 결과는 향후 대화 교육의 실제성을 높이고 과제, 언어 사용, 학습자 중심으로 언어 교육을 하는 데 주요한 교육 내용으로 참고가 될 수 있을 것이다.

연구 가설1: 주제 상정 여부에 따라 발화 기회 및 발화 겹침에 차이가 있을 것이다.

위의 가설은 대화의 전개 과정에서 발생하는 일반적이면서도 중요한 문제인 순서 교대(turn taking)에서 생겨나는 발화 기회와 발화 겹침에 대한 것이다. 일상 대화의 전개 과정에서 발화 기회와 발화 겹침은

도 정확하게 파악하기 위해서는 소리나는 대로 표기하는 것보다는 형태를 밝혀서 적는 편이 나을 것으로 판단했다.

그 발생 국면을 예상하기 어렵다. 즉 이는 대화 전개 과정의 본질적인 속성을 보여준다는 점에서 매우 중요한 문제라고 할 수 있다.

이 가설은 주제 상정 여부에 따라 발화 기회와 발화 겹침이 발생 빈도에서 양적, 질적으로 차이가 있을 것이라고 보았다. 즉 주제가 상정되지 않은 대화에서는 발화 기회가 주제가 상정된 대화보다 화자 간에 고르게 분포하기 어려울 것으로 보았다. 왜냐하면 어떤 내용을 대화의 주제로 선정하고 전개해 나가기 위해서 화자들 간의 타협하는 과정에서 대화를 주도적으로 이끄는 화자가 나타날 가능성이 높고 더 적극적으로 발화 기회를 선점할 수 있기 때문이다.

특히 주제를 상정하지 않은 대화에서는 주제를 선정하기 위해 화자 들 간의 소통 간격을 줄여가는 과정에서 이러한 문제가 빈번하게 발생할 것이다. 대화의 주제를 정한다는 것은 대화를 이끌어가는 데 주요한 선점 과정이 될 수 있다. 이런 과정에서 대화 주제를 정하는 데 의도적이든 그렇지 않든 주도적인 영향을 끼친 화자는 발화 기회를 다른 화자들보다 수월하게 얻게 되는 이른바 대화 권력 관계에서 우위를 차지할 수 있다.

발화 겹침의 경우도 주제가 상정되지 않은 대화 모둠에서의 발생 빈도가 주제를 상정한 모둠에서보다 더 많을 것이다. 왜냐하면 주제를 타개하기 위해 화자들 간의 이견이 상충이 있는 과정에서 발화 겹침이 더 자주 발생할 것이기 때문이다. 이는 주제 상정에 따른 대화의 유창한 전개 과정과 관련된다고 할 수 있다.

연구 가설2: 주제 상정 여부에 따라 '쉼'의 빈도와 길이에 차이가 있을 것이다.

'쉼'은 말하기에서 주요한 준언어적 표현이다. 특히 대화에서는 그 흐름을 유지하는 데 유효한 수단으로 활용될 수 있다. 대화의 유창한 흐름을 유지하고, 화자들 간의 호흡 간격을 조절하는 데 적절한 기제로 사용되지만, 때로는 대화의 흐름이 끊기고 화자들 간의 불안을 조장하는 기제로도 기능할 수 있다는 점에서 이중적 속성을 지닌 표현이라고 할 수 있다.

이 가설은 이러한 '쉼'의 활용이 주제 상정 여부와 관련될 수 있다고 보았다. 즉 주제를 상정한 대화에서보다 그렇지 않은 대화에서 '쉼'의 빈도가 잦고, 아울러 그 시간 또한 길 것으로 보았다. 물론 대화 과정에서의 발화의 맥락이나 상황을 고려하여 '쉼'의 발생 빈도와 시간 길이에 대한 해석이 따라야 한다. 단순히 발생 빈도나 길이만으로는 '쉼'이라는 준언어적 표현에 대한 속성을 분석하기는 어렵다.

가령 이 글에서는 호흡을 위한 생리적 기능으로의 짧은 쉼은 분석의 대상이 아니다. 분석의 대상이 될 수 있는 '쉼'의 경우는 1초 이상의 쉼이다.[3] 왜냐하면 생리적으로 발생하는 호흡 중의 쉼은 대화 과정의 특별한 의미를 수반한다고 보기 어렵기 때문이다. 따라서 대화 전개 과정에서 화자들 간의 일정한 소통 간의 의미 격차가 간여되는 긴

---

3) 쉼의 지속시간에 대한 명확한 기준은 없는 듯하다. 다만 클락(Clark, 1996)에서는 '1초의 한계'로 쉼의 지속 시간에 대한 기준을 제시하고 있다. 즉 1초를 넘는 경우는 화자의 명백한 의도나 의지가 반영되는 것으로 보고 있다. 아울러 제퍼슨(Jefferson, 1989)에서는 쉼에 대한 천 가지 이상의 사례를 검토한 결과를 토대로, 1초 정도까지의 쉼이 발화 단절의 표준적인 허용 시간으로 간주하고 있다. 즉 1초 이내를 화자의 의도가 직접적으로 반영되지 않은 일종의 생리적 현상으로서의 쉼으로 보고 있다.

쉼의 경우만이 논의의 대상이 될 수 있다.

'쉼'의 이러한 기능을 감안하여, 주제를 상정하지 않은 대화에서는 순서 교대와 발화 겹침의 과정에서 쉼의 발생 빈도가 더 잦을 것으로 보았다. 즉 주제를 상정하지 않았기 때문에 화자들 간에 의사소통 간격을 조절하는 데 더 많은 시간이 소요되고, 이 과정에서 쉼은 이러한 소통 간격을 조절하는 데 유효한 기제로 사용되거나 혹은 서로 간 소통의 격차를 확인하고 여기에 불안이 수반되면서 발생할 수도 있을 것이다.

연구 가설3: 주제 상정 여부에 따라 발화 길이에 차이가 있을 것이다.

입말에서 발화 길이는 화자에 따라 많은 차이를 보인다. 통상 발화 길이는 글말 중심의 문법 단위로 규정하기는 어렵다. 즉 글말의 문장과 같이 입말에서는 명시적으로 드러나는 형식 단위를 파악하기가 어렵다. 하지만 기본적인 입말의 단위를 어떻게, 그리고 무엇으로 정할 것인지는 실제로 중요한 문제이다.

이 글에서는 글말 문법에 준하여 단어를 기준으로 하여 술어와 최소 논항으로 구성된 절 중심으로 발화 길이를 상정하였다.4) 다만 조사는 제외하였다. 왜냐하면 입말 조사의 경우는 명확하지도 않을뿐더러 발화의 길이에 크게 영향을 주지 않는 것으로 판단했기 때문이다. 즉 하나의 절 내에 포함된 단어 개수를 통해 입말의 발화 길이를 수치

---

4) 입말의 기본 단위를 무엇으로 정할지는 입말 연구에서 매우 중요한 문제이다. 통상 글말과의 연계선 상에서 문장을 기본 단위로 상정하는 경우도 있지만, 이는 분명 입말과 글말의 차이에 대한 인식의 결여에서 온 것이라고 할 수 있다. Chafe(1994) 에서는 억양 단위를 주요한 입말의 기본 단위로 보고 있는데, 다만 언어 부류에 따른 차별성이 고려되지 않은 결과라 우리말에 그대로 적용할 수 있을지 의문이다.

화하는데, 단어의 개수가 많이 포함된 발화 덩이일수록 그 길이가 늘어날 것이다.

이 글에서는 이런 인식 하에 발화 길이가 주제 상정 여부에 영향을 받을 것이라고 보았다. 가령 주제가 상정된 대화보다 그렇지 않은 대화에서의 발화 길이가 더 짧을 것이라고 예상하였다. 즉 일관된 주제가 없는 대화의 경우에는 주제가 단절, 전환되는 경우가 빈번하게 발생하므로 화자는 내용을 길게 이어가기 어려운 경우가 많을 것으로 보았다.

그에 비해 주제를 상정한 대화에서는 화자가 일관된 주제의식을 가지고 발화를 전개시켜 나가기 때문에 발화의 유창성 측면에서 주제를 상정하지 않은 대화 참여자들보다 발화 전개의 수월성을 확보할 수 있다. 이러한 발화 전개의 수월성 확보는 발화 길이가 짧아지는 현상을 막아주거나 억제하는 요인으로 작용할 것이다.

3. 연구 결과 및 논의

'3'절은 주제 상정 여부에 따른 모둠 간 대화 전개 및 양상의 차이를 연구 가설에 따라 논의한다. 논의는 이 글의 조사 과정에 참여한 학습자들의 전사본을 중심으로 이루어지지만, 전사본의 결과가 애매할 경우는 동영상 촬영본을 검토하였다. 대화 동영상 촬영본은 분석 과정에서 발생할 수 있는 해석상의 어려움을 해결하기 위해서 일부 사용되었다.

대화 촬영본이나 녹화본은 전사본에서 다루기 어려운 다양한 준언어와 비언어적 표현 등을 고찰하는 데 필수적이다. 다만 대화를 촬영하는 순간부터 대화에 참여한 화자들의 의식이 촬영하는 매체에 쏠려 대화가 어색하는 전개될 수도 있다. 이런 점을 조금 완화시키기 위해 이 글은 평소에 참여자 자신들이 활용하는 손전화를 사용하도록 하였다.[5] 먼저 주제를 상정한 모둠의 대화 양상이다. 지면상 한계가 있기 때문에 전사본의 일부만을 제시한다.

1. A : 우리가 주제가↘ 연애관과 결혼관이니까↘↗ 우리한테 결혼은 너무 먼 얘기니까↗ 연애관 먼저 얘기를 일단 해보자↘ 연애하고 싶↗어→ 어떻게 생각해↘ 연애에 대해서↗
2. C : 흠 저는 주변에 연애하는 애들도 많고 대학가면 다 연애하고 친구들도 다 그렇잖아요→
3. A : 응응
4. C : 근데 저는 지금 제가 할 것도 많고↗ 내가 너무 쓸 힘들↗어서→ 약간 연애에 대한 생각은 안 드는 것 같아요
5. A : 음→
6. C : 니는 어때↗
7. B : 나 나는 일단 뭔가 기댈 사람이 있으면 좋을 것 *같*긴 해 뭔가 또 다른 그런 좀 편안할↗
8. A : *음*[1)]
9. A : 응응
10. B : 뭐라 그래야 되지 기대 기대는 그런 거니까 친구랑 다르게 으음 그런 부분에서는 좋을 것 같은데 일단 나는 내 삶에 간섭을 안했으면 좋겠어
11. A : *음→*
12. B : *그러니까 뭐* 이거 해라 뭐뭐해 뭐 내가 늦게 자는**편인데↘**
13. A : **응응**[2)]
14. B : 뭐 일찍 자→ 이런 이런 이런거 아→ 좀 별로 내가 할 것도 있는데↘ 그리고 좀 음→ 내가 하는 일 이해하고 뭔가 하는 되게 많잖아→
15. A : 응
16. B : 뭐 할게 그런거 이해해주고 그런 거 할 때 좀 집착↗*같은 거* 안했으면 좋겠고 내 막 바빠 죽겠는데 왜 안보나 이런 식으로
17. A : *음→*[3)]
18. A : 응
19. B : 그런거 안하고 그냥 좀 자기 삶 살면서 만나면 또 좋고 그런 거 좋을 것 같애↘
20. C : 나는→ *니↘는요*
21. A : 나는→ 원래 좀 약간 집착하는 스타일이었는데↗ 최근에는 스타일 되게 많이 바뀌어서 이게 시험공부하↗고 뭐 발표 준비 이런 게 연관되서 힘그래서인지 모르겠는데↘ 뭔가 연락하는 것도 귀찮고 이 사람에 대해서 별로 안 궁금하고 그래서 그냥 그러고 내가 그냥 헤어지자하고 그 이후로는 연애에 대해서 별 생각없어 지금은↘
22. B : 음→

☆(쉼)☆ [1.9초 이유 : 다음 대화 주제를 생각 중이기 때문에 쉬는 부분이다.]

23. C : 근데 저는 요→좀 막 친구들 연애하는 거 보면 쓸 막 좀 선을 넘거나↗ 이런 애들이 좀 많잖아요 *쓸*[4)] 그런 건 좀 아닌 것 **같**은 애들이

---

1) 맞장구쳐주는 표현
2) 맞장구쳐주는 표현
3) 맞장구쳐주는 표현
4) 다음 발화를 생각하는 표현

〈그림 1〉 주제가 상정된 대화(도입부)

〈그림 1〉에서 '1, 2…'의 번호는 한 화자의 완결된 발화를 중심으로

---

5) 촬영은 조사 자료의 객관성과 신뢰성을 위해 본 조사에 참여하지 않는 주변 동료나 친구들에게 부탁하도록 하였다.

붙여졌다. A, B, C는 대화에 참여한 모둠원을 성명의 한글 자모 순서에 따라 구분해서 편의상 붙여 놓은 것이다. '↗, ↘, →' 등은 억양에 따른 구분으로 제시되고 있다. 이는 발화의 기본 단위를 고려하는 데 일정 부분 구실을 한다고 볼 수 있다.

특히 이러한 억양 구분 표시는 일정 부분 발화 단위와 관련을 맺기도 하는데, 가령 '1'번 발화에서 상승 억양인 '↗'의 경우는 주로 독립된 발화 단위, 가령 이 글에서 발화 단위로 제시한 절을 구분해 주는 단위로도 활용되기도 한다. 〈그림 1〉에서 상승도 하강도 아닌 중간 정도 높이의 억양이라고 제시된 '→'의 경우도 실제로는 상승 억양을 보이기도 했다.

주제가 상정된 대화의 경우에는 〈그림 1〉에서와 같이 대화의 개시 단계에서 상정된 주제가 바로 전개되는 경우가 많았다. 화자 간에 어느 정도의 친밀 관계가 있는 경우에는 이러한 상황을 예상할 수 있지만, 참여자 간 친밀 관계가 없거나 낮은 모둠간의 대화에서도 이러한 현상은 종종 발견되었다.

아울러 친밀 관계의 형성이든 정보 간격의 조정이든 대화 개시 부분에서는 발화 기회를 주도하는 화자가 있게 마련이다. 〈그림 1〉에서 'A' 화자가 그런 역할을 하고 있는데, 대화의 개시를 주도하고, 이후에는 다른 화자의 발화에 호응에 주는 양상으로 대화를 전개하고 있다. 따라서 대화의 개시 부분에서는 발화 기회가 'A'화자에게 다소 쏠리는 경향을 보여주고 있다. 하지만 이런 부분은 대화가 전개될수록 해소되는 경향을 보여 주었다.

발화 겹침은 '* *'로, 연속되는 경우에는 구분을 위해 '** **' 등으로 표시되었다. 발화 겹침의 경우는 대화를 편의상 시작, 중간, 끝으로 구분한다면 시작 부분에서 화자 간 소통 간격 조절 과정에서 다소 많을 것으로 예상했지만, 결과는 그렇지 않았다. 즉 특정 시점에서 발화 겹침이 있기보다는 대화 전반에 걸쳐 드러나는 모습을 보여주었다. 이는 발화 겹침이 일어나는 상황이 친교 관계뿐만 아니라 정보 전달 과정에서 발생하는 다양한 측면의 소통 국면과 관련된다고 볼 수 있다.

전사본 작성의 경우는 대체로 표기법을 준수하면서 준언어적, 비언어적 표현을 자유스럽게 제시하도록 하였다. 〈그림 1〉의 각주에서 제시되는 바와 같이 맞장구를 쳐주는 표현들이 일종의 간투사로 제시되고 있다. 이러한 표현들은 모둠원들 간의 발화 겹침 현상과도 밀접하게 관련해서 발생하는 것으로 드러났다.

'쉼'의 경우는 지속 시간에 따라 '+', '++', '( )' 등으로 표시되고, 정확한 지속 시간을 소수점까지 붙여 제시하도록 하였다. 다만 〈그림 1〉에서는 '쉼'을 독립적인 행으로 구분해서 시간과 이유를 명시적으로 제시하고 있다. '쉼'의 경우는 분석의 정확성과 신뢰성을 위해 참여자들이 그 이유를 직접 기록하도록 하였다.

〈그림 1〉에서는 쉼이 많이 드러나고 있지는 않다. 주제가 상정되어 대화 초입에서부터 막힘없이 화자 간 자신의 생각과 견해를 교환하는 양상이다. 다만 한 군데 쉼이 드러나고 있는데, 〈그림 1〉에서는 다음 주제와 관련한 쉼이라고 제시되고 있는데, 주제라기보다는 일종의 화제의 전환 과정에서 발생하는 쉼이라고 할 수 있다.

발화 길이의 경우는 일부 시간 지연성이나 호응성 간투사를 제외하고는 길게 이어지는 양상이다. 주제가 상정되었기 때문에 대화 전에 무엇을 말할 것인가를 대략적으로 머릿속으로 고민해보았거나 대화 주제에 대해 평소에 가지고 있는 생각이나 견해가 비교적 유창하게 산출되었을 가능성이 크다. 이는 이후에 제시되는 주제가 상정되지 않은 대화의 초입 부분과 분명하게 대조되는 부분이다. 다음은 〈그림 2〉 모둠의 대화 마무리 부분에 해당되는 전개 양상이다.

```
49. C : *맞아*12) 결혼할 때는 딱→ 자기가 이 사람을 책임질 수도 있고 책임질→ 자신도 있
고 경제적인 것도 받쳐질 때 쓥 하는게 맞는거 같아요 언니는 결혼은 어→떤→게 갖춰져야
된다고 생각해요
50. A : 일단 무엇보다 결혼은 현실이라는 말이 많으니까→ 근데 현실이고 그래서 경제적인
여건↗이 많이 중요한 것 같애 그래서 진짜 일단은 결혼하고 거의 사랑을 일 이년 안되서
애를 많이 *낳*13) 출산하잖아 인제 그래서 애를 기르려면 돈도 **많**이 드는 데→ 남자든
여자든 둘 다 능력을 갖춰서 요즘 맞벌이를 많이 하니까→ 그래야 결혼도 결혼인데 그 이후
에 애를 키울 수 있는 능력이 되지 않냐 애를 키울 때 만약에 경제적인 여건이 안되면 부
모도 또 약간 미안할 거 같기도 하고→ 그래서 결혼을 할꺼면 그래도 준비가 된 상태에서
여러모로 준비가 된 상태에서 *하는 게* 응 좋은거 같애
51. C : *네*
52. C : **그죠**14)
53. C : *그건 진짜 맞는 거 같아요*

☆(쉼)☆ 【3.9초 이유 : 다음 발화를 생각하는 중이기 때문에 대화를 쉬는 부분이다.】

54. B : 돈→ 근데 나는 돈 그니까 현실도 현실인데 좀 사랑하는 사람*↗* 그것도 같이 있었
으면 **좋**겠어
55. A : *응*
56. A : **응응응**15)
57. B : 너무 너무16) 이케 형식적으*로* 하는 결혼↗ 그니까 좀 이익만 챙기는 결혼보다**는
**
58. A : *응→*
59. C : **응**17)
60. B : 좀→ 음 성실하면 되는 것 같애 사람이 성실하기만하면 뭐라도 할 거 아니야→
61. C : 그리고 이 사람이랑 평생을 같이 할 수 있겠다 안맞아도 같이 할 수 있겠다 이런
생각이 없으면 결혼 아18) 하면 안 되는 것 같애↘
62. A : 좋아하되↗ 경제적인 여건이 있어야 된다는 거 *같애*
63. B : *응→*
64. C : 이거는 다 비슷한 거 같아요

☆(쉼)☆ 【2.8초 이유 : 대화가 거의 마무리되어 어떻게 마무리 할 지 고민하는 부분이다.】

65. A : 그래서 우리 모두 행복한 연애를 하고→ *좋은 사람* 어 좋은 사람 만나서 행복하게
결혼을 할 수 있게 하도록 하자
_____
12) 맞장구쳐주는 표현
13) 다른 단어로 표현하기 위해
14) 맞장구쳐주는 표현
15) 다음 발화 생각
16) 다음 발화 생각
17) 맞장구쳐주는 표현
18) 부정적인 생각을 표현
```

〈그림 2〉 주제를 상정한 대화(마무리)

지면상 '65. A' 발화에 이어지는 B와 C의 호응성 답변이 일부 제외
되었다. 발화 기회의 경우는 처음 부분과는 달리 참여자 간에 비교적
고르게 분포하고 있으며, 다만 대화 개시부분과 마찬가지로 A화자의
주도성이 일부 드러나고 있다. 대화 발화 겹침의 경우는 일부 호응성
간투사 등에 형성되고 있다. 대화의 처음 부분과 비슷한 양상으로
일부 호응성 간투사를 제외하고는 발화 길이는 비교적 길게 형성되고

있다.

'쉼'의 경우는 앞선 대화의 개시 부분과 마찬가지로 화제 전개의 국면과 관련되는 측면이 많았다. 아울러 대화의 마무리 부분에 가서는 대화의 거시구조 측면에서 대화를 어떻게 종결해야 될지를 고민하면서 화자 간 소통 간격이 발생되고 있다. 이러한 인식 역시 대화 전체를 이끄는 화자에 의해 이루어지고 있음을 알 수 있는데, A가 그러한 역할을 맡는 과정에서 쉼이 발생하고 있다.

마무리 부분의 전사 과정에서는 사고와 표현의 불일치에서 오는 음절 오류에 대한 문제나 간투사의 속성에 대한 미세한 해석까지 수반되고 있다. 가령 50번 A의 발화에서 각주 13으로 처리된 부분이나 61번 C의 발화에서 부정적 의미의 간투사로 제시되고 부분 등이 특징적이다. 물론 이런 부분들의 전사 과정을 통해서만 정확하게 그 기능이나 의미를 분석 또는 확인할 수 있는 것으로 입말이 글말과 다르다는 상위 인지적 측면에서의 의식이 간여되는 부분으로 볼 수 있다. 아울러 이러한 입말 특유의 속성들도 발화 기회나 발화 겹침, 쉼 등과도 일부 연계될 수 있다.

이상 주제를 상정한 모둠의 대화에 드러난 발화 기회, 발화 겹침, 쉼, 발화 길이의 결과는 〈표 2〉와 같이 정리될 수 있는 이는 10개 모둠 모두에 드러난 수치로, 모둠 간 편차가 있음을 감안하더라도, 전체적으로 주제라는 변수가 대화 전개에 어떻게 기여하고 있는지를 가늠할 수 있는 정보가 된다.

<표 2> 주제를 상정한 모둠의 대화 결과

모둠\지표	시간	발화 기회 횟수			발화 겹침 횟수	'쉼' 횟수		발화 길이
1	4.37	A	B	C	9	1초~2초	6	7.6
		34	23	20		2초~	5	
2	4.28	A	B	C	18	1초~2초	4	6.2
		41	35	22		2초~	2	
3	5.34	A	B	C	20	1초~2초	3	4.9
		38	38	51		2초~	4	
4	4.34	A	B	C	18	1초~2초	15	6.5
		25	45	47		2초~	5	
5	4.51	A	B	C	23	1초~2초	4	5.3
		32	46	25		2초~	2	
6	5.05	A	B	C	9	1초~2초	13	7.2
		49	44	51		2초~	2	
7	5.30	A	B	C	11	1초~2초	4	6.8
		21	39	25		2초~	1	
8	4.21	A	B	C	16	1초~2초	11	5.9
		24	34	36		2초~	1	
9	5.50	A	B	C	8	1초~2초	2	7.4
		41	38	39		2초~	1	
10	5.11	A	B	C	10	1초~2초	5	6.6
		37	23	42		2초~	2	
평균	5.01	A	B	C	14.2	1초~2초	6.7	6.4
		33.1	37.2	35.8		2초~	2.5	

대화 시간의 경우는 '분'과 '초'로 나뉘었고, 발화 기회의 경우는 편의상 각 모둠원을 성명 순으로 A, B, C로 구분했다. 쉼의 경우는 1~2초와 2초 이상으로 구분해서 제시되었는데, 2초 이상의 경우는 긴 쉼으로 1~2초와는 차별성이 있는 '쉼'으로 상정하였다. 발화 길이의 경우는 주로 언어 심리학에서 논의되는 명제 단위, 최소 절 단위를 기본 단위로 하고, 모둠에 참여한 각 모둠원의 평균을 제시하였다.

대화 시간은 이 글의 조사 대상이 일상 대화인 점을 감안하여 대화와 관련된 몇몇 중요 요소들이 산출될 수 있도록 5분 전후로 제시되었다. 결과는 짧게는 4분 21초, 길게는 5분 50초 정도였다. 전체적인 평균 시간은 5분 01초로 조사에서 감안했던 시간과 거의 비슷한 양상이었다.

발화 기회 횟수의 경우는 극히 일부를 제외하고는 대체로 모둠원 간에 고른 분포 양상을 보여주었다. 즉 모둠원 간의 발화 기회가 한쪽으로 치우치기보다는 발화 기회의 형평성에 부합하게 대화가 전개되었다고 볼 수 있다. 이는 제시된 주제가 참여한 화자들에게 모두 관심이 있고, 아울러 사전에 그 주제에 대해 고민을 해 본 결과라고도 할 수 있다. 다만 앞선 대화 전개 양상의 그림에서도 드러나듯이, 발화 기회가 화자 간에 균등하게 분포하더라도 내용상으로 발화를 이끌어 가는 화자는 분명 대화 전개상에서 드러날 수 있다는 점은 고려되어야 할 것이다.

발화 겹침의 경우에는 모둠마다 차이가 존재했다. 이러한 차이가 모둠 간 친밀 관계와 관련이 있는지는 알 수 없지만, 다소의 편차가 존재하는 것으로 드러났다.6) 발화 겹침의 경우는 쉼보다는 발화 길이와 더 밀접한 관련이 있는 것으로 보인다. 즉 발화 겹침의 횟수가 적은 모둠의 경우는 발화 길이가 그렇지 않은 모둠보다 긴 것으로 드러났다.

'쉼' 횟수의 경우는 1~2초는 평균 6.7회로, 2초 이상은 2.5회 정도로 산출되었다. 1~2초대의 쉼은 발화 유창성과 관련해서 사고와 표현의

---

6) 발화 겹침의 경우는 발화자의 스타일이나 대화 참여자의 참여 방식 등도 관련된다고 볼 수 있을 것이다.

불일치에서 발생하는 일종의 음절, 낱말, 구나 절 등의 오류와 수정 그리고 발화 겹침에서 발생하는 화자 간 간섭 과정 등에서 주로 발생하였다.

2초 이상의 쉼은 화자 간 발화 흐름과 관련해서 주로 발생하였다. 주로 새로운 화제로 전환하거나 기존의 화제에 대한 내용 전개가 중단될 때 일시적인 공백기가 진행되면서 이러한 '긴 쉼'이 발생하였다. 대체적으로 대화의 주제 전환 및 연속과 관련하여 발생하였는데, 주제가 상정된 대화의 경우 그 횟수가 비교적 적었다.

〈표 2〉에서 제시된 네 가지 조사 내용은 일정 부분 상관관계를 지닐 수 있다. 가령 총 대화 시간이 길수록 쉼과 발화 겹침, 발화 기회의 횟수 등이 증가할 가능성이 높다. 특히 쉼과 발화 겹침, 발화 기회는 더 밀접한 관계를 지닐 수 있다. 쉼의 발생 빈도가 높다는 것은 발화 겹침이나 발화 기회의 횟수 증가와 밀접한 관계가 있기 때문이다.

많은 대화에서 쉼의 경우는 발화 겹침 부분과 일부 중복되어 드러나고 있다. 즉 화자들 간의 발화 겹침이 일어나는 경우 대화 전개를 원활하게 유지하거나 내용을 타개하기 위한 합의점을 찾기 위해 쉼이 의도적으로 발생한다고 볼 수 있다. 이는 쉼이라는 준언어적 표현이 대화를 전개하는 데 필요한 중요한 기제임을 알 수 있는 부분이다. 이하 〈표 3〉은 주제가 상정되지 않은 대화의 전개 양상이다.

주제가 상정되지 않은 상태라 대화 초입에서는 소통 간격을 좁히기 위해서 자기소개나 학교생활에 대한, 이른바 친밀 관계 형성을 위한 내용이 주된 화제로 사용되고 있다. 〈그림 3〉에서 드러나는 바와 같이 대화의 주제가 수시로 전환되는 경우를 볼 수 있다.[7] 수강 과목을

----

7) 이 글에서는 주제와 화제를 구분해서 사용했다. 앞선 주제를 상정한 대화의 예에서

1. A : *☺자기소개부터*
2. B : *☺*
3. C : *☺*
4. A : *☺선배님부터*
5. B : *☺아저부터요↗*
6. C : *☺*
7. B : 저는국어교육과일삼학번김원구입니*다*
8. A : *아*
9. C : *와*
10. C : 저는국어교육과일오학번김예원입니다
11. A : 저는국어교육과일오학번김민주입니*다*
12. B : *예*
13. ()[1]
14. B : 제가원래어색해가지고어색하면말을잘못해가지*고*
15. A : *☺*
16. B : 이거하기전에엄청걱정했거든요
17. A : 아
18. B : 제가원래말이많은스타일이아니라*서*↘
19. C : *음*
20. B : 또친해지면말이많아지는데안친하면은말이진짜없어가지*고*
21. C : *☺*
22. C : 주제를또정하면안된다고하셔가지고↘
23. B : 예↘그래가지고
24. B : 원래과목얘기할라했는데
25. C : *음*
26. B : *교*수님들으시*고*
27. A : *☺*
28. C : *☺*
29. B : *칭찬안해드리면또뭐라하실까봐☺*
30. ()[2]
31. A : 아이번에축제어떠셨어요↗
32. B : 아축제요저축제↘마지막날에갔었었는데
33. A : 아
34. C : 국교주막오셨었어요↑
35. B : *예*↗마지막날에갔었어요
36. C : *아*
37. C : 음
38. A : 어떠셨어요주막저희주막↘
39. B : 아저음식이너무맛있어가지고

1) 다음 대화 주제를 생각 중이기 때문에 대화를 쉼 (~1.7초)
2) A가 발화를 시작하기 전에 B의 발화가 끝난 것인지 확인하기 위해 대화를 쉼 (~2.3초)

〈그림 3〉 주제가 상정되지 않은 대화(도입부)

언급했다가 곧이어 축제 이야기로 전환하고, 이어지는 부분에서는 학교 기숙사에 대한 문제 등을 대화의 주제로 다루고 있다.

발화 기회의 경우는 비교적 화자 간에 고르게 분포하는 양상을 보여주는데, 이는 앞선 주제를 상정한 대화와는 약간 대조되는 현상을

는 '쉼'과 관련하여 화제로, 주제를 상정하지 않은 대화에서는 주제로 언급하였다. 주제를 대화를 통해서 말하고자 하는 바를 뜻한다면, 화제는 주제를 뒷받침하는 일종의 소재나 제재라고 볼 수 있다. 따라서 여기에서는 용어를 구분해서 사용하고자 한다.

보여준다. 하지만 일반적인 경향은 아니다. 주제를 상정하지 않은 대부분의 대화 도입부에서는 주제 중심의 정보 간격을 좁히기 위해 화자들 중 누군가가 다수의 발화 기회를 차지하는 경우가 많았다. 다만 〈그림 3〉의 경우는 화자들 간에 발화 기회의 공평한 분배에 기초해서 대화 주제를 타개해 가는 양상이라고 할 수 있다. 대체로 몇 개의 주제가 언급되고 아울러 전개되면서 대화가 이루어졌는데, 주로 학교생활, 학교 축제, 연애, 진로, 군대 문제 등이 주로 다루어졌다.

발화 겹침의 경우는 주제를 상정한 앞선 대화보다 훨씬 더 많이 발생하는 것으로 드러난다. 특히 개시 발화에서부터 발화가 서로 겹침으로써 웃음으로 서로 간의 어색한 상황을 극복하려 하고 있다. 전체적으로 발화 길이가 짧음에도 불구하고, 주제를 무엇으로 해야 될지 모르는 상태에서 이런저런 이야기들이 나오면서 서로 간의 발화들이 많이 겹쳐지는 상황이다. 특히 대화의 내용 전개보다는 호응성 간투사가 앞선 발화가 끝나기도 전에 나옴으로써 발화와 겹치는 경우가 많다. 이는 전형적인 발화 겹침이라기보다는 오히려 화자 간 체면을 보호해 주기 위한 배려의 태도가 앞섰다고 볼 수 있다.

'쉼'의 경우는 주제를 상정한 대화와 크게 차이는 없지만, 그 빈도수 면에서 조금 증가하는 양상을 보여주고 있다. 〈그림 3〉과 같이 대화 도입부에서는 서로 간 소통 간격을 줄이고 체면을 살려주는 방향에서 긴 쉼의 빈도수가 높지는 않지만, 이후에 이어지는 중간이나 마무리 부분에서는 주제 선정 과정에서의 다양한 협의 과정에서 발생하는 긴 쉼의 발생 빈도수가 높아지는 것이 특징적이다.

발화 길이 면에서는 앞서 제시된 주제를 상정한 대화와는 현격한 차이를 보여주었다. 특정한 주제가 정해진 상태가 아니기 때문에 소통 간격을 좁히기 위해서 특정 정보를 중심으로 대화를 전개하기 어렵다. 따라서 짧은 발화 길이의 분량으로 서로의 소개에 치중하고 있는 양상이다. 그리고 상대방의 체면을 손상시키지 않기 위해 호응성 간투사나 비언어적 표현인 웃음으로 긍정적 분위기를 조성하려고 애쓰는 모습이 잘 드러나고 있다. 이하 〈그림 4〉는 대화의 마무리 부분으로 앞선 모둠과 다른 모둠의 전개 양상이다.

```
A: 좋아하는아이돌은아걸그룹같은건별로안좋아해
C: *에↗*20)
A: *별로*관심이없어
B: 아지진짜요
A: 응
B: 그러면뭐좋아하는가수라던지이런사람*있으세요*
A: *가수*음좋아하는가수는강민경↗21)
B,C: *아*
B: 다비치
C: 아이션배님취향이딱잡히는거*같아요*
A,B,C: *☺*
B: *아이고*벌써그렇게
A: ☺
C: 홍진영이랑되게
B: 아
C: 그런거같아요++22)축제도재미있었죠
B: 응재미있었어요
C: 좋은추억이었어요
A: 또내년도에고뭐근데4학년때는보통안하니까3학년때까지보통즐기지그러니까
B: 저는2년후에다시와서즐기기로
A: 하하2년후에면
B: 근데잘하면휴가때군복입고올수도있어요++23)너무너무냄새나지않을까요
A: 아니야오오면내가슬사줄게호호
B: 아감사합니다호
C: 우민이는그때술먹는걸로
B: 아이감사합니다*근데*
C: *우민이*파이팅
B: 응녀도너도이제2년동안파이팅
A: ☺24)
B: 아니그왜나하면제제가그제대하면애네우리학번여자애들은다4학년이되더라고요그러면이제개네들은임용을쳐야되는데
C: 진짜이거가게되면못봐지금많이봐둬야돼
C: 그만보자호호
B: 아++25)지금많이봐야될거같아요
```

〈그림 4〉 주제를 상정하지 않은 대화(마무리)

주제를 상정하지 않은 대화의 마무리 부분은 주제를 상정한 대화와는 발화 길이나 내용의 전개 면에서 다소 차이를 보였다. 주제를 상정한 한 대화의 경우는 선정된 주제에 대해 끝까지 내용을 연속, 심화,

전환 등의 연장선상에서 다루는 경우가 많았다. 하지만 주제를 상정하지 않은 경우는 하나의 주제를 선정해서 끝까지 진행하기보다는 주제의 전환을 통해 대화를 전개하는 경우가 많았다. 〈그림 4〉 대화의 경우도 거기에 해당된다.

제도 대화가 아닌 일상 대화에서 서로 다른 배경지식과 관심사를 가지고 있는 참여자들끼리 5분이라는 비교적 짧은 시간 내에 대화의 주제를 제시, 선정, 전개하는 것이 쉽지 않을 것이다. 전개된다손 치더라도 일상 대화의 범주 내에서 주제를 다루다보면 논의의 깊이와 폭이 대화의 전개 과정과 맞물려 진행되기 어려운 부분도 있을 것이다.

즉 이러한 어려움들이 고스란히 대화의 마무리 부분까지 이어지고, 그렇다보면 대화의 도입부에서 제기된 다양한 주제들이 고스란히 대화의 마무리까지 연계될 가능성이 있을 것이다. 〈그림 4〉의 대화가 그러한 모습을 전형적으로 보여주고 있다. 대화 초입에서 제기된 축제나 군대 문제 등이 마무리에서도 그대로 이야기되고 있는 상황이다.

그렇다보니 발화 길이가 유의미하게 길어지기도 힘들어, 화자들 간에 짧은 질의, 응답식의 전개 과정이 진행되는 경우가 많아졌다. 아울러 그에 부합해서 발화 겹침의 횟수도 증가하였고, '쉼'의 빈도도 주제를 상정한 대화보다 다소 빈번하게 발생하는 현상을 보여주었다. 이상 주제를 상정하지 않은 국면에서 드러난 전개 양상의 결과는 〈표 3〉과 같다.

〈표 3〉 주제를 상정하지 않은 모둠의 대화 결과

지표 모둠	시간	발화 기회 횟수			발화 겹침 횟수	'쉼' 횟수		발화 길이
1	4.41	A	B	C	14	1초~2초	13	3.7
		41	23	35		2초~	6	
2	4.13	A	B	C	21	1초~2초	7	5.6
		46	29	40		2초~	5	
3	4.15	A	B	C	18	1초~2초	8	4.9
		39	33	26		2초~	2	
4	5.01	A	B	C	33	1초~2초	8	6.2
		47	51	25		2초~	2	
5	4.44	A	B	C	16	1초~2초	7	3.1
		41	30	44		2초~	4	
6	5.31	A	B	C	22	1초~2초	7	4.6
		49	53	37		2초~	5	
7	4.44	A	B	C	31	1초~2초	11	5.8
		40	33	48		2초~	6	
8	4.05	A	B	C	11	1초~2초	7	6.0
		31	34	19		2초~	5	
9	5.15	A	B	C	19	1초~2초	9	4.2
		41	44	25		2초~	2	
10	5.27	A	B	C	18	1초~2초	6	5.0
		48	49	29		2초~	4	
평균	4.48	A	B	C	20.3	1초~2초	8.3	4.91
		42.3	37.9	32.8		2초~	4.1	

앞선 주제를 상정한 모둠의 결과와 여러 면에서 일정한 차이를 보이고 있다. 대화 시간의 경우는 약간 줄어들었다. 발화 기회의 횟수는 주제를 상정한 대화에서보다 표면적으로 드러난 결과는 각 모둠원 간 형평성에 차이가 있는 것으로 드러나고 있다. 발화 겹침의 경우는 주제를 상정한 대화의 결과와 많은 차이를 보일 정도로 증가하고 있다.

이와 맞물려 '쉼'의 경우도 1~2초와 2초 이상에서 모두 그 횟수가 일정하게 증가하고 있음을 볼 수 있다. 특히 2초 이상에서 다소 많은 차이를 보여주고 있는데, 이는 주제를 상정하기 위한 화자들 간의 정보 타개 과정에서 오는 사고 과정의 반영 시간이라고 할 수 있다. 즉 주제 타개를 위한 일종의 긴 침묵이 종종 수반되었다고 할 수 있다.

발화 길이에서는 모둠 간에 편차가 있지만, 주제를 상정한 모둠보다 전체적으로 그 길이가 많이 짧아진 결과를 보여주고 있다. 즉 구체적인 정보를 중심으로 서로 간에 의견을 교환하고 거기에 부합하는 정보의 산출에의 타개로 나아가야 하는데, 그렇지 못하고 주제로 진입하기 위한 예비적 성격, 가령 친교 관계 바탕을 두는 짧은 발화 기회가 주를 이루는 경우가 많았다.

이상 주제 상정 여부에 따른 모둠 간 대화의 전개 양상과 결과를 살펴보았다. 이를 연구 가설과 관련해서 좀 더 구체적으로 논의하기 위해 앞선 결과들을 평균값을 중심으로 다시 제시한다. 이는 주제 상정 여부에 따라 대화의 전개 양상이나 그 모습이 어떤 점에서 차이가 있는지를 구체적으로 비교해보기 위해서이다. 〈표 4〉는 앞선 두 결과의 평균을 제시한 것이다.

〈표 4〉 주제 상정에 따른 대화 결과

	발화 기회 횟수			발화 겹침 횟수	'쉼' 횟수		발화 길이
주제 (○)	A	B	C	14.2	1초~2초	6.7	6.4
	33.1	37.2	35.8		2초~	2.5	
주제 (×)	A	B	C	20.3	1초~2초	8.3	4.9
	42.3	37.9	32.8		2초~	4.1	

먼저 연구 가설1에서 제시한 '주제 상정 여부에 따라 발화 기회

및 발화 겹침에 차이가 있을 것이다'는 〈표 4〉에서 제시된 바와 같이 발화 기회 횟수의 경우에는 주제를 상정한 경우와 그렇지 않은 경우에 모둠 구성원 간 표면적으로 약간의 편차가 드러나고 있다. 즉 주제를 상정한 대화보다 그렇지 않은 대화의 경우에 표면적으로 일정한 모둠원에게 치우치는 경향을 보여준다.

하지만 실제로 통계 검정 결과는 주제 상정 여부에 따른 발화 기회의 횟수는 차이가 없는 것으로 드러났다.[8] 즉 주제의 상정 여부가 이 글의 조사 대상 참여자들의 발화 기회 횟수에 일정한 영향을 미치지 못했음을 알려준다. 발화 기회는 대화에서 화자들 간의 미묘한 권력 관계를 짐작할 수 있는 주요한 변수임에 분명하다. 일상 대화나 제도 대화에서 특정한 화자가 발화 기회를 많이 차지하거나 서로 발화 기회를 회피하는 모양새는 분명 소통상에 문제가 될 수 있다.

발화 겹침 횟수의 경우는 주제 상정 여부에 따라 겹침의 횟수에 일정한 차이가 드러나고 있다. 주제를 상정한 모든 모둠의 평균값이 '14.2', 주제를 상정하지 않은 모둠의 평균값이 '20.3'으로 나왔는데, 이는 통계 검정 상으로 유의미한 차이를 보여주었다.[9] 즉 주제 상정 여부가 발화 겹침에 일정 정도 영향을 끼치는 변수임을 알 수 있다.

발화 겹침의 경우는 화자 간 정보 간격의 조정과 밀접한 관련을 맺는 주요한 대화의 주요한 미시구조 현상이다. 즉 화자 간 공유할

---

8) 귀무가설을 '두 집단 간의 발언 기회는 차이가 없다'로 상정하고 x^2으로 검정하면 x^2의 통계값 1.04이다. 유의수준이 .05인 기각값은 5.99이므로 x^2의 통계값 1.04는 기각값 5.99보다 작으므로 귀무가설을 수용하게 된다. 결과적으로 두 집단 발언 기회는 차이가 없는 것으로 결론 내릴 수 있다.

9) 귀무가설을 '두 집단 간 발화 겹침의 횟수에는 차이가 없다'로 상정하고 검정하면, 가설검정 결과 t 통계량이 2.18로 기각치를 넘어서게 되므로 귀무가설이 기각된다. 따라서 주제 상정 여부에 따른 두 집단 간 발화 겹침의 횟수는 차이가 있는 것으로 볼 수 있다.

정보가 없다면 이는 대화를 전개하는 데 애로사항이 될 수 있으며, 화자 간 자연스럽지 못한 소통 국면에 처하게 된다. 이러한 과정에서 가장 빈번하게 발생할 수 있는 현상 중의 하나가 발화 겹침이라고 할 수 있다. 이 글의 조사 과정에서도 이러한 상황이 주제를 상정한 대화보다는 그렇지 않은 대화에서 더 빈번하게 발생한다는 것을 알 수 있었다.

연구 가설 2에서 상정한 '쉼'의 경우는 통계 검정 결과 1~2초와 2초간에 차이가 있었다. 표면적으로 모두에서 일정한 차이를 드러내는 것으로 보이지만, 1~2초의 경우는 주제 상정 여부가 유의미한 변수로 작용하지 않았고, 2초 이상의 경우는 주제 상정 여부가 유의미한 변수로 작용한 것으로 드러났다.[10]

이는 주제라는 대화의 변수가 대화 전개의 유창성과 일정 부분 관련이 있음을 알 수 있다. 하지만 그 지속 시간에 따라 약간의 차이가 날 수 있음을 보여주고 있다. 즉 다소 짧은 쉼의 경우는 주제 상정이라는 변수가 크게 영향을 끼치지 못하지만, 2초 이상의 다소 긴 쉼의 경우는 주제 상정이 유의미한 변수로 작용하고 있음을 말해주는 바라 할 수 있다.

특히 주제를 상정하지 않은 모둠에서의 대화는 '쉼'이 주제의 전환이나 교체와 관련하여 어느 정도 유의미한 변수로 기능할 수 있음을 시사한다고 할 수 있다. 그렇다면 일상의 대화에서 '쉼'의 기능에 대한 보다 면밀한 관찰과 분석이 필요하다고 할 수 있다. 즉 일상의 대화는

---

10) 1~2초와 2초 이상 모두에서 귀무가설을 '주제 상정 여부에 따른 두 집단 간 쉼의 횟수는 차이가 없다'로 상정하고 검정하면, 1~2초의 경우는 t통계량이 1.08로 가설이 수용되는 결과를. 2초 이상의 경우는 t통계량이 2.25로 가설이 기각되는 결과를 보여준다.

대부분 주제가 상정되지 않은 채 이루어지기 때문이다.

물론 이 글의 조사에서 이루어진 상황과 일상 대화의 상황이 일치한다고 보기는 어렵지만, 일상 대화에서도 단발성으로 끝나는 대화 상황이 아니라면 화자 간 정보 간격을 줄여나가는 데 필요한 주제 상정과 그 합의가 대화의 전개 과정의 주요한 국면이 될 수 있다. 이런 과정에서 '쉼'은 주제의 타개를 위한 주요한 조정 기제로 활용될 가능성이 높다고 할 수 있다.

연구 가설 3에서 제시한 발화 길이의 경우도 주제 상정 여부에 따라 일정한 차이를 보이고 있다. 입말 담화에서 규범적인 단위를 확정하기 어려운 측면이 있지만, 발화에 포함된 단어의 수로 길이를 감안한다면 발화 길이에 대한 잠정적인 판단이 가능할 수 있다. 결과에서 드러난 바와 같이 주제 상정에 따른 각 모둠의 평균치가 차이가 있는 것으로 드러난다.[11]

화자는 실시간으로 전개되는 대화에서 때로 자신의 기억과 관련된 두뇌 작용에서 많은 한계를 자각한다. 특히 실시간의 압박 속에서 적재적소에 필요한 표현들이 떠오르지 않아 곤란을 겪게 된다. 읽기나 쓰기와 다르게 말하기에서는 아주 짧은 시간에 기억을 떠올려야 하기 때문에 시지각 처리와 관련된 단기기억의 역할도 매우 중요하다.

즉 대화 전에 주제가 상정되었다는 점은 그 대화에 참여할 화자의 입장에서의 자신의 기억, 특히 일화나 의미 기억 저장고에 대한 활성화 수준을 주제가 상정되지 않은 대화에서보다 높일 수 있을 것이다. 이는 자연스럽게 단기기억뿐만 아니라 작업기업과 장기기억의 부담

---

11) 귀무가설을 '두 집단 간 발화 길이는 차이가 없다'로 상정하고 검정하면, 가설검정 결과 t통계량이 3.94로 기각치를 넘어서게 되므로 상정된 가설은 기각된다. 따라서 주제 상정 여부에 따른 두 집단 간 발화 길이는 차이가 있다고 볼 수 있다.

도 줄여놓게 된다. 이런 점 등이 발화의 길이를 늘여 놓는 데 주요한 심리적 변수로 작용했을 가능성이 높다.

4. 교육상 의의

기존의 대화 교육은 언어철학자들의 이론에 의지한 것이 대부분이었고, 이마저도 철저하게 규범적 틀 테두리 내에서 이루어졌고, 실제로 대화의 교육적 효과로 이어지기 힘들었다. 대화 교육은 철저하게 소집단 관찰 방법론에 토대를 두어야 한다. 이러한 현장 연구를 통해 수많은 입말 자료가 수집, 분석되어야 대화라는 담화의 본질이 드러날 수 있다.

이 글은 이런 점을 감안하고, 일상 대화를 어떻게 교육적으로 다룰지를 다수의 소집단을 중심으로 몇몇 연구 가설을 상정하고 그에 따르는 조사 결과를 논의하였다. 기술적(descriptive) 관점에서 대화 담화에 대한 여러 측면을 살펴보았다는 점에서 두 가지로 정도로 그 교육적 의의를 찾을 수 있다.

첫째, 발화 겹침과 쉼의 문제이다. 이 글의 조사에서 드러난 바와 같이 주제 상정에 따라 발화 겹침과 2초 이상의 긴 쉼이 유의미한 변수로 작용함을 살필 수 있었다. 이는 발화 겹침과 쉼이라는 대화 담화의 주요한 요소가 교육적으로도 차별적으로 다루어질 수 있다는 점을 보여주었다고 할 수 있다.

앞선 발화 길이의 경우는 글말과 관련해서 다루어질 수 있지만, 발화 겹침과 쉼의 경우는 입말 고유의 작용 요소라고 할 수 있다. 따라서 발화 겹침과 쉼이 대화의 전개 과정에서 어떻게 드러나고 아울러 전개과정에 유의미하게 작용하는지를 검토하는 것은 매우 중요한 연구과제가 될 수 있다. 또한 대화 교육의 주요한 내용 요소가 될 수 있다.

쉼의 경우는 발화의 유창성에 있어서 이중적인 면이 있다. 즉 발화 전개의 유창성에 기여하는 측면도 있지만, 반대로 발화 전개 과정을 어색하게 단절되게 하는 역기능도 있다. 이는 발화 겹침도 마찬가지이다. 화자 간 소통의 역동성을 보여주는 측면에서는 바람직하지만, 발화 기회를 먼저 잡기 위해 화자 간에 갈등이 생겨나는 경우는 소통에 문제가 생겨날 수 있다.

즉 다양한 대화 담화에서 발생할 수 있는 이러한 발화 겹침과 쉼을 소통의 유창성과 역동성의 측면에서 극대화하는 것이 필요하다. 이런 관점에서 발화 겹침과 쉼은 매우 의미 있는 입말 사용의 기제로서 활용될 수 있다. 이 글은 주제 상정 여부라는 상위 변수를 통해 이러한 발화 겹침과 쉼이 차별적으로 드러나도록 했다는 점에서 일정한 의의를 지닌다.

둘째, 발화 길이와 관련된 부분이다. 이 글의 조사 결과에 따르면 주제 상정에 따라 발화의 길이에 차이가 있는 것으로 드러났다. 이는 대화뿐만 아니라 주제에 따라 입말 담화에서도 발화 길이에 차이가 있을 수 있으며, 나아가 입말 교육에서 이러한 발화 길이가 주제와 밀접하게 관련하여 차별적으로 다루어질 수 있는 유의미한 변수라는 점을 말해주는 것이라고 할 수 있다.

즉 짧은 발화 길이와 긴 발화 길이가 주제뿐만 아니라 입말 담화의 유형별로도 지도상의 유의미한 변수가 될 수 있다는 점이다. 이는 이들 발화 길이가 입말 담화의 교육을 하는 데 있어서 내용이나 형식에 따라 다르게 다루어질 수 있다는 점과 상통한다고 할 수 있다.

이는 기존의 말하기 교육에서 발화 길이를 차별적으로 다루거나 제대로 논의하지 않았다는 점에서 연구의 의의가 있다.

특히 발화 길이를 중심으로 긴 발화 기회와 짧은 발화 기회로 상정하여 입말 담화에 적용할 수 있을 것이다. 말하기에 불안을 겪고 있는 학습자들에게는 짧은 발화 기회를 통해 말하기에서 오는 심적 부담감을 줄여주는 교육적 노력이 필요할 것이다. 즉 유창성이 확보된 긴 발화 기회로 나아가기 위해서는 짧은 발화 기회를 통한 꾸준한 교육적 지도가 요구된다고 할 수 있다.

5. 마무리

이 글은 일상 대화의 교육적 효용성에 문제의식을 갖고, 세 가지 연구 가설을 상정하고 그 결과를 논의하였다. 그간 대화는 교육 현장의 입말 교육에서 주요한 담화 영역으로 다루어져 왔다. 하지만 그 교육적 효용성이 다른 담화에 비해 떨어지고, 아울러 교육 방법 또한 담화의 실제성을 살리기에는 어려운 점이 많았다.

이러한 문제점을 기반으로, 이 글은 일상 대화의 실제성과 교육적 효용성을 향상시킬 수 있는 방안이 무엇인지를 고민했다. 이는 결국 대화를 전개해 나가는 과정에서 발생할 수 있는 다양한 국면들이 무엇인지를 자각하고, 이를 교육적으로 환원하는 방안 이외에는 대안이 크게 있을 수 없음을 깨닫게 되었다.

대화의 실제성과 교육적 효용성을 향상시키기 위해서는 일상 대화를 중심으로 하는 다양한 기반 연구가 이루어져야 한다. 특히 일상 대화의 범위를 어떻게 정의내릴 것인지, 무엇보다 윤리성에 어긋나지 않는 범위 내에서 다양한 일상 대화 자료를 수집하고 나아가 이러한 수집 자료를 면밀하게 분석하느냐가 관건이 될 수 있다.

하지만 대화는 그 내용 및 형식 범주를 면밀하게 정립하는 것이 애초에 불가능할 정도로 복잡한 측면이 있다. 물론 외국인을 대상으로 하는 대화 교육은 어느 정도 정형화된 규범의 틀을 통해 접근가능하지만, 모국어를 대상으로 하는 이들은 애초에 그러한 정형화된 대화의 규범적 틀이 연령이나 언어 수행 수준이 매우 낮은 학습자들에게는 효과가 있을지 모르지만, 모국어 사용의 직관에 어느 정도 익숙한 이들에게는 크게 효과가 없다고 할 수 있다.

따라서 대화라는 담화의 실제성을 살리면서도 교육적 효용성을 거두기 위해서는 대화 전개 과정에서 발생하는 미세한 측면들, 이른바 대화의 거시나 미시구조, 준언어나 비언어적 표현들에 초점을 두어야 한다. 다만 이러한 측면들도 대화의 실제성이 고려되지 않으면 교육적 효과를 거두기가 어렵다.

이 글은 이런 점을 감안해 대화의 주제를 대화의 실제성을 살리는 주된 상위 요소로 보고, 여기에 결부되는 대화의 다양한 요인들을 검토하였다. 주제의 상정 여부에 따라 소집단을 구분하고, 대화 전개 과정에 결부되는 발화 기회와 발화 겹침, 쉼, 발화 길이 등이 주요한 분석의 대상이 되었다.

먼저 화자 간 발화 겹침, 그리고 발화 기회와 형평성에 대한 문제는 주제 상정 여부에 따라 소집단별로 차이가 있는 것으로 드러났다. 가령 발화 겹침의 경우는 주제를 상정한 집단의 경우보다 그렇지 않은 않은 집단에서 그 발생 빈도가 유의미하게 높았다. 하지만 발화 기회의 경우는 주제 상정 여부에 상관없이 모둠 간 큰 편차가 없는 것으로 드러났다.

둘째, 입말의 주요한 준언어적 표현인 '쉼'의 경우는 1~2초 내의 경우와 2초 이상으로 구분되어 결과가 드러났다. 즉 후자만 주제 상정 여부가 집단 간에 유의미한 변수로 작용하였다. 이는 '쉼'이라는 준언어적 표현이 모둠원 간에 소통을 위한 정보 타개의 과정에서 발생하는 유의미한 기제로 활용되고 있음을 보여주는 결과라고 할 수 있다.

셋째, 주제 상정 여부에 따른 집단 간 발화 길이의 차이가 관련된 문제이다. 이 또한 주제를 상정한 집단과 그렇지 않은 집단 간에 유의미한 차이가 발생하였다. 즉 주제를 상정한 집단보다 그렇지 않은 집단에서 발화길이가 유의미하게 짧은 결과를 보여주었다. 이는 대화 전개의 유창성과도 관련되는데, 주제를 상정하지 않은 집단의 경우에는 대화 전개 과정에서 모둠원 간의 정보 격차의 의미 타개를 위해 질문과 확인의 짧은 발화가 사용되는 경우가 많았음을 보여주는 것이라고 할 수 있다.

그간 교육 현장에서 대화라는 담화는 주로 규범적 틀에 얽매여 담화 상황의 실제성이 제대로 고려되지 않은 채로 다루어져 왔다. 따라서 교육적 실효성이 떨어지는 경우가 많았고 아울러 그 중요성에 대한 인식의 정도도 미미했던 것이 사실이다. 이 글은 이런 문제의식에 입각해서, 모국어를 대상으로 학습자들을 대상으로 대화라는 담화가 어떻게 다루어질 수 있을지에 대한 문제의식을 불러일으켰다는 점에서 그 교육적 의의를 찾을 수 있다.

다만 이 글은 조사 대상자가 일부 대학생 집단에 국한되었고, 조사 영역도 몇몇 대화 구조나 준언어적 표현에 한정되었다는 한계를 드러내었다. 아울러 향후 모국어 대상자를 중심으로 한 대화 교육이 활성화를 띠기 위해서는 대화의 전개와 관련된 지엽적이고 미시적인 측면에 대한 세세한 접근이 필요할 것이다. 그런 점에서 이 글은 모국어 대상자를 중심으로 대화 교육의 실제성과 상호관계성을 확보하기 위한 일종의 시론적 성격을 띤 논의라고 할 수 있다.

제14장 주제 전개의 미시와 거시구조

1. 들머리

일상 대화는 우리 언어생활에서 가장 폭넓은 범위에 걸쳐 있는 담화 양식이며, 인간의 가장 본질적인 소통 양식이다. 이처럼 인간의 언어생활에 가장 큰 영향을 주는 담화 양식임에도 불구하고, 그 내용이나 형식의 폭과 깊이가 상황과 맥락에 따라 많이 다르기 때문에 연구에 많은 어려움이 따른다. 아울러 사적 대화의 경우는 연구 상의 윤리적 문제도 대두될 수 있다.

대화 연구가 지니는 이러한 어려움은 고스란히 대화 교육에도 이어진다. 실제로 학교 현장에서의 대화 교육은 대화 규범과 관련된 일종의 관련 지식이나 이론이 주가 되는 경우가 많아서 정작 실제 대화를 어떻게 교육해야 할지에 대한 논의가 부족한 것이 사실이다. 가령 있다손 치더라도 실제 대화 과정의 속성을 학습자들이 제대로 구현하면서 그 교육적 가치를 수용한다는 것은 현실적으로 매우 어려운 실정이다.

이처럼 대화라는 담화는 학습자들이 구체적인 과정을 전개하면서 그것의 교육적 가치를 제대로 수용하고 인식하는 데 많은 어려움이 따른다. 따라서 실제 학교 현장에서의 대화 교육은 헛도는 경우가 많다. 즉 대화가 지니는 본령이 모든 입말 담화의 기본이 됨에도 불구하고, 대화 자체의 교육적 가능성에 많은 의문점이 제기되거나 그 교육의 효용 가치가 제대로 받아들여지지 않게 된다.

이 글은 이러한 문제의식에 터하여 소집단에서 전개되는 대화 내용의 주제 전개 및 그 인식 양상의 파악에 초점을 두었다. 즉 일정한 주제가 상정된 대화에서 주제가 참여자들 간에 어떻게 전개되고 대화에 참여한 이들이 전개되는 대화의 주제를 어떤 식으로 인식하는지를 고찰한다. 나아가 이는 대화 교육의 실제성과 유용성을 확보하는 데 그 목적이 있다.

2. 이론적 배경

'2'절에서는 대화의 주제 전개와 관련된 직접적인 연구만을 대상으로 하고자 한다. 주제 전개의 문제를 다루기 위해서는 주제의 문제를 다루어야 하지만, 이 문제를 다루기 위해서는 문법과 담화에 걸쳐 다루어진 주제의 다양한 개념 정의와 층위를 모두 고려해야 하기 때문에 이 글의 연구 범위를 벗어난다.[1]

담화, 특히 대화의 주제 전개와 관련해서는 몇몇 주요한 논의들이 이루어져 왔다. 먼저 Walker et. al.(1998)에서는 담화의 주제 전개와 관련하여 중심소 이론(Centering Theory)을 제시하고 있다. 영어, 터키어, 일본어 등을 중심으로 담화의 중심소가 어떻게 진행되는지를 대명사 생략과 복원의 문제를 중심으로 심도 있게 다루고 있다. 여기에서 제시된 주제의 전개 방향은 네 가지로 정리될 수 있다.

〈표 1〉 담화 중심소 전개 양상

	$Cb(U_i) = Cb(U_{i-1})$, 또는 $Cb(U_{i-1})=[?]$	$Cb(U_i) \neq Cb(U_{i-1})$
$Cb(U_i) = Cp(U_i)$	CONTINUE	SMOOTH-SHIFT
$Cb(U_i) \neq Cp(U_i)$	RETAIN	ROUGH-SHIFT

위 〈표 1〉에서 제시된 바와 같이 중심소는 지속적인 전개(continue), 전환 조짐이나 유지(retain), 부드러운 전환(smooth-shift), 급격한 전환(rough-shift)으로 나눌 수 있다.

Grosz & Sidner(1986)에서는 담화분절(DS) 간의 중심화 전개를 다루는데, 앞선 중심소 이론의 통사 중심의 주제 전개보다 단위가 확대된 담화분절 간의 의미 전개를 다룬다. 따라서 거시주제 간의 전개 양상을 다루는 데 적합한 이론으로 상정될 수 있다. 〈그림 1〉과 같이 개략적으로 정리될 수 있다.

---

1) Schank(1977: 424)에서는 이런 점을 감안하여, 주제보다는 주제 전개의 문제에 집중하는 것이 바람직하며 유익하다는 점을 논의하고 있어 참고가 된다.

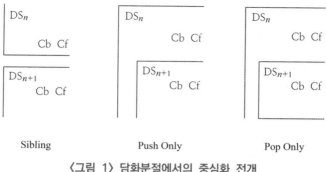

DS$_n$	DS$_n$	DS$_n$
Cb Cf	Cb Cf	Cb Cf
DS$_{n+1}$	DS$_{n+1}$	DS$_{n+1}$
Cb Cf	Cb Cf	Cb Cf

Sibling   Push Only   Pop Only

〈그림 1〉 담화분절에서의 중심화 전개

〈그림 1〉에서와 같이 'Sibling'은 대등, 병렬 관계에서의 전개를, 'Push only'는 지속적 심화 전개를, 'Pop only'는 다른 주제로 빠져 나옴 관계로 상정될 수 있다. 이 양상은 앞선 통사 중심의 중심소 전개와 비교할 때, 보다 확대된 형태의 담화 주제의 전개 양상으로 다루어질 수 있다.

이상의 두 논의는 화자와 청자 간의 역동적인 소통 간격에서 이루어지는 주제의 전개 양상을 다루지 못했다는 점에서 일정한 한계를 노출한다. 이에 반하여 클락(Clark, 1996; 김지홍 뒤침, 2009: 530)에서는 화자와 청자 간의 상호조율 과정에서의 대화 주제의 전개 양상을 다루고 있다. 전체적인 얼개는 〈표 2〉와 같다.

〈표 2〉 s와 t 사이에 성립하는 다섯 가지 유형의 전개 과정

유형	전개 과정	s와 t의 관계
다음으로(next)	다음 과제로 돌아간다	t가 s에 바로 뒤이어진다
심화 진전(push)	하위과제로 들어간다	t가 s의 일부이다
도로 빠져 나옴(pop)	하위과제로부터 도로 빠져나온다	s가 t의 일부이다
잠시 일탈(digress)	잠시 일탈로 들어간다	t는 잠시 s로부터의 일탈이다
전개로 되돌아옴(return)	일탈로부터 전개로 되돌아온다	s는 잠시 t로부터의 일탈이다

이들 관계는 하나의 협동과제 s로부터 다음 협동과제로 t로의 추이의 문제로, 주제 전개라고 불렸다. 유형에서 '다음으로'는 도입된 사건들의 대등이나 병렬 관계의 방식을, '심화 진전'은 글말에서의 부연 설명 관계로서 하나의 주제를 심화시켜 나가는 방식을, '도로 빠져나옴'은 대화가 종결되거나 다른 주제로 바뀌는 방식을 말한다. 아울러 '잠시 일탈'과 '전개로 되돌아옴'은 두 명 이상의 대화 참여자들 간에 원래 주제로부터 이탈하여 곧 원래의 주제로 되돌아오는 방식을 가리킨다.

이들은 간략하게 s와 t의 연속체, 부분 및 전체, 잠시 일탈 관계로 재구성할 수 있다. 즉 담화 주제 전개의 유형이 지나치게 세분화되어 있어 적용에 있어 자의적인 측면이 관여될 가능성이 높기 때문에 유형의 수를 줄일 필요성이 있기 때문이다.

3. 연구 가설 및 방법

3.1. 연구 방법

대화 연구 과정에서 어려운 점 중의 하나는 대화 주제가 어떻게 선정되고, 그것이 어떤 방식으로 전개되는지에 대한 문제이다. 통상 일상의 수많은 상황 속에서 채택되는 대화 주제란 그 범위를 가늠하기 어렵고, 아울러 그것의 대화 전개상에서의 유의미성을 살피기도 어렵다. 특히 일상에서 산발적으로 발생하는 대화는 주제 전개의 면밀한 과정을 살피기에 부족한 측면이 있다.

이 글은 이런 점을 감안하여 참여자들에게 사전에 대화 주제를 정하도록 하였다. 대화는 언어를 통해 상대방과의 상호조율 과정이고 이러한 상호조율 과정이 보다 유의미한 과정으로 전개되기 위해서는 서로 간에 공유할 수 있는 공통 기반(common ground)이 전제되어야 하기 때문이다.[2]즉 대화 주제는 협동행위가 전제된 화자와 청자 간의 상호조율 과정을 통해 더 용이하게 전개될 수 있다.

이 글은 이런 점을 감안해 '스마트폰과 국어교육', '학교생활에서의 어려운 점', '학과에서 유별난 인물' 등을 대화 주제로 정하였다. 이는 참여 학습자들이 제시한 주제 중에서 상호 협의를 거쳐 결정된 것이다. 과제 평가의 초점은 대화의 유창성 및 내용의 독창성에 관심을 두고, 사전에 대화를 대본으로 작성하는 것을 방지하기 위해 주된 평가 기준을 사적 대화의 자연스러움이나 참여자들의 자발성에 두었다.

대화 참여 시간은 10분 이내로 한정하였다. 너무 길게 대화가 진행되는 경우는 촬영 및 전사 작업에 어려움이 따르기 때문에 대화 시간을 제한하였다.[3] 아울러 대화의 전개 양상이 대화의 전체 주제와 맞물려 어떻게 드러나는지를 검토하기 위해서는 참여자들이 대화의 전체 과정을 상위 인지적 측면에서 검토하면서 진행하도록 제한 시간이 필요할 것으로 판단되었다.

대화는 3~4명이 한 모둠으로 구성되어 진행되었다. 인원수가 너무

---

2) 클락(Clark, 1996; 김지홍 뒤침, 2009: 146)에서는 이런 공통 기반을 종류로 공유 공통 기반, 재귀적 공통 기반, 무한반복 공통 기반을 제시하고 있다. 이는 소통 당사자들 간의 상호조율 과정을 좁혀가는 데 활용될 수 있는 지식이나 믿음 등의 층위를 연구하는 데 유의미한 고찰이 된다.

3) 이 글의 전사 작업은 참여 학습자들의 과제 형태로 실시되었다. 대략 5분 이내의 대화 분량을 전사하는 데는 대략 A4 용지로 4~5쪽이 요구된다. 물론 이러한 분량 측면에서뿐만 아니라, 전사 작업에 대한 전문적인 훈련 과정이 되어 있지 않은 학습자들에게 시간적 제한이 없는 대화 분량의 전사 작업은 너무 많은 수고로움이 따를 수 있고, 아울러 연구 과정상에도 효율적이지 못하기 때문이다.

많은 경우에는 참여자들의 대화 기회에의 참여 여부가 적어 주제 전
개 양상이 유의미하게 드러나기 어렵기 때문이다. 대화에 참여하는
소모둠 구성 인원은 무작위 추출 과정을 통해 이루어졌다. 대화 주제
나 전개에 영향을 줄 수 있는 참여자 상호간의 친밀도 여부가 대화
전개에 영향을 줄 수 있기 때문이다. 연구와 관련된 전체적인 내용은
〈표 3〉과 같다.

〈표 3〉 연구개관

	내용
참여자	국어교육과 1, 2학년 외 일부 교직이수 학생
참가 형태	27개의 소모둠(3~4명씩 구성)
조사 기간	2014.09~2014.12 / 2015.09~2015.12
조사 결과물	대화 촬영물 및 전사본 각 27개
조사 내용	대화 주제 전개 양상
결과 분석	전사본을 대상으로 각 모둠 및 모둠 간 검토와 협의

〈표 3〉에서 제시된 바와 같이 참여자는 국어교육과 1, 2학년 일부
교직 이수 학생들이다.[4] 2014, 2015학년도 2학기 수업에 참여한 학습
자들로 과제 형태로 대화 전사본을 제출하였다.[5] 조사 결과물은 신뢰

---

4) 원래는 조사 과정에 참여 대상자들을 중·이 학습자들도 고려하였지만, 대화 전사본
을 구성하고, 거기에 자신들의 상위 인지 과정을 투영시키는 과정을 진행시키기에
는 많은 어려움이 수반될 것으로 예상되었다. 이는 물론 연구과정을 진행하는 교사
들에게도 마찬가지였다. 따라서 이 글은 일부 1~2학년 대학생을 조사 대상자들로
국한하였다. 다만 화법 교과의 내용상의 연계선상에서 이 글의 연구과정과 결과가
향후 중·이 학습자들의 말하기와 듣기 교육의 주요 내용으로 다루어질 수 있을 것
이다.

5) 앤더슨·브롸운·쉴록·율(Anderson·Brown·Shillcock·Yule, 1984; 김지홍·서종훈 뒤
침, 2014)에서는 모국어 말하기 교육에서 구현해 볼 수 있는 다양한 과제를 수준별
로 보여주고 있어 논의의 참고가 된다.

성은 높이기 위해서 대화 촬영본을 전사본과 함께 제출하도록 하였고, 조사 내용은 대화 전사본에 주제 전개 양상을 제시한 결과물이었다.6) 이러한 결과물은 각 모둠에서 우선적으로 대화 촬영본을 보면서 작성하였다. 아울러 이러한 주제 전개 양상을 기록한 전사본은 다른 모둠과 검토, 협의한 이후에 제출하도록 하였다.

3.2. 연구 가설

이 글에서는 크게 두 가지 연구 가설을 상정하였다. 연구 가설1은 대화의 주제 전개 과정을 입장, 전개, 퇴장, 그리고 그 하부 단위로 거시주제와 미시주제를 상정하는 이른바 대화 전체 과정에서의 주제 전개의 양상이라고 할 수 있다. 연구 가설2는 발화 간 주제 전개 양상과 관련되는 것으로, 대화 국면의 보다 지엽적이고 세부적인 전개 과정과 관련된다.

> 연구 가설1: 대화 주제는 공통된 전개 기반 과정에서 부각될 것이다.
> 연구 가설2: 대화 주제 전개에는 선호되는 전개 유형이 있을 것이다.

---

6) 전사본은 작성 시에 의미파악이 쉽도록 소리 나는 대로 적기보다는 의미를 살려서 적도록 하였다. 아울러 몇 가지 기호를 규칙으로 삼도록 하였다. 우선 전체 전사본을 그리고 가령 '↗, ↘'은 상승과 하강 억양으로, '*,*, **,**'은 발화 겹침으로, '+, ++'는 짧은 쉼과 긴 쉼으로, 그 외 손동작이나 웃음 등은 형상을 딴 이모티콘을 자유롭게 사용하도록 하였다.

연구 가설1: 대화 주제는 공통된 전개 기반 과정에서 부각될 것이다.

대화는 협동행위를 수반하는 상호조율 과정의 전형적인 담화이다. 그 조율 과정은 범박하게는 입장, 전개, 퇴장이라는 구조 하에서 전개될 수 있다. 이는 대화라는 협동행위가 기본적으로 화자와 청자 간의 상호조율에 입각해서 일정한 단계로 진행될 수 있음과 관련된다. 즉 일정한 단계마다 화자와 청자 간의 일정한 상호 조율이 과정이 수반되고, 이러한 과정은 일정한 단계 구조를 상정할 수 있다.

이러한 단계는 대화 주제를 기반으로 화자들의 거시적, 미시적 계획 하의 수준별로 전개될 수 있다. 수준별 주제는 대화가 전행됨에 따라 참여자들 간의 상호조율 과정에서 많은 변화를 겪을 것이다. 특히 참여자들 간에 거시주제가 상호 협의되면 대화는 미시주제로 진행될 것이고, 그렇지 않고 거시주제 합의 과정에서 참여자들 간에 이견이 있다면 거시 주제를 합의하는 데 많은 시간을 소요할 것이다.

즉 상정된 주제를 바탕으로 대화에 참여한 이들은 대화를 거시주제와 미시주제의 층위로 구분하여 전개시킬 수 있을 것이다. 특히 대화에의 입장, 전개, 퇴장이라는 틀을 기본으로 하여 진행될 수 있다.[7] 아울러 이는 앞선 선행 연구에서 언급한 담화분절(DS)이라는 단위와 연관되며, 그 범위는 수준별 주제가 지니는 의미적 확장성과 밀접하게 관련될 수 있다.

이는 글말에서의 문단이라는 단위와 유사한 속성을 지닌다. 문단이 필자 개인의 계획 하에 전개될 수 있는 속성을 지녔다면, 입말에서의

---

7) 이는 일종의 언어 사용 층위와 밀접하게 관련될 수 있다. 즉 언어 사용자는 의사소통 의도를 가지고 거시계획과 미시계획을 상정하고, 참여하게 되는 담화의 전개 층위를 고려하며, 나아가 자신의 언어 사용에 대한 끊임없는 재귀적 반성 및 상대방에 대한 언어 사용의 점점과 확인의 층위까지 고려할 수 있다.

이런 단위는 대화가 진행되면서 새롭게 부각된 구조로 드러날 수 있다는 점에서 차이가 난다. 즉 입장, 전개, 퇴장이라는 구조를 지니면서 대화 전체의 주제를 뒷받침하는 작은 주제들이 글말에서의 문단이라는 단위가 같이 구성될 수 있다는 것이다.

연구 가설2: 대화 주제 전개에는 선호되는 전개 유형이 있을 것이다.
연구 가설2는 참여자들이 상정된 대화 전체 주제를 기반으로 산출한 각 발화 간의 관계에 대한 것이다. 즉 주제 층위가 동일한 경우는 대등하거나 심층적으로 주제가 전개될 것이고, 주제 층위가 다를 경우는 기존 주제를 일탈하거나 벗어나서 전개될 것으로 상정한 것이다. 아울러 주제가 대등하거나 심층적으로 지속되는 경우가 보류되거나 일탈하는 경우보다 더 선호될 것으로 상정하였다.

이는 대화가 전체 틀에서는 상정된 주제와 전개 방식에 의존하겠지만, 실제로 대화가 전개되는 지엽적 과정에서는 비주기적이며 비균형적인 속성을 지닌다는 점과 관련된다. 즉 예상한 대로, 짜인 각본대로 진행되는 것이 아니라는 점이다. 따라서 대화는 형태상 시작과 끝이 있을 뿐, 그 어떤 전개 과정상의 내용 결과물을 예측할 수 없는 상황으로 나아가는 속성을 갖는다.

이러한 상황은 화자들 간의 더 긴밀한 상호협동을 요구하게 되며, 결과적으로 지엽적 주제 연결에 더 초점을 모으게 만들 것이다. 즉 대화에 참여한 이들은 대화의 거시주제를 상정하고 있지만, 정작 실시간으로 전개되는 대화의 과정에서는 인접 발화들 간의 의미적 연결에 인식의 초점을 둘 것이다. 즉 이 가설은 가설1에 비하여 발화 간의 더 지엽적이고 세부적인 주제 전개 양상에 대한 것이라고 할 수 있다.

이는 대화에서 인접쌍(adjacency pairs)의 구조와도 관련이 있다. 즉 인접한 두 발화 간은 최소 협동과제를 수행하는 단위로서 반드시 의미상으로 밀접한 관련성을 맺을 가능성이 높기 때문이다. 이른바 지엽적 의미연결(local coherence)의 관계에 놓이게 된다. 따라서 의미전개가 이러한 인접쌍의 구조와도 맞물려 전개될 수 있다. 이러한 인접쌍을 기반으로 한 인접 발화 간에는 심화 진전이나 연속, 즉 앞선 발화의 주제에 직접적인 대한 이해와 반응으로 이어진다고 볼 수 있다.

4. 연구 결과 및 논의

4.1. 연구 가설1에 대한 분석 결과

대화는 언어사용의 가장 기본적인 양상이다. 두 사람 이상의 참여자가 자발적으로 대화 주제를 전개시켜 나간다는 점에서 철저한 상호협력 과정으로 이루어진다. 따라서 대화의 목적은 잠재적으로 참여자들이 가질 수 있다. 하지만 대화의 모든 내용이 참여자들의 계획 하에 전개될 수는 없다.[8] 즉 대화는 기회 닿는 대로 편리하게 진행되는 틀을 지닌다.

하지만 이러한 즉각적으로 부각된 틀도 기본적으로는 대화 주제와 관련하여 일정한 구조를 지닐 수밖에 없다. 이는 대화가 기회 닿는

---

8) 어떤 사적 자리에서의 대화든 그 전개 과정에서 분명하게 파생되는 주제가 있을 것이다. 특히 사적 대화의 경우는 사전에 주제가 정해지기보다는 전개과정에서 자연스럽게 대화의 주제가 파생된다. 이는 대화라는 담화가 소통 양식상에서 지닐 수 있는 중요한 가치라고 할 수 있다. 대화 참여자의 입장에서는 사전에 고려하지 못했던 주제로 인해 겪을 수 있는 어려움도 있겠지만, 그로 인하여 인식과 간접경험의 폭을 확장할 수 있는 계기가 되기 때문이다.

대로 편리하게 진행되는 속성을 지니지만, 기본적으로 이러한 전개의 속성도 대화 주제를 감안하지 않고는 진행되기 어렵기 때문이다.[9] 다만 글말과 같이 소주제를 포함한 문단으로 명시적으로 구분되지 않을 뿐, 일정한 의미상의 위계 구조가 상정되고 전개됨은 공통된 측면이라 할 수 있다.

연구 가설1은 "대화 주제는 공통된 전개 기반 속에서 부각될 것이다"인데, 이는 대화 주제를 중심으로 대화가 여러 층위로 구분되어 진행될 것으로 상정된 것이다. 대화는 기본적으로 여러 부분들의 위계로 구성되어 있다. 가령 발화 기회(turns), 인접쌍(adjacency pairs), 담화분절(discourse sections), 전체대화(conversation)로 그 얼개를 잡을 수 있다. 이를 그림으로 간략하게 드러내면 다음과 같다.

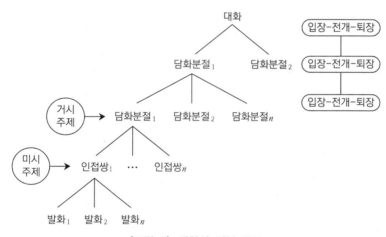

〈그림 2〉 대화의 기본 구조

---

9) 이는 내밀한 사적 대화조차도 일정한 대화의 목적을 내재한다고 볼 때, 그 목적은 다름 아닌 대화의 주제와 밀접한 관련성을 맺을 수밖에 없다는 점에서 중요성을 가진다.

발화 기회와 인접쌍은 대화의 지엽적인 구조로, 담화분절은 총제적인 구조로 상정해 볼 수 있다. 여기에서 담화분절은 새롭게 부각되어 나오는 구조라고 할 수 있다. 즉 이러한 담화분절은 대화주제를 중심으로 일정한 구조로 부각될 수 있을 것이다. 먼저 시작마디와 종결마디로 상정될 수 있을 것이고, 입장과 퇴장 마디 사이에 전개가 자리 잡을 것이다.

미시주제와 관련된 담화분절은 글말로 보자면, 형식문단에 해당될 수 있다. 이런 미시주제를 일정하게 통합하여 위계화하는 거시주제 수준의 담화분절은 의미문단이라고 할 수 있다. 이러한 담화분절의 경우는 앞서도 언급했듯이 대화 전개 시에 새롭게 부각되어 나오는 구조라 명시적으로 표면화되지 않는다는 점에서만 글말의 문단과 차이가 있다.

앞선 가설에서 언급했듯이, 이러한 구조는 대화의 주제와 밀접하게 결부된다. 전체 대화의 시작 부분인 입장 마디에서는 대화의 거시주제가 대화의 전개에서는 그러한 거시주제 하의 다양한 미시주제들이 분류되어 다루어질 수 있다. 대화의 전개에서는 다양한 미시주제들이 아울러 시작마디, 전개, 종결마디 하에서 구분되어 전개될 수 있다. 끝으로 이러한 대화 주제의 상호조율 과정은 대화 전체의 종결 부분인 퇴장 마디를 통해 마무리될 수 있을 것이다.

가령 '학과에서 독특한 인물'이라는 대화 주제를 바탕으로 이상의 대화의 전개 구조를 예측해 볼 수 있다. 대화의 거시주제는 우리 학과에서의 특정한 인물 선정에, 미시주제는 그러한 인물에 대한 다양한 속성들에 초점이 모일 것이다. 특히 대화 전개에서의 미시주제들은 다양하게 분류될 수 있을 것인데, 이는 대화 전체의 구조와 유사하게 전개될 것이다. 이상의 상정 내용을 바탕으로, 이 글의 조사 과정에 참여한 27개 모둠의 대화 전사본이 분석되었다. 몇몇 사례를 중심으로 제기된 가설 상의 내용을 검토하기로 한다.

A: 우리말하기주제가머였지↗+

B: 우리과에서가장유별난사람찾기요

C: 어유별난사람에대해서말하는거

B: 네+

A: 유별날사람그램○○이부터한번얘기해보자

B: 전○○이가제일유별난거같아요

A: 왜++

B: 꼼꼼하고세심하고↘좀여자같아요+

C: 여자같은사람인기있다아냐↗+여자들이좋아할거같은데↗

B: 좋아는하죠근데남자가보기에는그냥+요즘보기힘든남성상이니까++

C: 그럼좀좋은거아냐↗보기힘들면↗

B: 그러니까독특그러니까독특한거같아요

C: 어응

A: 음아그런점이독특할수있구나+

B: 형은요↗

A: 난○○이가↘+굉장히유별난거같애

(…중략…)

A: 우리과에생각하면유별난사람이+음그렇게있네

C: 음*그중에서*내가최고지

A: *그중에서*그래니가최고다

C: 내가킹왕짱

B: 맞아요

A: 우리과제는끝난걸로합시다

C: 끝났습니다람쥐↗

A: 됐다이정도했으면

　제시된 대화는 학생들의 전체 대화에서 일부를 가져온 것이다. 예시 대화는 학과에서 독특한 인물에 대한 주제를 바탕으로 전개되는데, 제시된 바와 같이 대화 전체가 입장, 전개, 퇴장으로 명확하게 구분되고 있으며, 각 수준별 주제 전개 과정에서도 이러한 3단 구조가 주제와 맞물려 적용되고 있다. 가령 대화 전체에서 입장 부분이라고 할 수 있는 곳에서 이러한 면은 두드러진다.

A: 우리말하기주제가머였지↗+

B: 우리과에서가장유별난사람찾기요

C: 어유별난사람에대해서말하는거

B: 네+

　대화 전체의 주제가 뭔지를 질문으로 던져 환기시킴으로써 대화에 입장하고, 이에 대한 내용을 각 참여자가 답변함으로써 대화의 전개가 전개되고, 마지막으로 짧게 답함으로써 대화가 종결됨을 보여준다. 이는 다음에 이어지는 새로운 대화 내용 전개와 관련해 볼 때

명확하게 부각된다. 아울러 글말에서의 문단과 같이 한줄 띄어쓰기를
통해 주제가 수준별로 제시되고 있는 것이 특징적이다. 이상의 특징
은 다른 모둠에서도 유사한 방식으로 드러난다.

A: 우리과제가뭐였지↗

B: 과제↗그거++뭐+우리과에서유별난인물이야기아닌가↗

C: 맞아맞아

A: 우리과에↗

C: 어우리과에서*좀*유별나거나별난인물말하기↗**생각하는**↗

A: *어*　**아++**

B: 음+

B: 근데유별난인물을약간말을조금↗바꾸는게어때↗

C: 그러면어떻게바꿀까↗

B: 좀+뭔가유별나다하면은+부정적이지않아↗

A: 응

C: 어맞아조금+뭔가이상한+느낌이들고하니까

A: 독특한↗+독특*한사람*↗

C: *독특음으으*++그럼+음+뭐라해야하지++

A: 괜찮은거같은데

B: 응

C: 어어어어↗괜찮괜찮다

B: 어*그래*

A: *그래*그러면+근데특이한사람++나는++우리+○○학번에○○이↗

(…중략…)

A: 우리과에독특한사람이좀많은것*같다*　**이렇게보니까또**

C: *맞아*

B: **응맞아**

C: 맞아

　위의 대화도 비슷한 전개 양상을 보여주고 있다. 대화 전체의 입장 부분에서는 과제가 무엇이었는지를 환기시키고, 전개의 첫 번째 거시 화제는 특정 인물에 대한 설정보다는 과제 제목의 부정적 시각에 초점을 두고 과제의 제목 변경으로 대화의 주제를 전개한다. 이하에서는 특정 인물의 선정 및 묘사에 치중한다. 퇴장 부분에서는 진행된 대화의 주제를 서로 재차 확인하면서 대화를 마무리하고 있다. 다음은 학교생활과 관련하여 대화 주제를 전개시켜 나간 경우이다.

A: 안녕하세요

B: *안녕하세요*

C: **안녕하세요**+

A: 오늘 되게 오늘 되게 서먹서먹한데 오늘 처음 만났는데 저 둘 다 국교과세요?↗

B: *네*

C: **네**

A: 아 국교과구나 친해요 둘이?

B: *☺*

C: **☺**

A: ***☺***

C: *국문*

A: **아, 같은 학 같은 학년이에요?**↗

B 네 같은 학년이에요

A: 아 그렇구나

C: 국문과시죠?

A: 네 국문과에요

C: 몇 학번이세요?

A: ○○학번이요

B: ○○학번이요

A: *아 네네 ○○학번이요*

C: **아~**

B: ++ 임용은 치실 거죠?

A: 어 좀 요즘 좀 왔다 갔다 하는데 요즘은 또 하는 쪽으로

C: 하는 쪽으로

A: 네 아직 공부 좀 하다가 저번에 고시원 들어갔다가 그 딴 국교 분
   ○○ 학번에+ 그 다른 분도 고시원에 들어갔더라고요 그래서 인사
   하고 얼굴 좀 익히고 했는데 생각보다

B: +그럼 내년에 치실꺼에요?

A: 네 올해 함 쳐보고

B: 아 올해 함 쳐보고~

A: 네 올해 함 쳐보고 내년에 아마 준비/할 거 같아요++

A: 준비하고 있어요? 공부하고 있어요?↗

B: *☺*

C: **하고 있긴 하죠** ☺

A: 아 있어요? 아 근데 이게 조금 이게 국문과에서 배우는 학문적인거
랑 그 약간 * 가르치는* 거랑 좀 다르 많이 다르더라고요. 그래서
아 많이 배워가요

C: **다르죠**

B: ☺

A: ☺

(…중략…)

B: 그럼 요번에 그것만 하면 졸업 요건은 다 채우

C: 이번에 다 한다면 다 채우는데 근데 봉사 활동은 아직 잘 모르겠어서

B: 일반봉사?↗

C: 아니 교육봉사 육십 시간이라서 / 아직 좀 채워야 할께있어

B: 음 , 멘토링 하면은 그 정도 되지 않나?↗

A: *그게* 봉사 교육봉사활동이 되나?

C: **일주일에++ 한번이라서

B: 응~

A: +그게 교육봉사 활동이 되요? 멘토링

B: 원래 멘토링이 교육봉사 아니에요?↗

A: 아 그 개인 개별적으로 하는 거 머 머 청소

C: 학습 지도~를 하는거

A: ++ 아~ 그렇구나~

C: *네* ☺

A: **☺**

B: ***☺***

A: ++ 오늘, 오늘 좀 반가웠어요 *☺*

B: **☺**

C: ***☺*** 네++

위의 대화는 학교생활과 관련하여 다양한 주제가 전개된 경우이다. 이 모둠은 교직 이수 학생이 한 명 참여함으로써 서로 간에 정보 간격이 있는 학습자들이 모둠을 이루고 있다. 따라서 대화 입장 부분에서 서로에 대한 간단한 신상 정보를 공유하려고 하고 있다. 이어서 전개 부분에서는 임용시험, 봉사활동, 기숙사 생활 등 학교생활과 관련된 다양한 하위 주제가 전개되고 있다.

대화 전체의 입장 부분에서도 인사, 신상명세에 대한 정보 교류, 정보 제시에 응답으로 구성된다. 즉 입장, 전개, 퇴장의 구조를 보여주고 있다. 전체 대화의 퇴장 부분에서도 마찬가지이다. 특정 마무리 인사가 던져지고 그에 대한 반응으로써 웃음이 수반되고, 최종 부분에는 긴 쉼을 수반한 응답으로 마무리된다.

이상 27개 모둠의 대화 전사본을 분석할 결과, 대부분 몇몇 인접쌍을 포함한 미시주제 층위와 이러한 미시주제 층위를 포함한 거시층위가 비교적 분명하게 구분되어 드러나는 경우가 많았다. 때로는 글말에서의 문단 구성에 비해 담화분절별로 더 명징하게 수준별 주제들이 구분되어 드러나기도 하였다.

이는 대화에서 참여자들 간 상호조율 과정에서 나오는 의미전개상의 합일이 필자 독자적으로 구성하는 문단보다도 표면적으로 드러나지는 않지만, 때로는 더 분명하고 명확하게 구조적인 측면을 수반하면서 발생된다는 점과 관련된다.10) 아울러 입장, 전개, 퇴장의 구조는 이러한 주제 전개 층위에 따라 직·간접적으로 구성됨을 살펴볼 수 있었다.

대화는 화자들 간에 그 목적은 공유되지만, 실제 전개 과정에서 생성되는 내용은 계획이 불가능하다. 따라서 대화가 전개되면서 새롭게 부각되어 나오는 구조는 자의적이다. 하지만 이 글의 조사 결과에서는 이렇게 새롭게 부각된 구조들이 수준별 주제와 맞물려 어느 정도 내용과 형식상의 정형성을 보여주고 있다는 점에서 가설1에서 상정한 내용들은 수용된다고 할 수 있다.

물론 이 글의 조사 과정상에서 주제가 사전에 제시되었고, 과제 중심으로 실시되었다는 점에서 이 글의 대화 과정을 전형적인 사적 대화의 모습으로 보기는 어려울 수 있다. 하지만 대화라는 담화 자체가 지니는 연구 상의 한계를 고려한다면, 대화의 전개 양상이 참여자들 간의 긴밀한 상호조율 과정을 통해 이루어지며, 이는 대화의 주제와 맞물려 어느 정도의 내용과 형식상의 정형성을 지닐 수 있음을 고려해야 할 것이다.

4.2. 연구 가설2의 분석 결과

연구 가설2는 "대화 주제 전개에는 선호되는 전개 유형이 있을 것이

---

10) 머카씨(McCarthy, 1998; 김지홍 뒤침, 2010: 373)에서는 이러한 협력과제는 그 성격에 따라 '지엽적인 과제', '최소 협력 과제', '확대된 과제', '협동 의미 파악 과제' 등으로 구분될 수 있고, 그에 따른 언어형식과 절차는 완전히 고정되고 정형화된 형식과 절차, 다소 변동이 가능한 정규적인 형식과 절차, 더 큰 목적으로 이어지는 절차, 미리 예측할 수 없는 확대된 절차 등으로 구분될 수 있음을 논의하고 있어 참고가 된다.

다"인데, 이는 화자들의 발화 간 주제 전개 양상에 대한 문제로, 발화 간 주제 전개에는 화자들이 선호하는 측면이 있을 것이라는 점과 관련된다. 가령 대화에 참여한 화자들 간에는 주제를 곧잘 바꾸기보다는 지속하려는 경향이 높을 것이다. 대화의 주제를 실시간으로 자주 교체한다는 것은 참여자들에게 높은 인지적 부담을 주기 때문이다.

이는 세계 여러 언어로부터 논증된 일반적인 경향이기도 하다.11) 즉 화자 상호간에 주어진 특정 주제를 중심으로 대화를 전개시켜 나가는 과정에서 주제를 자주 이탈한다는 것은 소통의 상호조율 과정에 심각한 내용상의 괴리를 유발시키는 위험 부담을 떠안을 수 있으며, 이러한 주제 이탈은 자칫 화자 상호간 체면과 신뢰를 무너뜨리는 문제로 작용할 수도 있기 때문에 주제를 지속하려는 경향이 높다는 것이다.

따라서 일반적으로 발화 간 주제 전개 양상은 일정한 궤도, 즉 주어진 주제를 중심으로 전개될 것이다. 이를 이론적 배경에서 제시한 담화 과제의 주제 전개 양상과 관련시켜 보자면, 주제 전개 양상에서 '다음으로'나 '심화 진전'의 주제 전개 양상은 전반적으로 높게 드러날 것이고, '잠시 일탈'은 낮게 드러날 것으로 예상할 수 있다.

우선 이 글의 조사 결과를 논의하기 전에, 그 이론적 바탕이 되는 선행 연구들은 재구성할 필요가 있다. 앞선 세 가지 이론은 편의상 담화 중심소 전개, 담화분절(DS) 전개, s에서 t과제로의 전개의 이론으로 구분한다. 이들 세 이론은 공히 주제 전개 양상을 다룬다는 점에서 공통 양상을 보이지만, 다루는 단위에서 약간의 차이가 있다. 이들

---

11) 클락(Clark, 1996; 김지홍 뒤침, 2009: 529)에서는 일반적으로 담화 전개는 '지속〉보류〉전환'으로 선호된다고 제시하고 있다.

이론을 모두 적용하기는 어렵기 때문에 〈표 4〉와 같이 재구성할 수 있다.

〈표 4〉 담화 주제 전개 양상

	담화중심소 전개	담화분절 전개	담화과제 전개
주제 연속	연속, 유지	대등, 병렬 관계	다음으로
		지속 심화	심화 진전
주제 전환	부드러운 전환, 급격한 전환	다른 주제로 빠져 나옴	도로 빠져 나옴
			잠시 일탈, 전개로 되돌아옴

〈표 4〉에서 제시된 바와 같이, 크게는 주제 연속과 전환으로 구분될 수 있다. 다만 연속이나 전환의 과정도 세분화될 수 있다. 특히 과제 전개의 경우는 잠시일탈과 전개로 되돌아옴을 따로 분류하고 있는데, 이는 두 명 이상의 참여자가 대화를 전개할 시에 더 많은 변수들이 주제 전개와 관련하여 작용할 수 있기 때문이다.

이 글에서는 담화과제 전개 양상을 중심으로 하되, 필요할 시에는 담화분절이나 중심소 전개 양상도 주제 전개 양상에 적용하도록 하였다. 담화 주제 전개의 양상은 대화에 참여한 이들이 가장 잘 알 수 있다는 판단 하에, 이 글의 조사에 참여한 학습자들이 직접 주제 전개 양상을 발화 간에 적용하도록 하였다.

각 발화에는 번호를 붙이도록 하였고, 발화 간에 적용될 수 있는 전개 양상을 모둠 간의 협의를 통해 작성하도록 하였다. 따라서 참여자들이 상위 인지적 측면에서 그들 간에 이루어진 대화의 주제 전개 양상을 재구성 할 수 있다. 이러한 과정은 학습자들이 자신의 대화에 대한 자각 능력을 높일 수 있다는 점에서 교육적 의의가 있다고 할 수 있다.

가설에서는 주제 연속적인 측면이 전환보다는 높을 것으로 보았고, 구체적으로는 '다음으로'나 '심화 진전'의 양상이 '잠시일탈'의 양상보다 유의미하게 높을 것으로 상정하였다. 대략 한 모둠 당 작성된 전사본에서 발화의 개수는 100~180여 개 사이에 분포하였다. 실제 10분 전후로 대화를 진행하도록 하였는데, 대부분 5~7분 정도에서 대화가 진행되었다. 참여자들로부터 나온 몇몇 전사본의 인식 양상을 살펴보자.

1. C: 우리○○교육론과제해야되잖아
2. B: [심화 진전] *응*
3. A: [심화 진전] *어*

4. C: [다음으로] 주제가뭐지↗++
5. B: [심화 진전] 유별난사람에대해서이야기하는거아닌가↗+
6. C: [잠시일탈]유별난사람↗근데유별날사람은좀어감이부정적이니깐독특한사람으로바꿀래↗++
7. A: [전개으로되돌아옴]우리과에서특이한사람↗
8. C: [심화 진전]어++누구있지
9. A: [심화 진전]음나는내먼저할까
10. B: [다음으로]응

11. A: [다음으로]나는○○
12. C: [심화 진전]왜↗
13. A: [심화 진전]○○일단우리++제일처음입학하고HCC캠프했잖아그

때앞에나가서이렇게자기인생설하기그거했는데뭐백살까지막해놓
고막설명하면서하니깐재밌어서애들막웃고+마지막에다끝내고저
원래뭐+이렇게안조용하니깐지금어색해서조용하니까+다들친하
게지내요하면서애들다웃겨서웃고

14. C: [심화 진전]아진짜

15. A: [다음으로]어그리고그거또++
16. C: [심화 진전]뭐↗

위의 예는 학과에서 유별난 친구에 대한 내용으로 대화 전개 양상
을 보여주고 있다. 각 참여자의 발화에 번호가 붙어있고, 과제의 전개
양상은 대화 앞에서 '[ ]'로 표시되고 있다. 대화가 종료되고 전체 전사
과정이 끝난 후에 과제 전개 양상을 삽입하도록 하였다. 이는 앞서도
언급했듯이 상위 인지적 측면에서 대화 전체를 다시 살피도록 하기
위해서였다.

참여자들은 주어진 과제를 중심으로 긴밀하게 상호조율하고 있음
을 알 수 있다. 이는 주제에서 벗어난 전개 양상이 거의 드러나고
있지 않다는 점에서 분명하게 드러난다. 물론 위에서 제시된 주제
전개 인식의 양상이 전적으로 옳다거나 적절하다고 보기 어려운 측면
도 있다. 가령 6번 발화를 주제 이탈로 볼 수 있는지 문제이다. 넓게
보면 대화의 주제 전개를 매끄럽게 하기 위한 시도로 볼 수도 있기
때문이다. 물론 대화에 참여한 이들은 이를 직접적인 대화 주제와는
연관이 없는 것으로 판단하고 있다. 다음의 스마트폰과 국어교육과
관련된 대화도 비슷한 전개 인식 양상을 보여주고 있다.

1. A: 오늘 들었어요↗완전↗수업시간에벨소리크게울리는거↗

2. B: [심화 진전]*네*

3. C: [심화 진전]**네**

4. B: [심화 진전]아전부다막거의다폰보고있고

5. A: [심화 진전]우선그사람맨날그하루종일폰보고있잖아요

6. B: [심화 진전]*네*

7. C: [잠시일탈]**그교수님도화났던데**

8. A: [심화 진전]내가진짜교수님이면진짜싫을거같던데+

9. B: [전개로 되돌아옴]요새요새수업시간에막폰보는사람들이늘어난
   거같아요

10. A: [심화 진전]아니스마트폰늘어나니까오나*전부다*손에들고다니잖
    아요

11. B: [심화 진전]**네**

12. C: [심화 진전]대학에서도이런데중고등학생들도폰안내고전부수업시
    간에폰보고이럴걸요↗

13. A: [다음으로]그러면아예수업시간에이렇게하루종일폰만질거같으면
    아예수업시간에폰을이용하는방법으로수업을진행하면더효과적
    이지않을까요↗

14. C: [다음으로]근데그렇게이용을하면은또거기에따른문제점이또따라
    오니까그런문제점을해결하면서이렇게해야되는데그런문제점이
    ↘

15. A: [심화 진전]어떤게있지↗

스마트폰과 국어교육의 문제를 다룬 위의 대화는 오늘 수업의 일화
를 예시로 전개하면서 대화를 전개하고 있다. 이 대화의 주제 전개

양상도 앞선 대화와 큰 차이가 없다. 대화의 시작은 질문을 통한 환기, 그리고 그에 대한 응답으로 전개되고 있다. 발화 12와 13간은 대화 전체의 입장과 전개 부분으로 구분된다. 발화 13으로 진행되면서 전개 양상이 '다음으로'로 바뀌고 있다. 전반적으로 주제를 동일 선상에서 지속시키는 심화 진전의 양상이 압도적으로 제시되고 있다.

이상 몇몇 모둠을 중심으로 대화의 주제 전개 양상을 살펴보았다. 가설에서 상정한 바와 같이 주제가 심화 진전, 즉 연속적으로 이어지는 경우가 압도적이었다. 이는 대화 참여자들 간에 상호조율하기 위해 혹은 서로의 체면과 자존심을 살펴주는 선상에서 대화가 전개되었음을 말해주는 것이라고 할 수 있다. 27개 모둠에서 작성한 담화 주제에 대한 인식 양상의 결과는 다음과 같다. 담화 주제별로 구분하며, 각 담화의 주제 전개 양상을 수치화하였다.

〈표 5〉 담화 주제 전개 인식 양상 결과

	전개 양상	횟수	비율(%)
학과에서 유별난 인물 (10개 모둠)	다음으로	289	18.3
	심화 진전	1,178	74.7
	잠시 일탈	59	3.7
	전개로 되돌아옴	51	3.2
학교생활의 어려움 (9개 모둠)	다음으로	333	26.3
	심화 진전	816	64.6
	잠시 일탈	60	4.7
	전개로 되돌아옴	55	4.4
스마트폰과 국어교육 (8개 모둠)	다음으로	320	25.7
	심화 진전	779	62.6
	잠시 일탈	77	6.2
	전개로 되돌아옴	68	5.5

모둠은 주제별로 구분된다. 주제별 모둠 숫자가 동일하지 못한데, 조사가 2년 동안에 걸쳐 진행되었기 때문에 모둠을 동일하게 맞추지 못하였다. 전개 양상은 앞선 선행 연구에서 제시된 것 중에서 클락 (Clark, 1996; 김지홍 뒤침, 2009)의 과제전개 양상을 기본으로 삼았다. 여기에서 '도로 빠져 나옴' 관계는 제외되었다. 이 전개 양상은 실제 조사 과정에서 '잠시 일탈'과 '전개로 되돌아옴' 관계와 혼란을 준다는 조사 참여자들의 의견이 반영된 것이다

전체적으로 비슷한 전개 양상을 보여준다. '심화 진전'이 가장 많은 분포를 보이며, '다음으로'의 전개 양상의 경우는 모둠 주제에 따라 약간의 차이를 보이고 있다. '학교생활의 어려움'과 '스마트폰과 국어 교육'을 주제로 삼은 모둠에서 '다음으로'의 전개 관계가 다소 많은 양상으로 드러났다.

'학과에서 유별난 인물'의 경우는 참여자들에게 보다 익숙한 내용 이라 다른 두 주제보다 '심화 진전'의 전개 양상이 많은 것으로 판단된 다. 그리고 이는 '잠시 일탈'의 횟수도 직접 관련되는 듯하다. 모둠 숫자가 적음에도 불구하고 '학교생활의 어려움'과 '스마트폰과 국어 교육'을 주제로 대화를 전개한 모둠에서 '잠시 일탈'의 전개 양상이 더 많은 것으로 드러난다. 특히 후자의 경우는 대화의 주제가 개인적 인 일화를 중심으로 전개하기 어렵다는 점에서 그 수가 더 늘어나고 있음이 특징적이다.

즉 결과에서 드러났듯이 대화의 주제 전개 양상에서는 주제가 전반 적으로 지속되는 경우가 많았다. 지속의 경우는 크게 두 가지로 나뉠 수 있는데, 주제가 심화되거나 대등하게 나열되는 경우인데, 참여자 들 간 공유된 주제에 따라 약간씩의 차이가 있는 것으로 판단된다. '심화 진전'의 경우는 참여자들 간에 공유된 정보가 많아 정보 간격이

좁은 경우에 많이 발생하였다.

4.3. 교육적 의의

이 글은 대화의 주제 전개와 학습자들의 주제 전개에 대한 인식 양상을 고찰하였다. 두 가지 연구 가설을 상정하고, 이에 부합하는 연구 방법을 고안하여 연구과정을 시행하였다. 이 글의 조사 대상자는 대학생 1, 2학년 학습자들이었지만, 이의 연구 과정과 결과에 대한 논의는 중등학교 말하기, 듣기 및 화법교육과의 연계 선상에서 의미 있게 다루어질 수 있다.

첫째, 대화는 다른 준비된 담화에 비해 즉흥적이고 자의적이며, 때로는 무질서하게 이루어지는 담화로 다루어져 왔다. 특히 사적 대화는 경우는 더욱 더 그러하다는 인식을 받아왔고, 교육 현장에서도 이런 점 등이 고려되어 토론이나 협상 등의 공식적 담화에 비해 교육적 대상으로 크게 주목받아오지 못한 것이 사실이다.

하지만 대화는 의사소통의 가장 기본적이고 본연적인 담화이다. 아울러 인간의 내밀한 감성과 인식의 틀을 가장 잘 반영하는, 이른바 인간의 실존적 부면을 가장 잘 부각시키는 담화이다.[12] 따라서 대화는 입말 교육, 이른바 학교 현장의 말하기, 듣기 교육에서 가장 기본적이면서도 주목해야 할 담화이다.

이러한 측면에서 가설1에 대한 연구 결과는 대화가 일정한 주제를 중심으로 참여자들 간에 철저한 상호조율 과정으로 이루어지고, 이러

---

12) 김지홍(2015)은 이런 관점에서 언어산출과 관련된 다양한 학문 분야의 이론적 얼개를 잘 보여주고 있어 주요한 지침서가 된다.

한 전개 과정은 대화의 거시적 측면에서의 구조적인 부면의 산출과 일정 부분 관련될 수 있다는 점을 보여주었다. 이는 기존의 대화 교육이 이론 위주이거나 진공 속 대화의 표본을 통해 이루어져 왔다는 점을 고려할 때, 대화 교육의 실제성(authenticity)을 부각시킬 수 있는 교육적 단초가 될 수 있다는 점에서 그 의의가 있다고 할 수 있다.

둘째, 대화의 주제 전개 방식은 담화의 거시적 차원뿐만 아니라 미시적 차원에서도 일정한 유형성을 드러낼 것이라고 상정하였다. 즉 합의된 주제와 관련하여 그 전개 양상이 일탈하는 경우보다는 대등하거나 심화된 단계로 전개되는 경우가 많을 것으로 상정되었다. 이는 대화라는 담화 양식이 참여자들 간 협력이 우선되어야 원만하게 이루어질 수 있다는 점과도 관련되었다.

조사 결과에서도 드러났듯이, 주제의 전개 양상은 대등하거나 심화된 단계로 전개되는 경우가 세 가지 주제를 놓고 전개된 대화에서 모두 유의미한 수치 이상으로 나왔다. 특히 심화된 단계로 전개되는 양상이 모든 모둠에서 유의미하게 산출되었다. 이는 대화 참여자들이 합의된 주제에 부합하는 내용을 전개하려고 상호조율 한 결과이기도 한다.

다만 대화 주제에 따라 그 전개 양상에 조금씩 차이가 있었다. 참여자들 간에 공유된 정보, 즉 정보 간격(information gap)이 좁을수록 심화된 전개 양상이 대등하거나 내용상 다음으로 전개되는 경우보다 많이 나왔다. 또한 주제와 관련되지 않은 내용으로의 이탈의 경우도 비슷한 양상이었다.

이상 두 가지 상정된 가설과 그것을 통해 드러난 결과를 통해, 대화라는 담화가 학교 현장에서 교육적으로 유의미하게 교수·학습될 수 있음을 알 수 있었다. 즉 대화라는 담화가 즉흥적인 속성을 지니고 있지만, 내용이 아무렇게나 부각되는 것이 아니라, 거시적으로나 미시적으로 일정한 구조적 속성의 부면과 관련을 맺으면서 드러난다는 점이다.

5. 마무리

이 글은 대화의 주제 전개와 그 인식 양상에 대한 문제를 다루었다. 두 가지 연구 가설을 상정하고, 그에 부합하는 연구 과정 및 결과를 논의하고, 교육적 의의를 도출하였다. 이는 기존의 학교 현장의 대화 교육이 지니는 교육적 실효성의 문제를 극복하고, 대화 교육의 활성화를 위한 방법적 고찰의 측면에서 이루어졌다.

첫 번째 가설은 대화 전개가 기본적으로 참여자들 간에 공유된 주제를 중심으로 큰 틀에서 이루어진다는 점을 상정한 것이다. 연구과정과 결과에서 대화 참여자들 간에 상호조율 된 수준별 주제를 중심으로 대화가 전개되었고, 이러한 전개 과정에서 수준별 주제는 담화 분절(DS)을 중심으로 일정한 위계를 형성하면서 입장, 전개, 퇴장의 구조를 보여주었다.

두 번째 가설은 첫 번째 가설에 비해 작은 틀에서 이루어진 양상으로, 각 발화 간에도 일정한 주제 전개의 양상이 드러날 것이라고 상정한 것이다. 연구과정과 결과에서 상호협력의 틀에서 전개된 대화의 과정에는 각 발화 간 주제 전개 양상도 주제 전환보다는 연속의 측면이 부각되었고, 주제 연속의 부면에서도 '심화 진전'이 '다음으로'의 전개 양상보다 유의미하게 드러났다.

이상의 두 가지 가설의 검증을 통해 대화의 주제 전개 과정이 아무렇게나 이루어지는 것이 아니라, 참여자들 간 긴밀한 상호조율의 과정이 일정한 틀이나 구조에 반영되어 산출될 수 있음을 알 수 있었다. 하지만 이 글은 참여 대상자가 일부 대학생으로 제한되었고, 대화가 지니는 내밀한 상황을 고려하지 못한 한계를 남겼다.

제**6**부
평가

제15장 발표에 대한 수행평가 사례

1. 들머리

1.1. 연구 목적

듣기·말하기 영역의 평가는 학교 현장에서 평가에 대한 시간 확보와 신뢰성이나 타당성 문제 때문에 실제로 쉽게 이루어지지 못하고 있다. 뿐만 아니라, 교수·학습 과정에 대한 이론적 토대의 형성이나 평가에 대한 객관적인 지침의 확보에 있어서도 많은 문제가 따른다.

물론 최근에 수사학의 열풍과 말하기에 대한 관심의 고조로 인하여, 관련 논의들이 많이 이루어지고 있다. 하지만 중·고등학교 현장의 듣기·말하기 영역의 교수·학습 과정이나 평가 부분은 여전히 제대로 정착되지 못하고 있는 실정이다.

국어의 듣기·말하기 과정에 대한 학습에의 필요성은 누구나 다 인정하고 있다. 특히 의사소통의 중요성이 날로 증대되고 있고, 아울러 사회 각 분야에서 그 효용성의 문제가 제기되고 있는 만큼[1], 국어교육에서는 듣기·말하기 영역의 교수·학습 방법이나 평가의 측면에서 실제적 활용 가치가 큰 이론과 실제의 틀을 갖추어야 할 것이다.

이런 문제 인식을 바탕으로, 이 글에서는 고1학습자들의 듣기·말하기 수행에 대한 일련의 과정을 구성하였다. 주제 선정에서부터 듣기 평가에 이르기까지 듣기·말하기에 대한 다양한 활동이 학습자 중심에서 이루어질 수 있도록 하였다.

이는 수행평가의 과정으로서, 학습자의 자기 평가, 학습자 상호 평가가 반영됨으로써 듣기·말하기 과정의 평가에 대한 신뢰도와 타당성의 문제와 말하기 준비 시간에 따른 평가 점수의 변별도의 문제를 일정한 통계 절차를 통해 유의미하게 밝혀내려는 데 목적이 있다. 아울러 본 과정은 듣기·말하기 교육에 대한 현장조사 연구로, 앞으로 현행 중·고등학교 교육과정과 교과서를 만드는 데 기초 자료를 모으기 위해 계획되고 실시되었다.

1.2. 선행 연구

최근에 듣기·말하기 과정에 대한 연구가 입말 의사소통의 중요성과 더불어 활발하게 이어지고 있다. 특히 일선 학교의 현장 조사연구

---

1) 장경희 외(2006)에서는 다양한 계층의 성인들을 대상으로 하여 말하기 능력의 신장에 대한 방대한 조사의 결과를 제시하고 있는데, 여기에서는 내용 구성의 논리성, 발음의 명확성, 말차례 교환의 구성 요소가 입말 의사소통에 기여하는 바가 크며, 여기에 대한 교육의 필요성을 아울러 제기하고 있어 참고가 된다.

에 바탕을 둔 학위 논문들뿐만 아니라, 언어 심리학적 관점에서 말하기 과정을 매우 심도 있게 다룬 번역서도 출간되고 있다.

장경희 외(2006)과 조재윤(2006a)은 국어 말하기와 듣기에 대한 방대한 실태 조사에 대한 것으로, 듣기·말하기 과정에 대한 일반적인 대중과 교사들의 인식 측면을 골고루 살필 수 있어 참고가 된다. 다만 학교 현장에서 학습자들에게 실시된 듣기·말하기 과정의 조사가 아니기 때문에 조사 결과의 측면을 구체적으로 적용해 볼 필요성이 제기된다.

신지영(2008)에서는 말하기의 비언어 부분 평가에 대해 성인들을 대상으로 심도 있게 실시한 결과를 보여주고 있다. 인상 평가를 통해 발음, 목소리 크기, 속도, 억양, 리듬감 등 다양한 측면을 다루고 있어 참고가 된다. 다만 언어 수행 능력이 뛰어난 성인들만 대상으로 했다는 점에서 이 글에 그대로 적용하기에는 한계가 따른다.

전은주(2004)와 임칠성(2005)에서는 중·고등학교 듣기·말하기 교육과정에 대한 고찰 아래, 듣기·말하기 교수·학습 방법에 대한 측면과 평가에 대한 측면을 개괄해서 다루고 있어 참고가 된다. 다만 교육과정에 한정되어 있기 때문에 실제 교육현장에서 말하기 평가 접근의 실효성 측면에서는 한계가 따른다.

마틴 바이케이트(Martin Bygate, 1987; 김지홍 뒤침, 2002)는 외국어 교육의 관점에서 말하기 영역에 대한 교수·학습 방법과 평가의 측면을 현장 조사연구 차원에서 개괄적으로 다루고 있다. 외국어 교육의 측면에서 다루었지만, 실제 수업에서 활용할 수 있는 다양한 방법적인 측면에 대한 소개가 있어 활용면에서 가치가 있다.

르펠트(Levelt, 1999; 김지홍 뒤침, 2008)은 말하기에 대한 언어 심리학적 관점의 매우 심도 있는 내용을 담고 있는 것으로, 일선 교육 현장에서 다루어지고 있는 말하기의 제반 과정에 대한 성찰이 필요함을 제기하고 있다. 다만 매우 전문적인 내용을 담고 있기 때문에 교육 실천 현장에서 활용할 수 있도록 재구성하는 과정이 필요하다.

2. 연구 방법 및 연구 가설

2.1. 연구 방법

이 글에서는 특목고인 경남 K고 1학년 91명 학습자들은 대상으로 하였다. 우선 본 현장 조사가 듣기·말하기라는 점을 감안하여, 교사가 학습자들을 면밀히 관찰할 수 있고, 관찰 결과가 직접적으로 평가에 반영되기 때문에 조사 대상자를 타 학교로 확대하기는 어려웠다.

이는 이 글이 완전한 이론적 토대 위에서 이루어지기보다는 이론적 토대를 형성하기 위한 조사이기 때문이다. 듣기·말하기에 대한 명확한 평가 토대가 형성되어 있지 않은 마당에 자칫 조사 대상자의 범위를 확대한다는 것은 평가의 신뢰성과 타당성에 문제가 될 수 있기 때문이다.

아울러 이 글의 조사연구는 양적, 질적 연구가 혼재된 양상으로 진행된다. 양적 연구와 질적 연구는 어느 것이 낫다는 측면보다는 두 연구의 장·단점 측면에서 접근해야 한다. 연구 과정은 소집단 학습자들의 말하기 과정에 면밀한 관찰 결과를 서술식 평가와 표준화를 통한 상대 평가가 동시에 이루어져야 하기 때문에 두 접근 측면이 모두 고려된다.[2]

조사연구에 참여한 경남 K고 학습자들은 대략 수능 모의고사에서 대다수가 1~3등급 내에 들어가는 우수한 대상자들이다. 이들만으로 조사 대상자를 한정한 것은 시간적 문제나 평가 잣대의 문제도 있었지만, 무엇보다 한정된 시간 내에 발표를 위한 준비를 하고, 실제 발표에서도 일정 시간 내에서 주제를 드러낼 수 있는 언어 수행 능력이 있어야 하기 때문이다.3) 구체적인 과정과 시기는 〈표 1〉과 같다.

〈표 1〉 조사 과정 및 시기

과정	시기	조사 대상
발표 주제 공모	2009.03.30~2009.04.05	경남K고 1학년 91명
발표 주제 공고	2009.04.08	
발표 및 평가	2009.04.09~2009.04.10	

본 과정은 크게 듣기·말하기 주제 선정, 듣기·말하기 과정, 말하기 평가 단계로 구성된다. 듣기 평가에 대해서는 이전 과정이 모두 이루어진 후에 학습자들의 자기, 상호 말하기 평가 결과를 바탕으로 교사가 평가하게 된다. 상세한 서술은 〈표 2〉와 같다.

---

2) 언어 교육과 관련된 현장 조사연구의 상세한 지침은 마이클 J. 월리스 지음(Mjchael J. Wallace, 1998; 김지홍 뒤침, 2009)을 참고할 수 있다.

3) 조사자는 경남 K고 학습자들에게 듣기·말하기 수행 평가를 실시하기 이전에 농·어촌 고등학교에서 똑같은 과정으로 실시했던 적이 있었다. 대다수 학습자들이 내신에 들어가는 평가임에도 불구하고 발표를 포기하는 경우가 많았다. 따라서 말하기를 준비할 수 있는 시간을 넉넉하게 주었고, 주제도 미리 정해 발표하게 했던 적이 있었다. 하지만 경남 K고 학습자들은 대다수가 매우 우수한 언어 수행 능력을 지녔을 뿐만 아니라, 최근 대입과 관련하여 발표력이 중요한 합격 변수가 되어 왔기 때문에 동기유발도 충분히 되었으리라 점도 감안되었다.

<표 2> 듣기·말하기 수행평가 단계

단계	과정	내용
1	듣기·말하기 주제 공모	발표할 주제를 약 일주일 전에 공모함, 수행평가에 반영하며 주제에 선정된 학습자는 일정한 가산점을 받음.
2	주제 선정	두 명의 교사가 합의하여 다섯 가지 주제의 발표 주제를 선정함.
3	발표 주제 공고	발표 하루 전에 주제를 공고함, 학습자들이 사전에 다섯 가지 주제에 대한 내용을 암기할 수 있는 시간적 여유를 주지 않기 위함.
4	발표 순서 무작위 선정	무작위로 발표 순서를 정함, 수행평가에 대한 공정성과 평가에 대한 시비를 방지하기 위함.
5	발표 주제 무작위 선택	다섯 가지 주제 중에서 한 가지를 학습자가 무작위로 선택할 수 있도록 함, 말하기 주제에 대한 내용을 사전에 암기하는 것을 방지하기 위함.
6	발표	3~5분 정도의 발표 시간을 주며, 지나치게 기준 시간에 미흡한 경우에 평가에 반영함.
7	말하기 평가	교사 평가, 학습자 상호 평가, 자기 평가를 실시하여 평가의 객관성과 신뢰성을 확보하며, 서술식으로 평가하되 일정한 정상 분포 곡선상의 점수대를 유지하도록 함.
8	듣기 평가	학습자 상호 평가와 자기 평가에 드러난 학습자들의 듣기 결과를 토대로 교사가 평가함.

1·2단계에서는 학습자들 스스로 듣기·말하기 주제를 선택하도록 하였다. 이는 학습자들이 자신의 삶의 맥락 내에서 평소에 생각해 보았거나 고민해 보았던 문제를 보다 논리적이고 분명하게 표현하는 일과 직·간접적으로 연계하는 것이 필요하기 때문이다.

말하기에서 학습자들이 겪는 가장 큰 어려움은 무엇보다도 무엇을 말해야 한다는 강박 관념과 거기에서 오는 불안감에 있다. 특히 공적인 자리에서 남들 앞에서 격식을 갖추어 말할 수 있는 기회가 적었을 뿐만 아니라, 기회가 있다손 하더라도 말하기 본령과는 거리가 먼 원고를 미리 암기하여 발표하는 형식으로 여겨지는 경우가 많았다.

이 글은 이런 문제의식에 기반하여, 우선적으로 학습자들의 듣기·말하기에 대한 인식력을 제고하는 것에서부터 출발하였다. 이는 과제 중심 언어교육(TBLT)에서 알려진 바와 같이 학습자들에게 일정한 과제를 부여하고, 이를 통하여 학습자들의 다양한 언어활동을 이끌어내는 것과 관련된다.

주제 선정 단계에서 학습자들은 듣는 청중을 고려하지 않을 수 없다. 교사와 동료 급우들이 청중이 된다는 점을 고려하여, 특히 동료 급우들이 주요한 평가자로서의 청중이 되기 때문에 그들의 성향을 고려하지 않을 수 없다. 이는 쌍방향 의사소통으로서의 듣기·말하기 과정을 주제 선정 과정에서부터 고려해야 한다는 점을 학습자들에게 깨닫도록 할 것이다.

91명의 학습자들로부터 나온 주제의 특성을 살펴보자면, 우선 본교가 이공계 특목고라는 점이 고려되어 과학이나 공학 분야에 관련된 내용이 다수 제기되었다. 내용상의 특성으로는 질문들이 분명하게 이원 분류할 수 있는 것들이 많았고, 질문 내용도 최근에 있었던 사회적 사건들에 대한 것이 많았다. 91명의 학습자들로부터 나온 주제 중에서 〈표 3〉와 같이 최종 다섯 가지 주제를 최종 선정하였다. 다섯 가지 주제가 선택된 것은 '하루'라는 발표 준비 시간을 감안한 것이고, 내용상으로 특목고 학생들의 대학진학 시의 면접에서 제시될 수 있는 문항이라는 점과 관련된다.

〈표 3〉 듣기·말하기 선정 주제

	듣기·말하기 선정 주제
1	고도로 발달된 로봇을 생명체라고 할 수 있는가?
2	왜 과학자도 인문학, 형이상학적 소양이 필요한가?
3	다니엘 헤니는 추대 받지만, 코시안은 천대받는 우리 사회의 인식을 어떻게 생각하는가?
4	사회적으로 논란이 되는 사건의 피해자, 또는 유가족의 모습을 뉴스나 신문에서 보도해도 되는가?
5	아무도 모르고, 모든 것이 낯선 환경에서 친구를 사귈 수 있는 세 가지 방법은?

선정된 발표 주제 공고는 학습자들이 암기한 내용을 그대로 발표하는 폐단을 막기 위해 발표 준비 시간을 최소한으로 줄였다. 하루 전에 주제를 공고했기 때문에 학습자들이 개략적으로만 다섯 가지 주제에 대해 준비했을 것이라 짐작할 수 있다.

4단계와 5단계는 발표순서와 주제 선택에 관한 것인데, 둘 다 학습자들의 평가 형평성에 맞추기 위해 무작위 추첨을 통해 이루어졌다. 가령 발표 순서를 맨 앞 발표자만 교사나 학급 반장이 무작위 선정하고, 이후 발표자는 앞선 발표자가 무작위로 뽑아서 선정하였다. 순서가 정해진 학습자는 다섯 가지의 주제 중에서 역시 무작위로 선택하여 발표를 하게 하였다.[4]

발표순서와 주제를 무작위로 추첨해서 선정하게 한 것은, 무엇보다 평가에서 발생할 수 있는 형평성 문제와 주제에 대한 사전 암기를 통한 발표를 막기 위해서였다. 다섯 가지 주제 중에서 하나가 선택되기 때문에 학습자들은 다섯 가지 주제에 대한 개략적인 준비만 할 수 있었을 것이라 짐작된다. 이는 말하기가 완벽하게 암기된 내용의 표현과는 다르다는 점을 학습자들이 스스로 깨닫는 계기가 될 수 있다.

6단계 발표에서는 3~5분 정도의 시간을 주었다. 교사는 준비된 시간 계측기를 통해 학습자들이 5분 넘을 경우는 시간을 알려주고, 적절한 시점에서 말하기를 그칠 수 있도록 하였다. 수업 시간 등을 고려하여 일정한 시간 안에 수행평가를 마쳐야 하기 때문에 학습자들에게 무한정 시간을 줄 수는 없었다.

7단계는 말하기 평가에 대한 것이다. 이 단계는 이 글에서 밝히려는

---

4) 학습자들에게 발표 시에는 일절 발표와 관련된 메모나 단서 자료를 가지고 나올 수 없도록 하였다. 이것을 어길 시에는 최하점을 준다고 미리 학습자들에게 공지하였다.

가장 핵심적인 과정으로, 학습자가 발표하면서 드러나는 내용과 형식상의 다양한 측면을 고려할 수 있도록 하였다. 이는 말하는 과정에서 실시될 수 있으며, 말하기가 종결된 이후에 기술될 수도 있다. 즉 말하기가 진행되는 과정과 끝난 이후에 모두 평가할 수 있도록 하였다.

또한 평가의 신뢰성과 타당성을 확보하기 위하여 교사 평가, 학습자 상호 평가, 자기 평가를 모두 실시하였다. 말하기 준비 시간에 따른 점수의 차별성도 고려하였다. 이 과정은 이 글에서 제기하는 평가자 간 평가 관점의 차이와 시간차에 따른 점수의 차이를 가설로 설정하여 검증하는 가장 핵심적인 단계이다.

마지막 단계는 학습자들이 말하기 평가에서 작성한 것을 토대로 교사가 학습자들의 듣기 수준을 평가하는 것인데, 이 글에서는 이 부분을 다루지 못하였다.

2.2. 연구 가설

이 글에서는 세 가지 가설이 설정되고 이에 준하여 결과와 논의가 이루어진다. 이는 듣기·말하기 과정에 드러나는 학습자들의 다양한 인지 과정을 관찰하고, 나아가 말하기 평가의 이론적 토대를 마련하기 위해서 설정되었다.

연구 가설1: 학습자 상호 평가에서 최상위와 최하위 판정을 받은 학습자들의 점수 편차가 기타 점수대의 학습자들보다 낮을 것이다.

연구 가설 1에서는 학습자들의 상호 평가에 드러난 점수의 편차를 살펴보는 데 논의의 초점이 있다. 즉 학습자들 간 상호 평가에 기반한 평가 점수가 어느 정도 합의를 이루는 양상으로 드러나는지를 파악함으로써, 학습자들 간 말하기 평가 점수의 신뢰성을 밝히는 데 있다. 물론 교사 평가를 근간으로 하여 학습자 자기 평가와 학습자 상호 평가가 다루어진다.[5]

조사자는 평가 점수인 6~10점까지를 어느 정도 정상분포 상에 두었고, 각 점수별로 학습자 수를 적절하게 고려하였다. 이는 학습자들이 학습자 상호 평가에 있어 말하기 수준을 비교 평가하고 아울러 이를 점수에 반영할 수 있도록 고려한 조치였다.

다만 7~9점까지의 점수는 명확하게 변별력 있게 드러나기가 어렵기 때문에 최하점인 6점과 최고점인 10점만으로 학습자들의 평가 편차에 드러나는 합의점을 살펴보려 했다. 나아가 최상위와 최하위로 평가된 학습자들의 경우에 그 점수의 표준편차가 7~9점으로 판정받은 학습자들보다 적을 것이라고 예상하였다. 즉 최상위와 최하위로 판정받은 학습자들은 보다 많은 학습자들로부터 동일 점수대로 판정받을 가능성이 높으며, 이는 학습자들의 말하기 수준의 명확한 차이에 대한 인식력의 반영이라 볼 수 있다.

연구 가설2: 교사 평가, 학습자 상호 평가, 자기 평가에서 점수의 차이가 유의미하게 드러날 것이다.

연구 가설 2에서는 말하기 평가와 관련된 교사 평가, 학습자 상호 평가, 자기 평가가 각각 유의미한 차이를 보일 것이라고 가정하였다. 교사와 학습자가 말하기에 드러난 다양한 요소들을 평가하는 데 일치를 보일 것이라고 볼 수 없으며, 아울러 학습자 자신과 그의 급우들을

---

5) 2007 개정 교육과정의 화법의 평가 영역에서도 자기 평가와 학습자 상호 평가를 적극적으로 활용할 것을 제시하고 있다.

평가하는 데도 차이가 있을 것으로 판단되기 때문이다.

또한 이 가설에서는 교사와 학습자가 말하기 과정을 평가하는 데 있어 주요한 평가 점수의 변수가 무엇인지를 파악하는 점에 각각 관련된다. 따라서 이를 통해 교사와 학습자 평가 점수의 차별성을 살피고, 나아가 학습자들이 말하기를 평가하는 데 있어 어떤 점들에 주목하였는지를 고려할 수 있다.

한편 자기 평가 점수가 교사나 학습자 상호 평가에서 드러난 점수보다 높게 나올 것으로 가정할 수 있다. 이는 우선 조사 대상 학습자들이 성취동기가 매우 높다는 점과 대학진학과 직결된 문제인 내신에 초미의 관심을 두고 있기 때문이다. 이런 점들이 자연스럽게 평가 점수에 반영될 것이라 보았기 때문이다.

연구 가설3: 발표 준비 시간이 많이 확보될수록 말하기 평가 점수가 향상될 것이다.

연구 가설 3에서는 발표 시기에 따른 점수에 차이가 있을 것이라고 가정하였다. 모든 학습자들이 특정 시간 안에 모두 발표할 수 없다는 점을 감안하여 조사 과정에서는 이틀에 걸쳐 발표를 실시하였다. 모든 학습자들이 무작위로 뽑혀서 발표 대상자가 되기 때문에 먼저 발표하는 이와 나중에 발표하는 대상자 사이에 점수차가 날 것으로 예상할 수 있다.

물론 의도적으로 하루의 격차를 두고 발표를 실시한 것은 아니었다. 학교 수업과 기타 여러 가지 행정상의 문제 때문에 충분한 발표 시간을 확보할 수 없었기 때문이다. 물론 이런 점들을 미리 학습자들에게 공지하고, 발표 시기를 잡았기 때문에 발표를 진행하는 과정에서는 무리가 없었다. 다만 직관적으로 하루의 격차를 두고 발표를 하면, 다음날 발표할 학습자들이 발표를 준비할 시간을 더 확보할 수 있기 때문에 말하기 평가 점수에서 더 많은 점수를 얻을 것이라 추측할 수 있다.

한편으로 학습자들은 하루라는 발표 준비 시간을 확보하는 반면에, 말하기를 준비하는 과정에서 느끼는 불안감과 초조감으로 인하여 느끼는 심적 부담감이 준비 과정의 장애 요소로 작용할 수도 있을 것이다. 물론 이런 점들이 어떻게 말하기 평가에서 지적되며, 점수로 반영될지의 문제가 이 가설의 핵심적인 파악 요소이다.

3. 연구 결과 및 교육적 의의

3.1. 연구 결과 및 논의

이 글의 조사 대상자들은 모두가 선택된 주제로 발표하였으며, 아울러 말하기 평가에도 모두 참여하였다. 말하기 평가에서 자기 평가, 학습자 상호 평가, 교사 평가 모두 인상 평가에 기대어 서술식으로 평가의 요소를 기술하게 하였으며, 이를 바탕으로 6~10점대의 점수 중에서 정규분포상에 부합하는 평가 점수를 부여하도록 하였다. 즉 이는 질적 평가와 양적 평가가 절충된 방식이다.

네 반은 22명, 23명, 23명, 23명으로 구성되어 있고, 여학생은 대략 각 반에 4~5명으로 구성되어 있다. 본 과정에서는 남·여에 따르는 평가 점수의 차이를 감안하지 않았기 때문에 남·여 학생을 따로 구별하여 평가 점수의 차별성을 고려하지 않았다. 22명의 경우에는 6~10 점대에 각각 3, 4, 6, 5, 4명씩을, 23명의 경우에는 3, 5, 6, 5, 4명씩을 두었다.

 네 반 학습자들의 자기 평가, 학습자 상호 평가, 교사 평가의 결과 및 시간적 격차에 따른 결과는 〈표 4〉와 같다. 학습자들의 개인 정보를 보호하기 위해 이름은 생략하였다. 아울러 제시된 순서는 학습자들의 발표 순서를 그대로 반영한 것이다. 표에서 '발표 순'의 열과

〈표 4〉 1-가(반) 말하기 평가 결과

발표 순	1-가(반): 자기 평가·학습자 상호 평가(22명, 10번 없음)																						평균	표준 편차	교사 평가
	20	15	22	14	13	21	11	4	9	17	2	3	7	19	16	1	23	6	5	18	12	8			
20	8	7	6	7	6	8	6	9	6	9	8	6	8	6	8	7	7	7	6	6	7	6	7.00	1.02	8
15	9	8	10	9	8	9	7	9	6	8	9	9	8	7	9	8	8	8	8	9	9	9	8.32	0.89	7
22	7	9	10	7	10	7	9	7	10	9	8	7	8	7	8	9	9	8	9	8	9	8	8.23	1.07	6
14	8	10	9	10	8	9	8	9	7	9	8	9	10	8	9	9	9	8	7	8	8	8	8.50	0.86	9
13	10	9	9	10	9	8	8	9	9	10	10	7	10	10	6	10	9	10	9	10	9	9	9.05	1.09	10
21	8	8	7	9	8	8	9	10	7	6	6	7	8	8	7	9	7	9	9	7	9	7	7.86	1.08	9
11	8	8	8	7	7	8	10	10	8	9	7	9	8	9	9	8	9	10	9	9	10	10	8.95	0.90	9
4	8	9	8	7	7	8	7	9	8	8	8	9	9	8	9	7	9	9	8	8	9	8	8.23	0.75	8
9	8	6	8	8	9	8	8	7	8	7	8	8	7	7	9	6	7	7	7	8	8	8	7.55	0.80	8
17	9	10	9	9	10	9	8	10	9	10	10	9	10	10	10	9	8	10	8	10	10	10	9.45	0.74	10
2	10	8	10	9	8	9	8	9	9	9	9	9	10	6	10	9	9	10	9	10	9	9	9.05	0.95	9
3	7	6	8	6	7	6	6	8	9	7	7	6	7	7	6	8	6	7	7	7	7	7	6.86	0.83	7
																							8.25		
7	10	8	10	10	10	10	10	8	10	10	10	9	8	10	9	10	10	10	10	10	10	10	9.55	0.74	9
19	6	6	7	8	8	8	7	5	4	8	7	6	9	7	8	6	6	6	7	6	6	6	7.05	0.95	6
16	9	7	8	9	10	10	10	8	9	10	10	9	10	8	8	9	10	10	10	8	10	9	9.14	0.94	10
1	6	6	6	6	6	7	6	6	6	6	8	6	6	7	6	6	6	6	7	6	6	6	6.32	0.65	6
23	9	7	7	8	6	8	6	8	7	8	8	8	6	7	7	8	8	9	8	7	8	7	7.73	0.77	7
6	7	7	8	8	7	6	7	8	7	8	6	6	7	8	6	6	8	7	9	8	6	7	7.27	0.98	8
5	6	8	8	7	6	8	7	10	6	7	9	7	10	8	9	7	7	8	9	7	7	7	7.73	1.12	8
18	10	10	7	9	10	10	10	10	9	10	10	9	10	10	9	10	10	10	10	10	10	10	9.64	0.73	10
12	9	8	9	8	8	9	8	7	8	8	9	8	9	8	9	8	8	9	8	9	8	8	8.14	0.83	8
8	7	7	8	8	7	6	7	8	7	8	6	7	7	6	7	8	7	7	8	6	6	8	7.00	0.76	7
																							7.96		

행에 해당한다. 반의 명칭도 조사자가 임의로 붙인 것인데, '1-가'에서 '1-라'까지이다.

22명의 학습자들을 발표순으로 각각 행과 열로 배치하였다.[6] 가령 〈표 4〉에서 20번 학습자가 발표를 했다면, 평가의 결과는 20번 학습자의 행과 같다. 자기 평가와 학습자 상호 평가를 합하여 낸 평균이 '7.00'이었다. 아울러 20번 학습자의 경우 자기 평가에서 '8'점을, 학습자 상호 평가에서는 '6'점과 '7'점이 다소 많았다. 교사 평가는 '8'점이었다. 대각선 형태의 진하게 밑줄 그어진 점수가 자기 평가 점수이다.

20번 학습자의 열에 해당하는 것은 20번 학습자가 자기를 포함하여 다른 학습자들에 대한 내린 평가 점수를 포함한 것이다. 이론적으로 학습자들의 모든 열의 합이나 평균은 같아야 한다. 앞서 조사자가 학습자들에게 6~10점까지 각 점수에 해당하는 학습자의 수를 정해 주었기 때문이다.

하지만 간혹 몇몇 학습자들의 경우에는 이 숫자를 정확하게 반영하지 못한 경우가 있었다. 가령 15번 학습자의 경우 '10점'이라고 평가한 학습자가 4명이 아니라 3명이었다. 매우 미미하게 드러났기 때문에 수치상으로 반영할 정도는 아니었다.

3번 학습자와 8번 학습자 아래의 공란은 '하루' 차의 발표 순서에 따른 점수 분포를 구분하기 위해서 두었다. 아울러 학습자 상호 평가와 자기 평가에서 나온 평균 점수를 재차 합산하여 평균 점수를 이끌어내었다. 이는 '하루'라는 시간 격차가 발표 점수에 영향을 끼쳤는지의 여부를 가늠하기 위해서이다.

---

6) 1-가(반)의 경우 10번 학습자가 전학을 가는 바람에 부득이하게 10번 칸은 삭제하였다.

먼저 "학습자 상호 평가에서 최상위와 최하위 판정을 받은 학습자들의 점수 편차가 기타 점수대의 학습자들보다 적을 것이다"라는 연구 가설 1에 대한 조사 결과는 〈표 4〉의 표준편차를 통해 확인할 수 있다.

가장 높은 평균 점수가 나온 네 명의 학습자인 17, 7, 16, 18번 학습자들의 표준편차를 보면 16번 학습자의 경우는 다소 높게 드러나고 있지만 나머지 학습자들은 상당히 낮은 수치로 드러나고 있음을 알 수 있다. 아울러 가장 낮은 평균 점수를 받은 3, 19, 1번 학습자들의 경우도 비교적 낮은 수치의 표준 편차를 보이고 있다. 즉 가장 높거나 낮은 점수를 받은 학습자들은 기타 점수대의 학습자들보다 비교적 일치된 평가 점수를 받았다고 볼 수 있다.

"교사 평가, 학습자 상호 평가, 자기 평가에서 점수의 차이가 유의미하게 드러날 것이다"라는 연구 가설 2는 통계 수치상으로 차이가 없는 것으로 드러났다.[7] 다만 자기 평가에서 전반적으로 높게 나오거나 낮게 나오는 경우가 발견되었다. 가령 22번 학습자의 경우 평균은 8점대이지만 자기 평가는 10점이고, 교사 평가는 6점으로 나와 상당

---

[7] 가령 1-가(반)을 "H_0: 교사평가, 학습자 상호 평가, 자기평가 점수는 같다 / H_1: 교사평가, 학습자 상호 평가, 자기평가 점수 중 다른 것이 있다."와 같이 귀무가설과 대립가설을 설정할 수 있다. 가설을 바탕으로 적절한 통계 절차에 의해 통계수치를 산정하면 아래 표와 같다.

〈표〉 1-가(반) 말하기 평가의 측정자 간 분산분석표

변동원천	제곱합	자유도	평균제곱	F	p-값
집단간(측정자)	1.21	2	0.61	0.45	0.637
집단 내	83.87	63	1.33		
합계	85.08	65			

가설검정 결과 p값이 0.05보다 크므로 귀무가설을 기각할 수 없다. 즉 측정자간 평가자점수에는 유의한 차이가 없다. 나머지 세 반도 위와 같은 통계 절차에 의해 유사한 결론이 나오기 때문에 이하에서 구체적인 통계 절차와 수치는 생략한다. 따라서 네 반 모두 평가 관점에 따른 점수차는 유의미하지 않은 것으로 추론할 수 있다.

히 엇갈리는 평가 결과가 나왔다. 반면에 16번 학습자의 경우는 평균
이나 교사 평가 점수보다 훨씬 낮은 점수로 자기를 평가하고 있다.

가령 22번과 16번 학습자의 자기 평가, 학습자 상호 평가, 교사 평가
의 말하기 평가에 대한 결과는 〈표 5〉와 〈표 6〉과 같다.

〈표 5〉 22번 학습자의 말하기 평가 결과

평가 대상	평가 내용	평가 점수
자기 평가	아쉬운 발표였다. 생각하는 도중에 끊겨 매끄럽지 않았고 목소리도 떨렸다. 전달하고자 하는 바를 뚜렷이 한 것 같다.	10
학습자 상호 평가	주제에 대한 자신의 배경지식을 활용하여 시작이 좋았다. 준비를 많이 한 것 같지만, 긴장한 것 같아 아쉬웠다. 주장이 명확하게 드러나지 않았다. 급하게 마무리 짓는 점이 있었다.	8
교사 평가	'주제'에 대한 내용 정리가 제대로 안 됨. 중간 중간 더듬거리는 경우가 많았고, 전체 맥락이 자연스럽지 못함. 앞·뒤 내용을 잘 헤아려 내용을 전개시켜 나가야 할 필요성이 있음. 아울러 좀 더 자신감과 여유를 가지고 청중을 대하는 태도가 필요함.	6

〈표 6〉 16번 학습자의 말하기 평가 결과

평가 대상	평가 내용	평가 점수
자기 평가	설득력이 높지 않은 편이었던 것 같다. 발표에 끊어짐은 없었다.	8
학습자 상호 평가	적절함 몸짓, 자신감 있어 보였다. 구체적이고 정확하게 설명하였다. 예시를 잘 들었다. 주장과 근거가 명확했다.	10
교사 평가	주제에 대한 심도 있는 논의가 이루어짐. 다양한 몸짓과 동작을 통해 흥미진진하게 내용이 전개된 점이 돋보임. 생활과 가치관의 문제에서 인문학과 형이상학의 문제를 다룬 점이 돋보이며, 예시가 매우 적절하다는 인상을 줌. 풍부한 지식과 경험이 우러난 말하기였음.	10

〈표 5〉에서 드러나는 바와 같이 22번 학습자는 자기 평가에서 상당
히 부정적인 내용을 담고 있음에도 불구하고 10점을 부여하고 있는
데, 평가 내용과 평가 점수 상의 논리적 불일치를 보여주고 있다.

발표순	1-나(반): 자기 평가·학습자 상호 평가(23명)																							평균	표준편차	교사평가
	1	22	17	13	15	5	6	19	23	2	12	16	20	9	21	7	4	11	8	10	14	3	18			
1	8	7	9	8	7	9	8	9	9	8	7	8	8	8	8	8	8	8	6	8	8	7	9	7.96	0.77	7
22	8	6	7	9	7	7	7	7	7	7	7	7	7	7	7	7	7	7	8	8	7			7.17	0.58	7
17	6	7	7	6	8	6	6	6	7	6	6	6	7	6	7	6	6	6	6	6	6	7	6	6.35	0.57	8
13	9	9	9	9	9	9	9	9	9	9	9	8	9	9	9	8	7	8	9	8	8			8.61	0.58	8
15	9	8	10	9	9	9	10	8	9	10	8	9	9	10	8	9	8	10	10	10	9			9.26	0.81	10
5	9	10	8	9	9	9	9	9	10	8	7	9	8	9	8	8	10	9	10					8.96	0.88	9
6	6	7	7	7	6	7	8	7	7	6	7	6	8	6	8	8	6	7	8					7.00	0.74	6
19	9	9	9	8	8	9	9	10	10	10	9	10	9	10	10	10								9.17	1.07	8
23	6	6	6	6	6	6	6	6	6	6	6	6	6	6	7	7	6	6	6	6				6.09	0.29	6
2	9	9	8	10	10	8	10	10	9	8	10	9	10	10	10	9	9	10	9	9				9.22	0.80	10
12	7	6	6	6	6	6	6	6	6	6	6	6	6	6	6	6	6	6	6	6				6.17	0.39	7
16	10	10	10	8	10	9	10	10	8	9	9	8	10	10										9.43	0.79	9
20	7	9	9	8	10	7	9	9	6	9	10	8	8	8	7	7	7	8	8					8.13	1.01	9
																								7.96		
9	9	8	8	7	7	7	7	9	8	8	8	9	8	8	7	9	8	9	10	9	7	7	7	8.00	0.90	8
21	10	9	9	9	9	9	10	10	10	9	10	8	10	10										9.35	0.71	10
7	10	8	7	9	8	8	8	9	7	10	8	7	8	8	7									8.30	1.02	7
4	9	9	8	9	9	9	8	9	9	9	9	10	8											8.52	0.59	9
11	8	7	7	8	8	7	7	7	9	8	8	7	7											7.48	0.73	7
8	8	8	6	8	7	7	7	7	7	7	7	10	8	7	7	7								7.35	0.78	
10	8	9	10	8	9	9	8	9	8	10	8	9	8	8	10	8	9	8	8					8.57	0.73	9
14	7	10	8	7	7	8	10	7	6	7	7	8	7	7	8	8	6							7.48	0.99	6
3	10	7	10	9	10	9	10	10	10	9	10	10	9	10	9	9	10	9						9.43	0.84	10
18	7	8	7	8	9	7	9	7	9	7	8								8					8.04	0.82	8
																								8.25		

"발표 시기에 따라 일정한 점수의 차이를 보일 것이다"라는 연구 가설 3은, 오히려 하루 앞서 발표한 학습자들의 평균 점수가 높은 것으로 드러났다.[8] 모든 반에 결과를 살펴보아야 하겠지만, 하루라는 시간적 격차가 큰 의미가 없었는지, 오히려 학습자들에게 심적 부담

감만 주었는지의 여부에 대해서는 더 나아간 조사가 필요할 것 같다.

1-나(반) 역시 앞선 1-가(반)과 큰 차이를 보이지 않는 것으로 판단된다. 다만 연구 가설 1에서 제기된 점수 편차의 분포에서, 다소 최상위 학습자들의 점수에서 편차가 있는 것으로 판단되었다. 3번 학습자의 경우 가장 높은 점수를 받았는데, 편차에 있어서는 다소 높은 수치를 보였다. 이는 3번 학습자에 대한 평가에서 7점이나 8점이 다소 드러났기 때문인데, 말하기 평가 관점의 문제로 해석된다.

다만 이 반에서는 최하위 점수로 판정된 학습자들의 편차가 매우 낮다는 점이었다. 최하위 점수를 받은 23번 학습자의 경우 0.29라는 매우 낮은 편차를 보이고 있다. 결과에서도 보는 바와 같이 두 명의 학습자를 제외하곤 모든 학습자가 최하위 점수를 부여했다. 23번 학습자의 말하기 평가 결과는 〈표 8〉과 같다.

〈표 8〉 23번 학습자의 말하기 평가 결과

평가 대상	평가 내용	평가 점수
자기 평가	말이 잘 이어지지 않았고, 근거가 부족했다.	6
학습자 상호 평가	자신감 부족, 생물학적 근거 제시 부족, 말 중간에 공백이 많음, 말하는 요점이 분명하지 않음, 논리적이지 못함.	6
교사 평가	차분한 어조로 전개한 점은 듣는 이를 편안하게 해 주는 면은 있지만, 흥미나 주제 파악에 반감되는 면이 적잖이 발견되었음. 내용 준비의 부족으로 원활한 전개가 되지 못함. 자신감 있는 태도로 주제를 명확하게 전달하는 연습을 할 필요가 있음.	6

연구 가설 2의 조사 결과도 1-가(반)과 마찬가지로 자기 평가에서 보다 많은 점수를 주는 경향이 있었고, 전체적으로 점수상의 큰 차이

---

8) 네 반의 통계치는 '하루'라는 준비 시간에 따른 학습자들의 점수를 모두 고려해야 하기 때문에, 구체적인 통계 절차에 따른 가설의 유의미성 유무는 네 반에 대한 논의가 끝난 후인 '각주 9'에 제시되어 있다.

는 드러나지 않는 것으로 드러났다. 연구 가설 3은 1-나(반)과 다르게 '하루'라는 시간 격차가 점수에 일정하게 반영된 것으로 드러났다.

〈표 9〉 1-다(반) 말하기 평가 결과

발표순	1-다(반): 자기 평가·학습자 상호 평가(23명)																							평균	표준편차	교사평가
	13	1	16	14	12	10	19	22	3	17	21	5	7	15	23	4	6	20	8	9	18	2	11			
13	10	9	10	10	8	9	9	9	9	10	9	10	10	9	10	10	10	9	10	10	9	8	9	9.43	0.66	9
1	10	10	10	10	10	10	10	10	10	10	10	10	10	10	10	10	10	10	10	10	10	10	10	9.96	0.21	10
16	7	6	8	7	6	7	7	7	6	6	7	7	7	9	6	7	7	7	6	7	7	7	8	6.91	0.73	6
14	7	7	9	6	7	8	8	8	7	7	8	9	10	9	9	8	8	6	6	6	7	8	7	7.61	1.12	8
12	7	8	9	8	8	9	9	9	9	8	7	10	9	8	8	7	7	8	7	9	8	9	8	8.09	1.00	8
10	8	8	8	7	10	9	8	8	7	6	9	7	8	8	7	8	9	8	8	7	9	8	8	7.96	0.77	8
19	6	6	6	7	7	6	7	6	6	7	6	6	6	7	6	8	6	6	8	7	6	6	6	6.43	0.66	6
22	6	8	8	6	8	6	9	8	8	6	7	7	6	6	8	8	8	7	6	8	7	6	7	7.09	1.00	6
3	6	8	7	8	8	9	9	9	8	7	8	10	9	8	9	9	6	8	9	9	8	8	8	7.70	1.02	8
17	8	7	6	8	9	10	7	10	8	9	7	10	7	9	8	9	7	8	6	8	9	9	9	8.13	1.18	8
21	7	9	7	7	9	7	7	8	8	8	7	8	7	6	7	7	6	7	8	7	9	8	7	7.43	0.84	7
																								7.89		
5	9	7	8	9	10	9	9	8	9	8	9	9	8	9	6	10	8	8	10	9	9	10	10	8.65	0.98	7
7	8	10	8	7	9	9	8	8	8	10	7	8	8	9	8	8	8	8	9	8	9	8	8	8.61	1.12	8
15	8	9	9	10	9	6	7	8	7	9	9	7	7	8	8	8	10	8	7	7	8	7	7	8.09	1.08	8
23	9	8	9	9	9	9	7	7	8	10	8	10	9	9	7	8	6	7	8	8	8	8	8	8.04	1.07	10
4	7	9	8	8	8	8	7	7	8	8	7	7	7	8	6	7	8	8	8	7	7	6	7	7.52	1.04	7
6	9	10	9	10	10	10	9	8	9	8	10	9	10	9	10	10	10	10	10	10	10	10	10	9.48	0.67	10
20	10	9	9	10	8	8	10	9	9	9	8	8	7	9	9	9	9	8	7	9	9	9	9	8.74	0.92	9
8	8	7	7	7	6	7	6	6	7	7	8	8	7	7	7	7	7	8	8	7	7	7	7	7.17	0.94	7
9	7	7	6	6	7	7	6	7	6	6	6	7	6	6	8	6	6	7	7	7	6	6	6	6.61	0.66	7
18	8	6	8	7	7	9	8	8	7	7	9	8	7	9	9	9	7	9	9	8	9	8	8	7.91	1.00	9
2	9	9	8	8	8	9	9	10	9	9	8	8	8	10	9	9	8	10	10	10	10	10	9	9.00	0.80	9
11	10	10	10	8	8	10	10	10	10	10	10	10	9	10	10	10	10	9	10	9	9	9	9	9.35	0.78	10
																								8.26		

1-다(반)의 경우 앞선 두 반에 비해, 최상위와 최하위 점수대 학습

자들의 점수 편차가 다른 점수대 학습자들의 편차보다 훨씬 낮음을 알 수 있다. 이는 말하기 평가에 있어 잘함과 못함의 구별이 명확하게 드러난 예라 할 수 있다. 1번 학습자의 경우 한 사람을 제외하고는 모든 이들로부터 10점을 받은 것으로 드러났다.

　　교사 평가, 학습자 상호 평가, 자기 평가의 점수는 앞 두 반에 비하여 차이를 크게 보이지 않는 것으로 판단되며, 발표 시기에 따른 점수의 차이는 1-나(반)과 같이 뒷날 발표한 학습자들의 평균 점수가 높은 것으로 드러나 발표 시기에 따른 점수차가 있는 것으로 판단된다.

〈표 10〉 1-라(반) 말하기 평가 결과

발표순	1-라(반): 자기 평가·학습자 상호 평가(23명)																							평균	표준편차	교사평가
	16	18	11	6	22	8	19	15	12	7	10	17	2	1	13	21	3	9	23	20	14	4	5			
16	7	6	7	7	6	7	7	7	7	8	7	7	6	8	7	7	7	10	7	8	7	6	7	7.09	0.85	7
18	10	10	9	9	9	9	9	8	10	8	10	8	9	9	9	10	9	9	10	9	8	8	8	9.09	0.73	9
11	6	6	6	6	6	6	7	6	6	6	6	6	6	6	6	6	6	6	6	6	6	6	6	6.04	0.21	6
6	8	9	8	10	9	8	8	8	9	9	8	9	9	10	7	7	8	8	9	10	8	8	8	8.57	0.90	9
22	9	7	7	8	7	7	8	7	8	8	8	8	8	9	6	6	6	6	8	7	7.65	0.93	8
8	8	10	9	10	10	10	9	8	9	9	10	9	9	9	10	9	10	9.43	0.79	10
19	9	9	9	8	9	8	8	8	8	8	9	7	7	9	8	9	7	8	8.26	0.81	8
15	9	9	8	9	9	9	9	9	9	9	8	8	9	9	8	9	9	9	8.83	0.58	10
12	10	10	9	10	9	10	9	10	10	10	10	10	10	10	10	9	10	10	9.83	0.39	10
7	6	6	6	6	6	6	6	6	6	6	6	6	6	6	6	6	6	6	6.09	0.29	6
10	9	8	9	8	10	9	9	9	9	9	9	9	8	8	10	8	9	8	8.87	0.69	9
17	7	9	10	8	10	9	10	8	9	8	7	8	10	7	9	10	8	8	8.78	1.09	8
																								8.21		
2	8	10	8	8	8	8	8	8	8	8	8	8	8	9	8	10	10	8.48	0.85	9
1	7	7	8	6	7	7	10	7	7	8	6	7	8	6	6	7	10	7	7	7	6	7.26	1.10	6
13	10	10	10	10	10	10	10	10	10	10	9	10	10	9	10	10	10	10	10	9.91	0.29	10
21	8	8	6	8	7	8	7	7	8	7	6	7	7	7	8	7.35	0.88	7
3	8	8	9	7	8	9	7	9	7	8	9	8	10	7	8	8	8	9	9	7.91	1.00	7
9	7	8	7	8	7	8	7	6	6	7	6	7	7	8	7	7	8	7	7	7	8	7.22	0.67	7

발표순	1-라(반): 자기 평가·학습자 상호 평가(23명)																							평균	표준편차	교사평가
	16	18	11	6	22	8	19	15	12	7	10	17	2	1	13	21	3	9	23	20	14	4	5			
23	6	7	6	8	8	6	6	8	7	8	7	7	7	7	7	8	7	6	7	7	7	7	7	7.00	0.67	7
20	8	8	7	7	9	9	7	9	7	8	7	9	8	8	7	10	8	7	8	8	9	7	7	7.87	0.87	9
14	8	8	7	9	8	8	7	8	7	7	10	9	7	10	9	9	9	6	9	9	8	8	9	8.22	1.04	8
4	9	7	8	7	7	8	7	8	7	9	9	9	9	8	7	8	8	6	9	7	7	8	9	7.87	0.92	8
5	8	8	9	8	7	8	7	9	8	8	10	8	7	8	9	9	8	10	8	8	8	8	9	8.30	0.82	8
																								7.94		

1-라(반)의 경우도 역시 최상위, 최하위 점수대의 편차가 기타 점수대보다 낮은 것으로 드러났다. 다만 1번 학습자의 경우 학습자들의 점수와 교사의 점수를 합쳐 최하위 점수대로 판정되었는데, 이 반에서는 가장 편차가 심한 것으로 판정되었다. 이는 말하기 평가를 하는 데 있어 평가의 합일을 이루지 못한 예로 볼 수 있다.

〈표 11〉 1번 학습자의 말하기 평가 결과

평가 대상	평가 내용	평가 점수
자기 평가	미리 준비를 하지 않았다. 말을 더듬었다. 목소리와 말투는 좋았다.	8
학습자 상호 평가	세 가지 방법을 명확하게 설명하지 못했다. 뭔가 어설프고 무슨 말을 하려는지 잘 모르겠다.	6
	떨지 않는다. 경험을 얘기. 시선 처리 좋음. 목소리 좋다. 자세가 좋다. 근거가 논리적임. 2% 부족	10
	시선이 다른 곳으로 감. 헛기침이 잦다. 논리적이지 않다. 예의 부족. 화제를 잘 이끌었다.	10
교사 평가	듣는 이를 고려하여 격식 있으며 차분한 태도가 필요할 듯함. 자신의 경험을 바탕으로 하여 문제를 요목조목 전개한 점은 좋았음. 다만 내용 준비가 안 된 고로 충실한 말하기가 이루어지지 않았고, 신뢰감을 줄 수 있는 태도가 자세가 많이 결여되었음.	6

1번 학습자에 대한 평가는 점수상의 편차가 있는 점을 미루어 보아, 평가자의 입장에 따라 다양한 관점이 고려되었음을 알 수 있다. 다만

높은 점수를 준 학습자의 경우도 점수와 평가 내용이 다소 논리적으로 수긍이 안 되는 경우가 위의 학습자 상호 평가 세 번째의 예와 같이 발견되기도 한다.

연구 가설 2의 문제는 앞선 반과 마찬가지로 각 평가 대상자의 평가 점수의 차이가 유의미할 정도로 드러나지 않는 것으로 드러났다. 하지만 발표 시기에 따른 점수의 차는 앞선 1-가(반)과 마찬가지로 먼저 발표한 학습자들의 평균 점수가 높은 것으로 드러나 가설과는 다른 결과를 보여 주었다.

이상 세 가지 연구 가설에 대한 논의를 종합해 보면 다음과 같다.

첫 번째, 최상위와 최하위 점수대의 편차가 기타 점수대의 편차보다 낮을 것이라는 가설은 수용된다. 이는 자기 평가, 학습자 상호 평가에서 일정 정도 평가 점수의 일치를 이루는 것으로, 특히 최상위와 최하위에서는 어느 선 합일을 이루는 것으로 볼 수 있다. 곧 말하기에서 매우 잘함과 매우 못함에서는 자기 평가, 학습자 상호 평가, 교사 평가에서 어느 정도 평가상의 합일을 이룬다고 볼 수 있다.

두 번째, 교사 평가, 학습자 상호 평가, 자기 평가 간 점수의 차이가 유의미할 것이라는 가정은 조사 결과에서 드러난 바와 같이, 유의미할 정도로 차이가 나지 않는 것으로 판단되었다. 다만 유의미한 차이는 아니지만 자기 평가에서 다소 높은 점수를 부여하는 것으로 드러났다.

세 번째, 발표 시기에 따른 점수의 차이는 가정과는 다소 차이가 있는 것으로 드러났다. 두 반은 가설대로 시간적 격차에 따른 점수의 차가 보였지만, 두 반은 오히려 가설과는 반대의 결과를 보여주었다.[9] 다만 말하기 준비 시간이 길어지면 오히려 역효과가 날 수 있다는 점은 흥미로운 현상으로 보이며, 이 점은 말하기가 완벽한 암기를 통한 표현과는 다르다는 점을 보여주는 것이라 할 수 있다.

3.2. 교육상 의의

이 글은 학습자들의 듣기·말하기 수행평가 과정의 일환으로 실시되었다. 논의의 핵심은 말하기 평가에 드러난 학습자 자신과 동료 급우, 그리고 교사의 평가에 드러난 점수의 편차, 말하기 준비 시간의 격차에 따른 점수 차이의 논의에 있었다.

세 가지 연구 가설을 바탕으로 조사 결과가 이루어졌다. 세 가지 가설의 결과를 바탕으로 현장 교육에서 말하기 평가와 관련된 문제가 어떻게 이루어져야 하며, 아울러 듣기·말하기 교수·학습 방법론의 문제도 어떤 식으로 접근해야 할지에 대한 교육적 함의는 다음과 같다.

첫째, 학습자들 간 상호 평가에서 최상위와 최하위 점수를 받은

---

9) '하루'라는 시간 격차에 따른 학습자들의 점수 양상을 네 반 모두 각각 고려하여 다음과 같이 귀무가설과 대립가설을 설정할 수 있다.

$H_0 : \mu_1 = \mu_2$

$H_1 : \mu_1 \neq \mu_2$

여기서 μ_1 은 첫째날 발표한 학생들의 평균을 μ_2 는 둘째날 발표한 학생들의 평균을 의미한다. 두 모집단의 평균에 차이가 있는지를 확인하기 위해 z검정을 실시하면, 아래와 같은 통계 절차를 통해 그 수치의 유의미성에 접근할 수 있다.

$$z = \frac{(\overline{X_1} - \overline{X_2}) - (\mu_1 - \mu_2)}{\sqrt{\frac{\sigma_1^2}{n_1} + \frac{\sigma_2^2}{n_2}}} = \frac{8.08 - 8.11}{\sqrt{\frac{1.34^2}{1092} + \frac{1.22^2}{979}}}$$

$= -0.56 > -z_{0.025} = -1.96$

유의수준 5%에서 가설을 기각시키지 못하므로 귀무가설을 기각할 수 없다. 즉 본 조사의 조사 학습자들의 발표 준비 시간에 따라 평가 점수에는 변화가 없는 것으로 추론할 수 있다.

학습자들은 기타 점수대의 학습자들보다 낮은 표준편차를 드러냈다. 이는 최상위와 최하위 점수대의 학습자들이 보다 일치된 평가 점수를 부여받는 것으로 해석 가능하다.

　나아가 보다 일치된 평가 점수를 부여받는다는 점은 말하기 평가의 기본적인 잣대로 활용할 수 있는 근거를 마련하는 데 주요한 단초가 될 수 있다. 특히 이 글은 서술식 평가를 통해 학습자들의 말하기 평가에 대한 안목의 문제를 다루었는데, 최상위와 최하위 학습자들의 평가에 드러난 내용을 통해 말하기 수준에 따른 평가의 주요 서술 항목들이 참고가 된다.

〈표 12〉 최상위·최하위 학습자들에 대한 평가 내용

반	번호	평가 내용	점수
1-다	1	조리가 있고 흐름이 자연스러움, 근거가 확실함, 발음이 또박또박함, 구사하는 어휘가 분명하고 정확함, 목소리 크기 적당	10
		목소리가 우렁차고 호소력 있는 주장임, 근거가 주장과 잘 들어맞음	
		명확한 어조와 발음, 논리적이고 객관적인 근거를 제시, 예를 들어 흥미를 유발함	
1-라	13	적절한 근거를 들어 주장함, 말하기의 흐름이 원활했고, 정확한 발음으로 큰 소리로 발표함	
		주장하는 바가 명확함, 적절한 예를 들어 이해를 도움, 목소리가 크고 알아듣기 쉬움, 매우 자신감 있게 표현함	
		자신감 있고 호소력 있는 목소리, 적절한 예시가 돋보임, 근거가 명확하고 발음이 좋음	
1-나	23	목소리가 매우 작았고, 주장에 대한 근거가 적절하지 못함, 내용이 매우 빈약함	6
		목소리가 작음, 근거가 매우 부족하고, 말이 중간에 끊어짐, 요점이 분명하지 못하며 논리적이지 못함	
		말이 중간에 끊김, 근거와 이유가 타당하지 못함, 준비성 부족	
1-라	11	자신감이 부족했고, 내용의 논리성이 떨어졌다. 말하기가 완성되지 못했다	
		주제가 분명하지 않았고 말이 쭉 이어지지 못했다. 주제에 맞지 않는 소리를 했다	
		시선 회피, 많이 긴장을 해서 그런지 쓸데없는 행동을 함, 주제 전달력 부족, 자신감 매우 부족, 끝까지 발표하지 못함	

몇몇 최상위와 최하위에 드러난 학습자들의 평가에 드러난 공통된 평가 요소를 〈표 12〉와 같이 살필 수 있다. 반 별로 조금씩의 편차는 있겠지만, 네 반 학습자 중에서 가장 높은 평균 점수와 낮은 점수를 받은 학습자를 각각 두 명씩 선정하였다.

최상위 점수를 받은 두 학습자의 평가 내용을 살펴보면, 왜 10점을 받았는지 그 이유를 학습자의 관점에서 파악할 수 있다. 말하기 내용 면에서는 주제와 이를 뒷받침하는 논거가 분명하다는 점, 형식면에서는 목소리가 크고 자신감이 있어 보이는 점 등이 주요한 요소로 꼽혔다. 최하위 점수를 받은 학습자들에 대한 평가 내용은 최상위 점수를 받은 학습자들의 평가 내용과 상반되는 것으로 드러남을 알 수 있다.

둘째, 앞서 언급한 바와 같이 2007 개정 교육과정에서도 화법 영역에서 자기 평가와 학습자 상호 평가를 적극적으로 활용할 것을 제시하고 있다. 이는 실제로 학습자들이 동료 급우들의 말하기를 평가해 봄으로써 자신의 말하기에서 갖추어야 할 점이 무엇인지를 돌아볼 수 있는 계기를 마련하는 점과 관련된다.

특히 학습자들은 통계 수치상의 유의미한 정도는 아니지만, 자기 평가에서 다소 후한 점수를 주는 경향이 발견되었다. 하지만 학습자 상호 평가나 교사 평가의 말하기 평가 내용에서 지적된 내용들을 참고로 스스로 말하기 평가에서 무엇인 부족했는지를 관찰할 수 있는 기회로 전환시켜 볼 수 있다. 말하기 평가에서 보다 자신을 객관적으로 정립할 수 있을 것이다.

나아가 주관적으로 평가한 것과 객관적으로 평가받은 것의 간격을 어떻게 좁힐 수 있을지에 대한 고민의 계기가 될 것이다. 이런 반성적 사고와 활동을 통해 학습자들은 자신의 말하기의 근본적인 문제가 무엇인지를 보다 빨리, 정확하게 파악할 수 있으며, 그것을 수정해 나갈 수 있게 된다.

물론 학습자들의 내신 평가에 반영되는 부분이기 때문에 매우 민감한 점이 있다. 특히 우수한 학습자들이 모여 있는 곳일수록 이 점은 더욱 더 문제가 된다. 이런 점 때문에 학습자의 자기 평가나 급우 동료 평가는 더욱 더 신뢰성과 타당성을 확보해야 할 것이다.

셋째, 학습자들은 대다수 말하기에 불안감을 가지고 있다. 특히 내신에 반영되는 평가이기 때문에 그 긴장도는 배가 될 수 있다. 교사의 입장에서도 어렵기는 마찬가지이다. 말하기 평가에 걸리는 시간과 평가 처리의 어려움 때문에 학교 현장에서는 쉽사리 시도를 하기 어렵다.

이 글에서는 이런 점을 감안하여 최소의 시간을 활용하여 말하기 본령에 가까운 학습자들의 수행 과정과 평가 결과를 이끌어내려 하였다. 특히 학습자들에게 말하기를 준비할 수 있는 시간적 여유를 최대한 적게 주고, 암기 위주의 발표가 아닌 말하기 전체에 대한 개략적인 준비만으로 말하기가 이루어질 수 있도록 하였다.

하지만 일정 시간 내에 모든 학습자들이 발표를 끝낼 수 있는 상황이 고려되지 않은 고로, 부득이하게 무작위 선택에 따라 하루 간격을 두고 대략 반 정도로 나뉘어 발표를 하게 되었다. 이 과정에서 발표를 준비할 수 있는 시간을 보다 많이 확보한 학습자들이 직관적으로 좋은 점수를 얻을 것이라 예상할 수 있다.

하지만 결과에 드러난 바와 같이, 두 반은 오히려 하루 앞서 발표한 학습자들의 점수가 높은 것으로 드러났다. 말하기에 수반되는 다양한 변수들이 더 많이 고려되어야 하겠지만, 우선적으로 발표 준비 시간과 관련된 변수는 결정적으로 평가에 작용하는 것으로 보기 어려웠다.

따라서 학습자들에게 발표나 연설 시에 무작정 준비할 수 있는 시간을 많이 주는 것보다는 일정한 주제에 따른 대략적인 개요 작성이나 준비만으로 말하기를 하도록 이끄는 과정이 필요할 것이다. 물론 여기에서는 말하기 과정이나 평가가 단순한 일회성에 그치기보다는 일정한 연속성 하에서 한 학기 혹은 한 학년 동안 꾸준하게 실시되어야 할 교육적 필요성을 제기한다.

4. 마무리

이 글은 학습자들의 말하기 수행평가에 드러난 평가 상의 여러 문제를 살펴보았다. 세 가지 연구 가설을 제시하고, 학습자들의 수행평가에서 드러난 결과를 일정한 통계 절차에 의거하여 그 유의미성을 따져 보았다. 평가는 학습자 자기 평가, 학습자 상호 평가, 교사 평가의 세 차원에서 모두 고려되었고, 아울러 일정한 시간적 격차도 변수로 주어졌다.

첫째, 말하기 평가에서 최상위와 최하위 점수대의 판정을 받은 학습자들로부터 드러난 표준편차는 기타 점수대의 판정을 받은 학습자들에 비해 그 편차가 낮을 것이라는 점은 가설에서 제시한 바대로 수용되었다. 이는 학습자 상호평가에서 최상위와 최하위의 점수대에 있는 학습자들은 기타 점수대의 학습자들보다 명확하게 판별되며, 나아가 학습자들 스스로 말하기의 수준에 대한 명확한 잣대를 인상평가를 통해 구성할 수 있는 점과도 관련된다.

둘째, 학습자 자기 평가, 학습자 상호 평가, 교사 평가의 점수가 유의미한 정도로 차이가 날 것이라는 가설은 결과에서 드러난 바와 같이 기각되었다. 이는 다양한 학습자들의 수준을 고려해 봐야 하겠지만, 일단 이 글의 조사 대상 학습자들에게서 드러난 말하기 평가 점수는 교사 평가와 비슷한 양상으로 드러났다. 다만 자기 평가에서는 약간 높은 점수를 부여하는 것으로 드러났다.

셋째, 발표 준비 시간이 말하기 평가 점수에 영향을 끼칠 것이라는 가설은 결과에서 드러난 바와 같이 기각되었다. 조사 대상 학습자를 달리하고, 시간적 간격에 대한 추후 연구가 더 따라야 하겠지만, 일단은 이 글의 학습자들을 대상으로 하여 실시한 조사에서는 말하기 준비 시간에 주어진 시간적 격차가 유의미한 변수로 판단되지는 않았다.

이 글에서는 언어 수행 능력이 뛰어난 특정한 학습자들에 조사 대상자가 국한된 점과 다양한 시간적 격차에 따른 평가 점수의 유의미성을 고려하지 못한 한계가 따른다. 차후 다양한 층위와 수준을 고려한 조사 대상자 선정과 다양한 시간적 격차에 따른 평가 점수의 유의미성을 고려한다면 이 글의 연구가 더 실효성을 거둘 것이다.

제16장 대화의 평가 가능성

1. 들머리

1.1. 문제 제기

대화는 말하기와 듣기 영역 및 화법과 작문 과목의 주요한 담화 중의 하나로, 교육과정이 여러 번 개편되는 과정에서도 거의 빠지지 않고 지속적으로 다루어져 온 담화이다. 이는 대화라는 담화가 지니는 교육적 중요성과 유용성이 교육 현장에서 지속적으로 인정받아 왔다는 사실과 맥을 같이 한다.

대화는 다른 담화와 달리 우리의 사적인 삶의 공간 속에 대부분 그 자리를 차지하고 있다. 발표, 토론, 연설 등의 담화가 공적이면서도 준비성이 요구되는 말하기라면 대화는 사적이면서도 즉흥성이 강한 담화이다. 이는 대화가 다른 담화와 다르게 교육 내용으로 환원하기 어려운 측면이 있음과 관련된다.

하지만 이러한 대화의 속성에도 불구하고, 대화는 꾸준하게 주요한 교육적 담화로 학교 현장에서 다루어져 왔다. 그렇다면 과연 대화라는 담화가 교육적으로 학교 현장에서 교육적 필요성이나 유용성에 입각해서 제대로 다루어져 왔는지에 대해서 검토해 볼 필요성이 있다.

즉 일상생활 및 그 외 공간에서 대화가 차지하는 비중이 크다는 점은 인정되지만, 이를 교육적으로 환원해서 다룰 때 생겨나는 교육적 관련성이나 유용성이 적절한지에 대한 문제가 의문으로 제기될 수 있다. 이러한 의문은 자연스레 대화라는 담화가 과연 평가의 대상이 될 수 있는가라는 문제로 귀결될 수 있다.

대화가 말하기와 듣기 교육에서 지니는 활용 가능성의 폭은 매우 넓다고 할 수 있다. 즉 대화는 다른 담화가 지니는 속성을 두루 공유하는 특징이 있다. 일종의 메타 담화라고도 할 수 있다. 이는 대화를 다른 담화와 명확하게 구분하기 어렵게 만드는 부분이기도 하다.

이 글은 대화가 지니는 이러한 애매한 속성과 위치를 감안하여, 과연 대화가 교육적으로 의미 있는 담화가 될 수 있을지에 의문을 가져 왔다. 특히 이러한 의문은 교육의 최종적 단계인 평가와 관련해서 더욱 증폭되었다. 즉 대화라는 담화가 평가가 가능한지에 대한 것이다.

최근 교육과정에서 강조되는 있는 백워드 설계 중심의 교육과정을 언급하지 않더라도 평가는 교육 내용이 제대로 설계되는 데 기반이 된다. 이는 평가가 그만큼 교육적 실효성을 거두는 데 주요한 매개 인자로 작용할 수 있음과 관련된다.

학교 현장의 말하기와 듣기 교육에서 평가의 주된 대상이 되는 담화는 그나마 발표나 토론이 주류를 이루었다. 이마저도 말하기와 듣기가 지니는 실시간 속성으로 제대로 이루어지지 않는 경우가 많다. 즉 읽기나 쓰기 평가에 비해 말하기와 듣기의 경우는 그만큼 평가가 제대로 이루어지지 않았다고 해도 과언이 아니다.

이 글은 이런 점을 감안하여, 시론적으로나마 대화를 평가의 대상 담화로 다루어보고자 했다. 과연 대화라는 담화의 실제 평가를 통해 대화가 적절하게 평가될 수 있는지, 평가될 수 있다면 어떤 평가 기준 들이 분명하게 부각되는지를 검토하고 밝혀내는 데 연구의 주된 목적 이 있다.

1.2. 선행 연구

말하기 평가에 대한 논의는 비교적 최근에 들어서 활발하게 이루어 지고 있다. 특히 모국어 기반의 말하기 평가에 대한 관련 논의도 비교 적 다양한 영역에서 심도 있게 이루어지고 있는 상황이다. 이는 말하 기 교육에 대한 학교 현장뿐만 아니라 사회적 요구와 필요성에도 기 인한다.

하지만 대화 담화에 국한해서 평가를 다룬 논의는 드물다. 이는 대화 담화가 지니는 교육 내용이나 방법 등이 평가와 연계해서 충분 하게 논의될 만큼의 성과가 이루어지지 못했다는 점과도 관련될 수 있다. 이러한 내용과 방법상의 문제는 자연스럽게 평가 그 자체의 타당성을 저해하는 요인으로 작용할 수 있다. 이하에서는 말하기 평 가와 관련된 다양한 관점의 논의를 살펴본다.

외국어 관점에서의 말하기 교육에서는 평가와 관련된 세부적인 문 제들이 비교적 상세하게 다루어져 왔다. 싸뤼 루오마(Sari Luoma, 2004; 김지홍 뒤침, 2014)에서는 말하기 교육의 평가와 관련된 문제를 정책에서부터 세부적인 과제 설계, 평가까지 비교적 구체적으로 다루고 있다. 아울러 전지현 외(2010)에서는 평가에 대한 학습자의 인식 문제를, 이선영(2013)에서는 평가 범주의 세분화에 대한 문제를 비교적 심도 있게 다루고 있어 참고가 된다.

모국어 대상의 말하기 교육 평가에서는 민병곤(1996), 장경희 외(2006), 손세모돌(2007), 김평원(2007), 이도영(2010), 민병곤 외(2014) 등이 우선적으로 참고가 된다. 말하기 평가의 방안이나 기준 설계, 실제성을 확보한 평가 방안의 문제를 비교적 잘 다루고 있다. 아울러 서현석(2011)에서는 말하기의 생태학적 환경, 이른바 참된 실생활 속성(authenticity)을 평가에 어떻게 반영할지를 비교적 상세하게 논의하고 있어 참고의 의의가 있다.

좀 더 세부적인 논의로는 말하기 평가 신뢰도의 문제를 다룬 조재윤(2006b, 2008), 정보 전달 갈래를 중심으로 한 상·하 평가 대상자의 특성을 논의한 나은미(2010), 말하기 과제의 문제를 분석한 강현주(2014), 말하기 평가에 대한 교사의 인식 양상을 다룬 김지영 외(2016) 등이 참고가 된다.

이상의 논의는 말하기 평가와 관련하여 교육 현장뿐만 아니라 사회적 요구에 기반한 다양한 요구 상황의 문제도 논의하고 있어 말하기 평가의 문제를 논의하는 데 주요한 참고 자료가 되었다. 아울러 이상 언급한 것 이외에도 말하기 평가와 관련된 많은 논의가 언급될 수 있다. 다만 전체적으로 대화 담화와 국한해서 논의가 제대로 이루어지지 못했다는 점이 이 글의 논의와 관련하여 일정한 한계로 남는다.

2. 연구 방법 및 연구 가설

2.1. 연구 방법

이 글은 대화라는 담화를 평가하고, 그 결과를 교육적으로 의미 있게 논의하는 데 연구의 초점이 있다. 이를 위해서 일련의 대화를 수집, 전사, 분석하는 과정 및 대화 촬영본이나 전사본을 두고 평가하는 절차가 이루어져야 한다.

대화 담화를 평가의 기준 대상으로 삼기 위해서는 먼저 일련의 대화 결과물들이 구성되어야 한다. 대화는 다른 담화에 비해 그 속성을 단정적으로 확정하기 어렵다. 따라서 다른 담화와 구분하기 위해 대화가 지니는 본령이 무엇인지를 우선적으로 감안해야 한다. 대화는 다른 담화의 기본적인 전개 방식뿐만 아니라 여러 형식적인 측면에서 기본이 되는 담화이다.

언어 사용의 기능이 크게 정보 전달과 관계 형성에 있다고 본다면, 대화는 이러한 두 가지 기능을 모두 아우르는 담화라고 할 수 있다. 다만 대화에서 정보 전달의 경우는 특정한 목적을 지닌 경우가 많기 때문에 관계 형성에 주된 초점이 있다고 할 수 있다. 다만 특정 목적을 지닌 대화를 제외하더라도 정보 전달이 관계 형성을 위한 수단으로 활용될 수 있다는 점도 고려되어야 할 것이다. 즉 대화에서 이 두 가지 기능을 이분법적으로 명확하게 구분하기는 어려울 것이다.

대화의 이러한 속성을 감안한다면 특정한 정보를 전달하려는 목적의 대화보다는 일상생활에서 보편적으로 선택될 수 있는 화제를 선택하고, 이를 중심으로 자연스럽게 대화가 이루어져야 할 것이다.[1) 아울러 이러한 양상은 대화가 지니는 즉흥성과 사적관계의 형성에 자연스럽게 초점이 놓일 수 있다.

이 글은 이런 점을 감안한 대화 결과물을 두 집단의 대상 학습자들로부터 이끌어 내었다. 이는 과제 형식으로 학습자들에게 부과되었고, 학습자들은 언급된 대화의 속성에 부합하는 대화의 결과물을 구성하였다. 참여한 학습자들은 두 집단으로 구분되었다. 한 집단은 대학에서 말하기와 쓰기 관련 교양 수업을 듣는 신입생들로 구성되었고, 다른 한 집단은 예비 국어교사인 사범대학 2학년 학생들로 구성되었다. 이들이 실제 평가에도 참여하였다. 이를 편의상 1차 평가라고 한다. 조사 시기와 참여 학습자 수, 참여 형태 등은 〈표 1〉과 같다.

〈표 1〉 1차 평가 조사 개관

	집단A	집단B
평가 대상자 및 평가자	공과 계열의 신입생	사범대학 국어교육과 2학년
참여자 수	30여 명	30여 명
조사 시기	2017.03~2017.6	2017.03~2017.6
참여 형태	3명으로 구성된 모둠	3명으로 구성된 모둠
참여 시간	3~5분 내외	3~5분 내외
참여 모둠 수	10개 모둠	10개 모둠
평가 참여 방식	개별	개별

〈표 1〉에서 제시된 바와 같이, 참여 대상자들은 편의상 A와 B집단으로 구분된다. A집단은 공과 대학에 다니는 신입생들이 참여하였고, B의 경우는 예비 국어교사들이 참여하였다. 이러한 집단의 구분이 주된 변수로 작용할 수 있을 것이다. 언어 수행 수준뿐만 아니라, 두 집단 간에 뚜렷한 차이 중의 하나는 A집단의 경우는 학과가 다른

---

1) 대화의 전반적인 내용과 이론에 대해서는 구현정(2009)을 참조할 수 있다.

신입생들 위주로 구성되어 모둠 학습자들 간에 친밀 관계가 B집단에 비해 낮다는 것에 있다. 이는 대화라는 담화가 전개되는 데 매우 중요한 변수로 작용할 가능성이 크다. 즉 대화의 유창한 전개나 화제의 부각 측면에서 이러한 학습자들 간 친밀 관계가 주요하게 작용할 가능성이 크다고 할 수 있다. 이러한 학습자들의 수준과 관계 측면의 변수가 대화 담화의 결과물을 두고 평가를 하는 데 주요한 변수로 작용할 것이다.[2]

대화 결과물을 구성할 시에 미리 화제를 상정해 두고 대화를 전개하도록 하였다.[3] 대화의 화제가 정해지지 않을 경우에는 서로 간에 대화를 매끄럽게 전개하기가 어렵고, 대화 시간 또한 충분하게 확보되기 어렵기 때문이다. 물론 대화의 화제를 상정한다고 하더라도 실제 대화 전개 과정에서 다양한 상황이나 맥락 변수가 작용하고, 수시로 화제가 바뀔 수 있기 때문에 대화의 자연스러운 속성을 해치는 변수로 작용하지는 않을 것이다. 이는 대화가 토의나 토론과 다르게 실제 전개 과정에서 화제가 다양한 내용이나 층위로 전환될 수 있다는 점을 감안한 것이다.

참여자 수는 각 집단별로 30명을 약간 상회하였는데, 개인적 이유로 참여하지 못한 사람을 제외하고 30명으로 일치시켰다. 대화 결과물을 구성할 시에는 3명의 학습자가 한 모둠이 되었고, 평가는 개별 학습자가 모두 참여하였다. 평가는 3~5분 정도로 구성된 대화 촬영본

---

2) 참여한 학습자들의 언어 수행 수준은 입학 성적을 중심으로 산정되었다. 전체적으로 수능 중심으로 봤을 때 집단A의 학습자는 50% 전후에, 집단B의 학습자는 70%전후 대에 분포한다. 이는 2차 평가 시의 참여자도 마찬가지이다.

3) 각 집단의 모둠에서 나온 대화의 화제는 '대학 생활', '연예', '전공 공부', '진로' 등이 주류를 이루었다.

을 함께 보면서 이루어졌다. 즉 자신의 모둠과 동료 모둠을 모두 평가하는 이른바 자기와 학습자 동료 평가가 동시에 실시되었다.

하지만 평가의 타당성과 신뢰성을 높이기 위해서는 보다 많은 평가자가 평가에 참여하는 것이 바람직하다. 이런 점을 감안하며, 이 글은 1차 평가에서 사용된 대화 결과물을 다른 집단의 학습자들이 평가해 보도록 하였다. 다만 2차 평가의 참여자는 대화 결과물을 구성하는 과제 실행에는 참여하지 않고 대화 촬영본을 평가하는 것에만 참여하였다. 이는 〈표 2〉와 같이 이루어졌다.

〈표 2〉 2차 평가 조사 개관

평가 집단	집단C	집단D
평가자	사범대학 국어교육과 3학년	인문계열 신입생
평가자 수	30명	30명
평가 시기	2017.10	2017.10
평가 방식	개별	개별

1차 평가에서는 A와 B집단의 학습자들이 자신들이 구성한 대화 촬영본과 전사본을 두고 자기 모둠 및 동료 모둠 평가를 한 것이라면, 2차 평가의 참여자들은 대화에는 직접 참여하지 않고 1차 평가의 참여자들이 구성한 대화 촬영본만을 평가 대상으로 다루었다. 즉 앞선 1차 평가의 집단A와 B는 평가자이면서 평가 대상자이고, 2차 평가의 집단C와 D는 평가자로만 조사에 참여하였다.

그런데 남은 중요한 문제는 평가 참여자들이 어떤 평가 기준을 가지고 대화 평가에 참여했느냐이다. 통상 준비된 말하기 및 공적 말하기의 경우를 중심으로 평가안이 마련된 경우가 많다. 발표나 토론 담화의 경우가 대표적이다. 하지만 즉흥적이면서도 사적인 속성이 강한 대화의 경우는 그 평가 기준안이 마련되어 실제 평가가 이루어진 경우는 매우 드문 상황이다.[4] 즉 정작 교육 내용의 주된 담화로 선정되어 있음에도 불구하고, 그 평가 기준안조차도 제대로 마련되어 있지 못한 것이다. 평가가 교육의 최종 도달점이라고 본다면, 이러한 상황은 우리 말하기, 듣기 교육의 현주소를 고스란히 보여주는 것이라고 할 수 있다.

이 글은 이러한 문제의식을 가지고, 시론적으로나마 대화의 평가 기준안을 마련하고,[5] 이를 실제 대화 결과물을 가지고 적용해봄으로써 대화 담화의 교육적 효용성을 재고하는 데 주된 목적이 있다. 나아가 이러한 평가 기준안 적용과 그에 따르는 논의는 대화 교육을 어떻게 해야 할지에 대한 방안 마련에도 도움이 될 것이다.

이 글에서 마련한 대화의 평가 기준안은 대략 〈표 3〉과 같다. 이 평가 기준안은 대화 담화를 평가하기 위해 잠정적으로 구성되었다. 이는 실제 평가 결과를 통해 평가 기준안의 어떤 측면이 문제가 될 수 있으며, 이러한 문제는 대화 교육을 하는 데 어떤 방식으로 재구성되어야 할지에 대한 단초를 마련해 줄 수 있다.

---

4) 2015교육과정에 따른 고등학교 국어 교과서가 2018년에 발간되었다. 박안수 외 (2018: 63)에서는 소략하나마 대화와 관련된 평가 기준이 제시되고 있어 참고가 된다. 평가 내용은 '상대방을 배려하고 존중하며 예절 바르게 말하였다', '대화 참여자가 서로 적절하게 순서를 교대해 가면서 말을 주고받았다', '대화 참여자가 대화의 목적에 최대한 기여할 수 있도록 서로 협력하였다'로 제시되고 있고, 여기에 자기 평가와 상대 평가가 평가 방법으로 제시되고 있다. 주로 대화의 규범에 따른 공손성, 순서 교대, 협력의 원리를 토대로 하고 있다. 하지만 교과서 내에 제공된 대화 제시문들이 이러한 평가안에 맞추어져 인위적으로 구성되었다는 점에서 대화의 생태학적 상황을 제대로 고려한 결과라고 할 수 없다. 따라서 평가안 자체만을 두고 다양한 상황의 대화에 부합하는 평가안이라고 보이는 어렵다.

5) 1차 평가에서 학습자들은 구성된 대화 담화를 두고 스스로 평가안을 만들어보았다. 대체적으로 많은 학습자들이 '대화의 분위기', '화제의 주목성 여부', '대화 시간', '막힘없는 전개', '대화가 주는 재미' 등을 주요한 평가 항목으로 제시하였다.

〈표 3〉 대화 평가 항목

연번	평가 항목	매우 우수 5	우수 4	보통 3	미흡 2	매우 미흡 1
1	대화 규칙 적용의 적절성					
2	자기 노출의 적절성					
3	전개의 유창성					
4	화제의 선명성					
5	흥미의 유발성					
6	준언어·비언어적 표현 사용의 적절성					
7	참여의 자발성					
8	배려의 적절성					

〈표 3〉에서 제시된 바와 같이 평가안은 총 8가지의 평가 항목, 5단계 평가 척도로 상정되었다. 대화 담화가 지니는 내용과 형식상 속성은 대화 담화를 평가하기 어렵게 만드는 주된 요인이다. 아울러 사적인 자리에서 이루어지는 담화가 평가되어야 하는지에 대한 의문도 제기될 수 있다. 이러한 의문은 자연스럽게 대화라는 담화를 교육 현장에서 유명무실하게 만드는 주된 요인이기도 하다.

〈표 3〉에 제시된 8가지 평가 항목은 대화 담화를 평가하기 위해 잠정적으로 구성된 것이다. 이 글의 논의가 대화 평가에 대한 시론적 논의임을 감안하여 이러한 관점이 실제 평가 과정에서 어떻게 적용될 수 있을지는 평가 결과에 대한 논의 과정에서 다루어진다.

8가지 평가 항목의 대화의 내용, 형식, 태도의 층위에 따라 재구성될 수도 있다. '대화 규칙 적용의 적절성', '전개의 유창성', '준언어·비언어적 표현 사용의 적절성'은 대화의 형식적인 측면으로, '화제의 선명성'과 '흥미의 유발성'은 내용적인 측면으로, '자기 노출의 적절성', '참여의 자발성', '배려의 적절성'은 태도의 측면으로 다루어질 수 있다.

'대화 규칙 적용의 적절성'은 대화의 일반적인 현상인 말차례 교환, 반응, 겹침 현상 등과 관련된다. 즉 이러한 현상이 대화 속에 적절하게 융화되고 있는지를 평가하도록 한다. '전개의 유창성'은 막힘없이 무조건 빠르게 진행되는 것만으로 평가되지 않도록, 화자의 성격에 따라 적극 관여형 및 심사 숙고형 등이 모두 고려되도록 하였다.

'자기 노출의 적절성'은 화자가 청자에게 적절한 정보 간격(information gap)을 유지하고 그들 간에 최적의 공통 기반(common ground)을 만들어 가는 과정에서의 화자의 청자에 대한 태도와 관련된다. '참여의 자발성'은 적극적인 참여 태도를, '배려의 적절성'은 대화 상대방에 대한 배려를 고려한 것이다.

'화제의 선명성'은 대화 전개 과정에서 참여자들 간에 공유되는 화제가 적절하게 도출되고, 이를 중심으로 적절하게 대화가 전개되는지와 관련된다. '흥미의 유발성'은 대화 참여자들 간에 드러나는 부분과 평가자로 참여하는 청자들로부터 나온 흥미를 모두 포함한다.

이들 평가 항목들은 1차 평가에 참여한 학습자들의 예비 평가에서 나온 다양한 평가 결과물을 참조하여 구성된 것이다. 아울러 이러한 예비 평가를 감안하여 1차와 2차의 본 평가에 앞서 학습자들에게 그 내용에 대해 구체적으로 교육이 실시되었다. 그리고 평가 과정에서 평가가 어려운 항목이 무엇이며 그 이유가 무엇인지를 기술하여 과제로 제출하도록 하였다.

2.2. 연구 가설

'2.2'절에서는 대화 담화의 평가와 관련하여 두 가지 연구 가설이 상정되었다. 첫째는 모둠 간 평가 점수의 우열에서 최상위와 최하위 점수를 받은 모둠은 다른 모둠에 비해 그 일치도가 높을 것이라는 것이고, 둘째는 평가 항목 난도 간 인식상의 차이에 대한 것으로, 실제 평가 과정에서 평가 항목에 대한 인식 상의 문제이다.

연구 가설1: 최상위·최하위 모둠은 평가자 간 일치의 정도가 높을 것이다.

대화 평가에 참여한 평가자들은 대화 촬영본을 보면서 대화의 다양한 면을 인식할 수 있다. 즉 평가 기준에 따라 양이나 질적인 측면에서 대화 결과물의 품질을 판단할 수 있다. 이는 곧 대화도 평가될 수 있어야 하고, 그 결과는 대화 교육의 목표나 내용으로 환원될 수 있어야 한다는 점과 관련된다.

하지만 언어 수행 양상, 그것도 평가를 해 본 적도 없고, 아울러 평가할 수 있다는 인식도 없었던 학습자들이 대화 담화를 적절하게 평가하기는 어려울 것이다. 아울러 다른 담화와 달리 대화는 그 맥락이나 상황의 긴밀한 간여 때문에 평가자의 주관적인 측면이 많이 반영될 수 있다. 따라서 신뢰도 높은 평가를 기대하기 어려울 수 있다.

이러한 인식 양상은 평가 상에서 인지적으로 두드러지거나 현저하게 부각될 수 있는 최상, 최하위 모둠 정도에만 평가자들 간 인식의 합일로 귀결될 가능성이 높다. 즉 대화 품질을 우열을 가리기 어려운 모둠들 간에는 비슷한 점수를 부여되는 평가 척도 상의 중앙 집중화 경향이 드러날 수도 있다.

이는 집단 A와 B, C와 D에 상관없이 비슷한 양상으로 드러날 가능성이 높다. 즉 평가를 하는 데 있어 평가자들은 평가 점수를 부여하는 데 기준이 될 수 있는 모둠을 선택할 가능성이 있다. 이 과정에서 주로 최상위나 최하위 모둠이 기준이 될 가능성이 높다.[6] 이런 모둠을 기준으로 삼아 모둠 간 대화 결과물의 품질의 우열을 가늠하기가 조금은 용이할 수 있기 때문이다.

즉 몇몇 평가 항목을 중심으로 최상위와 최하위에 평가 점수를 부여받는 모둠이 있을 것이다. 이를 기준 항목으로 삼아 모둠 간 서열을 매길 가능성이 있다. 따라서 몇몇 평가 항목을 중심으로 최상위와 최하위로 판정받은 모둠은 비교적 명시적으로 구분되어 드러날 가능성이 높다.

연구 가설2: 평가 항목 간 평가 난도에는 인식의 차이가 있을 것이다.

대화 담화를 평가하기 위해 상정된 평가 항목은 그 항목마다 평가의 어려움 정도가 다를 수 있다. 즉 평가하기가 쉬운 항목이 있는 반면에 어려운 항목도 있을 것이다. 이러한 어려움의 정도에 대한 인식의 차이는 평가에 참여한 학습자들 간의 친밀도 관계와 언어 수행 수준에 따라 차별화될 수 있다.

앞서 제시된 대화 평가 항목 8가지 항목 중에서 '배려의 적절성', '자기 노출의 적절성'은 친밀도의 관계가 높고, 언어 수행 수준이 높다고 상정된 집단에게 어려울 것으로 판단된다. 학습자들 간의 친밀도 관계가 높다는 것은, 서로 간에 이미 공통 기반을 형성하고 있을 가능성이 높기 때문에 서로 간의 배려나 자기 노출이 언어 외적으로나 언어 표지 상으로 드러나기 어려울 수 있다.

반면에 친밀도가 낮은 집단의 경우는 낯선 참여자들 간에 공통 기

---

6) 나은미(2010)에서는 발표 담화를 중심으로 상·하위 대상자에 대한 분석을 시도하고 있다. 여기에서는 주로 정보 전달을 중심으로 그 전달의 명확성에 초점을 두고 있는데, 분석의 속성상 이 글에서보다 더 미시적이라고 볼 수 있다.

반을 마련하는 과정에서 상대방에 대한 배려나 자기 노출이 적절하게 이루어져야 대화가 원만하게 진행될 수 있다. 따라서 상대방에 대한 배려나 자기 노출의 측면이 보다 외적으로 표상될 가능성이 높다. 이는 자연스럽게 평가 과정에도 반영될 수 있다.

'흥미의 유발성' 항목의 경우는 앞선 두 항목과는 반대로 친밀도가 낮은 집단의 학습자들에게 난도가 높은 항목으로 인식될 것이다. 친밀도가 낮은 참여자들끼리 흥미를 유발할 수 있는 대화를 짧은 시간에 구성하기가 쉽지 않을 것이기 때문이다. 즉 낯선 상대방을 알아가는 관계 형성에 초점이 있을 것이기 때문에 흥미 있는 화제를 대화의 주된 소재로 활용하기 어려울 수 있다.

'대화 규칙 적용의 적절성' 항목은 참여자들의 언어 수행 수준이나 친밀 관계에 상관없이 어려운 항목으로 인식될 것이다. 이 항목이 가지고 있는 이론적 복잡성이 실제 대화에 그대로 적용되기 어려울 것이고, 일부 항목들과 겹쳐 있어 규범의 준수를 어디까지 봐야 할지도 실제 대화에서 적용하는 데는 어려움이 따르기 때문이다.

즉 이상의 몇몇 항목들이 실제 평가 과정에서 언어 수행 수준과 친밀도의 관계에 따라 평가 난도의 인식 양상에서 차이를 보일 것이다. 평가 난도에 대한 이러한 인식 양상이 실제 평가 결과에 어떻게 반영될지는 의문이다. 직관적으로 평가 난도가 높을수록 평가 척도 상에서 중앙 집중화될 경향이 높을 것으로 예상되지만, 이는 다수의 평가자와 평가 대상 모둠에 따라 그 분포가 달라질 가능성이 있기 때문에 섣불리 판단하기는 어렵다.[7]

---

7) 아울러 이 글이 대화 담화에 대한 시론적 성격의 논의이기 때문에 우선적으로 평가 난도에 대한 인식 양상만을 논의의 대상으로 삼는다. 평가 난도와 평가 결과에 대한 분석은 문제는 향후 과제로 삼고자 한다.

3. 연구 결과 및 교육적 의의

3.1. 연구 결과 및 논의

최상위와 최하위 모둠은 평가자 간 일치의 정도가 높을 것이라는 연구 가설1은 평가에 참여한 학습자들의 평가 결과를 두고 논의된다. 각 집단별로 30명의 학습자는 자신의 모둠뿐만 아니라 다른 동료 모둠에 의해 구성된 촬영본도 평가하였다. 평가자들은 대화 촬영본을 보면서 제시된 평가 항목을 기준으로 모든 모둠을 평가하게 되는데, 단순히 점수로만 평가하기보다는 부여된 점수에 부합하는 이유를 기술하도록 하였다.

1차 평가의 경우 각 집단별로 10개 모둠이 대화에 참여하였고, 화제는 각 모둠별로 정하도록 하였다. 대화 전 과정은 손전화나 전문적인 동영상 촬영기를 통해 촬영하도록 하였다. 촬영 이후에는 모둠원들이 촬영된 대화 전 과정을 전사하도록 하였다. 이러한 전사 결과물은 촬영본을 보면서 소리가 잘 들리지 않거나 내용 이해가 되지 않을 수 있음을 감안하여 작성하도록 하였다. 각 집단별 1차 평가 결과는 〈표 4〉와 같다.

〈표 4〉에서 집단별 각 모둠은 편의상 '①②…⑩'으로 표시하였고, 집단별로 최상위와 최하위 열에 제시된 숫자는 각 집단의 30명 평가자가 최상위와 최하위로 선정한 각 모둠에 대한 합계이다. 표에서 드러나는 바와 같이 대화 결과물을 실제 구성한 참여자들의 평가 결과는 집단에 따라 약간 차이를 보이고 있다. A집단의 경우 최하위 모둠으로 평가받은 ⑧모둠이 대략 40%의 일치도를 보여주고 있어 다른 모둠과는 확실한 차이를 보여주고 있다. 최상위라고 평가받은

<표 4> 1차 평가 결과

집단	A		B	
모둠	최상위(명)	최하위(명)	최상위(명)	최하위(명)
①	6	1	0	6
②	2	1	2	2
③	10	0	0	4
④	1	2	0	4
⑤	0	5	1	2
⑥	2	3	2	2
⑦	4	4	23	0
⑧	1	12	0	6
⑨	2	1	1	3
⑩	2	1	1	1

③모둠도 비교적 높은 수치로 일치도를 보여주고 있다.

B집단의 경우는 최상위라고 평가받은 ⑦모둠이 학습자들 간 대략 80%에 이르는 일치 양상을 보이고 있다. 하지만 최하위 모둠을 판정하는 데 있어서는 특정 모둠에 대해 잠정적인 합의의 정도를 보여주지 못하고 있다. 즉 ⑦모둠을 제외하고는 모든 모둠이 최하위 판정을 1번 이상은 다 받고 있어, 최하위 모둠을 판정하는 데 어려움을 겪은 것으로 판단된다. 다음은 대화에 직접 참여하지 않고 촬영본만을 가지고 평가한 평가자들의 결과이다. 편의상 앞의 1차 결과와 연속선상에서 2차 평가 결과라고 지칭한다.

<표 5>에서 제일 상위 행의 집단 C와 D는 평자가로 참여한 집단이고, 두 번째 행의 집단 A와 C는 앞선 1차 평가 시의 평가 대상 집단이다. 평가의 신뢰도를 높이기 위해 비슷한 수준의 학습자들이 교차로 평가한 2차 결과도 앞선 1차 결과와 전체적으로 비슷한 양상이다. 국어교육과 3학년 학습자들이 평가자로(집단C) 참여한 집단A에 대한

〈표 5〉 2차 평가 결과

모둠	집단C		집단D	
	집단A		집단B	
	최상위(명)	최하위(명)	최상위(명)	최하위(명)
①	6	0	1	6
②	2	1	3	4
③	14	0	1	3
④	1	2	0	6
⑤	0	4	1	2
⑥	1	3	4	2
⑦	4	2	18	1
⑧	1	16	0	3
⑨	0	1	0	2
⑩	1	1	3	1

평가에서는 앞선 1차 결과보다 최상위와 최하위 모둠이 수치상 더 높게 부각되는 양상이다.

집단B에 대해서는 최상위 모둠으로 평가받은 ⑦집단의 선택 수치가 낮아졌고, 최하위의 경우는 1차 결과와 마찬가지로 특정 모둠에 편중되기보다는 다소 흩어져 있는 양상이다. 즉 앞선 1차 평가 때와 비슷하게 특정 모둠을 최하위 모둠으로 선택하는 데 어려움이 따른 것으로 판단된다.

결론적으로 1차 때의 평가와 마찬가지로 2차 평가에서도 최상위 모둠의 경우는 모두 동일한 모둠이 선택되었고, 최하위의 경우도 1차와 마찬가지 양상이다. 다만 집단B의 대화 결과물을 두고 이루어진 최하위 모둠의 평가에서는 1차와 2차 모두에서 평가자들 간 일치를 보이지 않았다는 점이 특징적이다. 이러한 결과를 간략하게 정리하면 〈표 6〉과 같다.

〈표 6〉 1, 2차 평가 결과

평가 대상	1차 평가				2차 평가			
	최상	비율(%)	최하	비율(%)	최상	비율(%)	최하	비율(%)
집단A	③	33.3	⑧	40.0	③	46.7	⑧	53.3
집단B	⑦	77.7	①,⑧	20.0	⑦	60.0	①,④	20.0

　　앞선 1차와 2차 평가 결과를 최상위와 최하위 모둠의 합의 비율을 중심으로 정리하면 〈표 6〉과 같다. 1차 때와는 다르게 2차 평가에서는 평가의 신뢰도를 높이기 위해 대화 결과물의 구성에 참여하지 않았던 새로운 참여자를 1차와 비슷한 관계와 수준을 고려하여 교차로 참여시켰다. 즉 1차 평가에서 집단A가 집단B에 비해 평가 참여자들 간 관계의 측면에서 친밀도나 언어 수행 수준이 낮다고 상정되었다. 2차 평가에서는 집단D가 C에 비해 그러하다.

　　이러한 평가 참여자들 간 언어 수행 수준이나 친밀도의 문제가 실제 평가에도 반영되는 모습을 보여주고 있다. 즉 최상위와 최하위 평가 모둠의 선택에 있어 그 합의 비율이 관계의 친밀도와 언어 수행 수준이 높다고 상정된 집단에서 상대적으로 높게 드러나고 있다.

　　하지만 집단B에 대한 평가에서는 최하위 모둠 선정의 합의 비율이 1차와 2차 평가 모두에서 혼란한 양상을 보여주고 있다. 즉 집단B의 10개 모둠 간에는 이른바 대화 평가에서 가장 낮은 점수를 받은 모둠이 평가자들 간에 일치하지 않았다고 볼 수 있다.

　　즉 최상위 모둠의 선정에서의 평가 결과는 그 수치만 약간씩 차이가 있을 뿐 평가자들 간 거의 일치되는 경향을 보여주고 있다. 다만 하위 모둠의 선정에서 집단B의 대화 결과물에 대한 점수의 분포 양상에서만 평가자들 간 합의의 일치 양상에서 차이를 보이고 있다.

　　이는 집단A의 결과에 비추어 본다면, 집단B의 대화 결과물을 구성한 참여자들의 관계나 수준과 관련되는 부분이 있을 것이다. 즉 1차 평가에서 집단B의 대화 결과물을 구성한 참여자들은 집단A에 비해 참여자들의 관계 측면에서 친밀도가 높다. 대학 1학년 생활을 함께 했기 때문에 서로 간에 비교적 공통 기반이 잘 형성되어 있었다고 볼 수 있다.

아울러 언어 수행 수준 또한 A에 비해 높았기 때문에 서로 간에 정보 간격(information gap)을 줄여나가는 데 수월성을 보여줄 가능성이 있다. 즉 평가자들이 대화 전개상에서 특별하게 문제점으로 지적되거나 드러나는 것을 발견해서 최하위 모둠으로 판정하는 데 어려움을 겪은 것으로 판단된다.

몇몇 최상위와 최하위 모둠을 중심으로 평가에 참여한 학습자들이 어떤 식으로 양적 및 질적 평가를 하였는지를 대상 모둠에 대한 실제 진술 양상을 중심으로 살펴보자. 이는 연구 가설2의 평가 항목에 대한 언급과도 일정 부분 겹친다. 따라서 개별 평가 항목 중심보다는 선정된 모둠의 총괄적 평가에 초점을 둔다. 먼저 A집단의 최상위와 최하위

〈표 7〉 집단A에서의 최상위와 최하위 모둠 평가에 대한 진술 양상

평가 시기	대상 모둠	평가 내용	평가 점수
1차	③	한 명씩 자신의 경험에 대해 말함으로써 대화를 이어나감. 상대방이 이야기하고 있을 때 끼어들지 않고 잘 들음. 대화 화제에 벗어나지 않음.	34
1차	⑧	발언 횟수가 두 명에 비해 한 명이 너무 적음. 한 명이 자신이 질문 받기 전에는 대화에 참여하지 않음.	24
2차	③	대화가 자연스럽게 진행됨. 불필요한 이야기가 자꾸 끼어들었지만, 대화 전개가 유창하고 화제가 확실함. 대화자 간의 공감이 활발하게 이루어졌고, 서로가 대화에 자발적으로 참여하고자 하는 모습이 돋보임.	36
2차	⑧	처음 보는 사이로 보이는데, 특정 두 명만 대화를 이어나감. 한 명은 대화에 관심이 없는 듯이 보여 대화에 자발적으로 참여하려는 모습이 부족함. 전체적으로 무슨 말을 하는지 이해되지 않음.	21

모둠으로 선정된 ③과 ⑧모둠에 대한 진술 양상이다.

A집단에 대한 일부 평가 결과이다. 1차 평가는 실제 대화 결과물을 구성한 이들이 직접 평가에 참여한 것이고, 2차 평가는 대화 결과물만 평가한 결과이다. 아울러 1차 평가 참여자(집단A)는 2차 평가자(집단C)에 비해 관계 측면에서 친밀도가 낮고 언어 수행 수준 낮다고 상정되었다.

실제 결과에서도 이러한 면이 반영된 것으로 보이는데, 특히 진술의 양적 측면에서 우선적으로 차이가 나고 있으며, 진술 내용 측면에서도 질적으로 차이가 남을 알 수 있다. 하지만 평가 항목을 진술하는 측면에서는 유사한 항목들이 지적되고 있다. 다음은 집단B에 대한 진술 양상이다.

〈표 8〉 집단B에서의 최상위와 최하위 모둠 평가에 대한 진술 양상

평가 시기	대상 모둠	평가 내용	평가 점수
1차	⑦	이 조의 경우는 모든 대화 참여자의 대화 빈도가 적절하며 자신의 경험담에 대해서 이야기를 하는데, 이를 통해서 적절한 자기 노출이 이루어졌다고 볼 수 있다. ○○이의 경우는 술집 알바, ○○이는 뷔페알바, 카페알바, ○○이의 경우에는 키즈카페알바 경험담을 이야기하면서 자신이 경험한 진상손님에 대해서 일관되게 이야기하고 있어 화제가 선명하다. 또한 자신의 경험담이다 보니 참여자 자발적이며 쉼이 별로 없이 전개가 유창하게 이루어지고 있다. 자신의 이야기를 하면서 준언어 표현에서는 다소 격양된 어조와 비언어 표현 중 특히 표정으로 표현을 적절하게 사용하여 대화의 전개에 도움이 되고 있다. 또한 상대방의 말에 공감하며 배려의 적절성을 지켜나가 규범이 잘 준수되고 있다는 것을 알 수 있다.	38
1차	①	비교적 화제가 선명한 편이었고, 요즘 대두되고 있는 문제인 '급식체'에 대해서 대화를 하여 흥미가 유발되었다. 그리고 자신을 생각들을 명확하게 이야기하는 편이어서 자기 노출이 많이 이루어졌다. 하지만 갑자기 학생을 어떻게 지도하느냐는 방향으로 이야기가 전개되어 흐름이 매끄럽지 않다고 생각을 했고, 한 구성원이 이야기를 거의 하지 않는 모습을 보였다. 그리고 경청을 하지 않는 듯한 비언어적 표현을 종종 사용하여 보기에 조금은 불편했다.	26

평가 시기	대상 모둠	평가 내용	평가 점수
2차	⑦	전체적으로 모든 것들이 좋았음. 다만 아쉬운 것은 상대가 말을 하고 있을 때 딴 짓을 하는 행위가 종종 보였음. 그리고 초반 대화 상황에서 약간 어색하다는 느낌을 받았음.	36
2차	④	화제가 헷갈렸고, 대화가 자연스럽게 이루어지지 않는 부분이 많았음. 하지만 모둠원들이 적극적으로 참여하려고 했고, 다양한 준, 비언어적 표현이 드러났음.	27

집단B에 대한 평가에서는 집단A와는 반대로 1차 평가에서는 대화 결과물을 실제로 구성한 이들이 평가에 참여하였고, 2차 평가는 평가자로만 참여하였다. 아울러 관계와 수준면에서 1차 평가자들(집단B)이 2차 평가자들(집단D)보다 친밀도가 높고 언어 수행 수준이 높은 평가자로 상정되었다.

이는 결과에서도 확연하게 드러났다. 진술의 양적, 질적 측면에서 많은 차이가 나는 것으로 드러난다. 다만 대화 전개상에서 두드러진 강점과 약점 등은 공통적으로 지적되는 양상이었다. 이는 대화를 평가할 때 평가자들이 무엇을 주요하게 평가하는지와 관련이 깊다. 연구과설2의 결과에서 평가 항목의 문제는 심층적으로 다루어진다.

평가 항목 간 평가 난도에는 인식의 차이가 있을 것이라는 연구가설2는 평가 과정의 진술을 위해 질문지가 제공되어 수집되었다. 질문은 "평가하기 어려웠던 항목을 선택하고, 그 이유는 무엇이었는지를 구체적으로 서술하시오"로 제시되었다. 평가자들은 평가하기 어려웠던 항목을 적게는 1가지, 많게는 2~3가지 정도로 지적하는 경우가 많았다. 1차와 2차 평가로 구분해서 나온 결과는 〈표 9〉와 같다.

<표 9> 평가 난도에 대한 인식 양상

연번	평가 항목	1차		2차		비율 (%)
		집단A (횟수)	집단B (횟수)	집단C (횟수)	집단D (횟수)	
1	대화 규칙 적용의 적절성	8	17	19	13	23.4
2	자기 노출의 적절성	7	16	11	9	17.6
3	전개의 유창성	2	0	0	1	1.2
4	화제의 선명성	1	1	3	0	2.0
5	흥미의 유발성	3	4	5	2	5.7
6	준언어, 비언어 사용의 적절성	6	24	26	11	27.5
7	참여의 자발성	3	3	2	4	4.9
8	배려의 적절성	14	6	8	12	16.4
	총 횟수	45	71	76	52	

〈표 9〉에서 드러난 바와 같이, 1차와 2차 평가 결과가 대상 집단에 따라 구분되는 양상이다. 즉 1차 때의 평가자로 참여한 집단A와 2차 때의 집단D의 참여자들, 1차 때의 집단B와 2차 때의 집단C 참여자들의 결과가 비교적 일정한 상관관계를 보여주고 있다. 이는 참여자들의 관계와 수준을 고려한 평가자들의 평가 인식 결과에 따른 것으로 보인다. 횟수의 경우는 참여 평가자들에 따라 평가 항목을 1개 이상 지적한 경우도 있기 때문에 총 횟수에서 30여 개를 훨씬 넘었다.

수치상으로 드러난 비율도 전체 8개 평가 항목이 두 부분으로 구분되는 양상이다. '준언어와 비언어 사용의 적절성 〉대화 규칙 적용의 적절성 〉자기 노출의 적절성 〉배려의 적절성'이 평가하기 어려운 항목으로 다수 지적되었고, 그에 반해 '흥미의 유발성 〉참여의 자발성 〉화제의 선명성 〉전개의 유창성'은 적은 수로 지적되어 비교적 평가하기 쉬운 항목으로 정리될 수 있다.

가설에서는 '배려의 적절성'과 '자기 노출의 적절성' 평가 항목은

1차 때의 집단B와 2차 때의 집단A를 평가한 참여자들, 대화 규칙 적용의 적절성은 모든 평가자들, 흥미의 유발성은 1차의 집단A와 2차 때의 B집단을 평가한 참여자들에게 어려울 것으로 상정되었다. 하지만 결과에서는 '대화 규칙 적용의 적절성'과 '자기 노출의 적절성' 항목 정도만 가설에서 제기한 내용과 일치하는 결과를 보여주고 있다. '흥미의 유발성'의 전체적으로 평가 난도가 높지 않은 것으로 드러났고, '배려의 적절성' 항목의 경우 오히려 친밀도의 관계가 낮은 참여자들이 더 어렵다고 인식하고 있다.

즉 가설에서 상정한 내용과는 일부 차이는 있지만, 전체적으로 평가에 참여한 참여자들의 관계와 수준에 따라 평가 항목에 인식 난도에 차이는 있는 것으로 드러났다. 전체적으로 '배려의 적절성'은 관계의 친밀도가 낮고 언어 수행 수준이 낮은 평가자들에게 가장 어려운 평가 항목으로 인식된 모습을 보여주었다. 반면에 관계와 언어 수행 수준이 높다고 상정된 평가자들은 공히 '준언어와 비언어 사용의 적절성' 평가에 대해 가장 어렵다는 인식 양상을 보여주었다.

다만 1차와 2차에서 드러난 바와 같이 평가하기에 어렵다고 인식된 항목들이 비교적 양분되어 드러나고 있다는 점은 분명하다. 가령 언어 수행 수준과 친밀도가 낮다고 상정된 1차 때의 집단A, 2차 때의 집단D의 평가자들은 '대화 규칙 적용의 적절성'과 '배려의 적절성'을, 언어 수행 수준과 친밀도가 높다고 상정된 1차 때의 집단B와 2차 때의 집단C의 평가자들은 '대화 규칙 적용의 적절성'과 '준언어, 비언어 사용의 적절성'이 평가하기 어렵다고 인식하였다. 즉 '대화 규칙 적용의 적절성'은 차수와 집단에 상관없이 어려운 항목으로 인식되고 있다.

하지만 평가 난도에 대한 인식의 문제가 실제 평가 척도 상의 점수를 부여하는 데 일관되게 적용되지는 않았다. 가령 평가하기 어렵다고 인식되었던 대화 규칙 적용의 적절성, 준언어와 비언어 사용의 적절성 등은 평가 척도 상에서 중앙에 쏠림의 현상이 있는지 등은 실제로 관찰되지는 않았다. 참여자들의 평가 과정에 제기된 평가 항목에 대한 인식상의 문제를 정리하면 대략 다음과 같다.

⟨표 10⟩ 평가 항목별 인식 양상

연번	평가 항목	인식 내용
1	대화 규칙 적용의 적절성	• 평가 항목 간 중복 • 규범의 준수와 대화 질적 관련성 • 이 가지 규범 불명확성 • 질의 격률에 대한 판단의 어려움
2	자기 노출의 적절성	• 자기 노출의 범위 • 상황에 따른 노출의 판단 여부 • 자기 노출의 정의 • 자기 노출과 대화 횟수의 관계 • 말과 행위에 따른 노출의 애매성 • 자기노출과 권력
3	전개의 유창성	• 전개가 내용인지 형식상의 문제인지의 여부 • 주저거림, 머뭇거림, 쉼 등의 횟수와 전개의 관련성
4	화제의 선명성	• 화제의 확정성 • 화제의 변화와 다양성 • 화제의 포함 여부에 대한 판단
5	흥미의 유발성	• 흥미의 주체에 대한 애매성 • 흥미에 대한 주관적 가치, • 흥미의 표상 여부 • 흥미와 대화의 관련성
6	준언어, 비언어 사용의 적절성	• 준언어 구분의 어려움 • 비언어 범주의 불명확성 • 비언어가 끼치는 영향 관계 파악의 어려움
7	참여의 자발성	• 참여 범위 확정 • 참여와 대화 횟수의 관계 • 참여의 적극성과 소극성 판단
8	배려의 적절성	• 배려의 범위 확정의 문제 • 무엇을 위한 배려인지의 모호성 • 배려라고 할 수 있는 행위 발견의 어려움

〈표 10〉에 제시된 바와 같이 대화 담화를 평가하면서 평가 항목에 따른 인식상의 어려움은 여러 측면에서 제기되었다. 여기에서는 대표적으로 드러나는 인식상의 양상을 정리해서 제시했지만, 실제로 개별 평가자마다 제기하는 문제는 다양했다. 이러한 문제들은 향후 대화 담화를 평가하고 평가 항목을 개발하는 데 주요한 뒷받침 자료가 될 수 있을 것이다.

　이상 대화 담화의 평가에 대한 두 가지 연구 가설을 중심으로, 그 결과를 논의하였다. 최상위와 최하위 모둠에 대한 평가자들 간의 일치 양상은 최상위 모둠은 집단 간 합의를 보여주었고, 최하위 모둠은 집단 간에 약간의 차이를 보여주었는데, 평가자들 간 관계와 수준에 따라 그 결과가 일부 다르게 나왔다.

　평가 척도에 대한 인식 상의 어려움에 대한 문제는 '대화 규칙 적용의 적절성', '자기 노출의 적절성', '준언어와 비언어 사용의 적절성', '배려의 적절성' 항목이 난도가 높은 것으로, 그 이외 네 가지는 비교적 쉬운 것으로 인식되었다.[8] 다만 평가자들의 관계와 수준에 따라 인식의 차이는 있었다. 가령 관계의 친밀도가 높고 언어 수행 수준이 높다고 상정된 평가자들은 '준언어와 비언어 사용의 적절성'에, 그렇지 못한 평가자들은 '배려의 적절성'에 평가 항목의 난도 비중을 둔 것으로 드러났다.

---

8) 실제 대화 평가에서 이러한 평가 난도에 대한 인식의 문제는 실제 학교 현장에서 학령이나 연령, 언어 수행 수준에 따른 대화 평가를 실시할 때 적용해 볼 수 있을 것이다.

3.2. 교육적 의의

이 글은 8가지의 대화 담화 평가 기준을 마련하고 이를 실제 대화 평가에 적용해 보았다. 대화 담화 평가에 대한 시론적 논의임을 감안하여 여기에 마련된 평가 항목들은 향후 대화 담화의 타당성 높은 평가를 위해 재구성되어야 할 것이다. 두 가지 연구 가설의 상정과 그 조사 결과의 논의를 통해 대화 담화에 대한 가능성을 엿볼 수 있었다는 점에서 몇 가지 교육적 의의를 찾을 수 있다.

첫째, 대화도 다른 담화와 마찬가지로 평가의 고려 대상이 될 수 있어야 한다. 평가의 대상 담화로서 제대로 다루어지지 못했다면 그 교육 내용이나 방법 면에서의 교육적 효용성도 재고되어야 할 것이다. 대화 담화는 주요한 교육 내용으로 초·중·고의 전 교육과정에 걸쳐 있다. 특히 다른 담화에 비해서 그 비중이 높다. 하지만 학교 현장에서 대화 담화는 제대로 지도되고 있지 못하며, 평가 대상의 담화로는 거리가 멀게 인식되어 왔다.

이러한 문제의식을 토대로, 이 글은 평가의 타당성을 마련하기 위해 대화 담화의 평가 항목을 구성하였다. 나아가 이러한 평가 항목은 평가의 신뢰도와 타당도를 높이기 위해 관계와 수준을 달리한 다양한 평가자들에 의해 수집된 대화 결과물에 적용되었다. 이를 통해 대화 담화도 평가 과정을 통해 그 품질의 우열을 따질 수 있다는 점이 논의되었다.

대화는 모든 담화의 가장 기본적이면서도 상위인지적 측면의 속성을 갖춘 담화이다. 따라서 말하기 교육의 주된 담화로서 자리매김되기 위해서는 무엇보다 평가 대상 담화로서의 위치를 마련해야 한다. 나아가 이러한 논의가 대화 담화를 평가 대상으로 올려놓고 본격적으로 논의의 대상이 될 수 있다는 점을 보여주었다는 점에서 그 교육적 의의를 찾을 수 있다.

둘째, 대화 담화의 교육적 효용성을 높이기 위해서는 무엇보다 평가 항목들이 제대로 마련되어야 한다. 평가가 제대로 이루어지지 못한 것은 무엇을 평가해야 할지에 대한 혼란이 있었던 것이고, 무엇을 교육해야 할지에 대한 교육적 합의가 제대로 이루어지지 못한 것이라고도 볼 수 있다.

이 글은 대화 담화의 평가 항목을 상정하고, 이를 실제 대화 담화의 평가에 적용하면서 제기될 수 있는 인식상의 문제를 다루어보았다. 학습자들이 평가 과정에서 공통적으로 어렵다고 인식하는 항목들이 비교적 뚜렷하게 구분되어 드러났고, 아울러 이러한 항목들의 평가 과정에서의 문제들이 구체적으로 도출되었다. 즉 대화 담화의 평가 항목으로서 갖추어야 할 요건이 무엇인지를 개략적으로나마 살필 수 있었다.

구체적으로 '대화 규칙 적용의 적절성'은 다른 평가 항목과 내용상 일부분 겹치며, '준언어와 비언어 사용의 적절성'에서는 평가자들이 대화 내용에 인식의 초점이 있기 때문에 형식에 초점이 모이기 어렵고, 아울러 무의식적으로 발생되는 사용 양상을 어떻게 해석해야 할지의 문제가 따른다. 그 이외에 '자기 노출의 적절성'이나 '흥미의 유발성'도 노출이나 흥미의 양상을 어떻게 보느냐에 따라 해석이 달라질 수 있다는 점 등이 공통적으로 제기되었다.

4. 마무리

이 글은 대화 담화의 평가에 대한 시론적 논의이다. 대화 담화가
교육 현장에서 제대로 지도되지 못하고, 현실과 유리된 내용으로 다
루어지고 있음을 지적하고, 이러한 문제를 대화 담화를 제대로 평가
할 수 없게 만드는 주요한 요인으로 뽑았다. 다만 이러한 문제를 대화
담화의 내용이나 지도 방법에서 찾기보다는 실제 평가를 통해 무엇이
문제인지를 현장연구를 기반으로 논의되었다.

무엇보다 대화 담화에 대한 평가자들의 인식 문제를 중심으로, 대
화 담화가 과연 평가될 수 있을지, 나아가 신뢰도와 타당도가 수반된
평가가 이루어질 수 있을지를 실제 구성된 대화 결과물을 중심으로
이루어졌다. 두 가지 연구 가설이 상정되었고, 이를 바탕으로 두 집단
의 10개 모둠 각각에 대한 평가가 이루어졌다. 이 과정에서 평가자
간 신뢰도를 높이기 위해 관계와 수준을 고려한 집단을 추가로 선정
하였다.

평가 점수 분포상 최상위와 최하위 모둠은 평가자들 간 합의 비율
의 정도가 높을 것이라는 가설은 최상위 집단은 일치되는 양상으로
최하위 집단은 평가 대상 결과물에 따라 다르게 평가되었다. 평가
항목의 난도에 대한 인식 양상은 비교적 분명하게 구분되는 양상이었
다. 즉 어렵다고 생각하는 항목과 그렇지 못한 항목들이 수치상으로
이원화되는 경향을 보여주었다. 이는 평가 항목에 대한 평가자들의
인식의 합의를 보여주는 부분이라고 할 수 있다. 이는 대화 담화도
그 우열이 일정한 평가 항목을 기준으로 평가될 수 있다는 점을 시사
하는 것이라고 할 수 있다.

이러한 교육적 의의에도 불구하고, 이 글은 일정한 한계를 노출하

였다. 특히 사적 대화의 자료를 실생활 속성을 반영하면서 어떻게 수집해야 할지에 대한 문제를 본격적으로 다루지 못했고, 타당도 높은 대화 담화의 평가 항목 구성을 위해 연구자의 직관과 평가자들의 인식에만 의존했다는 문제를 고스란히 남겼다.

강현주(2014), 「말하기 능력 평가에서 대화 과제 도입의 필요성」, 『어문논집』 71, 민족어문학회, 353~379쪽.

교과부(2015), 『국어과 교육과정』(교과부 교시 2015-74호, 별책 5).

교육과학기술부(2011), 『2011 개정 국어과 교육과정』, 교육과학기술.

구현정(2001), 「대화의 원리를 바탕으로 한 말하기 교육」, 『외국어로서의 한국어교육』 25, 연세대학교 언어연구교육원 한국어학당, 303~330쪽.

구현정(2009), 『대화의 기법』, 경진출판.

김나미·김영주(2018), 「말하기 유창성 평가에서의 평가 구인 간 상관관계」, 『한국어 의미학』 59, 한국어의미학회, 87~108쪽.

김명순(2010), 「읽기 교육과정에 나타난 텍스트성 고려 양상」, 『독서연구』 24, 한국독서학회, 179~208쪽.

김미정(2016), 「협상 교육에서 화법 윤리의 실천 방안 연구」, 동국대학교 석사논문.

김상수(2008), 「한국어 학습자 발화의 유창성 판단에 관한 연구」, 『한국어교육』 19(2), 국제한국어교육학회, 75~91쪽.

김성규(1999), 「잠재적 휴지의 실현」, 『선청어문』 27, 서울대학교 국어교육과, 831~859쪽.

김소영(2006), 「연설의 담화 유형적 특성과 평가의 방향」, 『화법연구』 1,

한국화법학회, 173~203쪽.

김수란·전은주(2014), 「중학생 협상 양상 연구」, 『화법연구』 26, 한국화법
　　학회, 9~44쪽.

김수란·한연희·전은주(2013), 「중학생의 연설에 나타난 청중 고려 양상 연
　　구」, 『화법연구』 23, 한국화법학회, 9~41쪽.

김수업(1992), 「듣기에 관한 하나의 조사」, 『배달말교육』 10, 배달말교육학
　　회, 103~138쪽.

김수업(2006), 『배달말 가르치기』, 나라말.

김수형·전희숙·권도하(2012), 「학령전 아동의 담화 유형에 따른 비유창성
　　특성」, 『언어치료연구』 21(3), 한국언어치료학회, 53~68쪽.

김은성(2003), 「국어과 창의성 교육의 관점」, 『국어교육연구』 18, 국어교육
　　학회, 65~95쪽.

김정우(2004), 「합성어 내부 경계의 음운론적 의의」, 『배달말』 35, 배말달
　　학회, 343~367쪽.

김종영(2012), 「말하기 교육, 무엇을 어떻게 할 것인가?」, 『수사학』 16, 한
　　국수사학회, 65~95쪽.

김종택 외(2009), 『생활 속의 화법』, 정림사.

김지영·장은주(2016), 「국어교사의 말하기 평가 특성 연구: 중학생의 자기
　　소개에 대한 평가를 중심으로」, 『청람어문교육』 59, 청람어문교육
　　학회, 73~105쪽.

김지홍(2007), 「언어와 언어 사용에 대한 자각」, 『국어문학』 42, 국어문학
　　회, 419~478쪽.

김지홍(2010), 『언어의 심층과 언어교육』, 경진출판.

김지홍(2011), 「르펠트의 언어 산출 모형에서 몇 가지 문제」, 『언어』 36(4),
　　한국언어학회, 887~901쪽.

김지홍(2015), 『언어 산출 과정에 대한 학제적 접근』, 경진출판.

김창제(1917), 「연설법요령」, 『청춘』 7.

김창환·한상효(2006), 「언어 창의성의 개념적 고찰」, 『교육종합연구』 4(1), 교육종합연구소, 21~47쪽.

김태경·이필영(2007), 「유창성 요인으로 본 말하기 능력」, 『한국언어문화』 34, 한국언어문화학회, 25~44쪽.

김평원(2007), 「성인화자의 말하기 평가 방법; 의사소통과정으로서의 말하기 평가: 대규모 성인 말하기 평가 시스템을 중심으로」, 『화법연구』 11, 한국화법학회, 2~26쪽.

김평원(2011), 「말하기 불안의 분석 모형 연구」, 『국어교육연구』 40, 국어교육학회, 397~434쪽.

김현강·송재영·신유리(2010), 「담화 자료의 비언어적 요소의 전사 방법 연구」, 『어문논총』 53, 한국문학언어학회, 85~106쪽.

나은미(2010), 「정보전달 발표에 대한 평가 분석: 상·하위 점수 분포자를 중심으로」, 『한국어학』 49, 한국어학회, 181~208쪽.

남길임(2011a), 「구어 비유창성 현상의 주석 체계 연구」, 『담화와 인지』 18(3), 담화인지언어학회, 115~138쪽.

남길임(2011b), 「담화 유형에 따른 한국어 비유창성 현상 연구」, 『텍스트언어학』 30, 텍스트언어학회, 45~72쪽.

노은희·최숙기·최영인(2012), 「2011개정 국어과 교육과정 '듣기·말하기' 영역에 대한 비판적 고찰」, 『국어교육학연구』 44, 국어교육학회, 261~293쪽.

문지은·권도하(2015), 「학령기 아동의 학년별 말 속도 및 비유창성 특성」, 『언어치료연구』 24(1), 한국언어치료학회, 113~121쪽.

민병곤(1996), 「고등학교 국어과 말하기 평가 연구」, 서울대학교 석사논문.

민병곤 외(2014), 「성인의 국어 말하기 능력 평가 결과 분석」, 『화법연구』 24, 한국화법학회, 101~137쪽.

박성창(2000), 『수사학』, 문학과지성사.

박안수 외(2018), 『고등학교 국어』, 비상교육.

박영민(2012), 「읽기 부진 학생의 눈동자 추적을 통한 읽기 과정 특성 분석 연구」, 『국어교육』 139, 한국어교육학회, 335~362쪽.

박용익(2001), 『대화분석론』, 역락.

박용익(2010), 『대화분석론』, 백산서당.

박용익·정연옥(2016), 「의사소통 교육을 위한 응용 대화분석: 가능성과 한계 그리고 혁신을 위한 대안」, 『언어와 언어학』 73, 한국외국어대학교 언어연구소, 71~98쪽.

박인기(2010), 「국어교육과 매체언어 문화」, 『국어교육학연구』 37, 국어교육학회, 137~158쪽.

박일섭(2007), 「혼잣말의 특성에 대한 연구」, 부산대학교 석사논문.

박재현(2006), 「설득 담화의 내용 조직 교육 연구」, 서울대학교 박사논문.

박재현(2015), 「화법 평가의 쟁점과 발전 방향」, 『국어교육학연구』 50(2), 국어교육학회, 6~26쪽.

박창균(1999), 「대화분석을 통한 말하기 교수-학습 방법 연구」, 경인교육대학교 석사논문.

박창균(2007), 「언식성의 개념과 성격에 관한 고찰」, 『화법연구』 10, 한국화법학회, 269~296쪽.

배창빈(1999), 「말듣기·말하기 수행 평가 기준 연구」, 서울교육대학교 석사논문.

서영진(2010), 「협상 담화 교수·학습 방안 연구」, 『국어교육학연구』 38, 국어교육학회, 203~232쪽.

서영진(2013), 「고등학생의 말하기 효능감 구인 연구」, 『국어교육』 135, 한 국어교육학회, 185~213쪽.

서영진·전은주(2010), 「고등학생의 공식적 말하기에 대한 불안 연구」, 『청 람어문교육』 42, 청람어문교육학회, 209~242쪽.

서종훈(2007), 「담화연결표지 사용을 통한 문단 인식 양상」, 『국어교육』 123, 한국어교육학회, 375~404쪽.

서종훈(2009), 「말하기 수행평가 사례 연구」, 『국어교육』 129, 한국어교육 학회, 57~85쪽.

서종훈(2011), 「글말과 입말에 대한 수행 사례 연구」, 『국어교육학연구』 41, 국어교육학회, 505~541쪽.

서종훈(2012), 「글말과 입말 사용에 드러난 언어자각 양상 연구」, 『우리말 교육현장연구』 6(1), 우리말교육현장학회, 173~200쪽.

서종훈(2013a), 「'쉼'에 대한 국어교육적 고찰」, 『언어과학연구』 64, 언어과 학회, 179~204쪽.

서종훈(2013b), 「말하기에 드러난 '쉼' 인식 양상 연구」, 『어문학』 119, 한 국어문학회, 27~56쪽.

서종훈(2014), 「화법교육에서의 대화의 속성과 위상 고찰」, 『언어과학연구』 168, 언어과학회, 165~190쪽.

서종훈(2016), 「담화 주제 전개에 대한 인식 양상 연구」, 『국어교육』 153, 한국어교육학회, 143~170쪽.

서종훈(2017), 「주제 상정 여부에 따른 소집단 대화 양상 고찰」, 『화법연구』 37, 한국화법학회, 35~64쪽.

서종훈(2018a), 「대화 담화의 평가 가능성 고찰」, 『우리말연구』 54, 우리말 학회, 151~179쪽.

서종훈(2018b), 「대화의 비유창성 현상 고찰」, 『국어교육학연구』 53(3), 국어교육학회, 227~267쪽.

서종훈(2018c), 「말하기 유창성과 모의 수업 시연 능력의 상관관계 연구」, 『국어교육연구』 67, 국어교육학회, 155~190쪽.

서종훈(2019a), 「즉흥적 말하기의 위상과 교육적 함의 고찰」, 『배달말』 65, 국어교육학회, 229~251쪽.

서종훈(2019b), 「즉흥적 말하기의 유창성 인식 양상 고찰」, 『국어교육연구』 70, 국어교육학회, 133~164쪽.

서종훈(2020a), 「담화 분석 사례 연구」, 『한글』 81(2), 한글학회, 399~441쪽.

서종훈(2020b), 「연설 담화의 교육적 정체성에 대한 고찰」, 『우리말글』 84, 우리말글학회, 151~177쪽.

서종훈(2020c), 「준비된 말하기와 즉흥적 말하기 구분과 교육에의 활용 가능성」, 『우리말연구』 62, 우리말학회, 67~92쪽.

서종훈(2021a), 「협상에 드러난 언어자각 양상 고찰」, 『한말연구』 59, 한말학회, 163~195쪽.

서종훈(2021b), 「혼잣말의 담화 위상과 유형에 대한 시론」, 『국어교육연구』 75, 국어교육학회, 153~188쪽.

서혁(1995), 「담화의 기능 및 유형」, 『국어교육학연구』 5(1), 국어교육학회, 121~140쪽.

서현석(2003), 「소집단 학습 대화의 발화 교체 구조」, 『청람어문교육』 27, 청람어문교육학회, 207~230쪽.

서현석(2011), 「생태학적 말하기 평가를 위한 시론」, 『한국초등국어교육』 29, 한국초등국어교육학회, 119~144쪽.

소흥렬 외(1992), 『대화의 철학』, 서광사.

손세모돌(2002), 「발표에서의 부차 언어 연구」, 『화법연구』 4, 화법학회, 183~213쪽.

손세모돌(2007), 「성인화자의 말하기 평가 방법: 설명 능력 평가 방법」, 『화법연구』 11, 한국화법학회, 67~109쪽.

신명선(2015), 「말더듬 성인의 유창성 요인에 대한 인상적 특성」, 『언어치료연구』 24(1), 한국언어치료학회, 123~133쪽.

신명선·안종복·남현욱·권도하(2005), 「혼자 말하기에서 정상 아동 및 성인의 비유창성 특성에 관한 연구」, 『음성과학』 12(3), 한국음성학회, 49~57쪽.

신문자·한숙자(2003), 「정상 성인의 말속도 및 유창성 연구」, 『음성과학』 10, 한국음성학회, 159~168쪽.

신지연(2005), 「문단 경계에서의 '그러나'의 의미 기능」, 『텍스트언어학』 19, 한국텍스트언어학회, 83~107쪽.

신지연(2008), 「말하기의 조음 및 운율 요소에 대한 평가」, 『한국어학』 38, 한국어학회, 109~143쪽.

신지연 외(2015), 『말소리장애』, 시그마프레스.

심홍임(2005), 「정상 성인의 비유창성 특징과 말 속도에 관한 연구」, 한림대학교 박사논문.

안국선(1907), 『연설법방』, 탑인사.

안병섭(2007), 「휴지의 역할에 대한 반성적 검토」, 『우리어문연구』 68, 우리어문학회, 67~87쪽.

안병환(2007), 「교사의 자기대화에 관한 연구」, 『한국교원교육연구』 24권 3호, 한국교원교육확회, 153~174쪽.

안의정(2008), 「말뭉치를 이용한 어휘의 구어성 측정과 활용」, 『어문논집』 57, 민족어문학회, 93~119쪽.

안인숙(2015), 「대학생을 위한 협상 수업 모형 연구」, 『국어문학』 58, 국어문학회, 79~105쪽.

안종복 외(2005), 「정상적인 쉼의 길이와 빈도에 대한 규준 확립을 위한 예비 연구」, 『언어치료연구』 14(3), 한국언어치료학회, 229~237쪽.

양영하(2002), 「구어담화에 나타난 '쉼'의 기능」, 『담화와 인지』 9(2), 담화인지언어학회, 79~100쪽.

연세대학교 언어정보개발연구원 편(2000), 『연세 한국어 사전』. 두산동아.

유동엽(2003), 「일상 대화의 논쟁 원리와 전략에 대한 연구」, 『국어교육학 연구』 16, 서울대학교 국어교육연구소, 295~321쪽.

윤경미(2021), 「협상 준비 활동 구성에 따른 고등학생의 협상 수행 양상 연구」, 한남대학교 석사논문.

윤경원(2011), 「한국어 혼잣말의 의사소통적 특성 연구」, 연세대학교 석사논문.

윤기운(2005), 「운동 수행 동안 혼잣말의 사용과 지각된 심리적 기능」, 『한국스포츠심리학회지』 16(4), 한국스포츠심리학회, 29~47쪽.

이경재(2013), 「대구지역 교사의 말더듬에 대한 인식」, 『Communication Sciences and Disorders』 18(4), 한국언어청각임상학회, 447~458쪽.

이규호(1999), 『대화의 철학』, 시공사.

이기갑(2010), 「구술발화의 전사와 분석」, 『배달말』 47, 배달말학회, 67~95쪽.

이도영(2005), 「말하기·듣기 수업 평가 기준 마련을 위한 시론」, 『한국초등국어교육』 27, 한국초등국어학회, 21~44쪽.

이도영(2006), 「말하기·듣기 교수 방법 연구」, 『국어교육학 연구』 26, 국어교육학회, 253~276쪽.

이도영(2010), 「말하기 평가 목표와 평가 기준 설정 방안」, 『교육논총』 30(2), 경인교육대학교 교육연구원, 19~35쪽.

이도영(2011), 「초등 듣기·말하기 교육에서 맥락 교육의 문제와 개선 방안」, 『한국초등국어교육』 47, 한국초등국어교육학회, 201~229쪽.

이명조·이정화·최란(2014), 「혼잣말에 관한 국내 연구동향 분석」, 『열린유아교육연구』 19(1), 한국열린유아교육학회, 451~469쪽.

이문규(2006), 「소통 능력 신장에 중점을 둔 말하기 교육 내용 선정의 방향」, 『국어교육』 119, 한국어교육학회, 297~324쪽.

이선영(2013), 「한국어 말하기 성취도 평가에서의 평가범주의 세분화 문제 연구」, 『우리어문연구』 45, 우리어문학회, 27~56쪽.

이성만(1994), 「텍스트의 의미구조」, 『인문논총』 8, 배재대 인문과학연구소, 129~198쪽.

이성만(2006), 「텍스트 구성의 조건과 차원: 응결성과 응집성 개념을 중심으로」, 『인문논총』 23, 배재대 인문과학연구소, 107~120쪽.

이원봉(1976), 「소리읽기 지도에 있어서의 쉼에 대하여」, 『배달말가르침』 1, 경상대학교 국어교육과.

이유미(2017), 「혼잣말과 자기복잡성, 대인의사소통 능력의 관련성 연구」, 『화법연구』 36, 한국화법학회, 150~171쪽.

이재원(2016), 「연설의 종류와 텍스트 종류」, 『수사학』 27, 한국수사학회, 33~56쪽.

이정모 외(2009), 『인지심리학』, 학지사.

이정옥(2012), 「근대 초기 연설교육서에 나타난 근대적 말하기 규범」, 『국어국문학』 161, 국어국문학회, 199~235쪽.

이정화(2001), 「과제해결조건 및 과제 유형이 유아의 혼잣말과 과제수행력에 미치는 영향」, 『아동학회지』 22(2), 한국아동학회, 375~390쪽.

이정희(2010), 「인식 조사를 통한 한국어 구어 유창성의 개념 및 요인 연구」, 『한국어교육』 21(4), 국제한국어교육학회, 183~204쪽.

이종건·박헌준(2004), 「한국인의 협상전술에 관한 탐색적 연구」, 『협상연구』 10(1), 한국협상학회, 37~68쪽.

이주섭(2001), 「상황맥락을 반영한 말하기·듣기 내용 구성에 관한 연구」, 교원대학교 박사논문.

이주행 외(2003), 『고등학교 화법』, 금성출판사.

이찬규 외(2015), 「한국어 교육의 유창성 개념과 구성 요인」, 『국어국문학』 171, 국어국문학회, 179~206쪽.

이창덕(1998), 「국어교육과 대화분석」, 『한국초등국어교육』 14, 한국초등 국어교육학회, 39~64쪽.

이창덕 외(2010), 『화법교육론』, 역락.

이창호(2010), 「발화 중 휴지 시간이 갖는 의미」, 『한국어학』 46, 한국어학 회, 353~386쪽.

이춘길(2004), 『한글을 읽는 시선의 움직임』, 서울대학교 출판부.

이해경·권오영·이양(2002), 「인지발달에 대한 삐아제 이론과 비고츠키 이론의 비교」, 『사회과학연구』 20(1), 경상대학교 사회과학연구원, 5~ 18쪽.

이현예·조현주(2020), 「한국판 자기대화척도의 타당화 연구」, 『청소년학 연구』 27(2), 한국청소년학회, 305~333쪽.

이호영(1990), 「한국어의 억양체계」, 『언어학』 13, 한국언어학회, 129~151쪽.

임규홍(1997), 「'쉼'의 언어 기능에 대한 연구」, 『한글』 235, 한글학회, 93~ 125쪽.

임규홍(2007), 「국어 담화분석 연구의 현황과 전망」, 『우리말연구』 20, 우 리말학회, 111~145쪽.

임칠성(2005), 「중등학교 듣기·말하기 교육과정의 교육 내용 고찰」, 『화법 연구』 8, 한국화법학회, 71~99쪽.

임칠성(2008), 「화법교육과정의 '담화 유형'에 대한 범주적 접근」, 『화법연 구』 12, 한국화법학회, 149~189쪽.

임칠성(2010), 「바람직한 화법교육과정 구조와 내용 체계 연구」, 『국어교육』 131, 한국어교육학회, 119~140쪽.

임칠성(2012), 「화법의 관계 연구」, 『화법연구』 20, 한국화법학회, 365~389쪽.

임택균(2013), 「관계적 차원의 화법교육 문제」, 『화법연구』 22, 한국화법학회, 191~220쪽.

장경현(2012), 「구어와 구어체의 구분과 기술 방법 모색」, 『언어사실과 관점』 29, 연세대학교 언어정보연구원, 69~92쪽.

장경희(2009), 「구어 연구의 현황과 전망」, 『한국어학』 45, 한국어학회, 1~26쪽.

장경희 외(2006), 「말하기 능력 평가에 관한 요구 조사 연구」, 『한국언어문화』 31, 한국언어문화학회, 353~388쪽.

전문영(2017), 「자기중심적 언어에 나타나는 대화적 특성」, 『코기토』 81, 부산대학교 인문학연구소, 372~396쪽.

전영옥(2005), 「발표담화와 발표요지 비교 연구」, 『텍스트언어학』 19, 한국텍스트언어학회, 209~246쪽.

전영옥(2006), 「국어의 단위 연구」, 『한말연구』 19, 한말연구학회, 271~299쪽.

전영옥(2009), 「구어와 담화 연구」, 『한국어학』 45, 한국어학회, 45~93쪽.

전은주(1999), 『말하기, 듣기 교육론』, 박이정.

전은주(2004), 「말하기 영역의 교육과정 내용에 대한 타당성 고찰」, 『화법연구』 7, 한국화법학회, 173~201쪽.

전은주(2010), 「말하기 불안 해소의 교수, 학습 방법」, 『화법연구』 16, 한국화법학회, 495~124쪽.

전정미(2005), 「설득 화법의 원리와 방법, 화법 연구」, 『화법연구』 8, 한국화법학회, 281~303쪽.

전지현 외(2010), 「영어 말하기 평가에 대한 학습자 인식 연구」, 『응용언어학』 26(1), 응용언어학회, 57~89쪽.

정민주(2008), 「협상의 개념과 전략에 관한 국어교육적 고찰」, 『국어교육학 연구』 31, 국어교육학회, 69~94쪽.

정민주(2012), 「대학생 연설 화자들의 동료 피드백 수용 양상에 관한 질적 고찰」, 『새국어교육』 93, 한국국어교육학회, 47~82쪽.

정민주(2013), 「대학생 설득 연설 수행에 나타난 문제 양상과 그에 따른 지도 방향 연구」, 『어문연구』 41(3), 한국어문교육연구회, 411~443쪽.

정민주(2015), 「국어과 협상 전략 교육 내용의 교과서 구현 양상」, 『한국초등국어교육』 60, 한국초등국어교육학회, 223~252쪽.

정민주(2020), 「다중 의제를 활용한 중고등학생의 협상 수행 양상」, 『새국어교육』 124, 한국국어교육학회, 101~126쪽.

정우봉(2006), 「연설과 토론을 통해 본 근대계몽기의 수사학」, 『고전문학연구』 30, 한국고전문학회, 409~446쪽.

조국현(2015), 「담화의 세계: 담화언어학의 정체성과 과제」, 『독어학』 32, 한국독어독문교육학회, 105~127쪽.

조명한 외(2003), 『언어심리학』, 학지사.

조용준·안희돈(2020), 「인류세적 관점에서의 다면적 대화분석 방법론: 혼잣말을 중심으로」, 『우리어문연구』 66, 우리어문학회, 301~335쪽.

조재윤(2006a), 「국어과 말하기·듣기 평가 실태 조사 연구」, 『화법연구』 9, 한국화법학회, 115~141쪽.

조재윤(2006b), 「말하기 평가 방법간 신뢰도 분석 연구: 초등학생의 설득하는 말하기를 중심으로」, 『국어교육학연구』 27, 국어교육학회, 493~ 515쪽.

조재윤(2008), 「일반화가능도 이론을 이용한 말하기 평가의 과제와 채점자 요인 최적화 조건에 관한 연구」, 고려대학교 박사논문.

진실희(2019), 「소통적 통역 역량에 관한 연구」, 『통번역학연구』 23(3), 한국외국어대학교 통번역연구소, 263~290쪽.

최미숙 외(2016), 『국어교육의 이해』, 사회평론.

최유리(2019), 「고등학생의 협상 전략 사용 양상 연구」, 동국대학교 석사논문.

최윤정(2017), 「공감 기반 설득 화법교육 연구」, 이화여자대학교 박사논문.

최홍원(2012), 「창의성에 대한 이해 지평의 확대와 국어교육적 재조명」, 『새국어교육』 89, 한국국어교육학회, 461~484쪽.

최효진(2010), 「화법교육을 위한 담화 유형의 체계화 연구」, 부산대학교 석사논문.

하혜수·이달곤(2017), 『협상의 미학』, 박영사.

한연희·전은주(2011), 「2011 국어과 교육과정 듣기·말하기 영역 수직적 조직 분석」, 『화법연구』 19, 한국화법학회, 389~424쪽.

홍기선(1995), 「비언어 커뮤니케이션 분류에 대한 연구」, 『커뮤티케이션 과학』 13(15), 고려대학교 신문방송연구소, 3~23쪽.

르펠트(Levelt, 1999), 김지홍 뒤침(2008), 『말하기』, 나남.

마이클 J. 월리스(Mjchael J. Wallace, 1998), 김지홍 뒤침(2009), 『언어교육 현장 조사연구』, 나라말.

마틴 바이케이트(Martin Bygate, 1987), 김지홍 뒤침(2002), 『말하기』, 범문사.

머카씨(McCarthy, 1998), 김지홍 뒤침(2010), 『입말 그리고 담화 중심의 언어교육』, 경진출판.

반 데이크(van Dijk, 1980), 서종훈 옮김(2017), 『거시구조』, 경진출판.

반 데이크(van Dijk, 1980), 정시호 옮김(2001), 『텍스트학』, 아르케.

비고츠키(Vygotsky, 1934), 신현정 옮김(1985), 『사고와 언어』, 성원사.

싸뤼 루오마(Sari Luoma, 2004), 김지홍 뒤침(2013), 『말하기 평가』, 글로벌
콘텐츠.

앤더슨·브라운·쉘콕·율(Anderson·Brown·Shillcock·Yule, 1984), 김지홍·서
종훈 뒤침(2014), 『모국어 말하기 교육: 산출 전략 및 평가』, 글로벌
콘텐츠.

올리비에 르불(O.Rebul, 1989), 박인철 옮김(2003), 『수사학』, 한길사.

왈라스 췌잎(Wallace Chafe, 1994), 김병원 외 옮김(2006), 『담화와 의식과
시간』, 한국문화사.

클락(Clark, 1996), 김지홍 뒤침(2009), 『언어사용 밑바닥에 깔린 원리』, 경
진출판.

Alderson-Day, Ben & Fernyhough, Charles(2015), *Inner Speech: Development,
Cognitive Functions, Phenomenology, and Neurobiology*, Psychologicla
bulletin, 141(5).

Anderson·Brown·Shillcock·Yule(1984), *Teaching Talk: strategies for
production and assessment*, Cambridge University Press.

Back Eung-Jin(1987), "The Pause in Middle Korean", In Susumuet, K. et.
al.(eds.), *Harvard Studies in Korean Linguistics II: Proceedings of the
1987 Harvard Workshop on Korean Linguistics*, Vygotsky, 1985.

Baddeley, A. D., & Wilson, B. A.(1993), "A developmental deficit in
short- term phonological memory: *Implications for language and
reading*", *Memory*, 9, pp. 65~78.

Beattie, G.(1978), "Floor apportionment and gaze in conversational
dyads", *British Journal of Social and Clinical Psychology*, 17, pp.
7~16.

Bloodstein, O.(1987), *A Handbook on Stuttering*, Chicago: Easter Seal Society.

Bolitho, R. et. al.(2003), "Ten question about language awareness", *ELT Journal*, 57(3), pp. 251~259.

Boomer, D. S.(1965), "Hesitation and grammatical encoding", *Language and Speech*, 8, pp. 148~158.

Bortfeld, H., Leon, S. D., Bloom, J. E., Schober, M. F., Brennan, S. E.(2001), "Disfluency rates in spontaneous speech: effects of age, relationshp, topic, role and gender", *Language and Speech*, 44, pp. 123~147.

Brennan, S. E., & Schober, M. F.(2001), "How listeners compensate for disfluencies in spontaneous speech", *Journal of Memory and Language*, 44, pp. 274~296.

Clark. H. H.(1996), *Using Language*, New York: Cambridge University Press.

Cunningham, S. B.(1992), *Intrapersonal Communication: A Review and Critique*, Communication Yearbook #15, (Newbury Park, CA: Sage Publications), pp. 597~620.

FOX Tree, J. E.(1995), "The Effects of False Starts and Repetitions on the Processing of Subsequent Words in Spontaneous Speech", *Journal of Memory and Language*, 34, pp. 709~738.

Goldman-Eisler, F.(1972), "Pauses, Clauses, Sentences", *Language and Speech*, 15, pp. 103~113.

Good, D. A., & Butterworth, B.(1980), "Hesitancy as a conversational resource: Some methodological implications", In Dechert, H. W., & Raupach, M.(eds.), *Temporal variables in speech*, The Hague: Mouton.

Grosz, B. J., & Sidner, C. L.(1986), "Attention, intentions, and the structure of discourse", *Computational Linguistics*, 12(3), pp. 175~204.

Gustafson-Capkova, S., & Megyesi, B.(2001a), "A Comparative Study of Pauses in Dialogues and Read Speech", *Proceedings and Eurospeech*, 2, pp. 931~935.

Gustafson-Capkova, S., & Megyesi, B.(2001b), "Pausing in Dialogue and Read Speech", *Proceedings of the Workshop on Prosody in Speech Recognition and Understanding*, pp. 107~113.

Gustafson-Capkova, S., & Megyesi, B.(2002), "Silence and Discourse Context in Read Speech and Dialogues in Wedish", *Proceedings of Prosody*, pp. 1~4.

Harvey, S., Schegloff, E. A., and Jefferson, G.(1974), "A simplest systematics for the organization of turn-taking for conversation", *Language*, 50, pp. 696~735.

Hawkins, E.(1984), *Awareness of Language: An Introduction*, Cambridge: Cambridge University Press.

Jefferson, G.(1989), "Preliminary notes on a possible metric which provides for a'standard maximum' silence of approximately one second in conversation", *Multilingual Matters*, Clevedon, pp. 166~196.

Kintsch, W.(1992), "A Cognitive Architecture for Comprehension", in Pick and Knill(eds.), *Cognition: Conceptual Methodological* Issues, pp. 143~163.

Levelt, W. J. M.(1999), "Producing spoken language: a blue print of speaker", Brown, C. M., & Hagoort, P.(eds.), *The Neurocognition of Language*, Oxford: Oxford University Press, pp. 83~122.

Lickley, R. J.(1994), *Detecting disfluency in spontaneous speech*, Doctoral Dissertation, University of Edinburgh.

Maclay, H., & Osgood, C. E.(1959), "Hesitation phenomena in Spontaneous English Speech", *Word*, 15, pp. 19~24.

Perkins, W. H.(1984), "Techniques for establishing fluency", In Perkins, W. H.(eds.), *Stuttering disorders*, New York: Thieme-Stratton.

Piaget, K. H.(1960), *The language and thought of the child* (Babain, M. trans.), New York: Meridian(Original work published 1923).

Reinhart, T.(1980), "Conditions for text coherence", *Poetics Today*, 1, pp. 161~180.

Ryan, B.(2001), *Programmed therapy for stuttering in children and adults*, Illinois: Charles C Thomas.

Schank, R. C.(1977), "Rules and topics in conversation", *Cognitive Science*, 1(4), pp. 421~441.

Schilperoord, J.(2001), "On the Cognitive Status of Pauses in Discourse Production", *Contemporary Tools and Techniques for Studying Writing*, 10, pp. 61~65.

Shotter, J.(1993), *Conversational Realities: Constructing Life Through Language*, Thousand Oaks, CA: Sage.

Stewart, J., Zedkier, K. E., & Witteborn, S.(2005), *Together: Communicating Interpersonally: A Social Construction Approach*(6th ed), Roxbury Pub Co.

Tannen, D.(2007), *Talking voices*, Cambridge University Press.

Walker, M. A., Joshi, A. K., & Prince, E. F.(1998), *Centering Theory in Discourse*, Calrendon press.

Zellner, B.(1994), "Pauses and the Temporal Structure of Speech", *Fundamentals of Speech Synthesis and Speech Recognition*, pp. 41~62.

찾아보기

558